四川省志

Sichuan Shengzhi

人口和计划生育志

1986—2005

【第七十五卷】

四川省地方志编纂委员会 编

方志出版社
Publishing House of Local Records

图书在版编目（CIP）数据

四川省志．人口和计划生育志 ：1986—2005 / 四川省地方志编纂委员会编．— 北京 ：方志出版社，2020.7
ISBN 978-7-5144-4252-6

Ⅰ．①四… Ⅱ．①四… Ⅲ．①四川—地方志②人口—工作概况—四川—1986-2005③计划生育—工作概况—四川—1986-2005 Ⅳ．①K297.1

中国版本图书馆CIP数据核字(2020)第137514号

四川省志·人口和计划生育志(1986—2005)

编　　者：四川省地方志编纂委员会
责任编辑：陈　菁
出 版 者：方志出版社
地址　北京市朝阳区潘家园东里9号（国家方志馆4层）
邮编　100021
网址　http://www.zgfzcb.cn
发　　行：方志出版社图书营销中心
电话（010）67110500
经　　销：各地新华书店
印　　刷：成都蜀通印务有限责任公司
设计制作：成都龙腾天下文化传播有限公司
开　　本：889毫米×1194毫米　1/16
彩插印张：2
正文印张：24.25
字　　数：673千字
版　　次：2020年7月第1版　2020年7月第1次印刷
印　　数：0001～2000册

ISBN 978-7-5144-4252-6　定价：335.00元

领导关怀 LINGDAO GUANHUAI

1992年，国家计划生育委员会副主任吴景春（右二）到广元市检查指导计生工作

1999年12月7日，四川省人民政府副省长李进（右四）到攀枝花市检查指导人口计生工作

2000年6月15日，国家计划生育委员会副主任杨魁孚（中）在广安市岳池县苟角镇婚育学校为育龄群众讲授避孕节育科普知识

2002年12月，国家计划生育委员会副主任赵白鸽（右三）到德阳市检查指导计生工作

2003年12月，全国人口计划生育工作形势分析会在成都市召开。其间，中共四川省委书记张学忠（右）与国家人口和计划生育委员会主任张维庆（左）研讨四川省人口计划生育工作

2004年5月，国家人口和计划生育委员会副主任潘贵玉（左二）到眉山市检查指导人口计生工作

2004年9月，国家人口和计划生育委员会主任张维庆（左二）到眉山市检查指导人口计生工作

2004年9月，中共四川省委常委、四川省人民政府副省长陈文光（前排左一）到眉山市检查指导人口计生工作

重要会议 ZHONGYAO HUIYI

1994年10月，全国人口与经济社会协调发展研讨会在德阳市广汉市召开

1999年2月7日，四川省计划生育和环境保护工作座谈会在成都市召开

2000年6月15日，全国邓小平人口思想学习研讨会在广安市召开，国家计划生育委员会副主任杨魁孚（中）、四川省计划生育委员会主任谢明道（左一）出席会议

2001年6月13日，四川省计划生育村民自治现场会在广安市召开

2001年6月17—19日，四川省计划生育药具工作会在绵阳市召开

2003年12月，全国人口与计划生育工作形势分析会在成都市召开

2004年9月22日，四川省暨成都市农村部分计划生育家庭奖励扶助金首发仪式在成都市双流县黄甲镇举行

2004年9月23日，全国计划生育服务站工作会议在成都市召开

宣传教育 XUANCHUAN JIAOYU

20世纪80年代初，乐山地区眉山县举行的集体婚礼

20世纪80年代初，乐山地区眉山县悦兴公社举行未婚青年座谈会

20世纪80年代初，乐山地区眉山县城关幼儿园计划生育宣传队开展计划生育宣传表演

1988年6月7日，乐山市洪雅县婚姻家庭教育学校成立

1989年4月14日，中共彭山县委、彭山县人民政府召开纪念中国十一亿人口日报告会

1997年11月10日，德阳市人口和计划生育委员会、德阳市计划生育协会在德阳市中江县辑庆镇开展"三下乡"计划生育宣传演出活动

2002年，眉山市开展《中华人民共和国人口与计划生育法》宣传活动

2004年6月，攀枝花市东区举办第二届“临亚杯”生育文化节

2005年4月26日，广安市和广安区人口计生部门、计生协会举行街头科普宣传咨询活动

2005年12月9日，眉山市举行"关爱女孩行动"知识电视大赛

巴中市计划生育委员会举行送文化送科技送温暖下乡活动

绵阳市平武县纳卓婚育文化园

成都市龙潭客家人口文化公园

德阳市什邡市皂角街道义桥村生育文化大院

成都市都江堰市石羊镇“幸福之窗”雕塑

宜宾市人口与计划生育宣传长廊

绵阳市江油市大型人口与计划生育宣传路牌标语

技术服务 JISHU FUWU

1996年9月24日，德阳市人口和计划生育委员会举办避孕节育新技术培训班

2003年3月17日，广安市计生服务人员走访新婚育龄夫妇开展咨询服务

2004年1月16日，广安市计生服务人员对育龄妇女进行生殖保健知情选择培训

2004年3月12日，广安市计生服务人员为育龄群众传授避孕药具知识

2004年7月，眉山市举行全市计生服务车发放仪式

2005年6月11日，广安市、县计生部门组织开展计划生育巡回服务活动

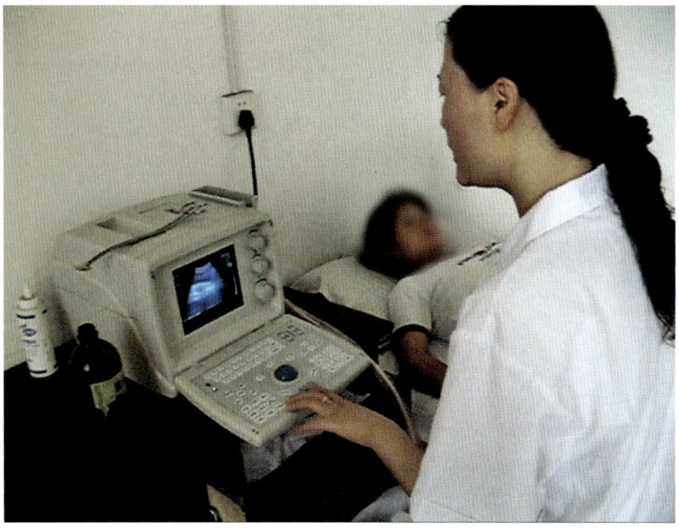

眉山市计生服务站人员为已婚育龄妇女免费体检

宜宾市开展优生优育咨询

甘孜州计生服务人员到基层开展“三查”

甘孜州计生服务人员在牧区冒着风雪开展技术服务

阿坝州计生服务人员及时送避孕药具到基层

眉山市技术服务人员向育龄妇女宣传计生知识

资阳市计生技术服务人员开展随访服务

宜宾县开展生殖道感染干预工程基线调查

甘孜州计划生育指导所（药具站）

眉山市活跃在乡间的群众计生宣传队伍

宜宾市江安县开展健康共享之免费健康检查行动

德阳市计生人员进村入户，为育龄群众提供环情孕情监测和查病治病服务

眉山市为群众普查诊治生殖道疾病

综合治理 ZONGHE ZHILI

1993年，四川省人大常委会领导到乐山市洪雅县视察计划生育依法行政工作

2004年9月，成都市民首次领取计划生育奖励

2005年1月11日，宜宾市珙县举行计划生育便民维权活动宣誓仪式

2005年10月28日，眉山市举行农村独生子女父母奖励金颁发仪式

德阳市兑现独生子女父母奖励金

攀枝花市兑现农村独生子女父母奖励金

眉山市村民签订计划生育村民自治协议

眉山市丹棱县丹棱镇计生办工作人员进村入户宣讲法律法规

德阳市计划生育“三结合”帮扶户领到发放的鱼苗

德阳市什邡市计划生育“三结合”帮扶产业发展蒜薹产业项目

宜宾市江安县举行人口和计划生育依法行政工作现场会

眉山市人口计生委干部进村入户调查核实奖励扶助对象情况

甘孜州计生专干录入育龄妇女信息

甘孜州计生人员调查人口计生基础数据

工商部门查验育龄妇女流动人口婚育证明

眉山市流动人口服务车为育龄群众提供流动服务

合作与交流 HEZUO YU JIAOLIU

1988年10月19日，瑞典国家统计局负责人一行3人到乐山市洪雅县育龄群众家中了解中瑞合作项目开展情况

1996年10月6日，国际计划生育联合会协调者、英国海外开发署评估团亚太地区执行主席巴兰（右二）到德阳市旌阳区孝感镇孝感村考察访问

四川省地方志编纂委员会成员

主任委员	王　宁			
副主任委员	张为人	朱新华	蔡　竞	杜兰举
	马小彬			
委　　员	叶文培	李　酌	高　山	江红英
	宋晓云	张丽萍	李曙光	张澜涛
	吴　成	何晓平	王映松	杨　杉
	赵家栋	张　强	向华全	欧力生
	陈　智	罗亚夫	王孝平	

《四川省志（1986—2005）》
审核委员会成员

主　　任	王　宁			
副主任	蔡　竞			
委　　员	马小彬	冯宝运	何晓平	胡品生
	王孝平	谭继和	陈世松	陈廷湘

《四川省志（1986—2005）》
总编、副总编

总　　编　陈建春

副 总 编　赵　行　邓　瑜　陶利辉　熊　倩
　　　　　　张兆法　高伟明　朱艳林　牛　淼

《四川省志·人口和计划生育志（1986—2005）》
责任总编、责任编辑

责任总编　张兆法

责任编辑　徐高芳

《四川省志·人口和计划生育志（1986—2005）》
编纂委员会

（2016年2月至2020年5月）

《四川省志·人口和计划生育志（1986—2005）》初审委员会

主任委员	沈　骥	何延政		
副主任委员	赵汝鹏			
委　　员	欧力生	李述明	学　佳	赵永红
	曾　伟	苏建明	韩　梅	樊　伟
	宋　平	邹　兵	刘大鹏	周　力
	安　劬	肖　凯	徐晓鸣	陈定全
	余治超	刘远明		

《四川省志·人口和计划生育志（1986—2005）》
保密审查小组

组　　长　赖　磊

成　　员　王平权　孙　英　王景会

《四川省志·人口和计划生育志（1986—2005）》编纂委员会总编室

（2016年2月至2020年5月）

主　　编　徐凡凡

副 主 编　顾体良　苟正中（执行）　熊江华（执行）

工作人员　王景会

《四川省志·人口和计划生育志（1986—2005）》
总　编　室
（2007年6月至2009年9月）

主　　编　王在银
副 主 编　何天谷
责任编辑　刘照坤　　陈兴德
执行编辑　袁每繁

《四川省志（1986—2005）》
凡　　例

一、本书编纂工作以马克思列宁主义、毛泽东思想、邓小平理论、“三个代表”重要思想、科学发展观、习近平新时代中国特色社会主义思想为指导，坚持辩证唯物主义和历史唯物主义的立场、观点和方法，全面客观地记述四川省行政区域内自然、政治、经济、文化和社会的历史与现状。

二、本书系中华人民共和国成立后首部《四川省志》续编，总名《四川省志（1986—2005）》，由总类、大事纪述、专志、人物、市（州）概况、附录共93卷构成。各分卷名称为《四川省志·××志（1986—2005）》或《四川省志·××志》（后者为特色志志名），设中英文目录。

三、本书上限一般起自1986年，下限一般截至2005年。对前志未设之分卷或篇章从事物发端写起；对前志漏载、误载的某些事项进行补载、更正；对前志记载后变化不大的某些事项进行简要复载；升格详载具有地方特色的某些事项。

四、本书记述的地域范围以1986—2005年四川省行政区划为准。

五、本书采用述、记、志、传、图、表、录等体裁，以志为主。

六、本书总类卷设序言、凡例、总述、卷目等，为各卷之首，全书之纲。关于自然环境、建置沿革、经济与社会历史发展状况等基本省情在总述中作简要复载或反映。各专志（分卷）根据社会分工和学科分类的实际，按“以类相从”或“突出地方特色”的原则设立，以篇、章、节横分类别，节、目以下纵述史实，立足反映四川省行政区域某一事物（事业、行业）断限期内历史与现状的全貌。人物志卷采用传、录、表诸种表述形式，坚持“生不立传”原则，在世人物的突出事迹以事系人载入相关分卷。人物传统一收入人物志。本书大事记以编年体为主，辅以纪事本末体。为完整记述一些重要事物，保存有价值史料，有些分卷设置了专记。

七、本书使用规范的现代语体文记述，行文严谨、朴实、简洁、流畅。使用规范汉字，用词概念准确，符合现代汉语语法规范。使用的标点符号、数字、计量单位等均按国家规定的统一标准书写。

八、本书使用公元纪年，各卷正文（除引文外）采用第三人称表述；行文涉及机构、会议、文件、职衔、地名等，均按当时称谓；除涉及人名、地名、纪年和简称等项采用括注外，其余采用页下脚注。

九、本书资料来源于文献、档案、报刊、书摘、口碑及实地调查等，所用资料均经各修志部门考证、核实。各分卷数据一般采用省统计局公布的数据，省统计局缺乏的，采用有关部门正式提供的数据。

十、各分卷图片分为前置图片和随文插图，随文插图和表格均以篇为单位依次排序编号；所用地图均以省测绘局审定的为准。

十一、各分卷需要特别说明的事项，均在各分卷的《编辑说明》中注明。

《四川省志·人口和计划生育志（1986—2005）》编辑说明

一、本志系第一轮《四川省志·综合管理志》第五篇“计划生育”的续编，上限起自1986年，下限断至2005年。为确保记述内容完整，部分章节史事适当上溯或下延。所记述内容以2004年省人口计生委的“三定方案”为主，有关新调整加入的职能，自调整加入时记述。

二、本志记述的地域范围，以断限期内的四川省行政区域为准。1997年因调整行政区划，重庆市、万县市、涪陵市和黔江地区划出四川省，其划出前涉及人口和计划生育的史事一并记入本志。

三、志稿正文中有关机构、法律名称，在行文中均直书其名，机构第一次出现时用全称，后用简称。四川省计划生育委员会简称“省计生委”，四川省人口和计划生育委员会简称“省人口计生委”，其他机构不一一列举。有关地名，均依当时的名称记载，并用脚注形式交待其沿革。凉山彝族自治州在正文中简称“凉山州”，甘孜藏族自治州简称“甘孜州”，阿坝藏族羌族自治州简称“阿坝州”。

四、本志中的统计数据，主要采自《四川统计年鉴》，并辅以部门相关统计资料。1997年前的统计数据包含原四川省重庆市。

五、本志资料主要来源于四川省档案局（馆），省计生委及其下属单位内部档案资料。部分资料由省人口计生委相关处室和个人提供，并参阅省内少量公开发行的书刊，有关数据均经核实并符合保密有关规定。本志所使用的照片除署名外，均由本志编纂委员会提供，不再注明出处。前置彩页中的图片，按时间先后排列。文献辑存依发文时间先后排序。

目　　录

第六篇 国际合作与交流

第七篇 组织机构

附　录

Contents

概 述

1986—2005年四川省以全面发展统筹解决人口问题，通过政策推动、宣传教育、科学管理、优质服务、综合治理等途径，落实目标责任管理，全面实施利益导向，有效引导广大群众转变生育观念，少生优生、优育优教，为全省经济持续增长、人民生活水平的提高和社会全面进步创造有利的人口环境，有效缓解人口对资源、环境的压力，促进经济发展、社会进步和民生改善，为经济社会发展提供持久动力。

一

20世纪50年代初，四川省第一次生育高峰出现。随后，全省初步开展宣传和提倡节制生育的活动。1959年起，因三年困难时期，人口出生率急剧下降，人口死亡率大幅上升，人口出现非正常的负增长，计划生育被搁置。1962年，面对补偿性人口生育高峰，中共中央、国务院发出《关于认真提倡计划生育的指示》，要求“在城市和人口稠密的农村提倡节制生育，适当控制人口自然增长率”。四川省重启计划生育工作，将控制人口增长指标纳入国民经济计划，执行国家制定的“晚、稀、少”计划生育政策。

1963年起，四川省进入生育持续高峰期，人口高增长扩大了全省的人口基数，人口与经济、社会、资源、环境之间的矛盾逐渐显露。1963—1965年，全省共增加人口651万人，年均增加217万人。“文化大革命”期间，人口处于无计划的盲目增长状态。到1977年末，全省总人口达到9467.2万人，比1970年增加1124.9万人，年均增加225万人。该时期呈现高出生、低死亡、高增长的人口态势，四川成为全国人口增长最快的省份之一。

1978年中共十一届三中全会后，四川人口和计划生育事业开始进入严格控制人口增长的新阶段。曾一度中断的计划生育工作日益加强，并在全省城乡由点到面普遍开展，在农村逐渐形成以赤脚医生、妇女主任和“大嫂子队长”为骨干的基层计划生育工作队伍。在人口和计划生育实践中，四川探索出以落实“三为主”，开展“三结合”，坚持“三不变”，推进“两个转变”，实现“一个目标”的人口控制模式，全省总和生育率由1982年的2.49，下降到1990年的1.82（更替水平以下）；年均出生率17‰；人口年均增长70万人；人口再生产类型实现由高出生、低死亡、高增长向低出生（14‰）、低死亡（7‰）、低增长（7‰）的转变。1991—1995年，由于全省计生工作力度加大，妇女生育水平进一步下降，各年度实际出生人数保持平衡增长。总人口年增长率为0.71%，人口年增长率下降0.04个百分点。全省一孩妇女比例51.66%，计划生育率由1990年的79%上升到1995年的87%。1996—1999年，四川总人口受行政区划调整（重庆市成为直辖市）出现较大波动。1997年，四川总人口由1996年的11430万人变更为8430万人。1997—1999年，全省共增加人口172万人，年平均增加57.33万人，年均自然增长率为7.63‰。四川在平稳度过第三次人口出生高峰峰顶后，人口出生率开始以每年1个千分点左右的速度下降。到“九五”期末，全省妇女总和生育率（所有妇女的累计生育率）由20世纪70年代末的6.35降到更替水平（总和生育率2.1为更替水平）以下，进入低生育水平时期。

2000年5月，中共四川省委、四川省人民政府（以下简称省委、省政府）印发《关于贯彻〈中共中央国务院关于加强人口与计划生育工作稳定低生育水平的决定〉的意见》，在总结多年人口和计划生育工作经验基础上，提出稳定低生育水平的“四四五四”工作新思路。即：强化“四个意识”、推进“四个转变”、实施“五大工程”、开展“四项改革”。各地按照省委、省政府部署，以提高群众满意度为出发点，以改革创新为动力，全面实施利益导向，有效引导广大群众转变婚育观念，自觉实行计划生育，稳定低生育水平，为实施西部大开发和四川人口与经济、社会、资源、环境的协调发展及可持续发展创造良好的人口环境，探索出一条人口和计划生育的成功之路、希望之路。至2005年，全省总人口8750万人，比既定任务少生150万人。全省人口出生率由2000年的13.8‰降为9.7‰，生育率稳定在1.5左右，人口自然增长率2.9‰，分别比全国同期平均水平低2.8和2.9个千分点，全省经济增长快于全国平均水平，人口增长低于全国平均水平，连续多年位居全国生育水平较低的一类省（市、自治区）行列，稳定了低生育水平，实现从严格控制人口增长到稳定低生育水平的历史性跨越。

二

四川省重视人口计生法治和宣传教育，人口计生惠民政策逐渐深入人心。

1980年9月25日，中共中央发表《关于控制我国人口增长问题致全体共产党员共青团员的公开信》（以下简称《公开信》）；1982年9月，中共十二大把计划生育确定为基本国策，同年12月被载入《中华人民共和国宪法》（以下简称《宪法》）。省计生委及时把《公开信》《宪法》《四川省现行生育政策的具体规定》印发全省各地，把生育政策、避孕节育技术政策、奖励政策、优生优育知识，以及与计划生育有关的法律、常识等宣传到千家万户。

1987年7月，省人大常委会颁布《四川省计划生育条例》（以下简称《条例》），这是全国第一部计划生育地方性法规，比国家颁布的《中华人民共和国人口与计划生育法》（以下简称《人口与计划生育法》）提前14年。《条例》规范了全省计划生育具体政策，增强各级干部依法管理计划生育和公民依法生育的意识，使全省计划生育工作开始向法制化轨道迈进。随后，《成都市流动人口计划生育管理规定》《甘孜藏族自治州计划生育条例实施办法》《阿坝藏族羌族自治州计划生育办法》《凉山彝族自治州实施〈四川省人口与计划生育条例〉的补充规定》等地方性法规陆续颁布实施。《四川省计划生育条例实施办法》《四川省流动人口计划生育管理办法》《四川省社会抚养费征收管理实施办法》《四川省独生子女父母奖励实施办法》等行政规章相继出台。具有四川特色的人口与计划生育政策法规体系初步形成。

1991年5月，省委、省政府印发《贯彻〈中共中央国务院关于加强计划生育工作严格控制人口增长的决定〉的通知》，要求各地在计划生育工作中坚持宣传教育为主、避孕为主、经常性工作为主（“三为主”）。通过科技、文化、卫生“三下乡”，探索生育文化到农村的途径，开展“婚育新风进万家活动”，丰富生育文化内容，实施生育文化工程，打造生育文化精品。

四川坚持党政一把手亲自抓、负总责，层层落实目标管理责任制。1993年，在全省计划生育工作会议上，省委书记谢世杰和省长肖秧分别代表省委、省政府与各市（地、州）党政一把手签订1993—1995年人口与计划生育目标责任书。2000年6月，省政府印发《关于实行法定代表人计划生育工作责任制的通知》，决定在全省企事业单位实行法定代表人计划生育工作责任制，同时规定法定代表人计划生育工作责任、法人工作任务以及保障目标任务落实的有关措施。2004年，四川进一步充实人口和计划生育领导小组，由省纪委（省监察厅）、省委组织部、省委宣传部、省发展改革委等34个部门组成，明确各成员部门具体责任。

“九五”期间，省计生委在达州市、巴中市、名山县开展计划生育宣传教育工作规范化管理试点，在方法上注重讲融入、讲结合、讲渗透，在内容上注重群众喜闻乐见，在效果上注重进村入户。通过宣传教育，使广大群众在寓教于乐中接受“少生优生”“生男生女一样好、女儿也是传后人”等新的婚育观念，营造出有利于人口和计划生育工作开展的舆论环境。

随着“依法管理、优质服务、政策推动、综合治理”的人口计生工作新机制的建立，各级政府转变职能，更新观念，把依法行政、民主监督、以人为本、综合施治、寓管理于服务的理念落实到新机制建设的各个方面。按照“整体推进、重点突破、项目管理、严格评估”的原则，以创建优质服务先进县为切入点，构建新型服务机制；以目标考核为切入点，构建综合治理机制。逐步探索出一条符合四川省情的综合治理人口问题的道路，这就是落实“三为主”，推进“三结合”，坚持“三不变”，实现“两个转变”，达到“一个目标”的人口控制模式，即“三三三二一”模式。

进入“十五”期间，全省人口计生工作积极顺应民主法治进程和政府职能转变的新要求，按照“四四五四”工作新思路，大力倡导以人为本，有序推进综合改革，努力探索新形势下人口计生工作的思路和方法，通过推进“四个转变”，使人口与计划生育工作主体由单一的计划生育部门扩展到具有公共管理资质的有关部门、单位及法人，形成政府主导、部门配合、社会参与、齐抓共管的格局；工作方法转变到以“奖励少生”为主，引导群众自觉实行计划生育；工作手段由以行政管理为主上升到以《中华人民共和国人口与计划生育法》《四川省人口与计划生育条例》等法律法规为主的人口控制调控手段。

围绕学习宣传《中共中央国务院关于加强人口与计划生育工作，稳定低生育水平的决定》，四川按照“统筹规划，分步实施；点面结合，整体推进；内补外联，项目推动；突出特色，打造精品”的工作思路，实施省委、省政府文化强省战略，以“婚育新风进万家活动”“生育文化工程”“三下乡”等为活动载体，结合省情和人口形势进行计划生育宣传教育，唤起全社会对控制人口过快增长的紧迫感和责任感，把和谐人口计生理念融入和谐社会的构建之中。

三

全省按照“布局合理、规模适当、人员精干”的原则，因地制宜，加强计划生育技术服务机构及网络建设，采取手术、药物、工具、仪器、信息及其他技术服务手段，广泛开展婚育保健、计生技术指导、妇女病普查防治、遗传咨询、婚前检查、孕产期保健、新法接生、婴幼儿保健以及与计划生育有关的医疗服务。

“七五”期间，省计生委印发《四川省计划生育宣传技术指导站工作条例》（以下简称《条例》），规定指导所、指导站、服务站是承担宣传教育、避孕药具管理、节育技术和优生指导任务“四位一体”的专业事业机构。《条例》同时对所、站的工作任务、服务范围、人员配备和使用、经费管理、福利待遇、内部机构设置、机构装备、技术人员考核晋升、工作制度和业务指导9个方面作出规定。1988年，国家计生委在重庆市召开全国计划生育服务站经验交流会，四川同时召开全省计划生育指导站、服务站经验交流会。1989年，省计生委制定《四川省计划生育宣传技术专业服务机构建设规范和发展规划》，提出“布局合理、规模适当、人员精干”的建站原则，确定“七五”至“八五”时期建站目标。

“八五”期间，全省按照省委、省政府“植根基层、强化基础、狠抓落实”的要求，加强县、区、乡计划生育宣传技术服务站（室）建设，逐步做到人员、设备、房屋三配套，充分发挥服务功能。从省计划生育事业费中拿出2300余万元，采取基层匹配和政府采购的办法，专项用于基层技术服务与设备装备，改善全省县乡两级服务机构的硬件条件。至1995年，全省23个市（地、州）建所率91.30%，县级指导站建站率96.60%，乡（镇）级建站率82.42%，村级服务室建室率45.93%。县级站“三配套”占已建站的65%，乡级站“三配套”占66.9%。全省基本形成市、县、乡三级服务网络。

“九五”期间，全省计划生育技术服务机构随着法定地位的确立和国家大规模投资建设，服务条件不断改善，服务能力大幅提升，相继实施“新农村新家庭计划”和“生育关怀行动”，开展计划生育、生殖健康及家庭保健等服务。从开展计划生育优质服务试点，到深入开展创建计划生育优质服务先进县（市、区）活动，从重管理轻服务，到寓管理于服务之中。各地实施生殖健康促进行动，坚持避孕措施知情选择，落实计划生育免费基本技术服务，开展农村妇女生殖道感染疾病免费普查，启动出生缺陷一级预防工作，更加贴近群众对计划生育技术服务需求，体现以人为本、人文关怀。

进入“十五”期间，全省利用国债资金加强人口计生技术服务网络建设，调整基层计划生育技术服务网络布局，按照功能合理、集散有度的原则，对县、乡、村三级技术服务机构进行资源优化，发挥孕情检查、药具发放、随访服务、宣传咨询等功能。2001年，全省启动计划生育技术服务示范工程、计划生育技术管理与评估体系的探索、育龄夫妇避孕方法知情选择及其效果评估和生殖道感染防治4个项目，形成“以县站为龙头、乡（镇）中心站为骨干、乡（镇）服务站为依托、村服务室为基础、流动服务车为纽带”的发展格局，成为计划生育公共服务体系的中坚力量和开展优质服务、避孕节育、生殖保健的重要平台，实现避孕节育工作由过去单纯依靠卫生部门向以计划生育专业技术服务机构为主、卫生部门为辅的转变。至2001年，成都市规划建设280个乡镇服务站的任务全部完成，市、县、乡、村四级计划生育技术服务网络体系全面建成，实现“房屋、人员、设备、制度、管理”五配套。

四川在计划生育技术服务领域，通过与国际组织及其他国家（地区）进行项目援助、人员互访等，使国际社会有机会全面了解和支持四川人口与计划生育事业，为国际民间交流提供新的合作平台。同联合国人口基金会、联合国人口委员会、联合国亚洲及太平洋经济社会委员会人口司、世界卫生组织、国际计划生育联合会等国际机构（组织）在婚育保健、生殖健康、妇女病防治、遗传咨询、孕产期保健、新法接生、婴幼儿保健等方面进行交流合作。四川人口计生系统在实施国际援助项目中获得国际组织的技术和资金支持，促进了人口计生事业较快发展。

四

四川省建立和完善以政府为主、社会补充的人口和计划生育利益导向政策体系，主要内容包括开展计划生育“三结合”、实施农村部分计划生育家庭奖励扶助制度、落实独生子女父母奖励、扶助独生子女特殊困难家庭等项目。

1994年，省委、省政府按照“稳粮增收控人口、少生快富奔小康”的工作思路，作出《关于在农村全面开展计划生育“三结合”工作的决定》，强调计划生育工作要与帮助农民致富奔小康为目标的生产服务相结合、与帮助农民建立文明幸福家庭开展的生活服务相结合、与指导农民少生优育为目标开展的生育服务相结合（以下简称“三结合”）；要求通过实施计划生育“三结合”，拓展计划生育利益导向空间，推进由单一抓计划生育向与发展社会经济相结合转变，计划生育由社会制约向利益驱动与社会制约相结合转变（以下简称“两个转变”）。各地采取政府牵头、部门参与、政策引导、项目覆盖等措施，帮助实行计划生育的农户发展生产、改善生活，激发广大群众实行计划生育的自觉性。

1997年，省人大常委会在《四川省计划生育条例》总则中增加“三结合”的内容，是全国率先将计划生育“三结合”纳入法制管理的唯一省份。在“三结合”帮扶工作中，全省先后有500多万个计划生育家庭受益。

2002年修订的《四川省人口与计划生育条例》，将独生子女父母奖励金的发放年限由14年延长至18年。是年起，四川全面推行农村计划生育家庭奖励制度，落实独生子女父母奖励、计划生育免费基本技术服务制度。对符合社会救助条件的计划生育家庭，通过城乡最低生活保障、医疗救助以及农村“五保户”供养、特困户生活救助等制度予以帮助。

2004年，全省启动农村部分计划生育家庭奖励扶助制度，按照资格确认、资金管理、资金发放、社会监督等职责分设原则，确保每一个符合条件的对象领到奖励扶助金和享受优惠政策。省政府颁布《四川省独生子女父母奖励实施办法》，通过建立人口和计划生育奖励专项基金，有效解决面宽量大的农村独生子女父母奖励和城镇无业人口、低保对象中独生子女父母奖励的实际问题。对独生子女父母奖励的发放途径、经费来源、管理方法、发放标准、发放对象、发放程序、监督制度等作出明确规定。把计划生育特殊困难家庭救助所需经费列入省、市、县三级财政预算。通过不断创新利益导向思路和方法，让经济社会发展成果优先惠及计划生育家庭，减少或消除群众因实行计划生育带来的后顾之忧，使实行计划生育的群众感受到“政治上有地位、生活上有帮助、经济上有实惠”，促进群众生育观念与生育行为转变，为稳定低生育水平创造有利条件。建立人口和计划生育奖励专项基金，全省当年确认的奖励扶助对象为12.79万人。2003—2004年，省财政每年拿出3000多万元，补助各地兑现农村独生子女父母奖励金。省级帮扶部门由18个增加到24个，累计帮扶计划生育户超过500万户。

2005年，四川省人口和计划生育奖励扶助制度试点工作全面展开，全省奖励扶助目标对象19.96万人，其中，继续享受对象12.40万人，新进对象7.56万人，发放奖励扶助资金超过6.3亿元。对奖励扶助计划生育家庭养老、发展和引导群众自觉实行计划生育发挥重要作用。各地分别开展“少生快富”扶贫工程和农村独生子女特殊困难家庭救助试点。实施以生殖健康促进、出生缺陷干预、新农村新家庭建设、农民工计划生育家庭权益保障、计划生育“三结合”帮扶等为主要内容的计划生育惠民行动，为群众办好事、办实事。这些举措被群众称为“德政善举”。

“十五”期间，四川以提高群众满意度为出发点，以改革创新为动力，全面实施利益导向，引导广大群众自觉实行计划生育，稳定低生育水平。建立以农村计划生育家庭奖励扶助制度、计划生育特别扶助制度、少数民族地区“少生快富”工程和独生子女父母奖励为主的计划生育利益导向政策体系，人口计生工作实现向奖励少生的转变。

五

四川把计划生育村（居）民自治作为稳定低生育水平的重要举措，全面贯彻《中华人民共和国村（居）民委员会组织法》和《中华人民共和国人口与计划生育法》。

“九五”期间，广安市在计划生育村（居）民自治工作中，通过建立激励机制，落实“三包一挂”责任制，探索出“三、三、四”的计划生育村（居）民自治模式，形成群众自我教育、自我管理、自我服务、自我监督的局面。至 2000 年 6 月，广安市 3137 个行政村全部推行计划生育村民自治。2001 年 6 月，省委、省政府在广安市召开全省计划生育村（居）民自治工作现场会并推介广安经验。

2003 年，省计生委把计划生育村民自治工作作为全省计划生育五大重点工程的“一号工程”来抓，选择包括威远县在内的 10 个县进行试点，在实践中进一步探索经济欠发达地区计划生育村民自治工作。经过试点，威远等试点县走出一条计生质量高、经费投入少、群众满意、干部主动的新路子。乡（镇）政府把在村级落实计划生育政策的工作任务包给村“两委”（村党支部委员会、村委会）的同时，提供工作经费，使村级计生工作有了做实、做好的基本保障。群众在参与中提高对计划生育政策的认同感，增强遵守计划生育法律法规的自觉性。

按照省政府“依法管理、村民自治、优质服务、政策推动、综合治理”的要求，2003 年 3 月，四川省计划生育领导小组印发《关于实施计划生育村（居）民自治工程的意见》，把计划生育村民自治工作列为专项工程，划出专项资金，大力推进。各级将工作重心下移，发动群众广泛参与，帮助、指导基层在制定计划生育村民自治章程和服务协议时坚持合法性、民主性、针对性、互约性，确保章程和服务协议符合有关法律法规，有利于计划生育基本国策的落实。是年，全省计划生育村民自治工作开展面达到 90%，初步形成“‘两委’负总责，协会唱主角，家庭为中心，群众当主人”的村级计划生育管理新格局。

2004 年 7 月，在总结各地计划生育村（居）民自治工作经验的同时，省计生委、省民政厅和省计划生育协会印发《关于加强和完善村级计划生育民主管理和民主监督全面推进计划生育村（居）民自治的意见》，提出全省计划生育村民自治工作“建章立制，以制治村，民主管理，优质服务”的总思路，推行包任务、包经费和奖惩挂钩的“两包一挂”的具体做法。

各地采取“重点突破、单项推进、分步实施、优化整合”的办法，在建立健全计划生育保障机制上大胆创新，建立加强人口和计划生育工作宏观调控机制、利益导向机制及社会保障机制，并在深化对计划生育村民自治工作实践中，总结推广各地好做法、好经验。按照“职责分明、明晰事权、责权统一”的要求，转换工作职能，理顺管理和服务关系，实行“分级定职”，明确省、市、县

（市、区）、乡（镇）、村和社区的计划生育工作职能，推行民主管理，明确政府、计划生育部门和社会组织、个人在计划生育工作中的位置和责任，重点深化计划生育村民自治和城市社区居民自治工作。2002年，成都市4400多个村、800多个社区开展计划生育村（居）民自治，分别占全市村（社区）总数的96.5%、97.8%，计划生育服务协议签订面达95%以上。德阳市对被命名为计划生育村民自治红旗村、先进村的，由市、县分别奖补一定的工作经费。绵阳市对实行计划生育村民自治的村每年由市、县补助工作经费500元，对被命名为计划生育村民自治红旗村、先进村的，由市、县分别奖补一定的工作经费。巴中市建立市、县每年直接补助计划生育村（居）自治工作经费500元制度，将村计生干部的报酬纳入财政预算，并与工作绩效挂钩，实行动态管理，为村（居）自治工作提供经费保障。阿坝州推进计划生育村（居）民自治管理，做到责任、服务、制度三落实，促进群众婚育观念的转变。

至2005年末，全省20个县（市、区）获得省级计划生育村（居）民自治先进县（市、区）称号。除三州外，全省计划生育村（居）民自治推广面达95%以上。通过实施“计划生育村（居）民自治工程”，加强基层民主政治建设，把计划生育纳入村（居）民自治的重要内容，村（居）民在计划生育中的民主权、知情权、参与权、评议权和监督权得到切实尊重和落实，“包任务、包经费”等工作保障制度得到进一步充实加强，为稳定低生育水平夯实基础。

六

四川省紧跟时代步伐，开拓创新，实施利益导向，真抓实干，人口计生事业取得长足进步，实现从严格控制人口增长到稳定低生育水平的历史性跨越和人口与经济、社会、环境、资源的和谐发展。

（一）人口过快增长得到有效控制

全省年均人口增长由“七五”初期的125.2万人，下降到“九五”期末的91.4万人，总人口年平均增长率为0.89%，比同期全国平均水平低0.18个百分点。“十五”期间，全省年均出生人口89.92万人，平均每年比“七五”期间少出生77.88万人；全省净增人口148万人，年均增加29.6万人，人口增长率1.72%，比全国同期水平低1.45个百分点。至2005年末，四川人口出生率9.7‰、人口自然增长率2.9‰，分别比全国同期平均水平低2.8个千分点、2.9个千分点，总人口8750万人，仅比2000年增加148万人，年均增加29.6万人。由于计划生育的成功开展，四川人口总量保持较长时间的低增长。

（二）人口科学文化素质显著提高

四川坚持把教育放在优先发展的战略位置，大力实施“科教兴川”和“人才强省”战略，普通教育、职业教育、高等教育等得到加强，受教育的人口大幅度增加，人口文化素质不断提高。2005年，全省平均每10万人口中，拥有大学以上文化程度的较2000年增长37.61%，高中文化程度增长23.17%，初中文化程度增长12.88%，小学文化程度下降6.02%，文盲率下降1.56%。

（三）人口身体素质、平均寿命不断提高

2005年，四川人口预期寿命为72.73岁，比1990年的68.58岁增加4.15岁，比1982年的64.59岁增加8.14岁。1990—2005年，全省孕产妇死亡率、婴儿死亡率不断下降，1995年婴儿死亡

率较 1990 年下降 7.24 个千分点；2000 年较 1990 年下降 26.47 个千分点。1999 年起，全省实施“爱婴行动与母亲安全工程”。2004 年，全省实施出生缺陷干预工程，把出生缺陷干预工作列为专项工程，建立健全出生缺陷干预和监测网络。

（四）婚育观念不断转变

实行计划生育后，传统的“早婚早育”“多子多福”“重男轻女”等观念正在被越来越多的育龄群众摒弃；晚婚晚育、少生优生，男孩女孩都一样，建立幸福、美满、和谐的小家庭，追求现代、科学、文明生活方式，成为时代潮流。据 2005 年《四川省育龄人群生育观念抽样调查》资料显示：在现行生育政策条件下，有近 50%的对象选择只生育 1 个子女，仅有 3.4%的对象希望生育 3 个及 3 个以上子女。

（五）人口对资源、环境的压力得到缓解

全省把人口发展计划纳入国民经济与社会发展规划，提高资源、环境的人均占有水平，缓解人口对资源、环境的压力，增强四川全面协调可持续发展的能力。据专家测算，由于实行计划生育，四川省人均耕地面积提高 0.2 亩，人均粮食产量提高 115 公斤。

（六）妇女社会生产力得到解放

1986—2005 年，全省妇女早婚比例下降，平均初婚年龄提高，广大妇女摆脱频繁生育的状况和繁重的家庭负担，解放和发展妇女蕴藏的社会生产力，参与经济和社会发展活动，推动广大妇女经济、社会和家庭地位的提高。妇女有更多受教育机会，妇女的文化素质显著提高，妇女就业率不断提高，就业领域不断扩大。1990 年，全省女职工人数占全部职工总数的 38%，较 1985 年增长 24.1%。2000 年，四川城市成年女性平均上学年数为 9.97 年，其中，高中及以上者占 56.1%，初中占 33.3%，小学占 8.3%。

（七）新的人口红利出现

1986—2005 年，四川人口生育率逐年下降，实现人口再生产类型的历史性转变。据专家研究，1986 年后，四川省人口负担系数均在 50%以下，2002 年以后更是低于 40%。劳动力充裕、负担程度轻、储蓄率高，为经济社会高速发展创造有利的人口条件，打开“机会窗口”，这是长期推行计划生育带来的“人口红利”。

（八）国民经济与社会加快发展

在推行计划生育前，四川人口占全国人口的比重为 7.4%，全省推行计划生育政策后人口比重不断下降，2005 年为 6.7%。人口总量这个“分母”比全国平均增速减缓，成为四川省人均 GDP 与全国平均水平的差距得以逐步缩小的重要因素，也是四川省实现加快发展、科学发展、又好又快发展的重要保障。

（九）计生部门形象显著改善

通过政府职能的不断转变，群众切身利益、合法权益得到有效维护，群众对人口计生工作的满意度不断提升；由于队伍职业化建设扎实推进，群众享受到便捷、优质的计划生育服务，大批深受群众爱戴的人口计生工作者不断涌现；“阳光计生”行动、“12356”阳光服务热线成为响亮的行业品牌，群众诉求渠道更加畅通，部门形象得到显著改善。省人口计生委连续多年获得省政府目标管理一等奖。

七

1986—2005年，四川通过人口计生政策调控和经济社会发展的合力，遵循人口发展规律，做好人口计生工作，用短短的20年时间基本完成人口转变，进入并稳定在低生育率、低死亡率、低自然增长率的“三低”时期，促进全省人口计生工作的规范化、科学化和法治化，对四川经济社会发展做出积极贡献。

同时，必须清醒地看到，在社会主义市场经济体制建立和发展过程中，四川人口多、底子薄、不平衡、欠发达的基本省情仍没有根本转变，人口计生工作仍面临一些矛盾和问题，如人口素质、人口结构、出生人口性别比偏高、人口老龄化等，成为四川人口计生工作与经济社会、资源环境可持续发展面临的重大问题。因此，四川人口计生工作面临严峻挑战，控制人口数量、提高人口质量，仍是摆在全省人口计生工作者面前的一项重要任务。

第一篇　人　口

进入20世纪80年代，随着人口计生工作的扎实推进，四川以改革创新为动力，强化计划生育基础工作，控制人口过快增长，稳定低生育水平，在人口数量、人口质量、人口结构及人口分布等方面发生新的变化，缓解了人口对资源、环境的压力，创造了人口红利，为全省经济社会的协调和可持续发展营造了有利的人口环境。

第一章　人口变动

第一节　人口总量变动

一、人口变动趋势

（一）1950—1985 年

1950—1985 年，四川人口增长出现三次高峰和一次低谷，人口总量在起伏中变化。

第一次高峰期　1950—1957 年，是四川人口增长的第一个高峰期。在此期间，随着工农业生产的恢复发展，人民生活水平的提高和医疗卫生条件的改善，人口增长进入高峰期，加之四川重点建设项目较多，迁入人数 70 多万人，四川总人口由 1950 年的 5730 万人增加到 1957 年末的 7081 万人，共增加 1351 万人，年平均增加 168.875 万人。

人口增长低谷期　1958 年初至 1962 年末，是四川人口增长的低谷期。在三年困难时期，全省经济发展受到影响，粮食减产，出生人口减少，非正常死亡人口增多，再加上约有 100 万人口外流，至 1962 年末，全省总人口从 1958 年的 7077.9 万人减少到 6485.6 万人。

第二次高峰期　1963—1977 年，是四川人口增长的第二个高峰期。从 1963 年开始，四川国民经济进入调整阶段，随着经济的恢复与发展，人民生活开始好转，形成补偿性的人口增长，到 1965 年全省人口 7137 万人。“文化大革命”期间，人口处于无计划的盲目增长状态。到 1977 年末，四川总人口达到 9467.2 万人，比 1970 年增加 1124.9 万人，年均增加 225 万人。该阶段，四川共增加 2981.6 万人，是全国人口增长最快的省份之一。

第三次高峰期　1978—1985 年，是四川人口增长的第三个高峰期。到 1980 年，全省总人口为 9819.6 万人，比 1975 年末增加 352.3 万人，年均增加 70.5 万人。至 1985 年，全省总人口为 10187.5 万人，比 1980 年增加 368.0 万人。1978 年初至 1985 年末，全省共增加 852.28 万人。

（二）1986—2005 年

1986—2005 年，四川人口自然增长率渐次走低，年自然增长率由 1986 年的 13.63‰下降至 2005 年的 2.90‰。

1. 1986—1990 年：人口平稳增长期

“七五”期间（1986—1990 年），由于全省第二次人口生育高峰（1963—1975 年）中出生的人口陆续进入生育年龄，使人口出生率出现回升。全省总人口增加 626 万人，年平均净增人口约 125 万人，人口增长率为 6.14%，年平均增长率 12‰。其中，出生率分别为 20.54‰、20.53‰、18.29‰、18.29‰和 19.11‰；自然增长率分别为 13.63‰、10.87‰、11.70‰、11.77‰和 11.45‰。

1990年，全省共出生1687991人，出生率为15.61‰，比1989年上升0.99个千分点；死亡720875人，死亡率为6.70‰，比1989年低0.07个千分点；出生与死亡相抵后，自然增加967116人，自然增长率为8.99‰。与1989年相比，自然增加的人数多123405人，自然增长率上升1.06个千分点。

1986年四川省人口自然增长情况表

表1－1

市（地、州）	出　生		死　亡		自然增长	
	人　数（人）	出生率（‰）	人　数（人）	死亡率（‰）	人　数（人）	自然增长率（‰）
总　计	1863293	18.17	659710	6.43	1203583	11.74
成都市	138763	15.97	51408	5.92	87355	10.05
重庆市	286622	20.23	88589	6.25	198033	13.98
自贡市	51246	18.14	17574	6.22	33672	11.92
渡口市	13362	15.75	4264	5.03	9098	10.72
泸州市	76171	18.22	25744	6.16	50427	12.06
德阳市	59917	17.56	22922	6.72	36995	10.84
绵阳市	79963	16.89	31710	6.70	48253	10.19
广元市	55076	20.03	17448	6.35	37628	13.68
遂宁市	45949	14.21	21709	6.71	24240	7.50
内江市	135359	16.62	47639	5.85	87720	10.77
乐山市	116920	18.65	37692	6.01	79228	12.64
万县地区	153401	19.82	55469	7.17	97932	12.65
涪陵地区	104687	17.53	39512	6.62	65175	10.91
宜宾地区	81653	18.37	27981	6.30	53672	12.07
南充地区	183150	19.09	61830	6.44	121320	12.65
达县地区	156333	16.83	61254	6.59	95079	10.24
雅安地区	28405	21.01	7933	5.87	20472	15.14
阿坝州	13962	18.98	5112	6.95	8850	12.03
甘孜州	13744	17.42	6577	8.33	7167	9.09
凉山州	68610	20.37	27343	8.12	41267	12.25

1990年四川省人口自然增长情况表

表1-2

市（地、州）	出生		死亡		自然增长	
	人数（人）	出生率（‰）	人数（人）	死亡率（‰）	人数（人）	自然增长率（‰）
总计	1687991	15.69	720875	6.70	967116	8.99
成都市	119446	13.07	58223	6.37	61223	6.70
重庆市	195909	13.26	94148	6.37	101761	6.89
自贡市	54329	18.34	18751	6.33	35578	12.01
攀枝花市	11466	12.71	4613	5.11	6853	7.60
泸州市	71213	16.34	29016	6.66	42197	9.68
德阳市	46766	13.13	25007	7.02	21759	6.11
绵阳市	66966	13.67	34885	7.12	32081	6.55
广元市	41564	14.51	19852	6.93	21712	7.58
遂宁市	50146	14.53	23780	6.89	26366	7.64
内江市	186896	21.42	55319	6.34	131577	15.08
乐山市	93860	14.46	41268	6.36	52592	8.10
万县地区	133096	16.46	58358	7.22	74738	9.24
涪陵地区	48488	13.52	22982	6.41	25506	7.11
宜宾地区	77215	16.61	29119	6.27	48096	10.34
南充地区	144396	14.32	68486	6.79	75910	7.53
达县地区	158527	16.11	68996	7.01	89531	9.10
雅安地区	22723	16.18	8559	6.10	14164	10.08
阿坝州	16732	21.98	5304	6.97	11428	15.01
甘孜州	14845	18.17	5943	7.27	8902	10.90
凉山州	85604	23.93	27818	7.78	57786	16.15
黔江地区	47804	18.09	20448	7.74	27356	10.35

2. 1991—2000年：人口低速增长期

“八五”至“九五”期间（1991—2000年）：1991年5月，中共中央、国务院作出《关于加强计划生育工作严格控制人口增长的决定》，明确贯彻现行生育政策，严格控制人口增长。随着计划生育工作的不断加强，四川人口高出生状况得到控制，并持续稳步下降。2000年全省人口比1991年增加399.62万人，平均每年增加39.96万人，年平均增长5‰，增速较“七五”期间（1986—1990年）下降约50%。

“八五”期间（1991—1995年）：全省育龄妇女人数和生育正值旺盛期（20—29岁），妇女人数逐年增加，由于全省计生工作力度的加大，妇女生育水平逐年下降，各年度实际出生人数保持均衡增长。“八五”期间全省总人口共增加350万人，年平均增加70万人，比“七五”期间年均减少

55.1万人，至1995年末，四川总人口为11163万人。人口自然增长率从1990年的11.45‰下降到9.87‰；计划生育率从78%上升到87%；总和生育率降至1.5%。

“九五”期间（1996—2000年），四川受行政区划调整，总人口出现较大波动。1997年末，四川总人口由1996年的11430万人变更为8430万人。到2000年末，四川总人口为8602万人，4年（1997—2000年）共增加人口172万人，年平均增加43万人。1996—2000年，四川人口自然增长率由1995年的9.87‰下降到2000年的5.01‰，出生人口615.1万人，比国家下达的人口计划762.9万人少生147.8万人，人口自然增长314.8万人。四川在平稳地度过第三次人口出生高峰峰顶后，人口出生率开始以每年1个千分点左右的速度下降。

3. 2001—2005年：人口缓慢减少期

在严格执行计划生育政策和人口年龄结构变化的双重影响下，四川人口出生率继续稳步下降。2001—2005年，全省各年度出生人数均低于100万人，人口自然增长率连年下降，年平均为3.42‰。至2005年末，四川人口出生率9.7‰、人口自然增长率2.9‰，分别比全国同期平均水平低2.8、2.9个千分点，总人口8750万人，仅比2000年增加148万人，年均增加29.6万人，四川人口总量保持较长时间的低增长。

2005年，四川省百万人口以上的大县有21个，涉及13个市，主要分布在四川东部丘陵地区，其中，仁寿县人口为156万人，是百万人口大县中人口最多的，管辖109个乡（镇）、1102个行政村，居全省乡（镇）数首位。其次是渠县、南部县、巴中市巴州区、达县，下辖乡（镇）分别为86、80、76、75个。其中，有12个县的乡（镇）数超过或达到55个。21个大县辖1166个乡（镇）、16186个行政村，平均每个县有55.5个乡（镇）、770.8个村，而全省平均每县拥有27.7个乡（镇）、302.4个村，21个大县是全省县均乡（镇）、村数的2倍和2.5倍。平均每个乡的人口为2.25万人，高于全省33%。“十五”期间，全省各地低生育水平得到稳定，全面完成各项人口与计划生育目标任务。

1986—2005年四川省人口自然增长率和年末总人口表

表1－3

年 度	自然增长率（‰）	年末总人口（万人）	年 度	自然增长率（‰）	年末总人口（万人）
1986	13.63	10320.0	1996	9.33	11430.0
1987	10.87	10458.0	1997	8.75	8430.0
1988	11.70	10590.0	1998	7.48	8493.0
1989	11.77	10700.0	1999	6.78	8550.0
1990	11.45	10813.0	2000	5.01	8602.0
1991	8.52	10887.0	2001	4.40	8639.6
1992	9.24	10943.0	2002	3.90	8673.3
1993	9.57	11002.0	2003	3.12	8700.0
1994	9.94	11084.0	2004	2.80	8724.6
1995	9.87	11163.0	2005	2.90	8750.0

说明：1. 1986年至1990年末四川省总人口数源于公安年报，其余各项均为统计部门公布数据；
2. 1997年起，四川各项数据为行政区划调整后统计数，以前均含重庆市数据

二、人口密度

四川省人口基数大，密度高。1990 年调查统计数据显示，全省人口密度每平方公里比全国多 73 人（全国 114 人/平方公里，四川 187 人/平方公里），是世界人口密度的 6 倍。

全省人口地区密度按东、西划分，东部人口密度高，西部人口密度低。东部为成都、自贡、泸州、德阳、绵阳、遂宁、广安、内江、资阳、乐山、眉山、宜宾、南充、达州和巴中 15 个市，这些地区的人口密度高于全省平均水平。西部为甘孜、阿坝、凉山、雅安、攀枝花和广元 6 个市（州），这些地区的人口密度低于全省平均水平。

全省将各县（市、区）按人口密度分组，每平方公里 800 人及以上的有 31 个，500—799 人的有 43 个，300—499 人的有 43 个，100—299 人的有 35 个，99 人及以下的有 63 个（其中 4 人以下的 7 个）。从人口密度的地理分布看，300 人以上的有 117 个县，多集中在平坝丘陵区，面积约 17 万平方公里；10—299 人的有 71 个县，多集中在盆周山区，面积约 15 万平方公里；9 人及以下的有 27 个县，全部在高原地区，面积近 25 万平方公里。

各市（州）人口密度差异很大，地区分布不平衡，大城市市区人口密度高。人口密度最高的 3 个城市分别是成都市、内江市和自贡市。

成都市总面积 12335 平方公里，2005 年末总人口 1022.15 万人，在全国特大城市中，人口仅次于重庆、北京、上海，居全国第四位。其中市区人口 439.8 万人，县（市）人口 588.7 万人；女性人口 504.9 万人，男性人口 523.6 万人。全市住户共有 325.3 万户，其中，市区为 145.3 万户，县（市）为 180 万户。全市平均每户 3.2 人，其中，市区平均每户 3 人。全市人口密度为 828.7 人/平方公里，其中，五城区及高新区人口稠密，平均每平方公里达到 5556 人。

内江市总面积 5382 平方公里，2005 年末总人口 421.54 万人，人口密度为 783.2 人/平方公里，仅次于成都市。比全省人口密度 175 人/平方公里多 610 人。人口密度最高的市中区，1370 人/平方公里。资中县总人口超过 100 万人；东兴区、隆昌县、威远县人口为 70 万—100 万人；市中区人口最少，52.91 万人。

自贡市总面积 4364.2 平方公里，2005 年末总人口 316.29 人，人口密度 724.7 人/平方公里，仅次于成都市、内江市，居全省各市（州）第三位。其中，自流井区 2241 人/平方公里，贡井区 706 人/平方公里，大安区 1110 人/平方公里，沿滩区 832 人/平方公里，荣县 430 人/平方公里，富顺县 760 人/平方公里。

人口密度高于全省平均水平的还有遂宁、广安、资阳、泸州、德阳、绵阳、乐山、眉山、宜宾、南充等市。

遂宁市总面积 5326 平方公里，2000 年人口密度为 653 人/平方公里，2005 年增至 703 人/平方公里，是全国平均人口密度的 3 倍，是全省平均人口密度的 1.8 倍。广安市总面积 6354 平方公里，2005 年总人口 442.1 万人，人口密度 695.8 人/平方公里。

资阳市总面积 7957 平方公里，2005 年总人口 490 万人，人口密度为 615.9 人/平方公里。

在同一地区，人口密度和分布也差异较大，以乐山市为例：

乐山市 2005 年人口密度为 317 人/平方公里，比 2000 年增长 96.4%。但各区（市、县）人口密度极不平衡。2005 年人口密度最高的是市中区和五通桥区，分别为 690 人/平方公里、685 人/平方公里。100 人/平方公里以下的有金口河区（89 人/平方公里）、马边彝族自治县（79 人/平方公里）、峨边彝族自治县（60人/平方公里）。

人口密度低于全省平均水平的市（州）有广元、雅安、攀枝花、甘孜、阿坝和凉山6个市（州）。

广元市1986年人口密度为167人/平方公里。1990年为177人/平方公里。2005年为187.3人/平方公里。

雅安市1990年人口总人口141.30万人，人口密度为94人/平方公里，2000年总人口152.25万人，人口密度为97.6人/平方公里。

甘孜、阿坝、凉山三州人口密度更低。甘孜州人口密度仅为6.5人/平方公里，其中，石渠县人口密度为2.5人/平方公里，白玉县3.9人/平方公里，理塘县4.5人/平方公里。阿坝州人口密度为10.7人/平方公里，其中，红原县5.4人/平方公里，阿坝县4.8人/平方公里。

凉山州西部木里县人口密度为9.2人/平方公里，东部雷波县为80人/平方公里，地处中部安宁河流域的西昌市为190人/平方公里。东西部两县相差近9倍，而西昌市则分别是木里县、雷波县的21倍和近2.4倍。1994年木里县乔瓦镇、雷波县锦城镇和西昌市城区人口分别占各自总人口的15.48%、4.84%和24.95%，而面积仅占各自总面积的1.9%、1.6%和0.5%，人口密度分别为各自县市密度的7.8倍、3倍和47倍。凉山州人口密度由1964年的33人/平方公里上升为1990年的61人/平方公里和1996年的63.5人/平方公里，26年提高1.8倍，30年提高1.9倍。

2005年末四川省各市（州）面积、人口及密度表

表1－4

市（州）	面积（平方公里）	人口（万人）	密度（人/平方公里）
成都市	12335.0	1022.15	828.7
自贡市	4364.2	316.29	724.7
攀枝花市	7433.7	104.56	140.7
泸州市	12248.0	465.00	379.7
德阳市	5806.0	379.72	654.0
绵阳市	20268.0	524.15	258.6
广元市	16344.0	306.15	187.3
遂宁市	5326.0	374.40	703.0
内江市	5382.0	421.54	783.2
乐山市	12837.0	406.87	317.0
南充市	12600.0	717.46	569.4
宜宾市	13293.0	512.50	385.5
广安市	6354.0	442.10	695.8
达州市	16624.0	624.98	376.0
巴中市	12289.0	349.26	284.2
雅安市	15420.0	153.91	99.8

续表 1－4

市（州）	面积（平方公里）	人口（万人）	密度（人/平方公里）
眉山市	7187.0	340.44	473.7
资阳市	7957.0	490.00	615.9
阿坝州	83823.0	89.36	10.7
甘孜州	153809.0	99.32	6.5
凉山州	60571.0	408.09	67.4

第二节　人口结构变动

一、年　龄

1990 年，四川省第四次人口普查（以下简称“四普”），全省 0—14 岁人口 24848340 人，占总人口的 23.18%；15—64 岁人口 76248034 人，占总人口的 71.11%；65 岁及以上人口 6121666 人，占总人口的 5.7%。

1995 年，四川省人口年龄中位数为 29.62 岁。15—64 岁的劳动年龄人口 7774 万人，0—14 岁少年儿童 2681 万人，65 岁及以上老年人口 826 万人。与 1990 年比较，劳动年龄人口占总人口的比重由 66.11%上升到 68.92%，少年儿童比重由 23.18%上升到 23.79%，老年人口比重由 5.71%上升到 7.32%。1995 年四川人口的总负担系数为 45.11%，老年人口负担系数为 0.63%，少年儿童负担系数为 34.48%，分别比 1990 年提高 4.49、2.60 和 1.89 个百分点。与“四普”相比，1995 年四川人口的总抚养系数上升，每 100 个劳动人口比 1990 年要多负担 2 个少年儿童和 3 个老人。

2000 年，四川省第五次人口普查（以下简称“五普”），全省 0—14 岁人口为 18865397 人，占总人口的 22.65%；15—64 岁人口为 58220363 人，占总人口的 69.90%；65 岁及以上人口为 6205175 人，占总人口的 7.45%。全省人口平均年龄 31.77 岁，65 岁以上人口较全国高 6%。从人口分布看，城镇人口占总量的 26.69%。此外，占全省总面积 64%的西部 4 个市（州）仅拥有全省 8%的人口。

四川省第四、五次人口普查各年龄段人口占总人口的百分数比较表

表 1－5　　单位：%

年龄组	1990 年占总人口比重	2000 年占总人口比重	2000 年比 1990 年增长
0—4 岁	9.08	5.92	-3.16
5—9 岁	6.62	7.52	0.90
10—14 岁	7.47	9.15	1.68
15—19 岁	12.99	6.29	-6.70
20—24 岁	12.18	6.44	-5.74

续表 1－5

年龄组	1990 年占总人口比重	2000 年占总人口比重	2000 年比 1990 年增长
25—29 岁	8.50	10.84	2.34
30—34 岁	6.39	10.85	4.46
35—39 岁	8.27	8.19	-0.08
40—44 岁	6.21	5.50	-0.71
45—49 岁	5.23	7.56	2.33
50—54 岁	4.31	5.73	1.42
55—59 岁	3.80	4.62	0.82
60—64 岁	3.23	3.83	0.60
65—69 岁	2.40	2.90	0.50
70—74 岁	1.65	2.25	0.60
75—79 岁	0.99	1.37	0.38
80—84 岁	0.46	0.69	0.23
85—89 岁	0.17	0.27	0.10
90—94 岁	0.03	0.07	0.04
95—99 岁	0.01	0.02	0.01
100 岁及以上	0.0000077	0.0000185	0.0000108

第四、五次人口普查资料表明，四川人口年龄结构有以下变化：

1. 0—14 岁少年儿童人口比重逐年下降。2000 年少儿系数（0—14 岁人口占总人口的比例）为 22.65%，比 1990 年下降 0.53 个百分点。

2. 人口老龄化趋势明显。2000 年，四川老年人口系数（65 岁及以上人口占总人口的比例）为 7.45%，较全国高 0.49 个百分点，高于“四普”1.75 百分点；老少比（65 岁及以上人口与 0—14 岁人口的百分比）为 32.89%；人口年龄中位数（从不满周岁起，累加至达到总人口数一半的年龄点）为 31.8 岁。运用国际公认的老年型人口指标（少儿系数<30%，老年人口系数>7%，老少比>30%）。

3. 人口预期寿命延长。2000 年四川人口预期寿命为 71.73 岁，较 1990 年的 68.58 岁增加 3.15 岁、较 1982 年的 64.59 岁增加 7.14 岁。

2000 年全省人口年龄结构“金字塔”底比 1990 年窄，表明低年龄组人口减少，65 岁以上年龄段明显增宽，显示高龄人口增多。在全省“五普”登记人口中，0—14 岁人口 18865397 人，占总人口的 22.65%，较“四普”时下降 0.52 个百分点；15—64 岁人口 58220363 人，占总人口的 69.90%；65 岁以上人口 6205175 人，占总人口的 7.45%，较“四普”时上升 1.74 个百分点。

2005 年，全省常住人口中，0—14 岁人口 1813 万人，占总人口的 22.09%；15—64 岁人口 5688 万人，占总人口的 69.30%；65 岁及以上人口 707 万人，占总人口的 8.61%。与第五次全国人口普查相比，0—14 岁人口的比重下降 0.50 个百分点，65 岁以上人口的比重上升 1.05 个百分点。

二、民　族

四川是一个多民族省份，据四川省2005年全国1%人口抽样调查主要数据公报，至2005年11月1日零时，全省常住人口中，汉族人口7748万人，占总人口的94.3%；少数民族人口460万人，占总人口的5.61%。与2000年相比，汉族人口减少75万人，下降约0.96%；少数民族人口增加48万人，增长11.65%。少数民族人口居全国第八位。有彝族、藏族、羌族、苗族、回族、蒙古族、土家族、傈僳族、满族、纳西族、布依族、白族、壮族、傣族14个世居少数民族。其中人数较多的少数民族依次是：彝族、藏族、羌族、苗族。成都、广元、宜宾等18个市为少数民族散杂居地区。2001年，散杂居少数民族人口80万人。有石棉县、汉源县、乐山市金口河等6个享受民族地区待遇的县（区）和宝兴县硗碛藏族乡、青川县大院回族乡等106个民族乡。四川是全国唯一羌族聚居区、第二大藏族聚居区、最大彝族聚居区。

（一）汉　族

汉族在四川分布的特点是东密西疏，主要分布在除甘孜、阿坝、凉山州以外的各市（地）。随着国家对少数民族地区实行计划生育政策上的倾斜和民族区域自治的深入，汉族人口比重在全省呈下降趋势。1995年抽样调查，“三州”（凉山彝族自治州、甘孜藏族自治州、阿坝藏族羌族自治州）抽中县少数民族人口出生率为19.32‰，自然增长率为12.58‰，出生率比全省平均水平高2.24个千分点，自然增长率比全省高2.71个千分点。2000年第五次人口普查统计，四川省登记人口中，汉族人口7914.2万人，占总人口的95.02%；少数民族人口4198292人，占4.98%。同1990年第四次人口普查相比，少数民族人口比重增加0.64个百分点；同1982年的第三次人口普查（少数民族人口3653572人）相比，少数民族人口增加494720人，增幅达11.92%。2005年，全省总人口8750万人，其中，汉族人口7748万人，占全省总人口的94.39%。

（二）彝　族

彝族主要分布在川、滇、黔、桂四省（区）的高原与沿海丘陵之间。凉山州是中国最大的彝族聚居区，位于四川省西南部川、滇交界处。2000年第五次全国人口普查数据：凉山州总人口4081697人。其中，彝族人口181万人，占全州总人口的42.31%，占全州少数民族人口总数的92.33%。

凉山州人口分布随海拔高度的升高而递减，西部高原和高山地人口稀少。中部安宁河流域的冕宁、西昌、德昌和南部会理、会东、宁南五县一市的总面积为18769.79平方公里，占全州总面积的31.22%，人口（1996年末）1916075人，占全州总人口的50.17%。西部盐源、木里二县总面积占全州总面积的35.97%，人口仅占全州总人口的10.78%。木里县总面积占全州总面积的22%，人口仅占全州总人口的3.15%。而西昌市总面积占全州总面积的4.42%，人口则占全州总人口的13.16%，西昌市面积仅为木里县的20%，人口则是木里县的4.18倍。

除凉山州外，攀枝花、乐山、雅安、宜宾、泸州、甘孜等地的彝族有1万—5万人口居住。绝大部分彝族以大分散小聚居的形式分布，与其他民族交错而居。

（三）藏　族

四川藏区地处川、藏、青、甘、滇五省（区）接合部。四川藏区地域辽阔，人口密度小，平均每平方公里8人，地旷人稀的特点显著。同时人口地域分布极不平衡。藏族主要聚居在甘孜州折多山以西及阿坝州西北部地区。藏族聚居区人口密度低于藏族与其他民族杂居的聚居区，人口分布随着海拔高度的递增而递减，随气温的降低而减少，大多集中于河谷平原或小块平坝。

四川有藏族人口142万人，是全国第二大藏族聚居区，甘孜州是四川藏族主要聚居区。1990年全州总人口828531人，其中藏族627019人，占全州总人口的75.68%；1982—1990年，藏族人口净增72386人，增长11.54%；年平均增长14.43‰；藏族人口增长比汉族人口高出21.56个千分点。藏族人口占全州总人口的比例呈上升趋势，1984年藏族人口占全州总人口的72.95%，1990年为75.68%。至2005年末，全州总人口93.06万人。其中，藏族73.20万人，占78.7%；汉族16.57万人，占17.8%；彝族2.62万人，占2.8%；其他民族0.67万人，占0.7%。

阿坝州是四川藏族人口较多的地方，2001年藏族人口占全州总人口的52.5%，2005年增至54.5%。

（四）羌　族

四川是全国羌族唯一聚居区，羌族人口集中聚居在阿坝州，沿岷江上游的茂县、汶川县、理县、黑水县、松潘县及绵阳市北川县、成都市都江堰市、雅安市等。羌族人口中70%使用羌语，其中70%兼通汉语。据2005年统计，全省户籍登记羌族人口为32.65万人，以阿坝州茂县为最多。2001—2005年，阿坝州汉、羌族比例：2001年羌族占17.3%，汉族占26.9%；2002年羌族占17.7%，汉族占26.7%；2003年羌族占17.7%，汉族占26.6%；2004年羌族占18.4%，汉族占24.5%；2005年羌族占18.4%，汉族占23.6%。

（五）苗　族

苗族是四川省人口较多的民族之一。1990年（含重庆市），全省有苗族人口535923人。占全省总人口的0.49%，占全省少数民族人口总数的10.96%，占全国同期统计苗族总人口的7.24%。四川苗族主要分布在川东黔江地区和川南宜宾、泸州等地（市）。宜宾地区有苗族62103人，泸州市有苗族54719人，上述地市几乎县县有苗族，尤以筠连、珙县、兴文、叙永、古蔺等县最为集中。攀枝花市有苗族人口2859人；成都市有1064人；凉山州有10235人。至2005年末，四川共有苗族人口147520人。

（六）回　族

1990年，四川境内有回族人口108638人，占全省少数民族人口的2.2%。2000年第五次全国人口普查，四川有回族人口109960人。四川回族在长期的历史发展中形成“大分散，小聚居”的分布特点，主要分布在盐亭、青川、平武、松潘、阆中、武胜、苍溪、宜宾、高县、新都、崇州、西昌、德昌、会理、阿坝等县以及成都、重庆（1997年直辖前）、泸州、自贡、内江等地。

（七）白　族

白族是四川省世居少数民族之一。2000年，全省有白族人口7335人。主要分布在盐边、德昌、会理、木里、普格等县以及成都、内江等市。四川白族大多来自云南。

（八）土家族

1996年前，四川土家族人口主要分布酉阳、秀山、黔江、石柱、彭水等县。1997年，上述各县划归重庆市。

（九）布依族

2000年，四川布依族人口有8215人。主要分布在凉山州的宁南县、会东县，其次是木里县、普格县、西昌市、雷波县。

（十）傣　族

四川是全国傣族人口较多的省份。据1990年统计，四川傣族人口有6000余人，主要分布在凉山州会理、盐边等县和攀枝花市郊，与汉、彝、傈僳等民族杂居。2000年，全省有傣族人口6642人，主要分布攀枝花市和凉山州。攀枝花市有傣族人口2838人，主要分布在仁和区和盐边县。凉山州有傣族人口3804人，主要分布在会理县新安傣族乡、普隆乡、通安镇、江普乡等地。

（十一）纳西族

四川省纳西族人口主要分布在盐源、盐边、木里等县。据2000年统计，四川有纳西族人口30.88万人。

（十二）蒙古族

2000年，四川蒙古族人口42316人，主要分布在成都市、凉山州和攀枝花市，其余散居于省内其他市（地、州）、县（市、区），具有大杂居、小聚居的分布特点。

（十三）满　族

2000年，四川省有满族人口13849人，多数是城市职工或城镇居民，其中，成都市有满族人口6494人，攀枝花市有满族人口1105人，德阳市有满族人口962人，其他市（州）均有满族人口分布。成都市的满族人口都是清代从东北派到当地驻防的八旗后代。四川满族人口在泸州市也有分布，多数是20世纪50—60年代因工作调动从东北迁入。

（十四）傈僳族

据2000年第五次全国人口普查统计，四川有傈僳族人口18674人，其中凉山州9121人、攀枝花市8658人、眉山市213人、成都市113人、资阳市123人、其他散居各地426人。傈僳族主要聚居在凉山州德昌县南山傈僳族乡、金沙傈僳族乡和攀枝花市米易县新山傈僳族乡。

（十五）壮　族

1990年，四川省壮族人口3817人。2000年，全省有壮族人口6264人。其中，成都市2283人、自贡市121人、攀枝花市700人、泸州市133人、德阳市240人、绵阳市221人、广元市216人、遂宁市157人、内江市236人、乐山市147人、眉山市114人、宜宾市145人、广安市105人、达州市135人、雅安市76人、巴中市123人。

三、职　业

随着社会经济的发展，全省人口职业构成不断发生变化。从第三、四、五次人口普查的各类职业人口占在业人口比重可以看出四川人口职业构成的变化。

四川省第三次人口普查各种职业人口的文化程度表

表1－6　　单位：万人

项　目	合　计	大学	高中	初中	小学	文盲、半文盲
总　计	5472.24	29.39	315.95	1188.31	2267.57	1668.17
各类专业、技术人员	204.75	33.25	89.77	65.72	23.58	0.98
国家机关、党群组织、企事业单位负责人	55.17	2.78	11.88	21.49	17.58	1.01
办事人员和有关人员	52.52	1.72	15.22	21.80	12.77	0.75
商业工作人员	65.04	0.12	10.41	27.78	21.97	4.71

续表 1－6

项　　目	合　计	大学	高中	初中	小学	文盲、半文盲
服务性工作人员	78.22	0.06	6.76	23.49	33.87	14.00
农林牧渔劳动者	4511.65	0.35	105.67	840.82	1961.60	1603.00
生产工人、运输工人和有关人员	500.85	0.70	74.91	185.80	195.56	43.51
不便分类的其他劳动者	4.04	0.40	1.33	1.41	0.64	0.21

四川省第三次人口普查各种职业的人口数及构成表

表 1－7

项　　目	人口数（人）			性别构成（%）	
	总计	男性	女性	男性	女性
总　计	5472.24	2961.22	2511.02	54.1	45.9
各类专业、技术人员	204.75	125.27	79.48	61.2	38.8
国家机关、党群组织、企事业单位负责人	55.17	49.33	5.84	89.4	10.6
办事人员和有关人员	52.52	39.66	12.86	75.5	24.5
商业工作人员	65.04	31.73	33.31	48.8	51.2
服务性工作人员	78.22	41.76	36.46	53.4	46.6
农林牧渔劳动者	4511.65	2319.88	2191.77	51.4	48.6
生产工人、运输工人和有关人员	500.85	351.23	149.62	70.1	29.9
不便分类的其他劳动者	4.04	2.36	1.68	58.4	41.6

1995 年全国 1%人口抽样调查，四川 15 岁以上在业人口约 7000 万人，在业人口占 15 岁以上人口的比重为 81.6%。同 1990 年比较，5 年间在业人口增加 160 多万人。1995 年在业人口在三大产业的分布情况是：第一产业劳动力由 1990 年的 82.46%下降到 78.45%；第二产业由 8.86%上升到 9.65%；第三产业由 8.68%上升到 12.00%。若按市、县、镇划分劳动力的产业构成，第三产业所占劳动力比例市最高，镇次之，县最低。

1990 年和 2000 年，四川人口的职业构成不断发生变化。2000 年与 1990 年相比，四川从事农、林、牧、渔、水利的劳动者占在业人口的比重下降 4.85%，批发零售贸易、饮食、仓储业人员，房地产管理、公用事业、居民服务和咨询服务业，教育、文化艺术和广播电视业占在业人口的比重分别上升 2.23%、1.06%、0.27%，说明第二、第三产业在 1990 年的基础上有了长足的发展。四川省 2000 年第一、二、三产业构成比由 1990 年的 82.16∶8.94∶8.60 跃升为 56.7∶18.7∶24.6。

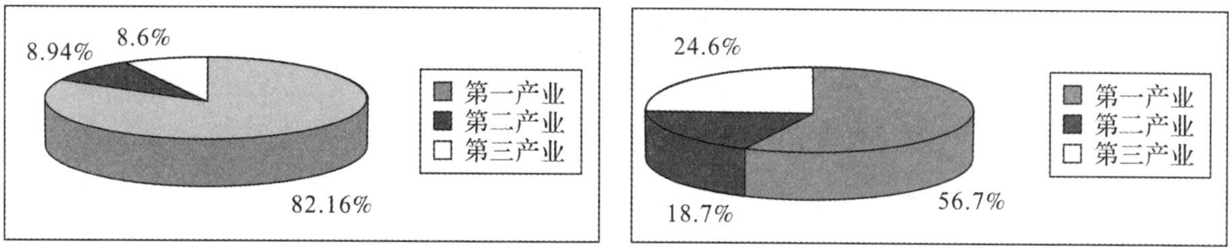

图 1－1　1990 年、2000 年四川省第一、二、三产业构成比示意图

1990—2000年，四川省第一产业比重下降25.46%，第二、第三产业比重分别上升9.76%和16%，农业就业人员在不断减少，工业、服务业发展较为迅速，为农村转移出来的富余劳动力提供较多的就业机会。

四、城乡人口

“七五”期间，四川的非农业人口所占比重较低。1986年后，全省农业人口逐年减少，非农业人口每年以1个百分点的速度递增。1990年，全省非农业人口1101.7万人，占全省总人口的13.96%；农业人口6990.8万人，占全省总人口的86.04%。

1990年四川省人口构成情况表

表1－8

市（地、州）	非农业人口		农业人口	
	人数（人）	占总人口（%）	人数（人）	占总人口（%）
总　计	15946649	14.75	92187150	85.25
成都市	2509887	27.30	6685117	72.70
重庆市	3686106	24.84	11150729	75.16
自贡市	578630	19.41	2402691	80.59
攀枝花市	448136	49.33	460341	50.67
泸州市	566656	12.94	3811354	87.06
德阳市	476841	13.34	3099018	86.66
绵阳市	659520	13.41	4258582	86.59
广元市	355238	12.35	2520326	87.65
遂宁市	309626	8.91	3166385	91.09
内江市	940549	10.68	7866015	89.32
乐山市	897951	13.79	5614411	86.21
万县地区	653105	8.04	7468658	91.96
涪陵地区	405457	11.27	3191040	88.73
宜宾地区	666072	14.24	4011880	85.76
南充地区	831932	8.22	9287530	91.78
达县地区	921929	9.32	89710849	90.68
雅安地区	208017	14.75	1202744	85.25
阿坝州	139835	18.26	626163	81.74
甘孜州	121324	14.74	702028	85.26
凉山州	384734	10.67	3222471	89.33
黔江地区	185104	6.97	2468818	93.03

1995年，四川非农业人口1331.8万人，占全省总人口的16.32%；农业人口6829.4万人，占全省总人口的83.68%。

2000年，全省农业人口6842.5万人，占全省总人口的81.38%；非农业人口1565万人。

2003年，四川省对人口变动与城镇劳动力进行抽样调查。根据国家统计局制定的方案，全省共抽取33个县（市、区）、95个乡（镇、街道）、190个村（居）民小组。调查结果，共登记12357户、41132人，出生人口377人，死亡人口249人，出生率为9.18‰，死亡率为6.06‰，自然增长率3.12‰。城镇人口为12381人，城镇人口占调查总人口的比重为30.1%。城镇经济活动人口5997人，城镇失业人口为573人，城镇调查失业率为9.55%。调查结果比2002年人口变动与城镇劳动力抽样调查的人口出生率10.44‰低1.26个千分点，人口死亡率6.55‰低0.49个千分点，人口自然增长率低0.77个千分点。调查结果同相关部门的资料对比，数据结构和趋势基本一致。

按照国家下达的统一方案，结合四川实际情况，在按照地理环境分层的基础上，将抽出的城镇居民小组作为第三季度劳动力调查样本。调查结果，城镇人口为12381人，城镇在业人口5424人，失业人口573人，城镇人口调查失业率为9.55%，比2002年城镇人口调查失业率8.1%高1.45个百分点。2000年以后，全省经济社会快速发展，产业结构调整力度加快，国有企业改革不断推进，劳动力市场建设步伐加大，市场就业机制逐步形成，就业结构发生显著变化。但由于四川是一个人口大省，劳动年龄人口达到6811万人，每年约有100万名新增劳动力给劳动力市场带来巨大的就业压力；同时城镇中许多国有、集体经济单位因经济结构调整、改组改制甚至关停破产而大量减员，2003年末全省下岗职工约50万人；此外还有1300万名农村剩余劳动力需要转移进入城市；由于城市建设规模扩大和加快城市化进程的发展，出现大量的失地农民，增大全省就业压力。

根据四川省统计局发布的《四川人口与经济发展研究》专项统计，“十五”期间全省城镇人口比重继续提高。2005年，四川城镇人口占总人口的比重达33.0%，居住在乡村的人口5499万人，占总人口的67.00%。比2000年的26.7%提高6.3个百分点。城镇人口达到2710万人，比2000年增加509万人。2005年四川城镇化率比2000年第五次人口普查时上升6.31个百分点。其中成都、攀枝花、绵阳、德阳、自贡、内江、乐山、泸州8个市超过全省平均水平。“十五”期间，城镇人口平均每年增加101.8万人，年平均增长速度为4.2%。城镇人口比重的不断提高，是四川工业化和城镇化进程不断加快以及大量农村富余劳动力向城镇不断持续转移综合作用的结果。

1986—2005年四川省农业人口、非农业人口人数及占总人口的百分比表

表1-9

年　度	年底总人口（人）	农业人口		非农业人口	
		人　数（万人）	占总人口（%）	人　数（万人）	占总人口（%）
1986	7511.9	6490.6	86.40	1021.3	13.60
1987	7613.2	6567.8	86.27	1045.4	13.73
1988	7716.4	6648.5	86.16	1067.9	13.84
1989	7803.2	6714.9	86.05	1088.3	13.95
1990	7892.5	6790.8	86.04	1101.7	13.96

续表1－9

年　度	年底总人口（人）	农业人口		非农业人口	
		人　数（万人）	占总人口（%）	人　数（万人）	占总人口（%）
1991	7947.8	6828.5	85.92	1119.3	14.08
1992	7992.2	6819.6	85.32	1172.6	14.68
1993	8037.4	6825.5	84.92	1211.9	15.08
1994	8098.7	6821.6	84.23	1277.1	15.77
1995	8161.2	6829.4	83.68	1331.8	16.32
1996	8215.4	6837.3	83.23	1378.1	16.77
1997	8264.7	6844.6	82.82	1420.1	17.18
1998	8315.7	6855.4	82.44	1460.3	17.56
1999	8358.6	6850.9	81.96	1507.7	18.04
2000	8407.5	6842.5	81.38	1565.0	18.62
2001	8436.6	6814.5	80.77	1622.1	19.23
2002	8474.5	6796.9	80.20	1677.6	19.80
2003	8529.4	6734.2	78.95	1795.2	21.05

说明：本表所列数据均为公安户籍人口，1997年以前未含重庆直辖市域内人口

第三节　生育水平变动

一、1982年1‰生育率抽样调查

1982年9月1日，四川参加全国统一进行的第一次百万人口生育率抽样调查。在抽样调查的17121名已婚育龄妇女中，采取各种节育措施的13399人，使用避孕药具的1148人，占8.56%。落实综合节育措施的占已婚育龄夫妇的78.26%。

二、1988年2‰生育、节育抽样调查

1988年7月1日，在进行的全国2‰人口生育、节育抽样调查中，四川抽中的样本单位617个村（居）民小组，人口93839人，占总人口的0.89‰。经过国家计生委1988年8月和年底两次检查验收、评比，四川调查质量良好，被评为“全国红旗省”。1988年抽样调查结果与1982年同类数据比较，有以下变化：

（一）育龄妇女占总人口比重上升

1982年抽样调查，15—49岁育龄妇女占总人口比重为24.20%，1988年调查为27.42%，6年上升3.22个百分点，育龄妇女占总人口比重攀升，增加生育人群，加快人口增长。

（二）婚姻状况比较

1．育龄妇女婚姻现状：1982年调查的24183名育龄妇女中，未婚占29.3%，初婚有偶占

66.5%，再婚有偶占3.1%，离婚占0.2%，丧偶占0.9%。1988年调查育龄妇女28518人，其中未婚占39.3%，初婚有偶占57.9%，再婚有偶占1.4%，离婚占0.6%，丧偶占0.8%。两次调查相距6年，育龄妇女未婚比重上升10个百分点，初婚有偶比重下降8.5个百分点，再婚比重下降一半多，离婚比重上升，丧偶比重略有下降。

2. 退出育龄期妇女婚姻现状：1982年调查已退出育龄期的50—67岁妇女5932人中，终身未结婚占0.8%，初婚占64.2%，再婚占14%，离婚占0.5%，丧偶占20.5%。1988年调查50—67岁妇女5735人中，终身未结婚占0.3%，初婚占66%，再婚占11.6%，离婚占0.4%，丧偶占21.7%。两次调查比较，1988年，终身不结婚比重下降0.5个百分点，初婚比重上升1.8个百分点，再婚比重下降2.4个百分点，离婚比重下降0.1个百分点，丧偶比重上升1.2个百分点。

（三）育龄妇女平均初婚年龄提高

1982年调查汇总资料表明，妇女初婚年龄20世纪40年代平均为17.89岁，50年代平均为18.78岁，60年代平均为19.38岁，70年代平均为21.06岁。1988年调查，1980—1988年，妇女平均初婚年龄21.04岁，与70年代基本持平，但80年代，妇女平均初婚年龄比开展计划生育前的60年代提高1.66岁，比40年代提高3.15岁。

（四）育龄妇女总和生育率下降

1982年和1988年两次抽样调查取得育龄妇女从20世纪60年代到1987年各年度总和生育率（TFR）资料。20世纪60年代全省总和生育率为5.69，70年代开展计划生育后降到4.33，1980—1987年平均为2.19，已接近更替水平（2.10），下降趋势明显。

1960—1987年四川省妇女总和生育率（TFR）表

表1－10

年　度	TFR	年　度	TFR	年　度	TFR	年　度	TFR
1960	2.94	1967	5.76	1974	5.11	1981	2.35
1961	2.49	1968	6.86	1975	4.44	1982	2.84
1962	4.51	1969	6.54	1976	3.41	1983	2.07
1963	8.10	1970	6.50	1977	2.54	1984	1.76
1964	6.68	1971	6.35	1978	1.88	1985	1.94
1965	6.33	1972	5.73	1979	1.94	1986	2.64
1966	6.64	1973	5.46	1980	1.67	1987	2.25

说明：总和生育率（TFR）指育龄妇女各年龄组生育率之和，表示妇女平均生育子女个数

（五）已婚育龄妇女中，一个孩子妇女比重上升，多孩妇女比重下降

1982年调查统计，已婚育龄妇女中，无孩（含新婚）占8.48%，1个孩子的占20.72%，2个孩子的占22.22%，3个及以上孩子的占48.50%。1988年调查统计，无孩（含新婚）占8.90%，1个孩子的占34.08%，2个孩子的占28.31%，3个及以上孩子的占28.70%。两次调查结果表明，1988年，1个孩子妇女比重较1982年上升13.36个百分点，上升幅度为64.48%；3个及以上孩子妇女比重较1982年下降19.8个百分点，下降幅度为40.80%。

（六）同年龄不同文化程度妇女生育子女数相差较大

两次调查，选择45岁、50岁、55岁3批已结束和即将结束生育期妇女，按文化程度分组计算平均生育子女数。1982年和1988年，在同年龄妇女中，不同文化程度妇女所生育子女数相差较大，文化程度越高，平均生育子女数越少，相反则生育子女数越多，文盲妇女生育子女数比大专文化妇女多生1.5—2.5倍的孩子。在同年龄、同文化不同时间的两次调查中，除个别文化组外，1988年普遍比1982年调查所生子女少。

1982年和1988年四川省三个年龄段妇女不同文化程度生育子女情况调查表

表1－11　　单位：个

文化程度	调查年度	45岁			50岁			55岁		
		调查人数	生育子女数	平均生育数	调查人数	生育子女数	平均生育数	调查人数	生育子女数	平均生育数
文盲	1982	345	1926	5.58	342	2233	6.58	342	2034	5.94
	1988	245	1178	4.81	233	1241	5.33	278	1612	5.80
小学	1982	88	400	4.55	58	293	5.05	40	182	4.55
	1988	130	556	4.23	96	444	4.62	40	187	4.67
初中	1982	14	46	3.29	12	51	4.25	11	45	4.09
	1988	57	200	3.51	15	57	3.80	18	67	3.72
高中	1982	6	16	2.67	4	19	4.75	6	17	2.83
	1988	18	48	2.67	13	37	2.80	13	51	3.92
大专	1982	—	—	—	6	13	2.17	2	7	3.50
	1988	5	10	2.0	9	15	1.67	2	4	2.00
合计	1982	453	2388	5.27	422	2609	6.18	401	2281	5.69
	1988	455	1992	4.38	366	1794	4.90	351	1921	5.47

三、1995年1%人口抽样调查

1994年10月11日，省政府办公厅印发《关于做好全省1%人口抽样调查的通知》。1995年，四川省调查登记人数699389人，抽样比（%）为0.62。人口出生率为17.08‰，自然增长率为9.87‰，后者比全国平均值低0.68个千分点，四川人口增长速度低于全国平均水平。“三州”抽中县少数民族人口出生率19.32‰，自然增长率12.58‰，出生率比全省平均水平高2.24个千分点，自然增长率比全省高2.71个千分点。全省人口死亡率为7.21‰，男性人口死亡率高于女性，死亡人口性别比为124.07。婴儿死亡率为40.34‰，比1990年人口普查时的47.58‰下降7.24个千分点，母婴保健状况有较大改善。

四、2003年四川省抽样调查

（一）基本情况和主要数据

全省共抽取33个县（市、区）、95个乡（镇、街道）、190个村（居）民小组，调查结果，共登记12357户、41132人，出生人口377人，死亡人口249人，出生率为9.18‰，死亡率为6.06‰，自然增长率为3.12‰。城镇人口为12381人，城镇人口占调查总人口的比重为30.1%。城镇经济活动人口5997人，城镇失业人口为573人，城镇调查失业率为9.55%。调查结果比2002年人口变动与城镇劳动力抽样调查的人口出生率低1.26个千分点，人口死亡率低0.49个千分点，人口自然增长率低0.77个千分点。

（二）影响人口出生率变化的主要原因

1. 育龄妇女一般生育率保持在低水平上。根据2003年人口变动情况抽样调查资料计算，2003年育龄妇女一般生育率为33.41‰，比1996年下降20多个千分点。从1996年开始四川育龄妇女一般生育率除1999年略有上升外，其余年份均呈下降趋势。

2. 生育旺盛期妇女人数继续减少。2000年人口普查生育资料表明，四川育龄妇女的生育旺盛期为20—29岁年龄段。而该年龄段的妇女人数从1995年开始减少，且减少的趋势十分明显，生育旺盛期妇女人数占育龄妇女人数的比重同上年相比，近3年来分别下降2.76、2.23和1.35个百分点。

3. 育龄妇女年龄结构变化。四川育龄妇女年龄结构发生变化较大，高龄妇女所占比重逐年增加，低龄妇女所占比重逐年减少。2003年四川人口出生率比2002年下降0.27个千分点。

五、2005年1%抽样调查

2005年，国务院进行全国1%人口抽样调查。四川在抽中遍布21个市（州），181个县（市、区），1673个乡（镇、街道）的3873个调查小区进行调查。2005年，全省21个市（州）的常住人口为8208万人，与2000年11月1日零时第五次全国人口普查的常住人口8235万人相比，减少27万人，下降0.33%；年平均减少5.40万人，年平均下降0.07%。全省常住人口中，男性4211万人，占总人口的51.30%；女性3997万人，占总人口的48.70%。性别比为105.35，比2000年“五普”的106.98下降1.63。在调查期内全省人口自然增长率仅为2.90‰，其中，德阳市人口自然增长率已呈负增长，广元、资阳、南充3市已接近零增长，说明四川稳定低生育水平成效显著。

2004年11月1日至2005年10月31日四川省地区人口的出生率、死亡率、自然增长率和抽样调查的城镇化率表

表1-12

市（州）	出生率（‰）	死亡率（‰）	自然增长率（‰）	城镇化率（%）
合　计	9.70	6.80	2.90	33.00
成都市	6.32	4.68	1.64	59.85
自贡市	6.84	5.41	1.43	35.03
攀枝花	12.68	6.41	6.27	56.60
泸州市	13.42	6.70	6.72	34.01
德阳市	6.58	6.64	-0.06	35.85
绵阳市	6.88	5.73	1.15	36.40
广元市	6.84	6.30	0.54	27.40

续表 1-12

市（州）	出生率（‰）	死亡率（‰）	自然增长率（‰）	城镇化率（%）
遂宁市	6.42	5.11	1.31	31.73
内江市	9.10	5.28	3.82	34.74
乐山市	9.01	6.93	2.08	34.45
南充市	8.10	7.40	0.70	28.30
眉山市	6.22	4.56	1.65	26.00
宜宾市	10.05	6.10	3.95	28.30
广安市	7.50	5.36	2.14	19.80
达州市	9.21	5.84	3.37	25.50
雅安市	9.29	5.06	4.23	29.30
巴中市	8.17	4.52	3.65	21.60
资阳市	8.29	7.68	0.61	23.73
阿坝州	12.15	5.85	6.30	27.90
甘孜州	14.62	7.37	7.25	17.55
凉山州	17.65	7.42	10.22	24.50

说明：以上数据源于四川省统计局发布的《2005年四川省1%人口抽样调查主要数据公报》

第四节　家庭人口变动

据人口统计资料显示，1953年，四川总户数为1481.5万户，1982年增加到2315.4万户，平均每年增加28.8万户，平均每年增长1.55%。1982—2000年，全省家庭户增加698.9万户，平均每年增加38.8万户，平均每年增长1.97%。

从项目看，1990年第四次人口普查，四川省普查项目共21项，除保留1982年第三次全国人口普查的19个项目外，新增加“1985年7月1日常住地状况”和“迁来本地的原因”两项，旨在查清人口迁移的流向和原因。同时增加“死亡人口的民族、文化程度、死亡时的婚姻状况和死者生前从事的主要职业”等。

2000年，第五次人口普查项目按人填报的26项，按户填报的23项，共计49项。除保留1990年第四次人口普查的21个项目外，新增加“出生地、何时来本乡镇街道居住、从何地来本乡镇街道居住、迁出地类型、学业完成情况、是否有工作、工作时间、未工作者状况、未工作者生活来源、初婚年月、本户住房间数、本户住房建筑面积、本户住房中是否有其他合住户、住房建成时间、建筑层数、住宅外墙墙体材料、住房内有无厨房、主要炊事燃料、是否饮用自来水、住房内有无洗澡设施、住房内有无厕所、住房来源、购建住房费用、月租房费用和暂住人口调查表的性别、年龄和常住户口登记地”等27个项目。

1990年四川省15岁及以上人口分年龄的婚姻状况表

表1－13

年龄别	合　计（人）	未　婚		有配偶		丧　偶		离　婚	
		人数（人）	占同龄组（%）	人数（人）	占同龄组（%）	人数（人）	占同龄组（%）	人数（人）	占同龄组（%）
15岁以上人口	82369970	22187454	26.94	54364078	65.99	5361345	6.500	457084	0.55
15—19岁	13931611	13634930	97.87	294421	2.10	657	0.005	1593	0.01
20—24岁	13054620	6201878	47.50	6820556	52.25	9482	0.070	22704	0.17
25—29岁	9108429	799183	8.77	234704	90.41	20558	0.230	53984	0.59
30—34岁	6852167	396708	5.79	6365902	92.91	32999	0.480	56558	0.83
35—39岁	8869430	399584	4.51	8315917	93.76	83161	0.940	70768	0.79
40—44岁	6661478	256992	3.86	6204088	93.13	138665	2.100	61733	0.93
45—49岁	5606869	178855	3.19	5148636	91.83	230301	4.110	49077	0.88
50—54岁	4623497	120820	2.61	4094484	88.56	367827	7.960	40366	0.87
55—59岁	4073178	76093	1.89	3391401	83.26	570151	13.990	35533	0.87
60—64岁	3466755	49217	1.42	2596555	74.89	792781	22.860	28202	0.81
65岁及以上	6121936	73184	1.19	2897423	47.33	3114763	50.880	36566	0.59

说明：根据第四次人口普查资料整理

2000年四川省15岁及以上人口分年龄的婚姻状况表

表1－14

年龄别	合　计（人）	未　婚		有配偶		丧　偶		离　婚	
		人数（人）	占同龄组（%）	人数（人）	占同龄组（%）	人数（人）	占同龄组（%）	人数（人）	占同龄组（%）
15岁以上人口	5708264	879068	15.39	4378335	76.70	388417	6.800	62444	1.100
15—19岁	436422	429873	98.50	6457	1.48	16	0.004	58	0.013
20—24岁	413131	222971	53.97	188551	45.64	349	0.080	1260	0.300
25—29岁	729887	104768	14.35	615811	84.37	1911	0.260	7352	1.010
30—34岁	764248	34086	4.46	713946	93.42	3903	0.510	12313	1.610
35—39岁	605936	15862	2.62	573205	94.60	5019	0.830	11900	1.960
40—44岁	423166	14075	3.33	394797	93.30	6672	1.580	7622	1.800
45—49岁	598179	18478	3.10	555885	92.93	16069	2.690	7747	1.290
50—54岁	455929	13567	2.98	413477	90.69	23743	5.210	5142	1.130
55—59岁	369789	9693	2.62	322385	87.18	34378	9.300	3333	0.900
60—64岁	304860	6962	2.28	245268	80.45	50391	16.530	2239	0.730
65岁及以上	606717	8733	1.44	348540	57.45	245966	40.540	3478	0.570

说明：表内人数系第五次人口普查“长表”原始资料（为抽样调查数，与实际人数有差异），其他数据为推算所得

据第五次人口普查资料显示：2000 年 11 月 1 日零时，在全省登记人口中，有家庭户 23638429 户。其中，一代户 5346783 户，二代户 12652516 户，三代户 5391464 户，四代户 247370 户，五代及以上户 296 户。与 1990 年“四普”的一代户（3412290 户）、二代户（18922157 户）相比较，2000 年一代户增长幅度较大，比 1990 年增长 56.59%；二代户呈下降趋势，较“四普”减少 33.14%。省统计局公布的第五次全国人口普查有关数据表明：四川省一代户最多的是成都市金牛区 119855 户，二代户最多的是中江县 241548 户，三代户最多的是简阳市 110845 户，四代户最多的是巴中市巴州区 6026 户，五代及以上户最多的是崇州市 10 户；据“五普”统计，2000 年四川家庭户人口为 79755773 人，占登记人口的 95.76%，平均家庭户规模为 3.32 人，比 1990 年的 3.67 人下降 0.35 人，比 1982 年的 4.25 人下降 0.93 人，表明家庭户趋向小型化。

至 2005 年 12 月 31 日，全省共有 26563878 户、86421445 人，平均每户 3.25 人，总人口数比 2004 年增加 468514 人，年增长率为 0.54%，比上年下降 0.23 个百分点。总人口中：男性 44836367 人，占总人口的 51.88%；女性 41585078 人，占总人口的 48.12%，性别比为 107.8。总人口中：18 岁以下的 18654580 人，占总人口的 21.59%；18—35 岁的 24839717 人，占总人口的 28.74%；36—60 岁的 30993594 人，占总人口的 35.86%；60 岁以上的 11933554 人，占总人口的 13.81%。

与 2000 年相比较，2005 年，除自贡、广元、广安、资阳四市外，其他市（州）家庭户均有所增长。其中，成都、攀枝花、眉山、阿坝、甘孜、凉山六市（州）家庭户年均增速高于全省平均水平，占全省家庭户比重较 2000 年有所增加。成都市增速最快，比重提高最多。

在城市和乡（镇）的家庭户世代类型构成中，比重较高的是二代户和一代户，分别占 55.78%、25.66%和 53.54%、29.84%，城市的二代户比重高于乡（镇），乡（镇）的一代户比重高于城市。在乡村家庭户世代类型构成中，比重较高的是二代户和三代户，分别占 51.52%和 24.50%，四代户、五代户的比重明显高于城市和乡（镇）。

自贡市 2000 年一代户有 16.18 万户，比 1990 年增加 7.82 万户；二代户 45.63 万户，比 1990 年减少 2.70 万户；三代户 23.26 万户，比 1990 年增加 8.22 万户；多代户（四代及以上）9858 户，比 1990 年增加 5049 户。

遂宁市 2000 年家庭世代类型构成是以两代户为主要类型。但各区（县）间也有差异，一代户市中区和大英县低于全市平均水平，蓬溪县和射洪县高于全市平均水平；三代户市中区、射洪县、大英县高于全市平均水平，蓬溪县则低于全市平均水平；四代户市中区和大英县高于全市平均水平，蓬溪县和射洪县则低于全市平均水平。同时，遂宁市家庭户的规模构成和世代类型构成均存在着城乡差异。城市和乡（镇）的家庭户中比重较高的是 3 人户和 2 人户，分别占 34.20%、20.60%和 32.08%、21.49%，城市的 3 人户比重高于乡（镇），乡（镇）的 2 人户比重高于城市。乡村家庭户中比重较高的是 4 人户和 5 人户，分别占 26.04%和 13.88%，6 人户的比重明显高于城市和乡（镇）。全市的家庭户规模是城镇小于农村。在城市和乡（镇）的家庭户世代类型构成中，比重较高的是二代户和一代户，分别占 55.78%、25.66%和 53.54%、29.84%，城市的二代户比重高于乡（镇），乡（镇）的一代户比重高于城市。在乡村家庭户世代类型构成中，比重较高的是二代户和三代户，分别占 51.52%和 24.50%，四代户、五代户的比重明显高于城市和乡（镇）。

广元市 1990 年总户数为 716216 户，户平均人口为 4.01 人。1990 年 1 人户占 3.79%，2 人户占 10.25%，3 人户占 26.15%，4 人户占 30.55%。2000 年，全市总户数为 853089 户，其中家庭户为

838963户，户平均人数为3.52人。1人户家庭7.38%、2人户家庭占14.58%、3人户家庭占30.21%、4人户家庭占25.70%。

凉山州平均家庭户人口数由1982年的4.67人下降到1990年的4.35人和1994年的4.26人，家庭规模在缩小。全州家庭户中，1982年1人户占7.24%，2人户占10.44%，3人户占13.59%，4人户占16.79%，5人户占17.50%，6人户占14.46%，7人户占10.06%，8人及以上户占9.92%。1990年后1人户占6.91%，2人户占9.72%，3人户占16.66%，4人户占21.66%，5人户占20.04%，6人户占12.63%，7人户占6.90%，8人及以上户占5.48%。1982年，5人家庭户占第一，第二为4人户。1990年，4人家庭户占第一，5人户占第二。家庭户中4、5人户比重大。1990年3—5人家庭户比1982年有所增加，但6人以上多孩家庭户明显减少，反映出计划生育政策对家庭人口规模的影响。

甘孜州2000年1人户占全州总户数的12.7%，2人户占10.82%，3人户占15.5%，4人户占17.7%，5人户占15.7%，6人户占10.9%，7人户占7.6%，8人户占4.6%，9人户占2.6%，10人及以上户占2.4%。经过多年计划生育工作的宣传教育，采取各种手段控人口增长，多人户的家庭明显下降。

第五节　人口素质变动

一、文化素质

1995年，全省小学以上文化程度人口8503万人，比1990年的7707万人增加769万人，增长10.32%。其中，大学以上文化程度人口207万人，高中942万人，初中3685万人，小学6490万人。同1990年相比，大学以上文化程度人口增加104万人，增长2.01倍；高中增加365万人，增长63.25%；初中增加1361万人，增长58.56%；小学增加1787万人，增长38.03%。平均每10万人口中拥有各种文化程度的人数比1990年有较大增长。大学及以上文化程度人口由961人增加到1386人，增长44.22%；高中由5384人增加到5984人，增长11.11%；初中由21678人增加到24588人，增长13.42%；小学由43859人减少到43405人，下降1.04%。文盲、半文盲人口有所下降：1995年全省15周岁以上人口中，有文盲、半文盲人口1446万人，与1990年第四次人口普查相比，文盲、半文盲人口占总人口的比例由16.32%下降为12.81%，下降近4个百分点。但文盲、半文盲人口比例仍然不小，即每6个15周岁以上的人口中就有一个是文盲、半文盲。1995年1%人口抽样调查资料还表明，6—11岁儿童中未上过学的占总人口的0.64%，据此推算全省约有70多万6—11岁儿童还未上过学。在文盲、半文盲人口中，女性多于男性，农村多于市镇。1995年1%人口抽样调查，全省文盲、半文盲人口占15岁以上人口比例为16.82%，其中，女性文盲、半文盲所占比例为23.90%，男性为9.76%；农村文盲、半文盲人口所占比例为19.46%，市（镇）为9.99%。

2000年、1990年、1982年四川省每10万人拥有各种文化程度人数比较表

表1－15

文化程度	2000年（人）	1990年（人）	1982年（人）	1990年与1982年比较（%）	2000年与1990年比较（%）
大　学	2470	961	428	+124.5	+157.1
高　中	7587	5371	3967	+35.4	+41.3
初　中	29358	21646	15468	+39.9	+35.6
小　学	42960	43880	41466	+5.8	-2.1

说明：数据根据第三、四、五次人口普查资料整理

从上表可以看出：2000年，四川每10万人拥有大学文化程度人数分别是1990年、1982年的2.57倍和5.77倍；高中、初中人数明显上升；小学文化程度人数2000年比1990年下降2.1个百分点。

2000年，在四川普查登记的人口中，全省接受各种文化教育的人口为69574216人，占登记总人口的83.53%，比1990年第四次人口普查时提高11.65个百分点。在全省登记人口中，接受大学（指大专以上）教育的2057647人，接受高中（含中专）教育的6319366人，接受初中教育的24452863人，接受小学教育的35781483人。同“四普”相比，每10万人中具有大学程度的由961人上升为2470人，具有高中程度的由5371人上升为7587人，具有初中程度的由21646人上升为29358人，具有小学程度的由43880人下降为42960人。

随着教育事业的发展，四川文盲、半文盲人数占总人口的比重逐年下降。2000年，15—44岁人口中文盲、半文盲人数只占15岁以上总人口的13.07%，比1990的60.28%下降47.21个百分点；同时，女性人口中文盲、半文盲人数也仅占15岁以上人口的14.62%，比1990的30.12%下降15.50个百分点。

1990年和2000年四川省15岁以上人口中各年龄段文盲、半文盲人数占同龄人口比例表

表1－16　　单位：人、%

年龄段	1990年				2000年			
	文盲、半文盲人口（人）	占同龄人口百分比（%）			文盲、半文盲人口（人）	占同龄人口百分比（%）		
		合计	男性	女性		合计	男性	女性
总　计	17500653	21.25	12.96	30.12	6292420	9.87	5.37	14.62
15—19岁	544717	3.91	2.86	4.98	122224	2.36	1.82	2.95
20—24岁	579167	4.44	2.81	6.12	147151	2.78	2.10	3.44
25—29岁	466449	5.12	2.52	7.93	186938	2.09	1.53	2.68
30—34岁	778250	11.36	5.90	17.74	189170	2.12	1.42	2.85
35—39岁	1388196	15.65	7.85	24.09	156464	2.32	1.33	3.38
40—44岁	1319116	19.80	10.82	30.04	217533	4.81	2.59	7.30
45—49岁	1615996	28.82	15.77	43.75	426498	6.85	3.24	10.65

续表 1－16

年龄段	1990 年				2000 年			
	文盲、半文盲人口（人）	占同龄人口百分比）（%）			文盲、半文盲人口（人）	占同龄人口百分比（%）		
		合计	男性	女性		合计	男性	女性
50—54 岁	1911794	41. 35	23. 95	61. 33	519565	11. 01	5. 42	17. 22
55—59 岁	2143913	52. 63	32. 09	76. 15	656523	17. 24	8. 36	27. 08
60—64 岁	2138451	61. 68	41. 19	84. 33	837063	26. 57	13. 55	41. 14
65 岁—	4614604	75. 38	54. 97	92. 49	2833291	45. 45	25. 84	63. 81

说明：数据根据第四、五次人口普查资料整理，1990 年含重庆直辖市域内人口

从上表可以看出，2000 年与 1990 年相比，四川文盲人口减少 11208233 人，下降 64%；文盲率由 16. 3%下降为 9. 8%，下降 6. 5 个百分点。

2005 年，在全省常住人口中，具有大学文化程度的人口为 279 万人，高中程度的人口为 767 万人，初中程度的人口为 2720 万人，小学程度的人口为 3314 万人。与第五次全国人口普查相比，平均每 10 万人中，拥有大学以上文化程度的人口由 2470 人增加到 3399 人，增长 37. 61%；高中文化程度的人口由 7587 人增加到 9345 人，增长 23. 17%；初中文化程度的人口由 29358 人增加到 33138 人，增长 12. 88%；小学文化程度的人口由 42960 人减少到 40375 人，下降 6. 02%：文盲率由 9. 87%减少到 8. 31%，下降 1. 56 个百分点。

少数民族地区随着教育事业的发展，接受各种文化教育的人口不断增加。1990 年，凉山州总人口中，小学以上文化程度的人口比 1982 年增长 26. 36%，在总人口中的比例由 36. 12%上升到 40. 43%。甘孜州 2000 年与 1990 年每千人中拥有各种文化程度的人数相比，具有大学（含专科、本科、研究生）文化程度的人口由 6. 07 人上升到 13. 8 人，高中（含中专）文化程度的由 11. 9 人上升到 40. 3 人，初中文化程度的由 26. 83 人上升到 98 人，小学文化程度的由 138. 25 人上升到 299. 5 人。

二、身体素质

（一）人口预期寿命

随着全省国民经济和社会的不断发展和人民生活水平的不断提高，城乡居民逐渐重视日常生活常用食物的营养价值、食用方法及合理搭配，营养素摄入量增加，人口身体素质提升，人口预期寿命延长。

1992 年四川省城乡居民每人每日营养素摄入量表

表 1－17

营养素名称	总 计	城 市	农 村
热能（千焦）	10575. 1	9253. 3	10871. 3
热量（千卡）	2527. 5	2211. 6	2598. 3
蛋白质（克）	61. 9	66. 5	60. 8

续表1－17

营养素名称	总　计	城　　市	农　　村
脂肪（克）	54.9	83.4	48.7
膳食纤维（克）	13.1	11.8	13.4
糖类（克）	446.8	298.9	478.0
胡萝卜素（微克）	2361.0	1505.0	2547.0
维生素A（微克）	129.8	358.5	80.2
视黄醇当量（微克）	488.2	525.6	480.1
维生素 B_1（毫克）	1.1	1.0	1.1
维生素 B_2（毫克）	0.7	0.9	0.6
烟酸（毫克）	16.9	16.2	17.1
维生素C（毫克）	108.0	100.0	110.0
维生素E（毫克）	17.5	29.3	15.0
钾（毫克）	1852.0	1828.0	1857.0
钠（毫克）	4540.0	4710.0	4503.0
钙（毫克）	317.0	474.0	283.0
镁（毫克）	336.0	312.0	341.0
铁（毫克）	24.2	22.9	24.5
锰（毫克）	8.0	6.2	8.3
锌（毫克）	12.0	11.8	12.0
铜（毫克）	2.3	2.0	2.4
磷（毫克）	962.0	999.0	955.0
硒（毫克）	37.1	53.3	116.0

说明：数据来源于1992年全国居民营养调查

2002年四川省城乡居民每人每日营养素摄入量表

表1－18

营养素名称	总　计	城　　市	农　　村
蛋白质（克）	57.0	54.9	57.9
脂肪（克）	73.4	77.8	71.5
糖类（升）	293.7	211.8	328.4
能量（千焦）	8693.5	7434.1	9227.0
热量（千卡）	2077.8	1776.8	2205.3
膳食纤维（克）	9.8	7.9	10.6
视黄醇当量（微克）	457.2	438.8	464.9
维生素 B_1（毫克）	0.9	0.8	0.9

续表 1－18

营养素名称	总　计	城　　市	农　　村
维生素 B_2（毫克）	0. 7	0. 8	0. 7
烟酸（毫克）	13. 9	12. 7	14. 5
维生素 C（毫克）	76. 7	55. 2	85. 8
维生素 E（毫克）	27. 2	27. 0	27. 2
钾（毫克）	1468. 4	1328. 6	1527. 7
钠（毫克）	5973. 0	4471. 0	6609. 3
钙（毫克）	311. 6	362. 8	289. 9
镁（毫克）	256. 9	220. 0	272. 5
铁（毫克）	21. 9	19. 2	23. 1
锰（毫克）	5. 8	4. 4	6. 4
锌（毫克）	10. 6	8. 8	11. 4
铜（毫克）	2. 0	1. 6	2. 1
磷（毫克）	821. 2	163. 1	845. 8
硒（毫克）	36. 5	35. 4	36. 9

说明：数据来源于 2002 年全国居民营养调查

2002 年四川省城乡居民分性别、年龄别平均身高和体重表

表 1－19

年龄别	身高（厘米）				体重（公斤）			
	城市男性	城市女性	农村男性	农村女性	城市男性	城市女性	农村男性	农村女性
6 岁	120. 8	119. 1	110. 6	112. 1	23. 4	22. 6	18. 9	18. 3
7 岁	125. 5	124. 1	118. 5	116. 7	27. 0	24. 9	22. 1	20. 0
8 岁	128. 4	127. 6	122. 3	122. 6	27. 5	26. 7	22. 7	22. 2
9 岁	133. 2	132. 9	127. 8	127. 5	29. 5	28. 9	25. 8	25. 4
10 岁	139. 1	141. 2	131. 9	133. 8	33. 4	34. 4	27. 1	27. 4
11 岁	142. 3	144. 8	134. 9	138. 3	36. 2	36. 1	30. 2	31. 0
12 岁	147. 0	150. 0	140. 6	143. 9	38. 9	42. 1	32. 5	34. 0
13 岁	155. 4	154. 7	149. 6	149. 1	44. 4	46. 0	39. 6	39. 1
14 岁	161. 6	155. 2	154. 2	151. 9	49. 5	43. 5	42. 1	42. 2
15 岁	169. 2	155. 9	160. 8	153. 4	55. 4	52. 2	50. 5	45. 8
16 岁	165. 4	158. 4	162. 9	153. 6	54. 3	48. 5	49. 7	47. 4
17 岁	168. 5	157. 8	165. 8	158. 0	57. 3	50. 1	53. 5	49. 2
18 岁	164. 3	—	165. 1	156. 1	62. 1	—	54. 6	51. 3
19 岁	165. 2	158. 5	165. 6	155. 3	59. 5	50. 3	54. 2	51. 2

续表 1－19

年龄别	身高（厘米）				体重（公斤）			
	城市男性	城市女性	农村男性	农村女性	城市男性	城市女性	农村男性	农村女性
20 岁	168.4	157.0	166.4	156.6	62.7	52.8	59.5	54.3
30 岁	167.0	155.6	165.0	154.4	64.6	54.3	60.4	53.7
40 岁	163.6	153.5	163.8	153.2	65.1	57.0	59.3	54.6
50 岁	163.3	152.8	162.1	151.8	64.8	57.5	58.0	52.6
60 岁	164.0	151.6	161.4	149.6	64.4	55.7	56.2	49.2
70 岁及以上	159.9	146.6	159.2	147.4	59.7	50.8	54.6	46.8

说明：数据来源于 2002 年全国居民营养与健康状况调查

1997 年，四川 65 岁以上老人占全省总人口的 7%，2000 年 622.94 万人，占总人口的 7.56%；80 岁以上老人 86.07 万人，占总人口的 1.05%；2005 年，全省 65 岁以上老人约占总人口的 10%。

2000 年，全省城镇老龄人口 152.42 万人，占老龄人口比重 24.47%；乡村老龄人口 470.52 万人，占老龄人口比重 75.53%。全省百岁以上老寿星有 1522 人，比 1990 年的 709 人增加 813 人，比 1982 年的 302 人增加 1220 人。在 1522 名老寿星中，男性 343 人，占 22.5%；女性 1179 人，占 77.5%。其中，居住在城市的 239 人，占 15.7%；居住在城镇的 199 人，占 13.1%；居住在农村的 1084 人，占 71.2%。

到 2005 年，四川人口预期寿命为 72.73 岁，比 1990 年的 68.58 岁增加 4.15 岁，比 1982 年的 64.59 岁增加 8.14 岁。

（二）人口死亡率

1986—2005 年，四川省婴儿死亡率和孕产妇死亡率下降 10 倍以上，传染病发病率下降近 4 倍，均低于全国平均值；大骨节病、血吸虫病防治取得重大进展；结核、乙肝发病率持续降低；肿瘤、肺心病、心脑血管疾病等早期发现率、管理率、治愈率大大提高。四川省建立起覆盖城乡居民的基本医疗卫生制度和功能完善的医疗卫生服务体系，医疗卫生人员数增长 3.7 倍，彩超、CT、磁共振等先进诊断设施设备在全省普及，精准、智能、快捷、便携的检测检验手段不断丰富；血液透析、器官移植、心脏支架、微创手术、靶向治疗等大批临床高精尖治疗技术惠及全省广大群众。人口死亡率下降，预期寿命延长。

1986—2005 年四川省人口出生率、死亡率与自然增长率表

表 1－20　单位:‰

年　度	全　省			市		
	出生率	死亡率	自然增长率	出生率	死亡率	自然增长率
1986	20.5	6.9	13.6	16.2	6.0	10.3
1987	17.9	7.0	10.9	15.5	5.8	9.7
1988	18.3	6.6	11.7	13.6	6.6	7.0
1989	19.1	7.3	11.8	12.6	6.2	6.4

续表 1－20

年 度	全 省			市		
	出生率	死亡率	自然增长率	出生率	死亡率	自然增长率
1990	19.1	7.7	11.4	13.5	6.2	7.3
1991	15.8	7.3	8.5	11.4	6.2	5.2
1992	16.3	7.0	9.3	11.9	7.0	4.9
1993	16.8	7.2	9.6	12.4	6.7	5.7
1994	16.9	7.0	9.9	12.1	6.5	5.6
1995	17.1	7.2	9.9	11.7	6.7	5.0
1996	16.6	7.3	9.3	10.9	6.4	4.5
1997	15.7	7.0	8.7	9.8	5.9	3.9
1998	14.6	7.1	7.5	9.6	6.1	3.5
1999	13.8	7.0	6.8	9.3	5.9	3.4
2000	12.1	7.0	5.1	10.1	6.5	3.6
2001	11.2	6.8	4.4	7.9	5.4	2.5
2002	10.4	6.5	3.9	7.6	5.7	1.9
2003	9.2	6.1	3.1	7.7	5.3	2.4
2004	9.1	6.3	2.8	8.5	6.4	2.1
2005	9.7	6.8	2.9	8.8	5.3	3.5

说明：数据来源于1986—2005年《四川统计年鉴》

四川省不同年份婴儿死亡率与期望寿命表

表 1－21

年 度	婴儿死亡率（‰）	期望寿命（岁）		
		合 计	男 性	女 性
1990	38.4	69.4	67.6	71.4
2000	21.4	72.8	70.6	75.3
2005	15.4	76.7	74.3	79.6

说明：1. 1990年婴儿死亡率数据来源于《中国卫生统计年鉴（2008）》，1990—2005年婴儿死亡率数据来源于四川妇幼卫生年报。期望寿命数据来源于四川省疾控监测点数据：城市点为成都市8个区（武侯、成华、青羊、金牛、锦江、高新、龙泉驿、青白江）和自贡市4个区（自井、贡井、大安、沿滩）；农村点为阆中市、西充县、什邡市、盐亭县、彭州市、金堂县、双流县、荣县、富顺县、汉源县、攀枝花市仁和区、盐边县、越西县、康定市、资中县、大竹县；

2. 数据来源：《四川统计年鉴（1990）》《四川统计年鉴（2000）》《四川统计年鉴（2005）》

少数民族地区随着妇幼健康服务能力的提高，死亡率逐年下降。20世纪50年代以前，甘孜州人口预期寿命40岁以下。1982年死亡率为9.41‰，1992年为7.7‰，2002年为5.56‰。2001—2005年，阿坝州人口死亡率基本稳定在5‰左右、人口自然增长率持续下降至6‰以下。1986—1996年，凉山州人口死亡率由8.12‰下降至7.19‰，自然增长率由12.25‰下降至10.20‰。人口再生产进人低出生、低死亡和低自然增长的新阶段。

（三）母婴健康保障

全省围绕提高母婴健康水平，注重提升妇幼健康服务能力，积极推进出生人口缺陷干预工程和人口早期教育，为育龄群众提供优质的计划生育、避孕节育、生殖健康等方面的咨询和技术服务。

1985—1990年，全省在11个市（地、州）的20个县（市、区）中抽取42个样本点（农村样本点占76.38%、城镇占23.62%）进行先天性畸形、遗传病及与遗传有关疾病的调查。现场调查126876人，发现先天性畸形、遗传病及与遗传有关疾病150种，病例12576例。1991—1995年，全省改进、完善避孕节育方法，大面积应用B型超声波诊断仪，进行孕情监测，保证每年4次“双查”的落实。1996年，全省逐步建立起婚前医学健康检查制度，对申请登记结婚的男女青年进行法律所要求的婚前医学检查，并对接受检查的男女青年提供婚配和生育方面的医学意见。1997年，全省婚检率由1990年的12.6%增至43%，全省孕产妇保健系统管理率达72.2%，3岁以下儿童保健系统管理率达61.1%，住院分娩率稳步提高。住院分娩出生缺陷发生率由11.6‰降至9.9‰。1998年12月，省、市、县三级母婴保健监督员、检查员队伍有12000余人，审批服务单位2600余个，技术服务人员1500余人，家庭接生员8800余人。1999年起，全省实施“爱婴行动与母亲安全工程”，重点改扩建200个妇幼保健机构，重点装备100个妇幼保健机构，重点改善1000个乡镇卫生院产科儿科急救条件。

进入“十五”期间，全省各地强化母婴安全意识，掌握筛查、评估标准和管理要求，全面规范地开展孕产妇妊娠风险筛查和评估。制定风险防控措施和应急预案，建立完善抢救程序与规范，有针对性地开展技能培训，提高在岗人员救治能力。绵阳市医疗保健机构建立多学科合作机制，保障急救设施配备，强化应急反应能力。将保障母婴安全放在卫生计生工作的突出位置，作为妇幼健康工作的重中之重和医疗质量安全管理的重点领域，按照国家和省有关工作部署，强化领导责任、沟通协作、监督管理，确保各项任务落实到位。全面落实个案报告、专案管理、通报约谈等机制，将母婴安全工作纳入相关绩效考核体系，加大考核力度，兑现奖惩措施，确保制度有效落实。各级各类医疗保健机构根据功能定位和职责任务，履行保障母婴安全的主体责任，加强母婴安全质量管理，定期对本机构母婴安全管理情况进行自查评估，及时发现问题，落实整改措施，有效保障母婴安全。

2004年，全省进一步实施出生缺陷干预工程，把出生缺陷干预工作列为专项工程实施，建立健全出生缺陷干预和监测网络。

第二章 人口计划

第一节 人口计划编制及实施

一、“七五”人口计划

（一）控制目标

1985年，四川按照人口发展与经济社会发展相适应，与资源利用、生态平衡相协调的原则，根据全国第三次人口普查数据，结合省情制定“七五”人口计划。经过反复测算和研究，到1990年末全省总人口目标控制在10700万人以内，比“六五”人口计划增加530万人，年平均自然增长率10‰以内。在国家计委、国家计生委《关于调整各省、自治区、直辖市到本世纪末人口计划指标的请示》得到国务院批准后，四川省据此于1987年末将1990年末总人口指标由10700万人调整为10830万人，增加130万人。

（二）主要措施

1. 把计划生育放在更加重要的位置，切实加强领导，把人口与计划生育工作纳入国民经济和社会发展的总体规划，保证“七五”人口计划的完成。

2. 加强基层建设和基础工作，健全、充实计划生育管理、技术服务、群众工作三支队伍，做到乡（镇、街道）有专职干部，村（居）民委员会有专、兼职人员，村（居）民小组有育龄妇女组长（中心户长）。加快区、乡、村基层服务机构建设步伐，有计划分期分批地把服务机构建好、管好，发挥宣传教育、技术服务、避孕药具、培训干部四大功能。

3. 依靠科技进步，提高节育质量，加强孕前服务。计划生育科学研究以改进、完善现有避孕节育方法，研制新的更为安全、高效、简便、经济的避孕节育方法以及必要的应用基础研究为重点内容。积极推广应用一批安全、有效、简便、易为群众接受的避孕节育新方法、新技术，为计划生育工作服务。全面贯彻以避孕为主的方针，认真落实避孕节育措施，大面积应用B型超声波诊断仪，进行孕情监测，努力做好孕前服务，使计划生育工作从孕后补救型转到孕前服务型，保护广大育龄妇女健康。

4. 逐步改善省计划生育办公自动化条件，完善、提高计算机的信息存储与处理规模。建立省计划生育管理信息系统。要求市（地、州）级在1990年做到利用计算机进行计划生育信息管理。县一级首先是百万人口大县力争在“七五”期间配备微机及计算机人员。省计生委要配合国家计生委在软件开发、人员培训上予以支持。

5. 加强计划生育系统干部队伍建设，提高干部队伍思想素质和业务素质。切实把干部培训、考核、任用结合起来，努力建设一支思想好、作风正、懂业务、会管理的干部队伍。

（三）执行情况

据第四次人口普查结果，1990年7月1日，全省常住人口为10721.8万人。1990年下半年净增人口66.5万人，按此推算全省总人口数为10788.3万人。按调整计划的10830万人衡量，“七五”期间四川全面完成人口计划控制目标。四川流出人口多于流入人口，净流出人口89万人，这部分人口随时影响全省总人口规模。

四川省“七五”期间人口计划执行情况表

表1－22

年度	总人口（万人）			总人口增长率（‰）		出生率（‰）		自然增长率（‰）	
	计划	执行	相差 +、-	计划	执行	计划	执行	计划	执行
1986	10274	10319	45	8.49	12.96	15.0	20.54	8.5	13.63
1987	10423	10458	35	14.50	13.45	17.5	20.53	10.0	12.47
1988	10569	10589	20	14.01	12.56	17.5	18.29	11.0	11.70
1989	10695	10699	4	11.92	10.39	17.5	18.29	11.0	11.32
1990	10830	10816	-14	12.62	10.92	18.0	19.11	11.5	11.45

说明：1. 表内执行栏1986—1988年总人口为公安统计数，1989—1990年为计生部门统计数。出生率、自然增长率1986年、1988年、1990年为省统计局抽样数，1987年为2‰生育、节育调查数，1989年为人口普查数；

2. 表内执行数据大于计划，说明未完成人口计划

1. 年度出生率：“七五”期间，全省各年度出生率分别为20.54‰、20.53‰、18.29‰、18.29‰和19.11‰；自然增长率分别为13.63‰，12.47‰，11.70‰，11.32‰和11.45‰。“七五”期间，全省出生率保持在20‰左右，大大低于20世纪70年代初40‰的出生水平。

2. 计划生育率：“七五”期间，全省各年度计划生育率分别为74.76%、75.08%、78.13%、79.30%和86.54%，呈逐年上升趋势。年平均计划生育率为79.72%，比“六五”期间年平均70.90%的计划生育率提高近9个百分点。

3. 妇女总和生育率：“七五”期间，全省育龄妇女各年度总和生育率分别为2.31、2.16、2.20、2.05和1.96，年平均为2.16，已接近更替水平。比全国同期年平均2.4的水平约低10%，与四川省20世纪70年代总和生育率6相比，下降64%。

二、“八五”人口计划

（一）控制目标

1992年1月13日，四川省“八五”人口计划经省七届人大五次会议通过。“八五”期末总人口控制目标为11529万人，“八五”期间年均增长率为12.91‰。

四川省"八五"期间人口计划表

表 1－23

年度	年末总人口（万人）		出 生			死 亡			自然增长		
	常住人口	户籍人口	人数（万人）	出生率（‰）		人数（万人）	死亡率（‰）		人数（万人）	自然增长率（‰）	
1991	10957.59	11046.59	232.22	21.33	21.16	68.0	8.08	8.02	144.21	13.25	13.14
1992	11106.52	11195.52	238.03	21.58	21.40	89.1	8.08	8.01	148.93	13.50	13.39
1993	11252.74	11341.74	236.22	21.13	20.96	90.0	8.05	7.99	146.22	13.08	12.98
1994	11394.45	11483.45	232.22	20.51	20.35	90.5	7.99	7.93	141.71	12.51	12.42
1995	11529.38	11618.38	225.63	19.69	19.53	90.7	7.91	7.85	134.93	11.77	11.68

（二）主要措施

1. 贯彻《人口计划管理暂行办法》和《县级及县以下人口计划管理实施办法》，坚持实行"两公开一监督"的管理措施，保证人口按计划增长。

2. 贯彻落实现行政策，依法管理计划生育。在执行各有关政策、法规中，做到省有规章，市（地、州）有细则，县（市、区）有办法，乡（村）有乡（村）规民约，逐步建立比较完备的计划生育法规体系，使计划生育工作逐步走上法制管理轨道。研究同农村计划生育有关的社会经济问题，使计划生育工作在政策上同劳动就业、土地管理、扶贫开发等群众普遍关心的问题紧密结合起来，制定有利于晚婚、晚育、少生、优生的政策措施，促进计划生育工作，使人口与经济协调发展。

3. 进一步开展全民性人口与计划生育宣传教育，改进和加强计划生育舆论宣传。到 1995 年，90%的县党校、80%的乡级党校（干校）开设马克思主义人口理论课或人口与计划生育系列讲座，使党员、干部的教育制度化、系统化。有计划、有步骤地做好人口与计划生育基础知识教育，在"八五"期末全省城市基本普及，农村 90%以上的乡、村基本普及，受教育群众占应受教育人数的 95%以上。普及后深化工作坚持经常化、制度化。争取"八五"期间所有的中小学开设人口与生理卫生教育课程。

4. 依靠科技进步，提高节育质量，加强孕前服务。积极推广应用一批安全、有效、简便、易为群众接受的避孕节育新方法、新技术，为计划生育工作服务。全面贯彻避孕为主的方针，大面积应用 B 型超声波诊断仪，努力做好孕前及孕期服务，使计划生育工作从孕后补救型转到孕前服务型，保护广大育龄妇女健康。

5. 逐步改善省计划生育办公自动化条件，完善、提高计算机的信息存储与处理规模。建立省计划生育管理信息系统。要求市（地、州）级在 1993 年做到利用计算机进行计划生育信息管理。县一级首先是百万人口大县力争在"八五"期间配备微机及计算机人员。省计生委要配合国家计生委在软件开发、人员培训上予以支持。

6. 在机构改革和人事制度改革中，合理解决计划生育系统的机构设置、编制、工资待遇、专业技术职务评聘等问题，在提高干部素质和加强工作质量的同时，注重关心和解决计划生育队伍的切身利益。

（三）执行情况

至1995年末，全省总人口11325万人，比计划数的11342万人减少17万人。

四川省“八五”期间人口计划执行情况表

表1－24

年度	总人口（万人）		出生数（万人）		出生率（‰）		自然增长率（‰）	
	国家计划	执行结果	国家计划	执行结果	国家计划	执行结果	国家计划	执行结果
1991	11948.00	10896.60	225.00	172.38	19.76	15.82	9.00	8.53
1992	11092.00	10998.00	225.03	178.94	20.40	16.27	13.07	9.24
1993	11141.00	11103.00	210.03	186.20	18.97	16.77	11.83	9.57
1994	11245.00	11214.00	208.93	188.91	18.69	16.93	11.66	9.94
1995	11342.00	11325.00	207.30	147.00	18.38	17.08	11.35	9.87

说明：表内执行结果为省统计局调查数

三、“九五”人口计划

（一）控制目标

1994年，省计生委着手对“九五”人口计划进行测算。通过对9套方案的研究对比、多方论证，于同年10月19日提交省计生领导小组审议，建议以1.70的总和生育率为参数调整四川省“九五”期间的人口计划，并报省政府审定。11月7日，省政府在《关于调整四川省“九五”期间人口计划的意见及2010年人口规划（草案）的批复》中，同意对原计划进行调整。

“九五”期间全省年平均人口出生率控制在17‰左右，年平均自然增长率控制在9‰左右。到2000年，全省总人口控制在1.2亿人以内。

四川省“九五”期间人口计划表

表1－25

年　度	总和生育率（‰）	年末总人口（万人）	出　生		自然增长	
			出生人口数（万人）	出生率（‰）	自然增长人数（万人）	自然增长率（‰）
1996	1.70	11482.34	215.95	18.91	128.76	11.28
1997	1.70	11606.89	213.94	18.53	124.56	10.79
1998	1.70	11723.05	207.32	17.77	116.16	9.96
1999	1.70	11826.62	196.15	16.66	103.57	8.80
2000	1.70	11914.92	182.01	15.33	88.30	7.44
合　计	—	11710.76	1015.37	17.34	561.34	9.59
年平均	—	—	203.07	—	112.27	—

1997年3月，国务院以国发〔1997〕11号文件下达四川省“九五”期间的出生人数（998万人）和2000年末总人口（11895万人）。为此，四川对“九五”期间人口计划作出相应调整。同月，八届全国人大五次会议批准，将四川省所辖的重庆、万县、涪陵、黔江一市三地划重庆市直辖。针对行政区划变更的新情况，对原四川省“九五”期间人口计划进行川、渝切块划分。

1997年四川省“九五”期间人口计划调整和川、渝划分情况表

表1－26

项目		1996年	1997年	1998年	1999年	2000年
原四川省	总人口（万人）	11459.90	11586.65	11708.81	11811.04	11894.96
	出生人口（万人）	217.56	210.94	207.85	189.33	172.31
	出生率（‰）	19.10	18.31	17.84	16.10	14.54
	自然增长人数（‰）	134.90	126.75	122.16	102.23	83.92
	自然增长率（‰）	11.84	11.00	10.49	8.69	7.08
重庆市	总人口（万人）	3075.25	3103.87	3131.67	3153.37	3169.07
	出生人口（万人）	51.38	50.40	49.94	44.17	38.46
	出生率（‰）	16.79	16.31	16.02	14.06	12.17
	自然增长人数（‰）	29.96	28.62	27.80	21.70	15.70
	自然增长率（‰）	9.79	9.26	8.92	6.91	4.97
四川省	总人口（万人）	8384.65	8482.78	8577.14	8657.67	8725.89
	出生人口（万人）	66.18	160.54	157.91	145.16	133.85
	出生率（‰）	19.94	19.04	18.51	16.84	15.40
	自然增长人数（‰）	104.94	98.13	94.36	80.53	68.22
	自然增长率（‰）	12.59	11.64	11.06	9.35	7.85

说明：数据来源于川计生委函发〔1997〕19号文件

（二）主要措施

1. 加强领导，实行综合治理。进一步加强对计划生育工作的领导。一把手不仅要对完成人口计划负总责，而且要对开展计划生育“三结合”，实现人口与经济社会协调发展负总责。进一步完善和实行人口与计划生育目标管理责任制，建立科学的责任目标体系及评估、考核办法；企业要实行法定代表人负总责的计划生育责任制，建立必要的奖惩制度。

2. 稳定生育政策，加强法制建设。制定、完善与《四川省计划生育条例》配套的法规、规章，完善计划生育奖励制度和服务协议制定工作，配合有关部门推进计划生育系列保险与养老保险事业的发展。做好“三五”普法宣传教育，增强广大干部群众自觉履行计划生育权利和义务的观念。健全和稳定各级计生执法工作机构和队伍，做好业务培训，加强执法监督，提高执法水平。

3. 加强宣传教育，转变生育观念。组织开展生殖健康、避孕节育、优生优育、妇幼保健等科学知识的宣传，引导群众树立文明、进步、科学的婚育观念。配合本地报刊、电台、电视台、广播站举办人口与计划生育专题讲座，市地级开办率达85%，县级开办率达100%，乡（镇）级开办率达90%。巩固和发展婚育家庭学校，到2000年，全省“五期”教育面达到90%以上，其中平坝、丘陵地区达90%以上，盆周山区达80%以上。在85%的乡（镇）建立婚育家庭学校，75%的村建立婚育家庭学校辅导站，开展面对面的计划生育宣传服务。各级党校、干校、团校和县以上党委中心学习组都要开展人口理论教育和学习，市（地）、县（市、区）教育面达85%，乡（镇）级达80%。中小学人口、国情与青春期教育面城市达100%、农村达80%。

4. 以农村为重点，加强基层工作。继续加强基层计划生育机构队伍建设，切实稳定乡（镇）计生机构。要有一定数量的聘转录指标，及时补充乡（镇）计生专干的缺额。村（居）民委员会和村民小组必须配备计划生育专（兼）职人员，计划生育困难的村应配备专职计划生育副村长，妥善解决其待遇和报酬。继续推行“任务、经费包到村，工作与奖惩挂钩”的管理办法，保证基层计生工作有人抓、有人管。加强计生技术服务队伍建设，“九五”期末，全省县以上计划生育服务机构全部建成，乡（镇）、村计生服务站（室）建站率达90%（“三州”除外），并逐步实现“三配套”。

5. 发展计划生育科技事业，提高科技服务水平。不断完善计划生育科技管理体系。全省90%的市（地、州）计生指导所、85%的县级计生指导站、70%的乡（镇）计生服务站、50%的村计生服务室达到《四川省计划生育技术服务机构分级管理标准（试行）》，实行规范化管理。加强对计划生育科技工作的领导。县以上计生委班子都要配备一名受过医学专业知识教育的领导分管计划生育科技工作。

6. 加强和改进人口计划管理与统计工作。科学合理制定本地区人口计划，健全、完善年度人口计划的预测、预报和对计划分解的检查、监督工作。加强对人口统计工作的领导，实行各级计生委统计质量一把手负责制；建立健全人口统计制度，下大力抓好村、组两级统计工作，杜绝人口统计虚报、减少漏报，确保人口统计质量。认真落实《四川省计划生育系统“九五”期间计算机推广应用规划》，到2000年，全省（“三州”除外）大多数县基本建立计划生育信息计算机传输网络。保持计生统计机构和队伍建设的稳定。县以上计生委设置综合统计机构或指定兼管统计业务机构，加强对统计人员的法制和业务知识培训，未取得统计岗位证书的人员不得从事统计工作。

7. 努力增加投入，提供物质保障。增加各级计划生育经费投入，确保“九五”期末达到人均4元的目标，省、地、县三级按2∶2∶6比例分级负担，确保农村乡统筹费用于计划生育比例的落实，全面实行“乡收县管，财政监督”，保证全部用于计划生育事业。各级计生、财政部门要协调配合，加强会计核算和财务监督，调整支出结构，提高资金使用效益，最大限度地发挥有限资金的作用。要把计划生育基本建设列入国家基本建设计划，开立基建户头，安排适量投资。

8. 加强队伍建设，提高干部素质。“九五”期间，按国家公务员、专业技术人员要求对全省计划生育系统在职干部进行全员的、有针对性的培训和继续教育，对计划生育行政管理干部进行一次系统的岗位专业培训，要求县级达到大专学历的占70%以上，乡级基本达到中专（高中）学历。市、县、乡技术服务机构中大专以上文化程度分别占80%、60%和30%。

（三）执行情况

至2000年末，全省总人口8602万人，比计划数的8725.89万人减少123.89万人。“九五”期间，全省出生人口622.45万人，比计划少生140.44万人；出生率由1995年的16.94‰下降到2000年的12.85‰，年均出生率为14.74‰；自然增长人口322.12人，自然增长率由1995年的

9.74‰下降到2000年的5.83‰，年均自然增长率为7.63‰。

四川省“九五”期间人口计划执行情况与计划数比较表

表1－27

项　目	计划数（万人）	执行结果（万人）	相差（+、-）（‰）
期末总人口	8725.89	8602.00	-123.89
出生数合计	762.89	615.20	-147.69
增加人口数	446.18	315.07	-131.11
年均出生率	17.94	14.57	-3.37
年均增长率	10.49	7.47	-3.02

四、“十五”人口计划

（一）控制目标

“十五”期间，全省年均人口出生率控制在13‰以下，计划生育率稳定在90%以上并逐年有所提高，到2005年，全省总人口控制在8900万人以内；婴儿出生缺陷发生率控制在10‰以下，降低出生婴儿性别比；育龄群众享有基本的生殖保健服务，逐步扩大避孕方法“知情选择”的范围；逐步建立与社会主义市场经济相适应的调控有力、管理有效、政策法规完备的计划生育保障体系和工作机制。

（二）主要措施

1. 继续坚持党政一把手亲自抓、总负责。把人口与计划生育工作纳入国民经济和社会发展的总体规划，保证人口计划的完成。坚持和完善人口与计划生育目标管理责任制，对党委、政府和计划生育部门实行分线考核。把人口与计划生育工作的好坏作为考核各级党委、政府和主要领导干部政绩的一项基本指标。

2. 稳定政策，依法管理，稳定低生育水平。保持现行生育政策的稳定。把人口与计划生育工作全面纳入依法管理的轨道，用法律法规规范公民的婚育生育行为、计划生育行政行为、生殖健康技术服务及产业市场。严格执法，进一步提高计划生育率，降低盆周山区和川中丘陵地区妇女的生育水平，使全省生育水平稳中有降。

3. 加强基层基础工作，全面落实“三为主”工作方针。把人口与计划生育工作纳入社区管理和服务体系，在农村积极推进计划生育村民自治，在城市继续推行属地化管理。落实法定代表人计划生育工作责任制。加强对流动人口的计划生育管理。加强各项基础工作，实现计划生育管理规划规范化。

4. 完善计划生育利益导向机制，对人口问题进行综合治理。制定有利于人口与计划生育工作的土地、企业、医疗、社会保障、户籍、劳动、教育、财税等政策和改革措施，采取法律、教育、经济、行政等措施综合治理人口问题。继续采取小额贷款、项目优先、科技扶持、政策优惠等措施，帮助计划生育和提高社会经济地位。进一步落实对实行计划生育家庭的奖励和优惠政策，逐步完善农村计划生育养老保险、独生子女安康保险、农村计划生育手术平安保险等计划生育基本保险。

5. 深化宣传教育，建设社会主义生育文化。广泛深入地开展婚育新风进万家活动，大力普及计划生育法律法规和避孕节育、优生优育、生殖保健方面的科学知识，引导广大群众树立科学、文明、进步的婚育观。

6. 依靠科技进步，推进优质服务，保障育龄群众的生殖健康，提高出生人口素质。到2005年，形成有较严格质量保证体系的计划生育、生殖健康技术服务网络，覆盖全省95%以上的人群。逐步扩大避孕节育方法"知情选择"的范围，已婚育龄妇女综合避孕率保持在88%以上，避孕措施的及时率和有效率大幅度提高。实施"出生缺陷干预工程"，在全省90%的县建立出生缺陷预防控制网，进一步降低婴儿死亡率、孕产妇死亡率和出生婴儿缺陷发生率。全面开展妇女病的普查与防治工作。

7. 以建立基层育龄妇女信息系统为重点，加快计划生育信息网络建设。到2005年，全省除"三州"外所有乡镇配备计算机并用计算机管理育龄妇女信息，初步建成四川省人口与计划生育信息网络。

8. 建立稳定、可靠的投入保障和经费管理机制，逐步提高人口与计划生育经费投入的总体水平和管理水平。到2005年，各级财政投入计划生育事业费人均超过10元。经费支出结构合理，使用效益明显提高。

9. 加强队伍建设，提高计划生育工作人员的管理和服务能力。按照思想好、作风正、懂业务、会管理、善于做群众工作的要求，加强计划生育干部队伍特别是乡（镇、街道）、村（居委会）计划生育干部队伍的教育培训，全面提高其素质。

（三）执行情况

"十五"期间（2001—2005年），四川省各项人口计划指标均全面完成。至2005年，全省总人口8750万人，比8900万人以内的既定控制任务少生150万人，人均GDP（国内生产总值）突破1000美元。全省人口出生率由2000年的13.8‰降至2005年的9.7‰，总和生育率稳定在1.5‰左右，人口自然增长率2.9‰，分别比全国同期平均水平低2.8和2.9个千分点。

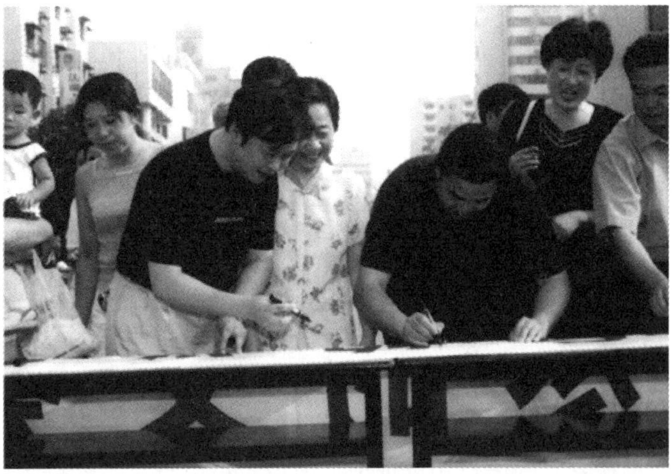

图1－2　眉山市举行"2001年世界人口日"万人签名活动

四川省"十五"期间人口计划主要指标完成情况表

表1－28

项　目	2001年	2002年	2003年	2004年	2005年
年末总人口（万人）	8639.60	8673.30	8700.00	8724.60	8750.00
出生人数（万人）	96.20	90.40	79.70	78.80	84.80

续表 1－28

项　目	2001 年	2002 年	2003 年	2004 年	2005 年
出生率（‰）	11.20	10.40	9.18	9.10	9.70
死亡率（‰）	6.80	6.50	6.06	6.30	6.80
自然增长率（‰）	4.40	3.90	3.12	2.80	2.90

说明：表内各项指标均为省统计局公布数据

第二节　人口发展战略研究

四川通过对人口发展战略的研究，深入探讨人口与经济社会发展之间相互作用的规律与程度，进而提示：推行计划生育带来的“人口红利”期，是四川经济社会发展的最佳时期；稳定现行生育政策，稳定低生育水平，是全省较长一个时期人口计生工作的首要任务。同时，通过大量数据说明，大自然对人类提供的生存空间是有限的，人类需要加强自律、珍惜生存环境，使人与自然和谐发展。

2004 年 3 月，省计生委着手准备人口发展战略研究的相关工作。经过反复论证和专家座谈，拟出人口发展战略研究方案。12 月 21 日，省政府召开会议，专题研究人口发展战略研究问题。会议审定通过人口发展战略研究工作的三条原则：科学性原则，即坚持以科学发展观为指导，运用科学方法，拿出具有权威性的科学研究成果；战略性原则，即在研究课题的选题上要有战略性、前瞻性；实证性原则，即研究课题、研究结果要对四川的发展具有实用性、针对性。在此基础上，确定首批展开研究的 3 个课题。副省长陈文光在会上对人口发展战略研究工作做出部署，宣布四川省人口发展战略研究工作正式启动。成立由实际工作者与专家相结合的四川省人口发展战略研究课题组，聘请四川省人口发展战略研究课题组首席顾问和顾问，首批 3 个课题小组向课题组签订课题任务书。随即，3 个研究课题全面展开。

课题之一：《四川省人口发展态势研究》

该课题的研究方向主要着眼于人口数量问题，分析四川省人口发展的现状及其主要特点，揭示四川省中长期人口发展的变动态势及其主要特征。研究方法主要以四川省近三次人口普查资料为基础，采取时间序列分析、因子分析、主成分分析等手段，建造符合四川省实际的人口预测数学模型。通过研究，对以下几个问题做出科学预测：四川省人口总量的变动态势及其高峰，以及出生人口的变动态势及其高峰和低谷；四川省学龄人口、劳动年龄人口和老龄人口的变动态势；四川省出生人口和婚龄人口的性别构成；四川省各市（州）的人口变动态势。

课题之二：《四川省 2020 年人口承载力研究》

该课题的研究方向主要着眼于人口与资源、环境的关系问题，研究四川省人口发展对资源、环境的需求，实现全面小康时四川省资源、环境对人口的承载力及最大人口容量和适度人口规模。研究方法主要通过建立四川资源、环境与人口承载力的评价指标体系，分别运用人文发展指数与社会稳定指数模型、灰色系统模型、四川土地人口承载力模型，从定性与定量方面研究四川省资源、环境与人口承载力的关系，寻求三者协调发展的途径。通过研究，厘清以下几个方面的问题：四川省人口发展对资源、环境的需求；2020 年四川省资源、环境的最大人口容量；2020 年四川人口、资源、环境相协调的适度人口规模。

课题之三：《四川省人口发展与全面建设小康社会重大关系研究》

该课题的研究方向主要着眼于人口与经济、社会的关系问题，就人口发展中的几个突出问题与全面建设小康社会之间的关系进行系统研究，基于为全面建设小康社会创造良好人口环境，提出相应的人口发展战略。该课题主要研究以下几对关系：控制人口数量与全面实现小康社会指标的关系，提高人口素质与促进社会全面发展的关系，劳动力增长趋势与就业和社会保障体系建设的关系，人口城镇化发展与城乡结构调整的关系，人口老龄化变化趋势与养老保障体系建设的关系，青少年发展与教育资源整合、调整的关系。

2005 年 8 月，3 个课题相继结题，并通过专家评审。根据 3 个课题研究报告，省计生委形成《四川省人口发展战略研究成果报告》，报送省委、省政府。省委第 140 次常委会议和省政府第 82 次常务会议，先后听取省人口计生委关于人口发展战略研究成果的报告，并进行审议。省委、省政府对研究成果给予高度评价，省委常委办公室以《领导参阅》印发省人口计生委关于人口发展战略研究成果的报告，要求各有关部门要充分运用研究成果，使之成为制定全省国民经济和社会发展“十一五”规划和相关行业发展规划的依据。

通过对 3 个课题的研究，得出以下结论：

1. 四川省人口总量将持续增长，稳定低生育水平仍是今后较长一个时期人口和计划生育工作的首要任务。在稳定现行生育政策和保持现有工作力度的条件下，四川省总人口到 2010 年将达到 8900 万人左右，2020 年达到 9200 万人左右，2022 年达到峰值 9206 万人左右，此后将进入人口负增长。受第三次人口出生高峰的惯性影响和独生子女间结婚可生育两个孩子的政策影响，从 2006 年至 2021 年，四川省将出现第四次人口出生高峰，年均出生 95 万人左右。出生人口在 2012 年达到峰值 104 万人，出生率在 2011 年达到峰值 12‰。由于实行严格的生育政策和卓有成效的计划生育工作，四川省迅速实现生育水平的大幅度下降，较长时间保持在更替水平以下，对控制人口过快增长产生深刻影响。但人口规模仍然庞大，人口老龄化日趋加快，是四川省人口发展面临的主要矛盾，控制人口数量与改善人口结构已成为四川省人口发展面临的两难选择。为控制人口数量、实现合理人口规模，应当稳定低生育水平；为改善未来人口结构、实现人口稳定均衡发展，应当调整现行生育政策、将总和生育率保持在更替水平。假如从“十一五”开始实行普遍生育两个孩子的政策（即将总和生育率提高到更替水平），不仅会使总人口在 2020 年超过 9500 万人、2030 年超过 9700 万人，同时还会因为少年儿童抚养比的提高使得总抚养比攀升速度加快。综合考虑各方面因素，稳定现行生育政策，稳定低生育水平，仍是四川省当前和今后较长一个时期人口计生工作的首要任务。

2. 四川省人口规模将逼近资源环境所能承载的最大人口容量，建立资源节约型和环境友好型社会具有重大战略意义。2020 年，四川省资源环境所能承载的最大人口容量为 9230 万人左右，适度人口规模为 6000 万人左右。届时四川省总人口与最大人口容量之间仅相差 30 万人左右，比适度人口规模仍多一半。在 2022 年总人口达到高峰时，四川省人口对资源环境的压力将进一步加大。

从人类赖以生存最基本的资源和环境看将会出现以下难题：

（1）水资源：假如人均年用水1100立方米，届时对水资源的总需求量为1012亿立方米，与现有量2548.56亿立方米相比，虽然总量能够满足需求，但是由于水资源的时空分布和人口本身的分布极不均衡，造成川西地区人均水资源存量大，而四川盆地除成都平原以外的其他地区则面临严重的水资源短缺。同时，水资源利用率较低、污染日趋严重，还将加剧部分地区水资源短缺的状况。因此，应当在保护四川江河源流的生态环境，避免水资源进一步枯竭的同时，采取有效政策措施引导城乡居民节约用水，大力开发水资源循环利用，有条件的实施“西水东调”，以保障城乡居民用水。

（2）耕地资源：假如人均年耗粮450千克，届时对粮食的总需求量为4143万吨。再假如对粮食的需求为四川省自给自足，粮食单产为9.64吨/公顷（642千克/亩），则至少需要耕地近430万公顷，与耕地资源的现有量390.44万公顷相比，相差近40万公顷。若按2003年耕地现有量计算（即未来19年保持耕地的占补平衡），2020年要达到人均耗粮450千克，则粮食单产须达到707千克/亩，粮食安全形势十分严峻。因此，四川省作为农业大省和人口大省，应当在严格保护现有耕地的同时，加大土地整理，在城市化进程中节约用地，努力实现占补平衡和增加耕地总量，以及发展科技农业，提高复种指数和单产，以保证粮食安全。

（3）大气环境：在四川省21个市（州）政府所在地，除康定、马尔康、雅安等城市空气质量为一、二级外，多数城市在三级或三级以下，其中攀枝花、遂宁已降为劣三级，空气中氮氧化物含量超过国家二级标准4—5倍。在经济和人口继续增长的条件下，大气环境仍呈进一步恶化趋势。因此，应当强化环保意识，建设生态四川，治理环境污染，增加城市绿地，以改善人居环境。

3. 四川省人口的数量、素质、结构和分布状况，都将直接关系到全面小康目标的实现。

（1）人口数量：最直接体现就是人口总量的分母效应，因为全面小康的多数指标是以人均为计算标准的。到2004年，四川省全面小康指标值的实现率为67.6%。以GDP为例，假使2020年四川省总人口能控制在9200万人左右，未来15年则必须保持年均8.16%以上的增长速度才能实现人均3000美元的目标。因此，应当坚定不移地在一心一意抓经济发展的同时，绝不放松人口和计划生育工作。

（2）人口素质：主要体现在人口素质与经济社会发展高度相关性上。四川人口素质综合指数与人均GDP的相关系数达到0.825。但四川省人均受教育年限不高，城乡和区域人口受教育状况不平衡，人口素质结构与产业升级不适应，人才规模相对较小和分布不够合理等问题仍较突出。因此，应当切实实施科教强省、人才强省战略，尽快普及九年义务教育，大力推进职业教育，构建终身教育体系和学习型社会，为促进人的全面发展和人尽其才提供良好的制度环境。同时，应当通过加强优生优育、完善公共卫生体系、创建良好人居环境、开展群众性体育活动、加强公民思想道德特别是诚信守法建设等，全方位提升四川人口的身体素质和思想道德素质。

（3）人口结构：合理的人口性别结构是构建和谐社会的内在要求。长期以来，四川省出生人口性别比持续攀升，到2000年“五普”时达到117。按此计算婚龄人口（男性22岁、女性20岁）性别比，2011—2020年累计将提高到146，这意味着假如在四川省内年满22岁的男性与年满20岁的女性婚配，10年间全省将累计出现138.6万名“单身”。当然这只是一个纯粹的假设。但是如果任由出生人口性别比偏高的状况持续下去，必将出现高龄对低龄、富裕地区对贫困地区的“婚姻挤压”，由此带来老夫少妻、“单身村”、性犯罪等社会问题。因此，应当从现在起采取综合治理措施，有效遏止出生人口性别比持续重度偏高的状况。

(4) 人口分布：合理的城乡和地域人口分布是统筹城乡和区域发展的内在要求。四川省2004年人口城镇化率为31%，要在2020年实现50%的目标，平均每年需要提高1.2个百分点。因此，应当以统筹城乡和区域发展为目标，推进城乡结构制度的变革与创新，重点扩张大中型城市，注重发展卫星城，有质量地加快小城镇建设，并以人口城镇化为纽带，促进城乡经济结构、产业结构的协调。

4. 四川省已迎来抚养比较低的"人口红利"期，为推进人力资源大省向人力资本大省转变打开"机会窗口"。未来25年，四川省始终有超过6000万的劳动年龄（15—64岁）人口。2013年前后，四川省劳动年龄人口将达到峰值6646万人。但15—24岁、25—44岁的年轻和青壮年劳动年龄组人口占总人口的比重将逐渐降低，45—64岁中老年劳动年龄组人口占总人口的比重将不断升高，劳动力"老化"趋势明显。同时，未来25年四川省人口总抚养比在50%以下，特别是从2002年到2016年的15年间，总抚养比低于40%，是四川省人口负担比例最低的时段。这种劳动年龄人口增长较老年受赡养和少年儿童受抚养人口增长更快的时期，是推行计划生育带来的"人口红利"。充分利用劳动力充裕、负担程度低、储蓄率较高的"人口红利"期，向教育和健康投资，建立人力资本，刺激经济发展，是为发展中的四川省打开的"机会窗口"。劳动力充裕的背后则是巨大的就业压力。即使按照从18岁到现行退休年龄计算就业人口，四川省"十一五"期间需要就业的人口仍将由5440万人增长到5520万人，仍然属于劳动力供给严重大于需求的时期，就业缺口450万人。2011—2020年就业矛盾将得到较大程度缓解，特别是2016—2020年的就业缺口将降低到80万人。因此，在2010年之前宜以扩大就业规模、努力降低失业水平为当务之急，2010年之后则宜以优化劳动力配置、提高劳动力利用效率为主要任务。按照不同的侧重点，实施就业优先的发展战略和经济政策，确定相应的经济增长速度和模式，兼顾技术进步与扩大就业。应当大力开展职业技能培训，增强就业竞争力。应当认真落实就业再就业政策，切实保障农民工的合法权益，完善城乡统一的劳动力市场，建立能够推动就业的社会保障体系，改善就业环境。

5. 四川省已全面进入老龄化社会，加快建立养老保障体系迫在眉睫。2003年，四川省全面完成人口年龄结构类型由成年型向老年型转变，进入老龄化社会。人口老龄化呈加速趋势，65岁及以上人口占总人口的比例，将从2000年的7%提高到2020年的16%；老年人口的绝对量大，到2010年将超过960万人，2020年将逼近1500万人，2030年将直逼2000万人（预计到2042年达到峰值2890万人）。因此，应当抓住2016年之前抚养比较低和人口老龄化程度相对平缓这一缓冲期，加快建立并逐步完善城乡养老保障体系。城镇养老保障宜以建立和落实最低生活保障、社会基本养老保险制度为重点，农村养老保障宜以充分发挥家庭养老的作用和建立社会救助制度为主体。

6. 四川省学龄人口将逐步减少，为教育的发展和人口素质的提高创造条件。如果按照7—15岁为接受九年制义务教育的学龄人口测算，四川省学龄人口将呈波动减少态势。"十一五"期间将由1100万人减少至850万人，此后将继续下降到2014年的710万人，随后将上升到2025年的875万人，然后再下降到2030年的790万人。中小学学龄人口的减少，为教育的发展和人口素质的提高创造条件，特别是为实施农村九年制义务教育减轻压力，为逐步走向普及高中教育、发展大学教育等中高层次教育提供可能。因此，应当基于四川省教育资源的分散性与低效性，以及地区之间、类别之间、城乡之间的不平衡性，根据未来学龄人口变化特征，调整学校布局，整合教育资源，加大基础教育投入，促进各级各类学校平衡发展，努力实现教育公平。

第二篇　宣传教育

四川计划生育宣传教育坚持围绕中心服务大局、宣传和服务相结合、传承和创新相结合、正面宣传和舆论引导相结合的原则，开展计划生育宣传教育工作，寓宣传于服务之中，促进人口和计划生育惠民政策深入人心。建立和完善以宣传教育为先导的人口计生工作新机制，实现“落实‘三为主’，推进‘三结合’，坚持‘三不变’，实现‘两个转变’，达到‘一个目标’”的人口控制模式。

第一章　社会宣传

第一节　专题宣传

一、法律法规宣传

1987 年 7 月，《四川省计划生育条例》（以下简称《条例》）颁布后，全省开展《条例》“大宣传、大检查、大落实”活动，宣传《条例》的合法性、合理性和公正性；宣传《条例》是调整广大群众在生育问题上的权利、义务的基本准则；宣传制定《条例》是抓好四川计划生育工作的需要，是根据人口多、耕地少、经济较落后的省情和人口基数大、增长过快的实际情况，必须采取从严控制人口增长的基本战略；宣传制定《条例》是贯彻“三为主”（宣传教育为主、避孕为主和经常性工作为主）方针和规范生育政策的需要。通过印发《条例》原文和宣传提纲，把生育政策、避孕节育技术政策、奖惩政策等宣传到千家万户。

1988 年 3—4 月，全省围绕贯彻落实《四川省计划生育条例》，普遍开展集中宣传活动，重点宣传中共十三大精神，宣传人口形势，树立控制人口增长的思想。7—8 月，全省开展为纪念《条例》颁发实施 1 周年的“大宣传、大检查、大落实”活动，统一生育政策，纠正乱开口子的做法。省计生委宣教处配合活动编发“十三大问题解答”“钟戡同志为纪念《条例》颁发 1 周年讲话和学习《条例》问答”等宣传资料。1989 年，《四川省计划生育条例》颁发两周年之际，全省开展以《条例》为中心内容的计划生育宣传教育活动。各级党政亲自部署，各条战线一齐出动，领导干部带头宣讲，从省人大到各级人大层层组织视察，讲求实效，狠抓落实。多数地区从严格审查地区划类入手，纠正不符合《条例》规定的生育口子，把政策统一到《条例》上来；“三州”根据《条例》精神和各地实际，分别制定《计划生育办法》，经省人大常委会批准予以实施，使民族地区的计生工作走上法制轨道；乐山、成都等地人大或政府印发贯彻《条例》的配套文件；重庆、泸州、内江等市和平昌等县加强计生系统内部的执法队伍建设，德阳市制定实施《条例》的执法程序；宜宾、雅安、万县、广元和遂宁等地认真处理违反《条例》的人和事，各地针对独生子女保健费难以兑现的问题开展“双全”保险。随着《条例》的深入贯彻，全省生育政策日趋稳定，确保计划生育工作的持续稳定发展。

2001 年 6 月，全国相继颁发《中华人民共和国人口与计划生育法》《流动人口计划生育工作管理办法》《计划生育技术服务管理条例》《社会抚养费征收管理办法》。2002 年，四川省修订《四川省计划生育条例》，并更名为《四川省人口与计划生育条例》。各级党委、政府围绕“一法三规一条例”进行专题宣传，把普及、贯彻人口与计划生育法律法规作为一件大事来抓，作为人口计生宣传的一项长期任务，并列入各级政府普法内容。各地采取开办法律法规培训班、广播电视讲座，印发宣传提纲，开展法律法规知识竞赛，巡回宣讲，发行《计划生育法律法规汇编》《四川省人口与计划生育条例》宣传画册、《四川省人口与计划生育条例》连环画、《流动人口与计划生育法律法规》挂图等文图宣传品和街头咨询等活动把人口计生法律法规宣传到村、组、院落，普及到千家万户，为政府依法行政、部门依法服务、群众依法生育营造良好的舆论环境。

图2－1　宜宾市各地开展《中华人民共和国人口与计划生育法》宣传活动

二、两个《决定》宣传

1991年，中共中央、国务院发出《关于加强计划生育工作严格控制人口增长的决定》（以下简称《决定》）后，中共四川省委、省政府召开宣传、新闻和计生部门负责人参加的会议，专题对宣传《决定》精神进行研究和部署。7月16日，省计生委印发《关于迅速掀起宣传贯彻〈中共中央、国务院关于加强计划生育工作严格控制人口增长决定〉热潮的意见》，编写印发阐述《决定》意义、精神、措施的宣传提纲，帮助基层加深对《决定》的理解。各市（地、州）由党委宣传部门牵头，按照《决定》要求，开展宣传活动，由分管领导或宣传部部长在电视、电台或报纸上发表讲话，动员干部群众行动起来，掀起大学习、大宣传、大贯彻《决定》精神的高潮。广元市市县两级抽调党政机关1.3万名干部，组成231个中央《决定》宣传队进村入户宣传。全省有3000多名县级以上领导干部走上街头或到乡村宣传《决定》精神。是年，全省普遍在《四川省计划生育条例》颁发4周年、世界人口日、国庆节等重要纪念日和节假日，利用广播、电视、板报、墙报、文艺演出、知识竞赛、讲演比赛、街头宣传、组织宣讲团、发送资料等多种方式开展以宣传《决定》和计划生育政策为中心的宣传日、宣传周或宣传月活动。省电视台和广播电台专门开辟《决定》和计划生育宣传栏目。

2000年3月，中共中央、国务院作出《关于加强人口与计划生育工作，稳定低生育水平的决定》（以下简称《决定》）后，中共四川省委、省政府制定《关于贯彻〈中共中央、国务院关于加强人口与计划生育工作稳定低生育水平的决定〉的意见》（以下简称《意见》），召开全省计生工作会议，部署宣传贯彻中央《决定》。全省采取多种形式，组织各级党政领导干部、计生工作者学习和面向广大群众的宣传。各级计生部门运用各种大众传媒宣传中央《决定》精神。《四川日报》全文登载中央《决定》和省委、省政府贯彻中央《决定》的《意见》。四川电视台组织学习宣传贯彻中央《决定》的专题报道。各地组织大量有关学习宣传贯彻中央《决定》的挂图、小壁报等宣传品进村入户。一些地方还开展上门宣讲等面向群众的宣传教育活动。

2001年3月1日，省政府召开纪念中共中央、国务院《关于加强人口与计划生育工作，稳定低生育水平的决定》发表1周年座谈会，省级有关部门负责人和专家、学者参加座谈会，省委常委、副省长陈文光到会讲话并在《四川日报》上发表署名文章。全省各市、县领导纷纷发表署名文章或电视讲话，唤起社会对人口问题的关注。省计生委与成都市计生委在锦江区合江亭社区开展大规模的咨询、义诊和文艺会演活动。各大新闻媒体对各地贯彻中央《决定》情况和此次开展纪念活动作大量的宣传报道，在全省掀起学习、宣传、贯彻中央《决定》的高潮。

三、节日、纪念日等集中宣传

1982年4月，中共四川省委、省政府决定当年7月和以后每年1月，在全省开展计划生育宣传月活动。11月，国家计划生育委员会决定1983年元旦及春节期间，在全国以农村为重点，开展“计划生育宣传月”活动，并在北京人民大会堂举行“计划生育宣传月动员大会”。随后，在中央和有关部门领导讲话中，多次肯定四川的经验，计划生育宣传月活动在全国城乡普遍展开。

1986年，全省开展学习、宣传《中共中央关于控制我国人口增长问题致全体共产党员、共青团员的公开信》（以下简称《公开信》）活动。《四川日报》《家庭与生活报》在头版头条位置刊登《公开信》。省计生委将《公开信》连同《四川现行生育政策的具体规定》印成10万份宣传资料在全省各地张贴。同时，省计生委编印10万份《计划生育问题解答》和7期《宣传简讯》，宣传解答干部、群众关心的生育政策、避孕节育知识、优生优育知识，以及与计划生育有关的法律常识。

1987—1989年，全省围绕“世界50亿人口日”“亚洲30亿人口日”和“中国11亿人口日”开展计划生育宣传月活动。省委、省政府负责人发表以从严控制人口过快增长为主要内容的电视讲话；《四川日报》连载《警钟在盆地敲响·人口问题忧思录》等文章；各市（地、州）、县（市、区）把国情、省情、乡情纳入宣传月活动中进行人口形势教育，宣传控制人口过快增长与实现社会主义建设总任务、总目标的关系。此后，每年在各种“人口日”的周年纪念日开展集中性宣传活动，阐明既要看到计划生育工作已取得的显著成绩，又要正视四川人口多、耕地少、人均占有资源不足的基本省情，唤起人们对控制人口过快增长的紧迫感。

1988年7月2日，省人大科教文卫委员会、省计生委召开“亚洲30亿人口日”座谈会，邀请省委、省人大、省政府和省政协领导以及人口、医学界的知名人士、计划生育工作者，畅谈人口形势，宣传严格控制人口的重要性和紧迫感。

1990年，联合国确定每年的7月11日为“世界人口日”，旨在引起全世界对人口问题的高度重视。5月30日，省计生委印发《关于开展“世界人口日”宣传活动的通知》，安排部署7月11日前后开展一次“世界人口日”宣传活动。

1995年2月15日，省委宣传部、省计生委和省统计局在成都联合召开“中国12亿人口日”报告会，省市有关部门、解放军成都部队、武警官兵和社会各界代表近千人参加会议。省委常委、宣传部部长席义方主持会议，省委常委、副省长张中伟在会上讲话。在第四次世界妇女大会期间，各地配合有关部门开展宣传活动，《四川日报》《家庭与生活报》分别刊登反映计生战线妇女先进事迹的专访文章。

1999年10月12日是联合国确定的“世界60亿人口日”。省政府和成都市政府在成都联合举办纪念“世界60亿人口日”千人人口形势报告会。副省长杨崇汇和成都市副市长颜家建分别就人口问题发表讲话。代省长张中伟在《四川日报》上发表题为《从可持续发展战略高度审视人口问题》的署名文章。全省计生系统开展“世界60亿人口日”中国宣传周系列宣传活动，举办大型计生政策、生殖科学知识咨询活动。省计生委还在全省开展计划生育楹联征集活动和国际人口与计划生育宣传画征集活动。

2000年7月10日，省计生委与成都市计生委组织机关70余人参加省市举行的“讲文明树新风，共建文明社区”活动启动仪式。启动仪式后，省、市计生部门联合组织50余人的宣传咨询队伍在成都市青羊区斌升街开展大型共建文明社区宣传咨询活动。7月17日，省、市计生委再次联合组织50余人在骡马市街开展宣传咨询活动。7月19日，省计生委直属机关党委组织机关及所属单位15人在四川剧场门前开展宣传咨询活动。在省、市计生委直接组织开展的3次大型宣传咨询活动中，制作大幅标语8条，展出宣传画、展板、宣传挂图、科普实物15组件，组织省市计划生育技术服务指导所和驻地医疗单位的专家、教授30余人次开展避孕节育、优生优育、生殖保健、妇幼保健知识咨询和义诊活动，省、市计生委派出机关干部开展计划生育政策法规的咨询活动，接待咨询群众500余人，义诊300余人，免费发放宣传品12种、1万余份，免费发放避孕药具300多盒，上万人受到教育。

2000年9月22—28日，全省城乡开展纪念《中共中央关于控制我国人口增长问题致全体共产党员、共青团员的公开信》发表20周年宣传周活动。9月24日，省计生委与成都市计生委联合在成都五城区举行大型人口与计划生育宣传活动。印发《公开信》10万余份，展出展板80块，聘请成都军区总医院医生开展优生优育、生殖健康知识咨询和义诊活动。省计生委、省人口学会与国家计生委宣教司联合在广安市举办全国计生系统邓小平人口思想学习研讨会。泸州市在市中心广场设立宣传点，组织街头文艺演出，开展计划生育和生殖保健科普知识有奖竞猜活动，免费发放避孕药具。在宣传周活动期间，全市设立宣传点252个，散发宣传资料20多万份，免费发放避孕药具6000多份，为4000多人进行生殖健康等方面的义诊，答复3000多人的政策咨询。9月25日，在组织省市两级计划生育干部收看国家计生委的电视电话会后，省计生委邀请21个市（地、州）模范实行计划生育家庭代表在成都召开座谈会。

图2－2　计划生育大型宣传活动

2001年世界人口日，省计生委在全省统一开展“男性健康日”活动，取得良好的社会效果。

2003年，省计生委与成都市计生委共同策划组织《四川省人口与计划生育条例》实施1周年、《四川省社会抚养费征收管理实施办法》颁布、第三个男性健康日、“世界人口日”以及《公开信》发表等重要纪念日的大型集中宣传活动。

图2－3　2005年，岳池县举行元旦、春节计划生育集中宣传活动

2005年6月9日至7月9日，全省开展“计划生育流动服务车宣传服务万里行活动”，重点宣传实施奖励扶助制度的意义、政策内容、制度运行程序、奖扶对象的权利

义务。宣传活动以市（州）为单位，集中各县（区）流动服务车，分片或分地区、分线路到农村基层，进村入户开展奖扶制度宣传和计划生育技术服务。

1986—2005 年，全省各地每年坚持利用元旦、春节、《条例》颁布日、《公开信》发表纪念日、世界人口日等重大节日与纪念日，集中开展计划生育宣传教育活动，宣传严格控制人口增长的意义，现行生育政策，晚婚、晚育的好处，避孕节育知识，并注重把活动与政策法规咨询、优生优育、避孕节育、生殖健康知识普及和为妇女儿童保健义诊服务等结合，增强宣传教育的实效性。

第二节　媒体宣传

一、广播、电视宣传

20 世纪 80 年代，全省各地利用农村广播网及时宣传本地计划生育先进典型，现身说法教育群众。随着电视普及，计划生育电视新闻宣传逐步进入千家万户。省计划生育宣传教育中心常年在省级电视台、广播电台开办专题节目，每年制作播出百余集电视专题片、新闻片，部分节目还供中央电视台、中央人民广播电台播出。

1986 年，省计划生育宣传教育中心在四川电视台开办《人口广角》电视栏目，每周 1 期，次日重播 1 次，每期 10 分钟，全年播出 52 期共 520 分钟。

1987 年，省计划生育宣教中心拍摄电视片 13 部（集），主要有电视剧《暑假里的故事》、《沙痕》（上、下集）、《他从硝烟中归来》（与省军区合拍），科教片《人口与环境》《人口与教育》《人口与经济》《新婚旅行须知》，专题片《闪光的心灵》《娃娃变奏曲》《在艺术的窗口》《荧屏生辉》。

1989 年 4 月，在四川电视台和四川人民广播电台分别开办《家庭与生活》电视栏目和广播栏目。到年末，已播放电视节目 20 集，广播节目 38 期，部分电视节目还在中央电视台《人口与计划生育》栏目播放。所有电视广播栏目的节目均由省计划生育宣传教育中心制作，这在全国计生系统是首家，受到国家计生委宣教司表扬。

1990 年 6 月 19 日，省广播电视厅、省计生委印发《关于加强广播电视计划生育宣传的通知》，明确全省广播、电视计划生育宣传的重点是面向农村、面向基层、面向群众。以“控制人口数量，提高人口素质”，转变人们的生育观念，促进社会主义精神文明建设为指导思想；以“进村入户，传播知识，提供服务”为工作方向；以宣传马克思主义人口理论和计划生育政策法规，普及避孕节育、优生优育科学知识，传播社会主义精神文明为中心内容。

1991 年，省计生委与省广播电台举办计划生育征文活动，评选计划生育稿件 105 篇，加上《家庭与生活》广播栏目稿件，在省广播电台基本天天能听到人口与计划生育方面的信息。是年，中央人民广播电台 4 次在早间新闻联播中，报道名山县、广汉市、德阳市和绵阳市计划生育工作情况和经验。广播栏目节目《男人国》《酗酒与生育》《不吃糖丸的后果》等，选题新颖，表现手法灵活多样，道理讲得深入浅出，易于被群众接受。

1993 年，省计划生育宣教中心制作《家庭与生活》广播电视栏目 26 期、电视新闻 58 条（其中被中央电视台采用 8 条），为基层录制、复制电视栏目 2000 分钟，广播栏目 700 小时。至年末，全省有 13 个市（地、州）与四川电视台、省计生委宣教中心联合创办电视栏目，有 18 个市（地、州）

与四川广播电台、省计生委宣教中心联合创办广播栏目，形成省、地、县三级广播、电视宣传网络。

1995 年，中央电视台《人口与计划生育》栏目播出反映四川省计生工作专题片 5 集、80 分钟，新闻 6 条；中央人民广播电台《人口与优生》栏目播出反映四川计生工作专题节目 60 分钟。四川电视台《生活导向》栏目播出计生专题片 6 集、30 分钟。是年，摄制《计划生育工作“三结合”在四川》等 6 部反映全省“三结合”经验的专题片。

1996 年，全省各市（地、州）和 80%以上的县、乡恢复与健全人口与计生广播、电视栏目及节目。省计生宣教中心深度开发电视、广播声像宣传品，陆续为基层宣传提供《空中杂志》《优生优育科普知识家庭系列片》等一批录音磁带和录像片。是年，中央国际电视台播出四川计生新闻 3 条，专题片 15 部（集）、150 分钟；中央人民广播电台《人口与计生》栏目播出四川计生节目 60 分钟；四川电视台播出《人口广角》50 余期、450 分钟；四川人民广播电台《家庭与生活》栏目播出节目 55 期，电视专题片《红光村的婆姨们》在美国中文电视台播出后，反响较大。

1997 年，中央电视台《中国人口》栏目播出四川省计生节目 95 分钟，中央人民广播电台《人口与计划生育》栏目播出四川省计生节目 70 分钟；四川电视台《人口广角》栏目播出 52 期、260 分钟，四川人民广播电台《人口与计划生育》栏目播出 52 期、350 分钟；中央和省级电视台播出四川省计生新闻 62 条。至年末，成都、德阳、自贡、攀枝花、遂宁、乐山、巴中、达川和宜宾 9 个市（地）一直坚持开播广播、电视栏目；绵阳、泸州、内江和凉山 4 个市（州）一直坚持开播广播栏目。

1986—1996 年四川省各市（地、州）广播电台开设人口与计划生育栏目统计表

表 2－1

市（地、州）	栏目名称	每月播出次数（次）	播出时间	时长（分钟）	开播时间
成都市	《婚姻和家庭》	3	23：00	30	1995 年
自贡市	人口和计划生育专题	1	12：05、17：30	30	1992 年 6 月
攀枝花市	《人口与计划生育》	4	7：30	2	1988 年
泸州市	《人口与社会》	1	—	5	1994 年
德阳市	《人口警钟》	4	—	7—10	1986 年
绵阳市	《人口与计划生育》	3	每月 7、14、21 日	10—15	1988 年
遂宁市	《人口与计生》	30	7：20	3	1995 年 1 月
内江市	《人口与发展》	3	7：35	2	1994 年
乐山市	《乐山乐水》	8	周二、周四	20	1990 年
宜宾地区	《人口与计划生育》	4—5	周三	5	1997 年 1 月
达川地区	计划生育宣传教育专题	8—12	—	5—10	1986 年
巴中地区	《人口与经济》	12—13	周一、周四、周六	3—5	1993 年 10 月
凉山州	《人口大观园》	4—5	周三、周六	15	1996 年 10 月

1988—1996 年四川省各市（地、州）电视台开设人口与计划生育栏目统计表

表 2－2

市（地、州）	栏目名称	播出次数	播出时间	时长（分钟）	开播时间
成都市	《婚姻、信息与新闻》	每 2 个月 1—8 次，全年不少于 60 条	23∶00 18∶48	30 10	1995 年
自贡市	《家庭与生活》	每月 1 次	20∶10	10	1992 年 6 月
攀枝花市	《人口与计划生育》	每月 6 次	不定期	1	1988 年
德阳市	《人口与经济》	每月 2 次	—	3—5	1992 年
遂宁市	《计生之窗》	每月 16 次	—	3	1995 年 1 月
乐山市	《家庭与生活》	每月 4 次	—	5	1994 年 3 月
宜宾地区	《家庭与生活》	每月 4 次	不定期	5	1994 年 1 月
达川地区	计划生育宣传教育专题	每周 2 期	—	全年实行目标奖励	1996 年 1 月
巴中地区	《人口与经济》	—	—	—	—

1998 年 5 月，四川电视台重新调整《人口广角》栏目形式和内容，形成以动态、专题、科普相结合且相对稳定的版块，培养一批较为固定的观众群，受到观众认可和喜爱。中央人民广播电台和四川人民广播电台播出四川省计生新闻 26 条、节目 96 集；中央电视台和四川电视台播出四川省计生新闻 100 条、节目 78 集。

1999 年，省计生委、省广播电视厅、四川电视台、四川人民广播电台联合举办全省“人口·家庭·生活”广播、电视节目展评活动。经过组委会评审，评出各种奖项 23 项，绵阳市计生委专题版块节目获得广播节目一等奖，另有二等奖 2 个、三等奖 4 个、优秀奖 4 个；四川电视台《生育问题》、成都市计生委《小康人家》获得电视节目一等奖，另有二等奖 3 个、优秀奖 6 个。中央电视台《中国人口》、四川电视台《人口广角》、四川人民广播电台《家庭与生活》栏目播出四川省人口与计生专题片、专题新闻 200 余部（件）。中央电视台、新华社、《中华英才》等新闻机构的记者到四川采访人口与计生事业发展专题新闻。国家和省级各大媒体刊播人口与计生新闻好稿大稿 30 多篇（部）。四川省计生委获得中国人口文化奖组织奖，5 部电视、广播作品分获中国人口文化奖二、三等奖和优秀奖。省计生宣教中心制作的影视作品获得全国性奖项 7 项，《家庭内外》电视栏目和《家庭与生活》广播栏目，分别获得中国人口文化奖电视、广播栏目工作先进单位。

为做好婚育新风进万家活动的舆论宣传，四川电视台《人口广角》栏目由原 5 分钟延长至 10 分钟；在四川教育电视台新开设《家庭内外》栏目，每周 4 期，每期 20 分钟，并在上述栏目和四川人民广播电台《家庭与生活》栏目及《四川电视报》《家庭与生活报》《四川日报》等新闻媒体上宣传报道婚育新风进万家活动的有关知识与成功经验。同时，抓住中国计生宣教中心组织全国部分省、市电视摄制组到四川集中采访的时机，做好全省各地开展婚育新风进万家活动的采访报道。

2000 年，全省 21 个市（州）计生委与广播电视部门及报社联合举办人口专题栏目，农村有线广播每周播出计生节目 2—3 小时，扩大计划生育宣传教育覆盖面。省计生宣教中心在《四川广播电视报》联办“医疗保健”专版，在省广播电台播出节目53期，在中央广播电台播出节目2集、560分钟；在四川电视台《人口广角》栏目播出节目540分钟，在中央电视台、中国教育电视台播出四川省人口电视片4部，并代中央电视台制作《计划生育男性参与》等2集节目，成为省级计生宣教中心在中央宣传媒体播出节目最多的单位。

为纪念《公开信》发表20周年，省计生委配合《四川日报》推出5篇反映全省家庭计划生育发展与变化的系列报道。在《家庭与生活报》上连续刊登模范实行计划生育家庭代表的署名文章。绵阳市计生委组织《绵阳日报》、《绵阳晚报》、电视台、电台的记者，到各区（市、县）采访一批积极响应国家号召少生快富的先进典型，发表《基本国策入人心》《记者观点》等一批深度报道。

中央电视台、中央人民广播电台、中国国际广播电台等播发四川人口计生新闻上百件，其中，好稿、大稿30余件，有4件获得中国人口新闻奖；当年《四川日报》刊载人口计划生育新闻250余件；在国家计生委、中华全国新闻工作者协会组织的第六届中国人口新闻评选中，省计生委获得组织奖，省计生宣教中心拍摄的《宝灵山村追星族》和《发姐》分别获得四川广播电视新闻二等奖和中国人口新闻二等奖。

2001年8月，由省委宣传部牵头，组织10余个新闻单位的20余名记者到基层采风，系统报道全省婚育新风进万家活动取得的阶段性成果和典型人物，引起较大的社会反响。在国家计生委举办的全国婚育新风电视栏目采风节目评奖活动中，全国评出17项获奖节目，四川省计划生育宣教中心占11项，《妇唱夫合》《宝灵山村追星族》《马鞍日记》分获一、二、三等奖。省计生宣教中心以“走进新世纪”为题，制作《回眸》等反映全省“九五”期间计生成就的系列电视节目，专题报道各地婚育新风进万家活动动态。四川电视台拍摄的《生育问题》在国际新闻电视纪录片大赛中获得金奖，并被联合国收藏。是年，四川电视台将《人口广角》栏目播出时间由晚间11时50分调整到晚间10时30分。

2003年，中央电视台《中国人口》、中央人民广播电台、四川电视台《人口广角》、四川人民广播电台全年播出四川省人口与计生工作专题片和专稿150多部（件）。

2004年，省人口计生宣教中心制作影视节目100余部（集）、1700多分钟。为25个市（县）计生委（局）制作创优质服务、综合治理等工作片25部、550分钟；为省人口计生委制作奖励扶助工作片《太阳出来喜洋洋》。制作的国家项目宣传片《长江告诉世界》，受到国家计生委宣教司表扬。广播节目《魂系锅圈岩》、电视专题片《“老上访”不上访》获得第十届中国人口新闻奖三等奖；电视专题片《火把节上的独生子女们》《拉姆吉和他的兵阿爸》及《“羊”娃娃命不好吗?》分别获得第九届中国人口新闻二等奖和三等奖。电视专题片《李元树和他的三“子”经》获得第三届全国人口计生宣传品二等奖，VCD《婴儿潜能开发》《严防非典》《启蒙EQ》获得三等奖。

2005年，省人口计生部门与四川电视台合作，组织记者到基层摄制人口计生专题新闻，并在四川卫视台、四川公共频道的“黄金”时段连续播放以“生育文化建设”“关爱女孩”等为主题的专题系列报道。贴近百姓生活，开辟广播小栏目《村里故事》，讲述群众身边的家长里短，编播《亲家母吵架》《二大娘陪情》《王大妈笑迎三喜》《分家风波》等节目，让听众在轻松愉快中自我教育。全年制作电视栏目专题片52部，播出108期。《太阳出来喜洋洋》《干妈》等7部电视节目分别获得四川人口新闻一等奖和国家计生委五好作品二等奖等10个奖项；广播节目《关爱女孩呵护女性》获得国家人口计生委优秀新闻作品三等奖、四川人口新闻三等奖。

1986—2005年，省计生宣教中心将《人口广角》《家庭与生活》2个栏目节目提供给全省各市（州）、县广播电视网络播出，每年提供片源在500分钟以上，并一直向中央电视台、中国教育电视台提供栏目节目，每年100分钟。省计生宣教中心开办的广播、电视栏目两次获得国家级优秀栏目称号；制作的宣传品获得200多个奖项，其中获得“飞天奖”“金鹰奖”“中国人口文化奖”等国家和省部级奖项100多个；编创的文图类宣传品获得60余项国家和省级奖。

二、报刊宣传

20世纪90年代，全省紧扣农村中心工作，开展计划生育“三结合”的宣传，把计划生育与发展经济的宣传融为一体，使广大农民群众从中受到潜移默化的计划生育再教育，逐步将其多生孩子的愿望转移到少生快富上。四川采取在《家庭与生活报》上开辟“三结合”工作宣传专栏、编印《四川省计划生育“三结合”工作理论与实践》专辑、制作“三结合”计划生育墙报等途径，引导全省掀起“三结合”宣传热潮。

1991年，中共中央、国务院发出《关于加强计划生育工作严格控制人口增长的决定》后，《家庭与生活报》《人口杂志》及时转载，并配合发表一系列文章和消息。10月，国家计生委组织《人民日报》、中央人民广播电台、《法制日报》记者到四川采访，扩大对四川省的宣传。

1992年，《家庭与生活报》发行量突破31万份，满足四川计划生育新闻宣传需要。

1993年，省计生委与四川日报社联合开辟《人口与计划生育》专栏，开展“人口与经济”征文活动，发稿46篇；绵阳、泸州和重庆等市计生部门与当地电台、广播电台、报纸联办人口与计划生育专栏。是年，全省在《中国人口报》刊登四川人口与计划生育稿件170余篇。

1994年，《家庭与生活报》开辟“月末计划生育”专版，免费发放基层。

1995年，《家庭与生活报》在计生月末版上开辟“三结合”工作专栏，在全国计划生育工作“三结合”经验交流会上编发“三结合”工作专版。10月，中央记者团专程到德阳、旺苍、大足（今属重庆市）等市（县）采访，把四川“三结合”经验推广至全国。是年，四川在国家和省级报刊上发表反映“三结合”工作文章100余篇；《中国人口报》《四川日报》全年刊登四川计生稿件450多篇。

1996年，《人民日报》（海外版）、《中国妇女报》、《中国青年报》和美国《侨报》、中国香港《欧洲时报》刊登反映四川计生工作成效的文章；《中国人口报》刊发四川大稿、好稿22篇，其他稿件250余篇；《四川日报》全年刊发计生稿件220篇，《家庭与生活报》开设《辉煌“八五”》《希望之路》《党政领导谈人口》《璀璨群星》等专题栏目，发表文章1000余篇。

1997年，《中国人口报》等中央级报刊刊发四川计划生育稿件300多篇，《四川日报》刊发稿件210多篇。

1998年，在《中国人口报》《四川日报》刊发《紧扣发展主旋律——改革20年我省人口与计生工作回眸》《辩证之光——四川省计划生育宣教工作走势》等报道全省性工作的大稿、特稿20多篇。

1999年，在《家庭与生活报》开辟“三为主”专题宣传栏目，对各地开展“三为主”的经验进行宣传报道，推动“三为主”在基层的落实。是年，《中国人口报》《每日电讯》《法制日报》《中国妇女报》《四川日报》刊登四川人口与计生新闻稿件400余篇，其中《四川日报》上稿量比上年增加约20%。

2001年，全省各地利用大众传媒开办人口专题栏目，新闻宣传有较大进展。中央电视台、中央人民广播电台、《中国人口报》等国家级新闻单位播发四川新闻50余条（篇），四川电视台播发新闻

60条，播出栏目52期、520分钟，《四川日报》《四川农村报》《精神文明报》等省级报刊刊发文稿400余篇，其中大稿、好稿30余篇。

2003年，省计生委与《四川日报》《四川农村日报》《成都日报》《家庭与生活报》等媒体合作，推出全省新时期人口与计划生育改革系列宣传报道，引起较大的社会反响。《四川日报》和《中国人口报》等报刊用稿量150多篇。

2004年9月，省政府办公厅转发《省人口计生委、省财政厅关于开展农村部分计划生育家庭实行奖励扶助制度试点工作实施意见的通知》。全省各地组织人员及时向群众宣传党和国家的惠民政策。四川组织新华社四川分社、《农民日报》、《中国青年报》、《中国人口报》、《中国妇女报》、《经济信息报》等中央驻川媒体和《四川日报》、四川电视台、四川人民广播电台等新闻单位到10个市、15个县采访，撰写反映"奖励扶助制度"的新闻稿件30多篇，连续在报刊上登载，摄制系列片、专题片在媒体黄金强档连续播放。

截至2005年6月末，中央和省主流媒体刊播市（州）人口新闻40多条（件）、《中国人口报》刊登市（州）稿件33篇。

三、网络宣传

2003年，省计划生育宣传教育中心创办"中国西部生殖健康网"（网址：www. xy999. com），成为世界了解四川人口与计划生育事业发展的窗口。

2004年，在中国西部生殖健康网上建立四川省人口和计划生育网络宣传平台。平台由省计生委主管，省计划生育宣传教育中心承办，各市（州）、县（市、区）计生委（局）宣传科（股）协办。平台设宣传动态、生育文化、政务公开、办事指南和婚育新风等10个栏目。5月，各市（州）相继建成并开通网站。

是年，省计划生育宣教中心自筹资金开发建立网站后台数据库；对中国西部生殖健康网进行重新设计和改版，新开辟奖励扶助、关爱女孩栏目，雅安、绵阳两市在西部生殖健康网上开辟专页，建立数字化宣传联动平台。与四川公用信息产业有限责任公司合作，在网上开启"健康与性"视频在线栏目，领先全国，试播期间点击6万余人次。与英瑞科技有限公司合作，利用手机短信开展青少年性与生殖健康科普宣传，填补国内空白。全年通过网站发布、转帖100多条新闻，800多篇政策、科普类文章图片。

图2－4 计划生育网络宣传服务方便群众

2005年，省计划生育宣教中心与四川人口文化传媒公司合作，对中国西部生殖健康网进行改版，第二次全面升级，建立独立服务器，实现高速大容量，具备后台新闻自动检索、网上视频在线、网上购物等功能，开展网上生殖健康远程教育频道、网上"人口广角"电视频道，研发"优孕通"电子触摸屏。同时，与"九维宽频"公司合作开通"性福时光""人口广角"等在线播出频道4个。至此，四川在全国率先建立网上人口和计划生育视频宣传平台。

第三节　文艺创作、演出与评奖

一、文艺创作

1997 年，四川省选送的美术作品《迷人的秋》《硕果累累》分别获得联合国人口基金会国际儿童宣传画作品二等奖和优秀奖，《迷人的秋》还获得“国际宣传画竞赛”全球特别奖第二名。

1999 年，围绕中华人民共和国成立 50 周年，四川计生部门与其他单位联合编辑《人口与计划生育大型画册》《人口图集》《人口专题文图》等宣传四川计划生育取得的成就。

2000 年，组织参加联合国人口基金会举办的国际宣传画大赛，1 件作品获得二等奖。省计生委与省社科院联合编撰的《五十年四川图集》“人口图集”正式出版。

二、文艺宣传活动

全省推行计划生育后，各地利用春节、国庆节和场镇赶集等群众聚会时机，组织文化单位和群众艺术团体编排丰富多彩、短小精悍、乡土气息浓郁的计划生育文艺节目到乡村演计生、唱国策，受到群众欢迎。

1993 年，重庆市组织计划生育文艺调演，广安、岳池、南部等县组织常年计划生育文艺宣传队，巡回各地演出，宣传计划生育；广元市排练大型现代喜剧《哑谜》。

1995 年，省计划生育宣传教育中心摄制的《中国的人口与发展》《高原足迹》分别在美国中文电视台、《侨报》与华人见面。

1996 年，泸州、遂宁和达川等地组织文化单位和群众艺术团体，自编自演一批乡土气息浓郁的计划生育文艺节目，受到群众欢迎；中共合江县委、县政府集资 9 万元组织“三结合”文艺调演，并选出优秀节目组成文艺下乡轻骑队，巡回 24 个乡镇演出，推动全县“三结合”工作的开展；遂宁市各县（区）组织“三结合”农民演讲报告团和文艺调演，并评选出一大批优秀节目和少生快富模范夫妇巡回各地演讲，收到较好宣传效果。

图 2－5　1997 年 10 月，德阳市举办首届计划生育文艺调演

1997 年初，省委宣传部、省计生委、省文化厅和省广电厅联合发出《关于层层举办人口与计划生育群众性文艺演出活动的通知》，要求突出宣传坚持计划生育，走人口与经济社会协调发展与可持续发展之路的思想，宣传计划生育“两个转变”和计划生育“三结合”的成功经验以及带领群众“少生、快富、奔小康”的典型人物。通过文艺演出活动在全省掀起“讲国策、唱国策、演国策、知国策、爱国策”的高潮。在文艺调演的带动下，各地在组织创作、宣传演出和层层调演等环

节投入大量人力、物力，对宣传计划生育与丰富农村文化生活发挥积极作用，并推出一批计划生育文艺宣传的佳作精品。据统计，全省创作计生文艺节目558个，举办文艺演出108场次，观众100多万人次。广安、绵阳、德阳、广元、遂宁等市（地）和省石油管理局等单位取得计生宣传和文艺精品创作“双丰收”。10月中旬，有17个市（地、州）和3个行业代表队参加全省“人口、家庭、生活文艺调演”，在四川电视台举办以人口、家庭、生活为主题的综艺大世界直播晚会，把全省人口与计划生育群众性文艺演出活动推向高潮。通过对调演节目评审，评出一等奖3个、二等奖5个、三等奖8个、优秀奖10个、组织奖6个。

1998年，协助四川电视台国际部完成对外宣传片《生育问题》纪实性拍摄。

1999年，省计生委与省体改办联合编辑《中国四川改革成就》大型画册“人口与计划生育”；与省人大、省政协联合编辑《四川社会事业五十年发展成就》大型图集。

2000年，为纪念《公开信》发表20周年，泸州市各区（县）将宣传活动融入地方民俗风情，开展丰富多彩的活动。泸县婚育新风文艺演出队组织川剧、小品、快板等节目，巡回乡村演出10多场；龙马潭区、古蔺县的一些乡镇举办以独生子女家庭为单位的运动会。自贡市贡井区组织以独生子女户、计生中心户、“三结合”户为主体的群众演出队，自编自演充满当地乡土气息的计划生育文艺节目。

三、中国人口文化奖

1994年，省计生委获得国家计生委、中国人口文化促进会“第二届中国人口文化奖组织奖”。

1995年，在第三届中国人口文化奖评选中，四川省获得二等奖1个、三等奖2个、优秀奖3个。

1996年，在第四届中国人口文化奖评选中，省计生委获得组织奖，省计生宣教中心被评为广播、电视栏目先进单位，制作的《空中杂志》《荒漠》《追逐太阳》《康定情缘》《高原足迹》《痴汉》《话说“坐床喜”》7部电视、广播专题节目分别获得中国人口文化一、二、三等奖和优秀奖。

1997年12月19日，第五届中国人口文化奖颁奖大会在北京人民大会堂举行，四川获得中国人口文化奖组织奖；选送的11个节目获得一等奖3个（儿童剧《远山的花来》，省歌舞剧院、成都经济电视台创作演出；歌曲《我是一个快乐的小孩》，绵阳市计生委创作演出；舞蹈《幸福花》，省石油管理局创作演出）、二等奖3个、三等奖4个、优秀奖1个，列全国各省（市、自治区）之首；泸县编导的小品《协议》、四川省石油管理局舞蹈《幸福花》参加北京人民大会堂颁奖大会汇报演出。

1998年，在第六届中国人口文化奖评选中，四川省选送的小说、诗歌、散文、报告文学、摄影、美术、挂图和宣传册等文图作品24件分别获得一、二、三等奖及优秀奖，省计生委获得组织奖，获奖数量居全国首位。

1999年，省计生委获得国家计生委等七部委颁发的第七届中国人口文化奖（羊城杯）组织奖。四川组队参加庆祝中华人民共和国成立50周年全国计划生育文艺调演，选送的8件作品分别获得中国人口文化奖一、二、三等奖，其中广安市广安区文艺演出队创作演出的舞蹈节目《山村喜谣》（作词张云、领队徐凡凡、作曲何泽生、指导崔明英、编舞赵水清）获得国家计生委、中国计生协会、中国人口文化促进会颁发的文艺调演金奖。

2000年，在国家计生委、中华全国新闻工作者协会组织的第八届中国人口新闻奖评选中，省计生委获得组织奖，10件作品获得中国人口文化奖的一、二、三等奖及优秀奖，4人分别获得最佳导演、最佳演员、最佳作词奖，省计生宣教中心拍摄的《宝灵山村追星族》和《发姐》分别获得四川广播电视新闻二等奖与中国人口新闻二等奖。西充县选送的《吴瞎子算命》被大会组委会选调赴京作汇报演出。

2001 年，在第九届中国人口文化奖的评选中，四川省有 32 件作品获奖，获奖总数居全国第一位。省计生委、成都市计生委获得中国人口文化奖组织奖。

2002 年，四川推荐文图作品 50 余件参加第十届中国人口文化奖评选，有 10 件作品分别获得金奖、银奖、铜奖和特别奖，四川获得组织奖，有 2 件作品获得国际人口宣传画优秀奖。

2003 年，省计生委组织省级有关文化单位共同承担中国人口文化奖、国际人口宣传画竞赛作品的创作、征稿和报送工作。各地动员和组织宣传、文化、艺术等单位及群众文艺团体，组织艺术家与文化、文艺工作者深入基层、深入生活创作出一大批反映全省人口、经济、社会协调发展的影视、绘画、文艺作品。在四川省选送参赛的作品中，有 22 件作品分别获得中国人口文化奖，其中，有 10 件作品分别获得金奖、银奖、铜奖和特别奖，省计生委获得组织奖，有 2 件作品获得国际人口宣传画优秀奖。

2004 年，省人口计生委组织参评第十二届中国人口文化奖、中国人口新闻奖以及第三届全国人口和计划生育文图音像宣传品的组织参评工作，征集名人画稿 100 多件进京参评，获得金奖 4 件、银奖 11 件、铜奖 22 件。

四、四川人口新闻奖

1991 年，省委宣传部、省计生委首次联合举办“四川人口新闻奖”评选活动，表彰人口计生好新闻 50 篇（一等奖 5 篇、二等奖 15 篇、三等奖 30 篇）、好新闻作品编辑 20 名（一等奖 3 名、二等奖 7 名、三等奖 10 名）。此后，省委宣传部与省计生委每两年联合开展一次人口新闻好稿、大稿评选活动。

1994 年，全省表彰人口计生好新闻 36 篇（条），其中特等奖 3 篇（条）、一等奖 5 篇（条）、二等奖 13 篇（条）、三等奖 15 篇（条），人口计生好新闻作品编辑 6 名。

1997 年，省计生委与省新闻工作者协会联合评选出四川人口好新闻作品 30 件。是年起，四川建立每两年一届的人口计生好新闻评选制度。此后，表彰对象不局限于优秀新闻作品和采编人员，还扩展到人口计生好新闻的组织单位。

2005 年 5 月，省人口计生委与省委宣传部联合举办“四川人口新闻奖”评选活动，100 余个新闻单位、350 多名采编人员参加评选活动。4 个党委宣传部门、10 个人口计生部门获得组织奖，12 名记者、编辑的 78 件作品获得一、二、三等奖和优秀奖。

第四节　竞赛、演讲与展览

一、竞赛、演讲

20 世纪 80 年代，全省各地普遍运用算账对比这种最直观、易理解的计划生育宣传教育方式对干部群众进行计划生育宣传。1986 年，省计生委组织计划生育宣讲比赛和巡回宣讲活动，在宣讲比赛基础上组成 3 个宣讲团在全省巡回宣讲。整个宣讲活动历时 1 个多月，遍及 18 个市（地、州）的

106个县，听众57万余人，成都计划生育宣传教育分中心将宣讲活动录像，在全省公开发行播放。此后，各级党委、政府通过计划生育报告会、座谈会、知识竞赛等方式进行计划生育与国民经济关系的算账对比教育，引导干部群众算中华人民共和国成立后国民经济发展与人口发展的比例账；算人口盲目增长给国家、集体、个人带来的负担账；算今后人口发展趋势账等。通过算账对比，群众把个人、家庭利益同国家、集体利益结合起来，增强群众实行计划生育的自觉性。

1990年，省计生委与《四川农村报》编辑部联合举办“农村人口与计划生育知识竞赛活动”。3月2日，由省计生委宣教处编写12讲的“人口与计划生育知识”讲座开始在《四川农村报》《家庭与生活报》《重庆农村报》《合川报》及各地人口报上连续刊登；4月初在上述各报刊登竞赛百题，开展群众性竞赛活动；5月15日刊登竞赛试题答案，以县或乡为单位组织阅卷、评比、表彰先进。全省印发讲义、试题400多万份，受教育2000多万人，参赛200多万人。省计生委从成都、德阳、绵阳、内江、泸州、涪陵和达县推荐的23名农民中选拔4名代表到北京参赛，获得农村人口与计划生育知识竞赛全国选拔赛团体奖，都江堰市青城乡农民杨李、北川县擂鼓镇农民杨厚全获得二等奖。

1991年，省计生委组织和承办全国计划生育基层干部读书答卷竞赛、人口与计划生育基础知识讲课和演讲竞赛活动。省计划生育宣传教育中心派出多个工作组，分赴绵阳、德阳、广元、自贡、内江、泸州、宜宾、乐山和雅安等10余个市（地）进行指导帮助。重庆市计生委王颖被评为全国十佳演讲员。

1992年，省计生委组织全省计划生育干部参加“全国计划生育基层干部知识竞赛活动”，经过宣传、学习计划生育综合知识，层层竞赛和选拔，四川获得竞赛个人特等奖1名、一等奖1名、三等奖27名、四等奖154名、优胜奖424名。

图2－6 1992年，洪雅县柳江镇举办计生基本国策知识竞赛

1995年，省计生委、家庭与生活报社联合开展“婚姻、家庭与计划生育知识竞赛”，宣传人口、婚姻、家庭等方面知识，收到答卷58771份，评出一等奖1名、二等奖3名、三等奖10名、组织奖7个、特别组织奖3个，并颁发证书和奖金。

1997年，省计生委组织百万名群众参加由国家计生委主办的“恩威杯”人口、生殖健康知识竞赛，全省回收答题卡25万张，全部答对的占90%以上，获得“恩威杯”优秀组织奖，321人分别获得二、三等奖和优秀奖；协同科技部门参加国家计生委主办的“华联制药杯”生殖保健知识竞赛，四川省代表队获得全国竞赛第二名。

2000年，为纪念《公开信》发表20周年，国家计生委组织开展纪念“9·25”摄影比赛、“为了美好明天”人口知识竞赛，四川省各级创作20件作品，反映《公开信》发表20年来人口与计划生育工作取得的巨大成就。省计生委获得组织奖。

2002年11月26—27日，四川省人口与计划生育法律法规知识竞赛在成都举行，20个市（州）代表队参加竞赛，6个代表队进入决赛，南充市代表队获得一等奖，达州市、成都市代表队获得二等奖，广元市、宜宾市、泸州市代表队获得三等奖，5个市（州）计生委获得组织奖。

2004年，四川开展“关爱女孩行动”知识竞赛活动。组委会编辑并印发《关爱女孩行动知识问答》一书供各地组织学习，同时在《家庭与生活报》上刊登知识竞赛试卷。经过对回收试卷的评选，有17个市、县和单位获得组织奖，有10人获得一等奖、50人获得二等奖、100人获得三等奖。

2005年，省计生宣教中心邀请省美术家协会、省摄影家协会共同举办“2005年四川‘关爱女孩’摄影、美术作品大赛”，收到400多幅参赛作品，评出40多幅优秀作品。

二、展　览

1988年，省计生委与省委宣传部、省文化厅、省电视台在省计生委机关大院联合举办四川省计划生育宣传评估会。20个代表团、360多名代表参赛，108个文艺节目、430多件宣传品参展。国家计生委主任彭珮云、副主任吴景春以及国家计生委办公厅、药具财务司、外事司、宣教司的领导对评估会给予好评，并要求制成电视片送中央电视台播放。

1989年，省计生宣教中心制作并举办“性病防治与生育展览”，接待观众3万多人次。

1993年，成都、重庆举办“性从愚昧到文明”“性与文明”展览。

1994年，省计生委参与筹办“中国社会发展成就展览”四川馆有关展品的制作和展馆的设计，被国家计委、“中国社会发展成就展览”组委会评为最佳组织奖。

图2－7　1998年11月17—26日，四川省《人口·家庭·生活》美术摄影作品展举办

1998年11月17—26日，全省首届人口·家庭·生活美术、摄影作品展在成都市劳动人民文化宫举办，展出作品306幅，观众5万余人。

1999年，省计生委与省委宣传部联合编制“天府五十年辉煌成就展览”人口专题。

2001年，省计划生育宣传教育中心主办首届“中国西部生殖健康与性文化科普教育展”，全省各市、县前来参观的群众3万余人。

2003年10月，省计生委策划实施四川省参加第二届中国计划生育生殖健康新技术新产品博览会，四川展区的精美设计和科技成果的展示，在中国人口网上网点击率位居榜首，达2.80万人次。

第五节　计划生育宣传品制作与发放

全省计划生育宣传品一直由各市（县、区）计生委（局）统一使用计划生育事业费购买后免费发放给群众。

全省建立报刊宣传品发行网，统一发行《中国人口报》《家庭与生活报》《人口杂志》《经济人口文化》和省计划生育宣教中心制作的各种宣传品，为报刊宣传品进村入户拓展渠道，扩大发行。

1987年，省计生委在乐山市召开宣教工作会议，建立市（地、州）、县计划生育报刊、宣传品发行站、分站，负责计划生育报刊、宣传品的发行工作。是年，省计生宣教中心制作《人口知识》系列幻灯片、投影仪片（10集）各200套，广播剧16集。

1988年11月，省计生宣教中心在全省21个市（地、州）建立宣传品评估发行网点，并制定管理办法，解决宣传品流通不畅，信息反馈不灵等问题。同时，开展计划生育电视节目、电影片巡回放映活动。是年，《人口与计划生育空中杂志》再次获得四川优秀音像制品奖，发行2040套供乡镇播放；新开发的《避孕节育知情选择画册》，集图、文、实物于一体，内容丰富，制作精美，获得中国人口文化奖二等奖，发行近1500册。《人口与计划生育基础知识》教材发行65万册，年历发行85万张；《家庭与生活》《计划生育条例》《文艺调演》录像录音带发行2500盒。省计生宣教中心全年发行“人口与计生墙报”4.70万份，受到副省长张中伟多次表扬。

1989年12月10日，省计生委印发《关于加强计划生育宣传技术指导所、站宣传教育工作的意见》，其中明确：成都计划生育宣传教育分中心是省计生委直属事业单位，负责全省计划生育宣传品制作的规划、发行工作；负责各市（地、州）、县指导所（站）宣传业务指导。是年，省计生委宣教中心拍摄完成电视剧《痴汉》，拍摄10集《人口与计划生育基础知识教育》电视教学片，发行《人口与计划生育基础知识》通俗读本和干部读本40多万册。编辑出版《性传播疾病防治知识》一书。创办“人口与家庭生活小资料”，已编发6期，发行1.56万多份；编辑《婚育丛书》1套（3本）和《人口新篇》《我是怎样成长的》《妊娠诊断与避孕节育知识》《婚姻案例选编》《性与人类》等8种书籍；制作年历画3种，发行20多万张。

1991年8月，省计生委与省计生宣教中心、家庭与生活报社、人口杂志社、省人口情报中心联合在都江堰市召开1992年报刊宣传品发行工作会议，完善报刊宣传品发行渠道、制度，并将报刊宣传品发行工作纳入计划生育目标管理，使报刊宣传品的发行更加规范化、科学化。是年，省宣传教育中心制作计划生育电视栏目45个，被省电视台播放25个；制作《家庭与生活》广播栏目52集、520分钟，每周定时在省广播电台播出，其中被中央人民广播电台采用12集，《不吃糖丸的后果》获得全国“优生、优育、优教”有奖征文三等奖；采编拍摄反映计划生育工作新闻97条，其中3条新闻被中央电视台选播；制作录音磁带1300多盒，录像带220盒；编辑发行《人口与计划生育基础知识五期教材》《实用避孕节育知识手册》《我是怎样生长的》《计划生育合同公证》和《性知识漫谈》；编辑“人口与家庭生活小资料”6期，“人口与计划生育墙报”4期；制作发行“八五”计划和十年人口规划宣传画及书法横幅、“人口与国情”展览图片各1套（件）；发行各种宣传品97种，其中五期教材发行54万多册。《家庭与生活报》发行首次突破30万份，其中，省内征订23万多份，省外自费征订7万份。《人口杂志》出版发行6期，每期发行近1万册，比1990年上升87.5%。是年起，全省陆续研制开发贴近群众生活、图文并茂的“人口与计划生育墙报”“人口计生小壁报”“应知应会小壁报”“婚育新风图书传递袋”等17种文图宣传品，发放到乡村和计生中心户、文化大院。

1992年，四川省计生委与云南省计生委、云南省计生宣教中心、凉山州计生委共同制作优生优育、避孕节育彝语科教电视片3集，优生优育、避孕节育科普挂图、录音磁带和《人口与计划生育基础知识》教材彝语通俗读本。

9月，省计生委印发《关于进一步完善计划生育报刊、宣传品发行网络的意见》，明确计划生育报刊、宣传品发行组织机构统称为：某某市（某某地）、某某县（某某区）计划生育报刊宣传品发行站（分站）。隶属宣教科（处、股）领导，发行站（分站）站长由宣教科（处）长、股（科）长担任。发行任务重的可选定1名发行员，发行员由宣教科（处）、股或指导所、站的宣传干部担任。省计生宣教中心制作的宣传品及《中国人口报》《家庭与生活报》《人口杂志》《经济人口文化》的征订发行任务统由发行站、分站办理，省各部门不再单独建站或确定站的负责人，不再单独挂牌。同时，明确市（地、州）、县（区）发行站（分站）的工作岗位职责，以及报刊、宣传品发行费的分配和处理办法。由于计划生育报刊宣传品发行关系理顺，发行渠道统一，推动全省报刊、宣传品制作、发行工作顺利开展。《中国人口报》发行数量位居全国第一，被评为发行先进单位。

1994年上半年，省计生委按照国家计生委指示承担拍摄的《西藏妇幼保健与计划生育服务工作》专题影视片与宣传折页小册子《雪城情暖》，在世界人口与发展大会上放映，宣传西藏的真实情况，让国际组织和友好人士正确了解西藏，纠正外界对西藏片面的、歪曲的宣传起到积极作用，受到西藏自治区政府和国家计生委领导的肯定，认为“是国内、区内一部极好的宣传资料”。是年，省计生委宣教处与省计生宣教中心联合召开计生文图声像宣传品进村入户研讨会，研究改进计生宣传品制作发行工作，更好地为基层服务。

1995年，省计生宣教中心把“三结合”纳入“计划生育墙报”的重要内容。组织人员编印《四川省计划生育“三结合”工作理论与实践》，系统、全面反映全省计划生育工作“三结合”的基本情况和经验。同时，省计生委与省计生宣教中心摄制完成全国计生“三结合”会议系列专题片《“三结合”在四川》《红光村的婆姨们》《足迹》《希望的田野》《再造方舟》《春满山寨》《相聚在蓉城》7部，其中《红光村的婆姨们》获得中央电视台栏目奖，还完成国家计生委下达的3部国策片，专题片《为了我们的孩子》在中央电视台播出。是年，新增“九五”纲要挂图、人口展览挂图、空中杂志、新婚礼袋、自制宣传品展板5个品种，全年发行宣传品70余种、45万套（件），产值约80万元，制作48套《人口与计划生育空中杂志》，派出宣传车到11个县（市）举办展览，进行街头宣传，为4个地县设计制作宣传画、展板60多块。

1996年，全省各地加大宣传品发行市场的治理整顿工作，保证《中国人口报》《家庭与生活报》《人口与计划生育》杂志的正常发行，推动宣传品进村入户工作。是年，省计生委与省计生宣教中心联合拍摄《再造辉煌——四川“八五”计生工作巡礼》电视片，分3次连续在四川电视台《人口广角》栏目中播出。制作人口与计划生育宣传资料7种、5万多份，拍摄《希望之路》电视专题片120分钟。同时，省计生委组织编写印制人口与计划生育科普知识宣传手册和各种群众喜闻乐见的宣传图片，编排、制作人口与计划生育宣传材料220多篇。省计生委与省计生宣教中心编发《四川计生“三结合”挂图》发行到

图2－8　计划生育宣传品进乡（镇）集市现场

乡、村；宣教处编写《“三结合”应知应会手册》免费发给农户。

1997年，省计生宣教中心摄制的专题片《播种幸福》和《马帮服务队》被选送参加全球人口新闻奖评选，20集电视连续剧《真诚》（原名《横穿感情线》）被中宣部、广电部列为1997年重点选题，《三峡百万移民》系列片《古镇逃生》《故土难离》《青山依旧》被评为中华人口新闻奖二等奖。全年发行人口与计划生育墙报4.6万套，《人口与计划生育空中杂志》0.44万套，“三结合”挂图2.4万套，5期教材6.18万册，小折页3.75万份，宣传画1.35万张，新婚礼袋8200个，年历100余万张，其他宣传品8700件，录像带80套。

1998年，省计生宣教中心制作的“人口与计划生育墙报”深受农民欢迎，且多期获得中国人口文化奖，省内发行达到平均每村（居委会）1套；《人口与计划生育空中杂志》获得省新闻出版局“四川优秀音像制品奖”，发行2040套，供乡镇播放；人口与计划生育基础知识教材《新婚期》《孕产期》发行65万册；新开发的《避孕节育知情选择画册》，集图、文、实物于一体，内容丰富，制作精美，获得中国人口文化奖二等奖，已发行1500余册；《人口与计划生育基础知识教材》发行65万册，年历发行85万张；《家庭与生活》《计划生育条例》《文艺调演》录像录音带发行2500盒。

是年起，省计生委每年从列出专项经费中拿出100万元，加强县乡两级计生宣传设施和进村入户宣传品的开发。为180个县（市、区）、2000多个乡（镇）装备电视机、照相机、扩音设备、影碟机、录放机等现代宣传设备。为实现5年内户平均达到1—3份计生宣传品的目标，省计生委1998—1999年投入100多万元，集中统一开发、制作计生实用《科普知识小手册》50万册，购买30万元的《“三结合”知识丛书》免费发给农户。全省依托省计生宣教中心开发制作“计生应知应会小壁报”，《婚育新风》小卡片，《优生节育知情选择指南》，生育文化小图片、小资料，生殖保健知识挂图和VCD片等声、像、文、图宣传品20余种，推动宣传品进村入户，为婚育新风进万家活动的开展提供保障。

至年末，联合国人口基金组织从1981年起相继提供价值70多万美元的视听宣传品制作设备，又购置价值200多万元人民币的配套设备，建立影视文图宣传品制作机构，设编辑、复制机房、录音机房、演播厅及视频中心控制室、音频控制室、维修机房、幻灯制作室、摄影室和彩色印刷厂，为计划生育宣传教育制作大量的宣传品。

1999年，省计生委从事业费中拿出50万元，用于开发制作经济适用的宣传品，免费发放到农村，第一批51万册集计划生育政策法规、生殖保健科学知识和生活常识于一体的宣传品《五年历书》，免费发放到农民手中。是年，新开发《五年历书》、小卡片5组50张、“计生应知应会小壁报”（1期2种）、新版新婚礼袋、《青年必读》科普教材、新家庭VCD套餐（一套10碟）、《婚育新风进万家》宣传画、《人口、环境、生态》宣传画等品种。全省发行人口与计划生育墙报4.5万套、小壁报40.62万张、“婚育新风进万家”科普知识小卡片7.25万套、计生科普宣传挂图2.90万套。《中国人口报》在全省发行2.80万多份，《家庭与生活报》发行12.90万多份，《人口与计划生育》杂志发行2399份。

2000年，省计生宣教中心承担国家计生委项目，开发《生殖健康》光碟和《生殖保健》小折页、《生殖保健指南》挂图，并翻译成多种民族语言版本。同时，组织召开片区计划生育宣传教育进村入户协作会，研制开发应知应会小壁报、婚育新风图书传递袋等17种文图宣传品，并与市（县）及成都军区、四川省军区合作制作大量公益性计划生育广告和标语、计生知识橱窗、计生展板，全年制作展板面积1500平方米。再版农村群众喜爱的《五年历书》34万册，并免费发放，全省发行计划生育宣传品近200万套（份、件），推动全省计划生育宣传教育进村入户工作。

图2－9　计划生育宣传栏

2001年，省计生委取消对原已婚夫妇收取的计划生育宣传教育培训费，采取免费向群众发放计划生育宣传小册子的做法，受到省长张中伟的肯定。南充市高坪区在主要交通要道和乡（镇）服务站、村服务室制作规范、美观、永久的瓷砖宣传画、宣传标语、农户宣传瓷桌面、瓷砖漫画长廊等，令人耳目一新。省计生委在南充市高坪区召开树立精品意识、规范户外宣传现场会，加强户外宣传规范化建设，推广南充市高坪区开发瓷砖宣传画的经验。

图2－10　户外瓷砖宣传画

是年，省计生宣教中心制作发行“人口与计划生育墙报”6期共4.98万套（包括省外），小壁报2期共105.80万套，《新婚期》《孕产期》教材34.41万册，计生知识传递袋2000个，年历117.58万张，《生殖健康挂图》3040套，《生殖健康》VCD1367盘，《人口与计划生育空中杂志》1272盘，《性病防治手册》《便民手册》《务工手册》近20万册，瓷砖画2244平方米，受国家计生委委托代发《少数民族挂图》8000套、《少数民族折页》9600套、《少数民族》VCD2180盘、少数民族录音磁带770盘。“人口与计划生育墙报”获得第九届中国人口文化奖三等奖；《五年历书》获得全国人口与计划生育宣传品精品书籍类优秀奖；《人口与计划生育基础知识教材》获得第九届中国人口文化奖优秀奖。

2002年，省计生宣教中心接受国家3个精品项目电视片《人与生殖健康》《长江的倾诉》《永恒的文化》的拍摄制作任务。是年起，在全省城乡开始普及思想性强、科学实用、体现时代精神的计划生育瓷砖宣传画，创新室外文图宣传形式。全年印制100万册计划生育《五年历书》，发放到基层，投资购买《新甜蜜的事业》电影拷贝，在全省组织放映。

2003年，省计生委对全省计划生育宣传品发行市场进行清理和整顿，理顺计划生育宣传品的制作、发行秩序，净化人口与计划生育文化市场。同时，指导计划生育宣传品制作发行单位创作一批贴近实际、贴近群众、贴近生活的优秀宣传品。是年，全省发行人口与计生宣传品40万册（套、册），城乡居委会、村、组、计生中心户、生育文化大院等阵地基本上都有人口科普声、像、文、图宣传品。户外计划生育宣传标语得到规范，一大批美观、温馨的人口与计划生育公益广告图画和宣传标语打造出全省计划生育文化的新亮点。

2004年，省计生宣教中心变行政发行网络为事业发行网络，在全省建立编委会、宣传品联络站，聘请站长和联络员，制定奖励办法，组织策划联合编撰发行《人口与健康》百集丛书行动，召开首届编年会，稳定四川省系统内发行市场。全年制作发行墙报和奖励扶助墙报近7万套，传递袋6000余个，挂图6700余套，“五期教材”4万余本，条例连环画4万余本，合订本1.2万余本；户外宣传画300幅，年画200万张，手册、折页35万余册，科普及政策瓷砖画376套和手工瓷砖画285平方米。全年制作发行30余种、300余万套（件、册、张、碟）宣传品。有14件作品在全国评比中获得15项大奖。九寨环线生育文化瓷砖画系列、“关爱女孩”国画标语招贴获得第十二届中国人口文化奖银奖，《追“心”一族》漫画、2004“关爱女孩”台历、《优生优育　幸福祥和》宣传画获得铜奖，“人口多棱镜”漫画展板、“关爱女孩”系列宣传画、“关爱女孩”台历、预防生殖道感染系列折页获得第三届全国人口计生音像文图宣传品一等奖，《“关爱女孩”通讯录》、科普异型展板系列获得二等奖，2003年第3期、第6期“人口与计划生育墙报”、图书传递袋、《今天的女孩明天的建设者》宣传画、九寨环线户外大型瓷砖宣传画获得三等奖。

2005年，省计生委策划承办国家人口计生委项目，译制的大型专题片《长江告诉世界》由四川省交大音像出版社出版；承担制作全国关爱女孩试点县宣传品开发项目《赛妈妈一点通》中英文双语虚拟主持动画科教电视片、DVD光盘、漫画册；“中国婚育新风进万家成果发布创建中华婚育新风网”项目完成后台开发和基本框架建设，建立人口网络电视台。完成省人口计生委五期教育改革项目《青春花季》《新婚蜜语》《孕产知音》《宝贝摇篮》《金秋手册》5部科教片的拍摄播出任务。编撰新型生育文化建设百集丛书，已完成100本书稿的编辑设计，印制48册、3000套样书。

应基层需要，开辟“市县工作之窗”墙报专版，报道计生战线新人新事新气象，全年有17个市（州）、51个县的计生工作登上墙报；适时推出《关爱女孩》《话说婚检》《奖励扶助》《预防艾滋》《男性生殖健康从小抓起》等挂图和壁报；新开发铁皮、木板、仿青铜、剪纸、灯笼等材质和类型的宣传品14种。《四川省人口与计划生育条例连环画》和科普读物《青春花季》分别获得全国婚育新风进万家五好作品二等奖和三等奖。全年发行文图宣传品66种、300万余件（套、件），其中“人口与计划生育墙报”3.8万套、人口与计划生育小墙报20.6万套、年历190万余张、铁皮宣传画1573张、异形画9745张、灯笼2211个，发行VCD等音像制品1400套。

是年起，省人口计生委在婚育新风进万家活动评比、“百千万”项目建设评估验收中，将报刊、宣传品进村入户的工作情况纳入该项工作。

第六节　户外宣传

1991年6月12日，省计生委转发国家计生委办公厅《关于加强对计划生育标语口号管理的通知》的通知，各地对现行计划生育标语口号进行一次清理，凡过激、不符合法律规定的标语口号，一律撤涂，书写优秀计划生育标语口号。

1993年，全省各级在保持计生标语、口号、路牌、橱窗等相当数量的基础上，清理整顿不适宜的标语、口号，提高标语宣传质量。遂宁、涪陵等地统一制作固定化、标准化的宣传橱窗和标语牌。全省大部分乡镇都有移动式宣传挂图、墙报。

1998 年，一些地方对计划生育标语进行清理，投入财力制作一批书写美观、语言文明的标语和公益广告牌。

图 2－11　20 世纪 90 年代末在交通要道的计划生育大型固定瓷砖标语

从 2000 年开始，全省启动婚育新风进万家活动，计划用 3 年左右的时间在全省全面开展。全省各地加强和规范计划生育户外宣传。公路干线建成计划生育标语长廊，一些地方在城市竖起大型计生公益广告牌。内江市东兴区在市内沱江岸边书写“控制人口增长，迎接西部大开发”的巨幅标语。广元市有 80 多个市级机关单位参加计划生育标语宣传周活动。自贡市自流井区在公共汽车上画上宣传计划生育的广告画；平昌县、营山县在乡村计生机构、文化站室等公共场所绘制优生优育漫画，在乡村路口修建新颖别致的“人口艺术墙”、宣传标语碑，在繁华闹市区安装大型电子彩绘人口公益广告，使计生宣传教育与美化城市、建筑装饰融为一体。合江县、江油市在城市酒店、茶楼设立“婚育新风壁画”、人口文化角。

图 2－12　大竹县竹北乡户外大型公益宣传牌

2001 年，全省推广南充市高坪区计生宣传品进村入户及规范户外宣传建设经验。

2004 年，省计生宣教中心为全省三市六县（区）风景点、要道户外宣传和隆昌县示范点进行规划设计，墙报特设基层图片报道专栏。全年向基层和群众赠送墙报、挂图、小册子、小折页以及光盘等宣传品 2.7 万余件（套）、瓷砖画 60 平方米，价值 6 万余元。

至 2005 年末，全省每个乡镇（街道办）和村普遍建有计划生育宣传阵地和宣传栏。

第二章 教育培训

第一节 人口理论教育

20世纪70年代，全省开始采取层层举办人口理论培训班、人口理论科学讨论会等，运用人口理论开展计划生育宣传教育。1976—1978年，全省举办人口理论学习班1100多期，培训人口理论宣传教育骨干10万人。

1989年起，中共自贡市委党校在举办的各种培训班中开设人口课，全市所有区（县）党校和近90%的乡镇党校开设人口理论课，各中心学习组坚持每年学习2—3次马克思主义人口理论。

1990年1月5日，中共四川省委组织部、省委宣传部和省计生委印发《关于在各级党校、干校开设人口课的通知》，确定开展人口理论教育的对象为市（地、州）、县、区（县辖区）、乡（镇）党政领导干部；规定县级以上干部每年学习人口理论不少于18学时，区、乡干部不少于10学时，重点进行马克思主义人口理论和党的计划生育方针政策的教育；县以上领导干部的培训教材主要使用《人口学原理》（全国党校系统人口理论研究会编写）；区、乡领导干部培训教材主要使用《人口与计划生育基础知识》（四川省计划生育委员会编写）；要求各级党委确定1名领导干部负责人口理论教育的统筹协调；党校、干校按照规定学时纳入教学计划。

1995年3月，中共四川省委组织部、省委宣传部、共青团四川省委和省计生委印发《关于在领导干部中开展人口理论学习的通知》，要求各地在抓好党校、干校、团校人口理论教育的基础上，同时把人口理论列为各级党委中心学习组的学习内容。是年，成都、重庆2所省级党校，23个市（地、州）党校，200多个县级和7000多个乡级党校开设人口理论课程，各级党委中心学习组开展人口理论学习。此做法得到国家计生委的肯定，省委党校、达川地区党校在全国党校人口理论教育研讨会上发言。

1996年，全省多数市、县人口理论教育实现“五统一”，即：统一制定年度计划、统一制定教学大纲、统一教材和学习资料、统一检查考核、统一归档立卷。11月，省委组织部、省委宣传部、共青团四川省委和省计生委对自贡、泸州和宜宾等市、县开展人口理论学习情况进行检查，并印发《关于领导干部学习马克思主义人口理论情况的通报》，表扬一批先进典型。国务委员、国家计生委主任彭珮云获悉后对此作出批示，对四川在领导干部中开展马克思主义人口理论教育工作给予肯定。

1997年，在全省计划生育和环境保护工作座谈会上，省计生委印发《关于领导干部学习人口理论的情况通报》和彭珮云对此所作的批示，促进各级领导干部学习人口理论自觉性的提高。在各级党校开设的各种班次中，普遍开设人口理论课。一些市（地、州）计生委主任被当地党校聘为兼职教员。各级党委中心学习组在学习人口理论中重点学习邓小平人口思想和可持续发展理论，在巩固人均观念和人口意识的基础上，协调发展与可持续发展的观念和综合治理人口的意识得以逐步确立。至年末，全省把马克思主义人口理论与毛泽东、邓小平人口思想列入各级党校教育的必修课和党委中心学习组的学习内容。省委党校的主体班次均开设人口理论课。

1998年起，全省把邓小平关于人口问题的战略思想以及有关人口与经济、社会、资源、环境协调发展和可持续发展的理论纳入各级党委中心组学习。省计生委举办“邓小平人口思想与四川计划生育工作实践”研讨征文活动，收到论文65篇。7月29日至8月4日，省政府举办市（地、州）分管领导计划生育学习研讨班，联系全省计划生育工作实践，就做好跨世纪人口与计划生育工作进行学习和研讨。

1999年，全省各级党校、干校在各种班次中坚持开设邓小平人口思想学习辅导课，在县以上党委中心学习组坚持把邓小平人口思想列入中心组学习的内容。

2000年3月，中共中央、国务院《关于加强人口与计划生育工作稳定低生育水平的决定》（以下简称《决定》）印发后，省计生委在全省开展宣传贯彻《决定》的活动，印发宣传贯彻文件和提纲，并把学习贯彻《决定》纳入各级领导干部人口理论学习的重要内容。4月，省委党校、省计生委联合印发《关于贯彻中央党校国家计生委〈进一步加强党校系统人口理论教学和科研工作的通知〉的通知》，规定：每年县处级以上分管计划生育工作的党政领导干部培训班学习人口理论时间不少于6天，乡（镇）街道办事处分管领导培训班不少于3天；在主体班中，县处级以上领导干部人口理论学习不少于10学时，乡（镇）领导干部不少于4学时，其他短训班通过讲座形式开展人口理论教育。6月14—15日，省计生委与国家计生委宣教司在广安市召开“全国学习邓小平人口思想研讨会”，编辑《邓小平人口思想与四川计划生育工作实践》论文集，收录论文30篇，来自全国各地的70余名人口专家、学者到会参观，并考察广安区、岳池县基层计生工作现场，国家计生委副主任杨魁孚和宣教司的领导在考察广安工作后，对四川省学习邓小平人口思想活动和计生宣传教育工作给予高度评价。会后，国家计生委专门编发会议纪要，向全国推广四川省学习邓小平人口思想的经验和做法。

2003年，省计生委抓住各级党委中心学习组学习“三个代表”重要思想的契机，协调和指导党校、行政院校做好人口理论教育的改革与创新，与省委党校联合筹建人口与发展研究所，为开展人口理论教育创造条件。

2005年，四川根据全国党校系统人口理论教学和科研工作研讨会精神，创新人口理论教育方法，加强各级党校、行政院校和中心组人口理论学习的制度建设，规范教育程序，保证人口理论教育持续健康推进。

第二节　人口与计划生育基础知识教育

1988年2月，四川省在德阳市召开全省宣传工作会议，提出开展人口与计划生育系列化教育。随后，全省人口与计划生育基础知识教育逐步开展起来。4月，省计生委与乐山市计生委在洪雅县进行人口与计划生育基础知识教育试点，以建立“婚姻家庭学校”的形式进行基础知识教育。县建立总校，由县委、县政府分管领导挂帅，日常工作由校务委员会负责。乡建立分校，由分管乡长、书

图 2－13　1988 年，眉山县新婚夫妇在乡镇婚姻家庭教育学校上课

记挂帅，乡计生专干负责日常工作。村设学习辅导员，合作社设学习小组组长，形成多层次的教学网络。总校聘请宣传、司法、民政、卫生、学校、团委和妇联等部门有关领导为兼职教师，负责编写教材和授课，指导全县计生基础知识教育的开展。教学因人施教，分层次进行，把教育对象分为两大类，一类是未婚育龄男女，到婚姻家庭学校乡学习；二类是已婚育龄夫妇，无孩、一孩的到乡学习，二孩以上的到村学习，由村辅导员辅导，合作社的学习由学习小组长召集。时间安排，农闲多学，一年组织 3—4 次。教授内容，因人而异，各有侧重，未婚的侧重学习人口理论、生育政策、生殖生理，已婚的侧重学习生育政策、避孕节育、优生优育优教，同时穿插农业实用科学技术。试点的天宫乡 2270 对已婚育龄夫妇，分无孩、一孩、二孩及以上 3 种类型分班进行教育，效果较好。

8 月，国家计生委在黑龙江省齐齐哈尔市召开全国人口与计划生育基础知识教育经验交流会，着重介绍推广克山县、富裕县基础知识教育的经验，主要以县宣传指导站为中心，以乡（镇）宣传技术服务站为枢纽，以村服务室为阵地，以社的中心服务户为基点进行基础知识教育，收到成效。四川省有 5 个成功经验在会上受到肯定，分别是德阳市市中区开展计划生育科学知识“一条龙”教育的经验；洪雅县开办婚姻家庭学校，进行基础知识教育的经验；合川县发挥计划生育院坝宣传户的经验；巴中县、梓潼县利用宣传技术网络，开展基础知识教育的经验。

是年，省计生委组织人员编写《人口与计划生育基础知识》干部培训教材和通俗读本，委托省计生宣教中心摄制基础知识电视教学片和录音教学磁带，为次年全省开展人口与计划生育基础知识教育做好准备。同时，省计生委与四川人民广播电台联合举办人口与计划生育基础知识讲座，共 10 讲，每周 1 讲，每星期二、五播放 2 次。

至年末，全省开展人口与计划生育基础知识教育的县（区）有 142 个，占全省县（区）总数的 66%，开办培训班 13105 期，参加学习人数 40 多万人，编印教材读本 16 种，印发 50 多万册。

1989 年，省计生委在全省开始进行人口与计划生育基础知识教育。1 月，各地进行试点。在试点基础上，普遍开展人口与计划生育基础知识教育。同时，省计生委制定《四川省人口与计划生育基础知识教育实施方案》，拟从是年开始，5 年内在全省普遍进行一次人口与计划生育基础知识教育。基础较差（领导薄弱、网络不健全、计划生育率较低等）的地方，第一步办好婚前培训班，从计划生育政策及法规教育入手，进行初步的生命科学教育，第二步再分层次进行教育。方案明确教育对象为进入育龄期的男女性公民，教育内容包括人口理论、人口与人口问题、政策与法规、生育道理、优生优育等内容。

县建立“婚姻家庭学校”，乡建立分校，村社设立育龄青年之家作为学习阵地。将省计生委主编的《人口与计划生育基础知识》通俗读本作为全省人口与计划生育基础知识教育的统一教材。人口理论、生育政策课主要由计划生育部门的人员担任；法规课聘请司法部门的人员担任；生育道理、优生优育课等聘请计划生育宣传技术指导站，卫生、中学等部门有关人员担任。县（市、区）乡（镇）计划生育宣传技术指导站、服务站（室）、农村的党校、中小学校均可作为教学阵地，制挂校牌。经费以收取适当学费为主，不足部分从计划生育事业费或社会抚养费中补贴。省计生委主要从组织机构、师资教材、开办班次、受教人数和试卷质量5个方面进行考核评估，衡量开展基础教育工作的效果。

是年起，全省在各级党校、干校和中学开设人口教育课，把人口问题纳入全民教育范围。改变过去只注重集中宣传、忽略经常性宣传的作法，为全面贯彻现行生育政策、控制人口过快增长起到重要作用。

至1990年9月，全省开展人口与计划生育基础知识教育的县（市、区）185个，占县（市、区）总数的86%；乡（镇）7304个，占乡（镇）总数的84%；举办培训班14万多期，培训未婚青年和育龄夫妇1100多万人，占育龄人数的35%。全省年末有163个县（区）、4293个乡（镇）、30608个村办起婚育学校和计划生育基础知识教育辅导班，参加人数373万余人。

1991年初，全省对不同地区提出不同要求，要求平坝丘陵地区到年末基础知识分期教育开展面达到70%，受教育人数达到50%，盆周山区开展面达到50%，受教育人数达到30%，“三州”未提具体要求，量力而行，积极试点。各地为完成这一任务，制定基础知识教育规划和措施，德阳、乐山、绵阳、雅安等地把基础知识教育纳入计划生育目标管理，统一考核，统一评比。

6月，中共四川省委办公厅、省政府办公厅批转省委宣传部、省计生委《关于加强人口与计划生育基础知识宣传教育的意见》，把人口与计划生育基础知识教育纳入各级党委、政府的议事日程。省计生委随即印发《四川省人口与计划生育基础知识规范化实施方案》，规范办学机构、阵地、分期教育标准、教学内容及时间，使人口与计划生育基础知识教育在规范中得到发展。

全省在婚前教育的基础上开始分期教育，即“五期教育”，以年龄和婚育状况将育龄人群分为青春期、新婚期、孕产期、育儿期、中老年期。青春期：15—19周岁的社会青少年。新婚期：到法定婚龄准备结婚的男女青年。孕产期：已婚无孩和按政策照顾生育的夫妇。育儿期：子女在14周岁以下的夫妇。中老年期：女性在45—55周岁、男性在50—60周岁的人群。在“五期教育”活动中，乡镇婚育家庭分校主要办“青春期、新婚期、孕产期”培训班，村辅导站负责办“育儿期”和“中老年期”培训班并对其他期的教育进行辅导。根据各地情况，新婚期班可由县办或县乡联办，育儿期班、中老年期班也可由乡办或乡、村联办。

“五期教育”的主要内容：计划生育政策、法规；婚育科普知识，包括生殖生理、青春期卫生、新婚卫生、晚婚晚育、遗传与优生、孕产期保健、避孕节育和科学育儿常识；正确的婚育观、生育观教育；根据农村经济发展需要的适用性农技科普知识。教学内容根据育龄人群分期情况和群众的具体要求各有侧重。教材使用省计生委统编的“五期教育”培训教材。省计生委对“五期教育”的教学时间与考试考核作出规定：青春期班集中学习时间不少于6小时，新婚期班不少于12小时，孕产期班不少于6小时，育儿期班不少于12小时（累计），中老年期班不少于4小时（累计）。参加青春期、新婚期、孕产期培训的学员，学习期满后进行考试（对文盲、半文盲实行口试），考试及格者发给学习“合格证”，并以此作为办理婚育手续的凭证之一。每半年，乡镇人口学校进行一次教学情况自查、县复查；年终，市级计生委进行考核评估，对办校积极、教学活动开展好的人口学校给予表彰奖励。四川规定：在一个县（市、区）内有90%以上的乡镇达到规范教学要求，群众受教育面达到70%以上，视为人口与计划生育基础知识教育基本普及，条件成熟的县（市、区）可自行申报，由市级计生委初查后向省计生委转报，经抽验合格后由省计生委发给“人口与计划生育基础知识教育达标证书”。

图2－14 兴文县共乐镇举办计划生育“五期教育”培训会

是年起，全省少数民族地区的计生基础知识教育开始试点，主要进行婚前教育。至年末，全省人口与计划生育基础知识教育走上经常化、系列化和规范化轨道，除阿坝、甘孜和凉山3个少数民族自治州外，有153个县开展分期教育，占全省县（市、区）总数的90%；举办短训班20多万期，受训2200万人次。

1992年3月，在全省计划生育宣传工作会议上，省计生委针对不同地区提出普及人口与计划生育基础知识教育的时间要求：平坝、丘陵地区于1992年底普及，盆周山区于1993年底普及，少数民族地区适当延后。

4月26日，省计生委转发德阳市关于开展人口与计划生育基础知识教育普及验收的通知，推广德阳市计生委普及、验收人口与计划生育基础知识教育的经验，要求各地从实际出发，制定适合本地情况的检查验收标准和方法。11月2日，省计生委印发《关于进行人口与计划生育基础知识教育普及验收的通知》，明确检查验收内容包括两个方面：组织机构，阵地建设，教育设施，师资数量、质量，教育制度，档案管理等方面是否符合省规范化实施方案要求；基础知识教育开展情况，即开展面（以乡为单位计算）是否达到90%，教育面（以“五期教育”应受教育人数计算）是否达到70%。以上两个方面的内容达到省要求的为普及，未达到的为未普及。同时，要求各市（地）计生委加强对这一工作的领导，指定专人负责，集中一定时间，务必在年底前抓好这一工作。

是年，少数民族地区的计生基础知识教育铺开，约有三分之二的县、二分之一的乡（镇）开展婚前教育。凉山州编写人口与计划生育基础知识彝语教材。至年末，全省111个平坝、丘陵县（区）全面开展“五期教育”，5060个乡（镇）有4807个开展“五期教育”，开展面95%，举办学习班36.2万期，受教育人数2686万人，占应受教育人数的79%。其中，青春期2万多期，受教育人数162万人，占青春期应受教育人数的78%；新婚期8.9万多期，受教育人数722万人，占新婚应受教育人数的95%；孕产期3.8万期，受教育人数360万人，占孕产期应受教育人数的90%；育儿期13.9万期，受教育人数701万人，占育儿期应受教育人数的63%；中老年期7.59万期，受教育人数741万人，占中老年期应受教育人数的65%。按照全省开展面（以乡为单位）90%应受教育人数（以各期教育人数累计计算）达到70%的普及标准衡量，平坝、丘陵地区人口与计划生育基础知识教育已基本普及。47个山区县（区）、2976个乡（镇），县县开展“五期教育”，乡（镇）开展面

90%，受教育人数564万人，占应受教育人数的65%，进度较快的广元、涪陵、泸州、宜宾、乐山、达县、雅安等市（地）部分山区县提前1年完成普及任务。德阳、乐山、广元、成都、自贡完成普及验收。省对广元市的市中区、剑阁县，自贡市的富顺县，泸州市的泸县进行抽查，基本达到标准。

1993年，全省以市（地）为单位，统一组织人员对申请检查验收的县（市、区）进行检查验收，经省审核后颁发普及合格证书。经考核验收，全省85个县（市、区）的人口与计划生育基础知识教育达到普及标准，普及率73%，并颁发普及验收合格证书。成都、自贡、德阳3个市全部普及。在基础知识教育中，一些地方把教育与群众生产、生活和生育服务结合起来，既向群众传授人口与计划生育基础知识，又提供致富信息，传授实用致富技术，收到良好效果。是年，全省人口与计划生育基础知识教育累计受教育3524.4万人，占应受教育人数的83.4%。

1994年，省计生委根据大部分平坝、丘陵地区已经普及，盆周山区很多地方达到普及标准的实际，决定在完成普及任务的基础上适时转入经常性的滚动式教育。为指导开展好滚动式教育，印发《关于进一步加强人口与计划生育基础知识教育的通知》。各地把巩固和发展各级“婚育家庭学校”作为人口与计划生育基础知识教育转入经常性滚动式教育的前提。同时，做好摸底调查，明确教育对象，按照“五期教育”年龄分段，凡新进入各期教育年龄的人群，要通过可行途径（不局限于集中办班）接受相应的人口与计划生育基础知识教育。青春期、新婚期、孕产期教育仍按《四川省人口与计划生育基础知识教育规范化实施方案》规定的学习时间和考试方法进行。在教学内容上，根据分期特点和城乡实际，因地制宜施教。在农村，根据育龄群众在生产、生活、生育方面的实际需要，把人口与计划生育基础知识教育与传授致富技术、提供致富信息等有机地结合起来；在城市街道、厂矿企事业单位，把人口基础知识教育与就业技能培训、岗位培训结合，把家政知识和现代文明生活知识等内容寓于教育之中，以增强教学吸引力。

是年，四川对人口与计划生育基础知识教育工作的考核和资料管理等作出新的规定：人口与计划生育基础知识教育在普及的基础上转入滚动式教育后，全省不再单独验收、考核人口基础知识教育工作，把它纳入年度人口与计划生育工作目标进行统一考评。全省在年终计划生育目标考核调查时，采用查验“四证”（查结婚证与新婚期学习结业证、查生育证与孕产期学习结业证）的办法考核人口与计划生育基础知识教育工作。考核的标准是：新婚期已受教育人数占当年结婚人数的95%以上；孕产期已受教育人数占当年计划内怀孕人数（即领取生育证人数）的90%以上，并根据调查结果，按比例计分。

为使人口与计划生育基础知识教育管理进一步规范，全省对各级婚育家庭学校的教学档案管理提出统一要求：县级婚育家庭学校教务委员会名单、教学计划、教学任务、统计表（含应接受教育的人数，其中包括外出半年以上人数；已受教育人数，其中包括外出半年以上人数）、有关会议材料、检查评比和经验总结材料等，每年1卷长期保存；乡（镇）分校教务委员会名单、教员名单（含工作单位、专业）、学员名册（含考分内容等）、办班计划、教员讲稿、总结材料、统计报表（含应接受教育人数，其中包括外出半年以上人数；已经接受教育人数，其中包括外出半年以上人数）、学习合格证存根，每年1卷，保存10年；学员试卷保存3年，满3年后，可自行销毁；有保存条件的村婚育辅导站将负责人名单、教员名单、学习安排、讲稿、学员名册保存3年，3年后可自行销毁。

至年末，全省平坝、丘陵地区接受人口与计划生育基础知识教育人数2319万人，占应接受教育人数的86.1%，有116个县（市、区）普及验收合格。少数民族地区婚前教育面65.19%，受教育57万人。经国家计生委宣教司派员到四川封闭式抽查验收合格，受到好评。

1995年，在普及合格的县中，一部分县（市、区）将人口与计划生育基础知识教育转入经常性、滚动式教育，并逐步拓展到与农村科技知识、实用技术教育相结合，与农村精神文明建设相结合，在转变群众婚育观念的同时，教育、引导群众少生、优生、快富文明奔小康，成为“三结合”工作的有机组成部分，其做法在全国第四次主任高级研修班上作书面交流。与此同时，加强民族地区人口与计生基础知识婚前教育的普及工作，在做好规划发展的基础上，制定《少数民族地区婚前教育检查验收细则》，推动民族地区计生基础知识教育工作的开展。当年，全省有50多个县（市、区）达到普及标准，验收合格颁布“普及合格证书”。至年末，全省80%的平坝、丘陵县（市、区），60%的山区县（市、区）达到普及标准，少数民族地区开展婚前教育，基本完成普及教育的目标任务。

1996年4月，省计生委印发《关于持久深入地开展人口与计划生育基础知识教育的通知》，对继续抓好人口与计划生育基础知识教育工作进行部署，对已普及的地区提出严格要求，凡工作滑坡的要限期整改并重新申报验收；对少数民族地区人口与计划生育基础知识教育要提供更多的支持。6月，全省少数民族地区计划生育宣传教育工作座谈会在理县召开，会议研讨民族地区人口与计划生育基础知识教育的深化发展问题；号召省级部门和有条件的市、县结对支援民族地区。通过分类指导和师资、设备支持，使民族地区人口基础知识教育状况得到改善，促进全省人口与计划生育基础知识普及工作的平衡发展。至年末，全省实现平坝、丘陵地区普及率80%、山区70%、民族地区婚前教育面50%的宣传教育工作目标。

1997年，全省围绕提高群众作为计划生育主人的素质和能力，在普及教育的基础上，抓好向经常性、滚动式教育的拓展，使人口婚育学校成为普及婚育知识和传授科技知识的阵地，全省普及合格县开展滚动式教育面达36.6%。四川省这一做法得到国家计生委的肯定，在全国计生宣教工作会议上作交流发言。是年，全省有11个县（市）通过普及合格验收，普及合格县（市）达74.8%。全省“五期教育”受教育面79.2%，按照青春期、新婚期、孕产期、育儿期、中老年期分，分别达到74.7%、99.5%、98.9%、73.5%、71.8%；按照平坝和丘陵地区、山区、少数民族地区分，分别达到83.5%、74%、53%。

1999年，省计生委首批为50多个县的婚育学校装备电教设备，各市（地、州）加快乡（镇）婚育学校电教设备的装备。全省有60%的县、35%的乡（镇）装备电教设备，为人口与计划生育基础知识教育提供现代化的电教手段。与此同时，全省各乡（镇）人口学校普遍实行规范化管理。乡镇计生宣传技术服务站利用自身优势，采取阵地教育、氛围宣传、发送宣传资料、生殖保健咨询、融入技术服务等多种形式和渠道，普及计划生育与生殖保健的科学知识。对城市人口与计划生育基础知识教育工作进行调研，总结成都市把人口学校纳入社会办学，面向成人施教的经验。各级婚育学校在做好计划生育政策法规知识教育的同时，突出科普知识的教育和农村实用技术教育。省计生委从国家计生委购买30万元的人口与计划生育科普丛书，免费发放到各级人口学校教学，满足育龄群众对科学知识的需求。至年末，全省青春期、新婚期受教育面达到96%，孕产期受教育面达到91.5%，育儿期受教育面达到75%，中老年期受教育面达到70%。

2000年，省计生委投资43万元为92个县的婚育学校装备电教设备。全省有78%的县（市、区)、50%的乡（镇）实现电教化教学。各地总结推广人口学校电教化教学经验，提高教学质量，改进和丰富教学内容，重点做好生殖健康科学知识和农村实用技术的教学，增强人口学校的吸引力。是年，省计生委印发《关于人口与计划生育基础知识教育工作中几个问题的通知》，规定：人口与计划生育基础知识教育是一项公益服务性宣传，各级婚育学校的房屋、电教设备、桌凳等所需经费和授课费、办公费按照财政部《政府预算收支科目》规定在“计划生育事业费”中列支；根据行政机构职能的调整，各地计生委可委托县（市、区）、乡（镇）计划生育宣传技术服务站承办人口与计划生育基础知识教育。从此，人口与计划生育基础知识教育经费纳入各级财政预算，具体教务工作基本由技术服务机构承担。

至2001年，省计生委为全省180个县的婚育学校装备齐电教设备，基层人口与生殖健康知识教育基本实现电教化教学。至年末，全省青春期、新婚期受教育面达92%，孕产期受教育面达90%以上，育儿期达80%，中老年期达76%。少数民族地区婚前教育受教育面超过半数。

2002年，省计生委与省教育厅印发《关于在青少年中展开人口与计划生育基础知识教育的通知》，要求各地贯彻执行。

2004年，省计生委主动取消“五期教育”培训收费。

图2－15　2003年11月，绵阳市蒋记计生协会举办计划生育知识讲座

2005年，全省各地按照“以人为本、创新载体、整合资源、多元教学、项目推动、分类指导”的原则，开始对以“五期教育”为主要方式的人口计划生育基础知识教育工作进行改革。攀枝花、眉山等市结合生育文化建设，率先在本地改建人口学校为生育文化中心，整合宣传教育资源，以能够满足广大育龄群众多样化、个性化需求的多元教学模式取代单一人口计生部门定时、定点组织的传统“五期教育”方式，深受基层干部和群众的欢迎。

8月11日，省人口和计划生育领导小组印发《关于积极推进人口和计划生育知识“五期教育”改革创新的意见》，具体明确“五期教育”创新改革的主要内容：

创新“五期教育”管理机制。按照各有关部门的职能职责和“五期教育”的传统分类实行归口施教：青少年学生青春期教育归口教育部门组织实施；新婚期教育归口民政部门，由各婚姻登记单位在办理结婚证时发放新婚期人口与计划生育知识宣传资料或播放新婚期人口与计划生育知识教育专题片；孕产期教育和育儿期教育归口人口计生和卫生部门，由各级各类计划生育技术服务站与医疗、保健机构对孕产期、育儿期的群众进行孕产期保健、优生优育、生殖健康、科学育儿、计划生育知识宣传教育；中老年期归口人口计生和宣传部门，由各级人口计生宣传机构免费发放科普宣传图文与影像制品资料，为其提供生活保健科学知识。

创新“五期教育”内容。从国情国策教育拓展到稳定低生育水平、提高出生人口素质、改善人口结构、关注人口健康和人口安全的教育；从计划生育政策教育拓展到人口与计划生育法律法规知识和科学、文明、进步婚育观的教育；从避孕节育方法教育拓展到优生优育、生殖健康、预防性病、艾滋病科学知识以及群众迫切需要的生产、生活科普知识的教育。

创新“五期教育”载体。要创新思维，积极开发利用“五期教育”的载体。

改建生育文化阵地。与实施生育文化建设项目相结合，力争用2—3年的时间把各地乡（镇）人口学校和村级“五期教育”辅导站全部改建为规范化的乡（镇）生育文化中心和村级生育文化大院。乡村两级生育文化阵地履行原人口学校和“五期教育”辅导站的教育功能。

更新教育手段。争取财政支持并由省人口计生宣教中心实施“五期教育”内容创新项目，重新分期摄制“五期教育”科普知识VCD专题片，供基层各宣传教育单位选用；各生育文化小区、生育文化中心和生育文化大院都要按要求配备电视、VCD等教学设备以及“五期教育”科普知识VCD专题片，供各种年龄段的群众选用。

搭建网上教育虚拟平台。与有关计划生育、优生优育和生殖健康教育专业网站合作开发“五期教育”虚拟平台，为因特网覆盖地区的育龄群众特别是青少年、新婚夫妇、孕妇和育婴（儿）夫妇提供科学、个性化的青春期知识、避孕节育、优生优育、生殖健康保健、科学育儿等方面服务。

完善大众宣传载体。在各新闻媒体开设人口和计划生育科普知识窗口或科普知识专栏；设计制作人口和计划生育科普知识宣传品，满足群众需要；开发各级计划生育技术服务机构的宣传教育功能，加强人口和计划生育知识“五期教育”科普知识宣传教育。

创新“五期教育”方式方法。要以先进的教育理念为指导，利用社会进步和科技发展的最新成果，与时俱进，探索多部门合作、跨行业联手、各方面教育资源共享的多元化教育方式，倡导互动式、参与式等群众喜闻乐见的教育方式和方法，突出现代教育的经常性、针对性、知识性和趣味性。

第三章　生育文化建设

第一节　婚育新风

1998年，全国婚育新风进万家活动座谈会后，四川省首先在46个计生优质服务试点县（市、区）进行婚育新风进万家试点。

1999年初，在总结示范县（市、区）成功经验的基础上，全省向验收合格的146个基本实现“三为主”的县（市、区）推广婚育新风进万家活动。3月17日，根据中宣部、国家计生委在陕西省延安市召开的全国婚育新风进万家活动座谈会精神，省委宣传部、省计生委、省文化厅和省精神文明办联合印发《全省开展婚育新风进万家活动的意见的通知》，提出在全省建设社会主义新型生育文化的总体目标、开展婚育新风进万家活动的主要内容和实施方案。全省婚育新风进万家活动拟分为两个阶段进行：1998—1999年首先在全省46个计生优质服务试点县进行示范，在总结示范点成功经验的基础上，再向全省已经验收合格的146个基本实现“三为主”的县（市、区）推广；从2000年开始，用3年左右的时间在全省全面开展婚育新风进万家活动。

图2－16　婚育新风进万家活动赠书仪式

全省各级计生部门迅速行动，部署和试点。各试点单位结合实际开展工作，纳入活动的主要选题有建设社区新型生育文化、倡导男到女家新风尚、展示农村婚俗新风貌、改善妇女和女孩生存环境、优化利益导向促进农民生育意愿转变、提高贫困妇女文化素质、开展文明公民评选活动等。省计生委在罗江县、巴中市、营山县和合江县直接培植典型。营山县投资50多万元，在20个乡镇建起“婚育学校长廊”，每个婚育学校实现“五个一”，即：一个规范教学阵地、一套电教设备、一套完整的教学制度、一套科普宣传图册、一套完整的教学档案。营山县在总结经验的基础上，实施“35工程”，即以县乡村三级计生宣传服务机构为阵地构建生育文化支柱，发展50个乡生育文化阵地，500个村生育文化阵地，5000个农家生育文化庭院。省计生委宣教处配合营山县在增产乡碗水村抓婚育新风进万家活动示范，开展“农民生育意愿的调查，促进生育意愿转变因素的研讨”“倡导男到女家新风尚”“农村婚礼新风貌”和“婚姻生育文化文娱”等活动。

5月27—28日，省计生委在营山县召开全省婚育新风进万家活动现场会，安排部署全省开展婚育新风进万家活动，总结推广营山县以“百里婚育学校长廊”为主阵地，树立宣传教育工作“首位”意识和发挥“中心环节”的作用，坚持县乡村三级管理和县乡村户四级载体建设，坚持讲结合、讲渗透、讲融入的工作方法，即营山经验。该经验得到国家计生委的肯定，并在全国婚育新风进万家活动经验交流会上介绍经验。

此次现场会后，全省21个市（地、州）、181个县（市、区）按照省计生委制定的“统一规划、制定方案、培植典型、抓好示范、以点带面、全面推广”的工作思路和方法，在当地重点抓1—2个示范点，边试点边推广，全面开展婚育新风进万家活动。各级党委宣传、文化、计生和精神文明等部门配合，建立婚育新风进万家活动的领导机构，制定活动方案及措施，做好试点与推广工作。

至年末，全省150多个活动试点单位取得阶段性成果，婚育新风进万家活动在全省开展起来，成为全省群众性社会主义精神文明创建活动的重要组成部分。中国计生宣教中心组织10个省的宣教中心，对四川省婚育新风进万家活动进行全方位、多角度报道，推动这项活动在基层的落实和开展。

2000年6月，全省完成婚育新风进万家活动“示范、试点”第一阶段工作任务，涌现46个婚育新风进万家活动示范县（市、区）、50个城镇示范社区、140个试点乡（镇）、280个试点行政村（居委会）。6月起，全省婚育新风进万家活动进入全面推广第二阶段。省计生委根据全省不同地域的自然条件和计生工作的实际，把全省分为盆周山区、川中腹地丘陵人口大县和川西平原3个片区予以指导，推动活动的开展。

是年，省委宣传部、省计生委、省文化厅和省精神文明办联合对全省婚育新风进万家活动的开展情况进行抽查和评估，并印发《全省婚育新风进万家活动检查评估情况的通报》，对取得的阶段性成果给予肯定，推介先进典型，指出存在的问题，提出整改意见。此后，全省每年对婚育新风进万家活动进行一次评估。

2001年初，省委宣传部、省精神文明办、省计生委、省教育厅、省民政厅、省文化厅、省广播电影电视局、省总工会、共青团四川省委和省妇联10个部门联合发出《关于全面贯彻中宣部等十部委〈关于广泛深入开展婚育新风进万家活动的意见〉的通知》（以下简称《通知》）。各有关部门按照《通知》精神，根据国家十部委的意见，结合各自业务工作，认真履行部门职责，积极参与婚育新风进万家活动。3月末至4月初，根据全省开展婚育新风进万家活动工作的总体安排，省委宣传部、省计生委、省文化厅和省精神文明办组成检查评估组，在各地自查的基础上对遂宁、内江、宜宾、自贡和乐山等市进行抽查，并印发通报，要求各地按照“边试点、边推广”“全面开展”的要求，结合本地实际，抓好落实，推动计划生育工作整体发展。

10月，在中宣部、国家计生委联合召开的全国婚育新风进万家活动表彰会上，四川省作经验介绍，南充市被授予全国婚育新风进万家活动“十佳红旗单位”称号，成都市金牛区等31个县（区）被评为先进县，绵阳市游仙区魏城镇等99个乡（镇、街道）被评为先进乡（镇、街道），宜宾五粮液集团有限公司等65个单位被评为先进单位，罗祚民、袁每繁等160人被评为先进个人。

至年末，全省建设2万多个计划生育中心学习户、5500个生育文化大院、1260个生育文化农家乐、650个生育文化小区，形成具有一定规模、辐射力强，吸引群众积极参与婚育新风进万家活动的生育文化基地。同时，经过探索、创新，全省婚育新风进万家活动形成各具特色的9种模式：以百里婚校长廊为阵地，县乡村组为依托的营山模式；以农村生育文化大院建设为特色的巴中模式；把生育文化建设与企业文化建设融为一体的东方锅炉（集团）股份有限公司模式；在城市社区开展优质服务和建设社区生育文化的自贡市富台山居委会城市工作模式；建设青少年素质教育基地、群众文化基地、文明在农家基地的绵阳市涪城区模式；以建设社会主义新型生育文化，规范户外宣传为重点的川陕、川藏线生育文化建设工程模式；以村民自治为主要内容的广安市模式；突出社区文化建设，扩展整体宣传实效的南部县望月村模式；以“农家乐”、旅游景区为宣传载体，传播婚育新风的江油市模式。

2002 年 6 月 27 日，省计生委同意江油市为全国婚育新风进万家计划项目示范县。7 月 18—19 日，省委宣传部、省计生委联合在绵阳市召开全省婚育新风进万家活动总结表彰会，总结全省开展婚育新风进万家活动的主要成绩和经验，明确新时期婚育新风进万家活动的方向、目标和任务。省委宣传部和省计生委联合表彰 5 个先进市、30 个先进县（市、区）、100 个先进乡（镇）、15 个先进社区（街道、居委会）、100 名先进个人。与会代表还实地考察绵阳市涪城区、安县的婚育新风进万家活动。

2004 年，全省在总结历年婚育新风进万家活动评估的基础上，制定县、乡、村三级婚育新风进万家活动评估标准，使评估工作更加科学、客观、公正和具体。3 月 17 日，省计生委办公室印发《关于全省开展婚育新风进万家活动评估工作的通知》，明确评估的内容：主要对各地开展婚育新风进万家活动中领导重视、规划试点、阵地建设、宣传氛围、宣传服务、宣传发行、进村入户、群众参与、工作成效和创新发展 10 项工作进行评估。全省按照标准逐级进行评估。市（州）先对县、乡进行检查、考评；省对各地评估情况进行抽查，在每个市（州）抽查 1 个县、2 个乡（镇）、2 个村，样本点共 300 分，评估总分 270 分以上为优秀、210—270 分为良好、160—210 分为一般、160 分以下为较差。根据考评结果，省、市、县分别对各地的先进单位和个人进行表彰。通过评估，真实反映活动开展的深度与效果，进一步规范全省婚育新风进万家活动。

2005 年 11 月 10 日，在全国婚育新风进万家活动经验交流暨总结表彰大会上，四川有 149 个先进集体、106 名先进个人受到中宣部和国家人口计生委等十部委表彰。婚育新风进万家活动的开展，给生育文化建设带来新气象、新变化：丰富生育文化的内容；使生育文化进村入户有了实实在在的载体，较好地改变生育文化“热在上面、冷在乡村”“形式单调、内容枯燥”的状况；调动群众自觉参与的积极性，推动社区生育文化的形成和计生科普知识在基层的普及。

第二节　生育文化工程

2003 年 7 月，省委宣传部、省计生委按照省委、省政府提出的“文化强省”战略要求，在全面总结开展婚育新风进万家活动经验的基础上，联合印发《关于实施社会主义生育文化建设工程的意见》，提出全省生育文化建设的指导思想、主要内容、目标任务，进行总体规划和部署，分为启动、发展、繁荣 3 个阶段实施。强调在推进生育文化建设工程中，着力在“特色”和“创新”上下功夫，努力打造生育文化工程精品。通过实施“生育文化建设工程”，建立健全经济发展促进文化建设、文化建设促进观念转变的机制，营造有利于稳定低生育水平的社会舆论氛围。

一、交通干线生育文化工程

1999 年 12 月 17 日，省计生委在双流县召开川陕、川藏线生育文化建设研讨会，推出川陕、川藏线生育文化建设示范工程。

2000 年，省委宣传部、省计生委、省文化厅和省精神文明办联合印发《川陕、川藏线生育文化建设工程的实施意见》，安排部署交通干线生育文化工程建设，决定在人口数量较多、地域文化差异较大的川陕、川藏公（铁）路沿线的成都、绵阳、德阳、广元、雅安、甘孜等市（州）的 41 个县（市、区）、100 多个乡镇先期启动交通干线生育文化建设工程。相关市（州）、县根据实施意见，首先在长达 2000 余公里的川陕、川藏交通干线上更新、规范户外计划生育宣传的形式和内容，重塑生育文化新形象；同时，探索贴近群众生活的计划生育宣传教育新方法，把生育文化与精神文明建设、计划生育优质服务等结合起来，开展“六进家庭活动”（计生宣传品进家庭、美德教育进家庭、科技知识进家庭、生殖保健服务进家庭、政策法规宣传进家庭、文体活动进家庭），增强亲和力，使生育文化逐步满足群众求知、求富、求美、求乐的需要。此外，加强宣传阵地、社区生育文化和婚育新风载体等建设，打牢生育文化发展基础。

2001 年，以“川陕、川藏生育文化工程”为龙头的多个生育文化基地建成，初步形成具有四川特色的生育文化氛围。

2003 年，省计生委与省委宣传部印发《关于实施社会主义生育文化建设工程的建议》，在巩固川峡、川藏线生育文化建设成果的基础上，启动九寨环线和成渝线生育文化项目建设。省计生委印发《关于进一步加快九寨环线、成渝线生育文化建设的通知》。两线所经市、县遵循“统一领导、整体规划、面向群众、讲求实效”的原则，按照先点后面、高起点、高品位、保持经常、突出特色的方法制定规划和实施方案，清理、规范计划生育户外宣传标语、橱窗，在醒目地方设立计划生育大型宣传牌；整顿和完善生育文化阵地，沿线各乡（镇）建成 3—5 个群众性生育文化场所；借助社会资源组建群众性计划生育宣传队，吸引群众参与、寓教于乐、和谐计划生育人文环境。随后，两线各地在宣传教育进村入户、建设生育文化宣传网络等方面下功夫。

2003—2004 年，内江市对全市生育文化工程建设进行规划和部署，确定以成渝（成都—重庆）线、内威（内江—威远）线、贡威（自贡—威远）线、隆泸（隆昌—泸州）线、资威（资中—威远）线 5 条公路干线为骨干的生育文化长廊建设，全面启动生育文化工程。

2004 年 6 月，省计生委在隆昌县召开全省生育文化工程建设工作会。至年末，九寨环线、成渝线生育文化建设初具规模。其他各地参照川陕、川藏线和九寨环线、成渝线生育文化建设模式，按照先易后难，避免低水平重复建设的要求，因地制宜地打造交通干线生育文化。

2005 年，成乐（成都—乐山）线、成广（成都—广安）线、成南（成都—南充）线和西南出海通道（四川段）等交通干线生育文化线相继建成。

二、旅游景区生育文化工程

2001 年，全省启动九寨环线、成灌线和广汉市三星堆旅游热线生育文化建设工程。

2003 年 3 月，省计生委在平武县召开九寨环线、成渝线生育文化建设现场会，专题研讨民族地区生育文化建设问题。5 月，对城市社区生育文化建设进行专题调研，加快城市社区生育文化建设现场会的筹备工作。各级计生部门与宣传、文化、教育等部门相互配合，动员、协调各方力量，创建一批具有区域特色和示范效应的生育文化基地。

2004年，四川实施“国家级、省级风景区和重点旅游城市生育文化公益宣传画、标语建设项目”，由省、市、县三级共同投资，实行项目管理，计划3年内分期分批建成。风景区、旅游城市生育文化公益宣传画（含艺术类建筑）、标语建设由省统一规划、统一设计和制作；项目建设点的市、县级人口计生委（局）负责办理建设相关手续并对生育文化公益宣传画、标语进行使用、管理和维护。8月，为确保项目建设规范有序、作品格调高雅，省计生委印发《四川省风景区、旅游城市生育文化公益宣传画、标语设置规范》，具体规范国家级、省级风景区和旅游城市历史文化名城生育文化公益宣传画、标语设置区域，宣传画、标语内容设计、制作及审核，宣传画、标语附件安装设施，以及宣传画、标语的管理及使用等。

2004年四川省风景区、旅游城市生育文化公益宣传画、标语设置规范表

表2－3

<table>
<tr><th>项　目</th><th>设置区域</th><th>宣传画、标语内容设计、制作及审核</th><th>宣传画、标语附件安装设施</th><th>宣传画、标语的管理及使用</th></tr>
<tr><td>国家级、省级风景区</td><td>1. 风景区主要公路要道口；
2. 宾馆文化娱乐、商贸交流中心</td><td rowspan="2">1. 宣传画、标语内容经国家和省计生宣传部门正式公布或审核允许发布的；
2. 突出四川文化、民族文化特色；
3. 突出以人为本的宣传、服务亲和力；
4. 宣传画、标语由省统一设计、制作</td><td rowspan="2">1. 安装设施必须符合风景区有关规定，并办理有关安装手续；
2. 安装设施必须坚固牢靠，与其他广告一致，与周围环境融为一体；
3. 宣传画、标语设置尺寸由设计单位和有关管理部门按要求商定</td><td rowspan="2">1. 宣传画、标语由所在地市、县级计生部门管理、使用和维护；
2. 市、县级计生部门可联系有关企业、单位共同参与设计制作；
3. 参与投资设计制作的企业、单位可加上适当的广告</td></tr>
<tr><td>旅游城市、历史文化名城</td><td>1. 旅游城市、历史文化名城主要公路要道口；
2. 宾馆文化娱乐、商贸交流中心；
3. 旅游参观集散中心</td></tr>
</table>

2005年，全省把攀枝花市旅游环线所涉及的主要景区和通江县的主要景区纳入生育文化重点建设项目规划并着手开发。至年末，经项目涉及的市（州）及100多个县（市、区）的运作，全省按照项目要求打造出黄龙、九寨、松潘、理县、广汉三星堆、大英死海、乐山大佛和蜀南竹海等国家级旅游景区的人口与计划生育公益广告宣传阵地。

三、“百、千、万”生育文化工程

2004年，省人口计生委决定在全省统一实施“百千万”生育文化建设工程，即：用2—3年的时间在全省现有生育文化建设的基础上，再精心打造“100个生育文化小区、1000个乡（镇）生育文化中心、1万个村社生育文化大院”，把人口宣传教育与城市建设、道路建设和社区改造等结合起来，并以此推动全省城乡生育文化活动的深入开展，形成多层次、多类型、覆盖广、品位高的生育文化体系。

“百、千、万”建设主要围绕九寨环线、川陕川藏线、成乐线、成渝线、西南出海通道（四川段）等国家级、省级风景名胜和旅游城市进行。由省人口计生委统一规划，具体工作任务下达到各地。“百千万”建设项目由省、市、县计生部门共同投资建设，省人口计生委分年度安排项目补助经费，用于购买项目建设必需的宣传教育设备和省里统一制作的宣传品。为使工程规范，省人口计生委制定《四川省实施生育文化小区、镇乡生育文化中心、村社生育文化大院的建设基本标准》。全省各地按照生育文化规划任务和建设基本标准组织实施。完成建设任务后，由省人口计生委统一组织人员进行评估验收，对达标单位给予一定的项目经费。至年末，全省新建生育文化小区65个、生育文化中心580个、生育文化大院6800个。

图2－17 生育文化大院成为群众宣传计划生育重要场所

2005年，全省各市（州）按照项目要求对“百、千、万”工程进行自查和初评，省上根据各地验收情况进行随机抽查确认。全年新建生育文化小区28个、生育文化中心278个、生育文化大院2174个。至年末，全省建成生育文化小区593个，生育文化中心858个，生育文化大院33974个。

第三节 “三下乡”活动

四川把“三下乡”（科技、文化、卫生下乡）活动作为生育文化重要载体。各级党委、政府统筹安排，组织专家和技术人员到边远、贫困地区举办生殖健康、避孕节育讲座，生命科学巡回展览，培训基层技术人员，赠送器械设备和科普读物，在报纸、杂志、电视、广播上开辟计划生育“三下乡”专栏，建立人口与计划生育图书角，组织群众观看计划生育、优生优育录像等进行宣传，把人口计生宣传有机地融入“三下乡”活动中。

1997年12月下旬，省委宣传部、省科委、省农业厅、省文化厅、省广电厅、省卫生厅、省计生委、省新闻出版局、共青团四川省委和省科协联合发出《关于继续深入开展文化科技卫生“三下乡”活动的通知》，要求各地调动各方力量，精心组织，突出重点，为农民办好事、办实事，组织一批图书报刊下乡，送一批戏剧下乡，建立一批农村电影发行放映队，建设一批广播电视收转站，抓好一批有影响的群众性文化活动，培训一批农村科技骨干，组织一批医务人员下乡，建立一批乡镇“三下乡”综合服务站。省计生委领导分别率领3支计生服务队，先后到北川县、眉山县、名山县，向基层计生服务站赠送波普仪、手术床等医疗器械，慰问独生子女户与计划生育户，送去科普书籍、革命传统电视录像带和录音带、儿童学习生活用品、年画、挂图上万套，50多名干部和卫生科技人员为群众义务治病，进行健康检查服务上千人次，并到乡村帮助农户解决生产、生活中实际困难。

2000年，按照中宣部和国家计生委的要求，省计生委动员组织全省计生系统开展“三下乡”活动。全省县以上计生专干3000多人下乡，向农村群众散发宣传资料34万多份，开展场镇村头宣传4400多场次，业务咨询20多万人次，开展义务生殖保健服务及义诊21万多人次，发放避孕药具10万多盒，出动“三下乡”宣传车800车次，举行“三下乡”专题文艺演出1785场次，巡回流动展板2400多块，慰问独生子女25万人次，群众受教育70万人次。在省委宣传部等4个部门召开的全省

图2-18　甘孜州"三下乡"活动中开展计划生育宣传教育及免费义诊

"三下乡"总结表彰会上，全省计生系统13个单位和27名个人被评为先进集体、先进个人。

2001年起，四川把"关注男性健康"宣传纳入"三下乡"活动中。每年突出一个宣传主题：2001年——男性健康与文明家庭；2002年——关注男性健康、计划生育丈夫有责；2003年——关注男性健康、普及科学知识；2004年——关注男性健康、提高生活质量；2005年——关注男性健康、促进家庭和谐。

2002年，四川通过"三下乡"开展"五个百万"服务活动，即全省统一行动，免费发放100万册《计划生育科普知识五年历书》，免费发放价值100万元的避孕药具，免费放映电影《新甜蜜的事业》观众100万人次，免费为100万名育龄妇女查孕、查妇科病，上门慰问100万户独生子女家庭。是年，全省计生系统工作人员参加"三下乡"社会实践活动7500多个工作日。省计生委集中统一开发制作计生实用《科普知识小手册》50万册，购买30万元的《"三结合"知识丛书》免费发给农户。

2001—2002年，省计划生育宣教中心在"三下乡"活动中，为计生户送避孕药具、送物、送钱2740元，向基层计生户送年历1000张，《五年历书》1000本。

2003年初，全省各级计生部门参加"三下乡"活动，把计划生育优质服务送进千家万户。5月，在抗击非典斗争中，2.7万名计生工作者到抗非典第一线向群众宣传科学防治知识，发放药品和资料，为保障人民健康作出贡献。

第四节　关爱女孩行动

"关爱女孩行动"是国家人口计生委把婚育新风进万家活动引向深入而提出的一个重要专项行动，旨在大力传播文明、健康的婚育新风，普及相关的法律法规和科普知识，营造有利于女孩生活的环境，建立有利于女孩及其家庭发展的利益导向机制，向女孩和生育女孩的计划生育家庭提供优质的宣传与服务，依法维护其合法权益，从而促进新型婚育观念的转变和形成，促进妇女及男女平等，促进对人口问题的综合治理。

2004年，省委宣传部、省卫生厅、省人口计生委和省妇联联合印发《关于动员组织社会力量全面开展关爱女孩行动社会宣传的通知》，在全省开展宣传活动，营造关爱女孩的良好社会氛围。同时，建立关爱女孩行动指导小组，并在高县、成都市龙泉驿区、叙永县、营山县、大竹县和绵竹县6个县（市、区）开展"关爱女孩行动"试点。试点工作的主要目标：力争用3年时间，在试点地区大力传播男女平等、少生优生、尊敬老幼妇女、邻里互助的社会新风，建设适应小康社会的新型生育文化，形成比较系统的综合治理出生人口性别比升高的政策、措施和工作思路，建立有利于关爱女孩的长效机制，到2010年左右，项目地区的出生婴儿性别比趋向正常，新的婚育观念在群众中基本形成。

3月8日，省委宣传部等4个部门在成都春熙路广场联合举办全省关爱女孩行动社会宣传活动周，组织社会各界参与，四川迪康科技药业股份有限公司捐赠80多万元的物资和现金，救助全省100多户困难女孩家庭。

是年，省人口计生委与迪康药业合作在6个市和52个县开展迪康“关爱女孩行动”启动仪式和大型宣传活动；动员和组织参与综合治理出生性别比升高问题的11个部门和14个计划生育“三结合”帮扶部门参加全省百万人“关爱女孩行动”知识竞赛活动。省委宣传部、省人口计生委、省卫生厅和省妇联联合发布告全省人民公开信，召开新闻发布会，救助100户贫困女孩家庭，出动100辆宣传车进行宣传，免费发放妇女保健药品价值40余万元，免费发放宣传品20余万张（册），价值20余万元。

图2－19　绵阳市“迪康·关爱女孩行动”启动仪式

2005年，全省继续扩大“关爱女孩行动”试点规模，由6个省级试点县扩大到20个，各市（州）选择1—2个县开展试点工作。各试点县（区）党委、政府围绕“关爱女孩行动”试点工作目标任务，结合当地社会经济发展状况，制定有利于女孩及其家庭可在全县范围内享受入学、就医、民政救济等方面的优惠。叙永县在开展农村基本医疗保险制度试点、改造贫困户住房、解决饮水困难等项目中，制定对贫困计生女儿户的优先、优惠政策。成都市龙泉驿区筹措资金，优先为贫困计生女儿户改造住房。石棉县联合卫生、计生技术服务机构为计划生育女孩及其家庭免费体检。各试点县（区）还组织社会各界资助贫困女儿户，帮助解决入学、就医等困难。5月24日，省人口计生委在高县召开“关爱女孩行动”试点工作会议。副省长陈文光到会并讲话，宣传、公安、卫生、药监、妇联等部门领导发言。会后，省人口计生委与省委宣传部联合发出《关于开展“关爱女孩巴蜀行”社会宣传活动的通知》，启动全省关爱女孩巴蜀行大型宣传和服务活动，宣传“生男生女一样好、女儿也是传后人”等进步文明生育观念，营造关爱女孩的新型生育文化氛围；同时，帮助解决女孩家庭在生产、生活等方面遇到的实际困难。是年，全省组织开展“关爱女孩巴蜀行、关爱女孩行动”知识电视大赛等活动，多数市（州）结合宣传主题，开展有关政策法规知识社会宣传活动。成都市、乐山市、宜宾市和达州市等地在开展“关爱女孩行动”知识电视大赛中，经预赛组队参加省上复赛。

第三篇　技术服务

四川计划生育技术服务工作坚持“面向基层、深入乡村、方便群众、服务上门”的方向，按照“因地制宜、布局合理、规模适当、人员精干”的原则，加强计划生育技术服务机构及网络建设。通过手术、药物、工具、仪器、信息及其他技术服务手段，广泛开展婚育保健、计生技术指导、妇女病普查防治、遗传咨询、婚前检查、孕产期保健、新法接生、婴幼儿保健以及与计划生育有关的医疗服务。形成“以县站为龙头、乡（镇）中心站为骨干、乡（镇）服务站为依托、村服务室为基础、流动服务车为纽带”的计划生育技术服务发展格局。

第一章 服务网络建设

第一节 机构与人员

1982年冬至1983年春，巴中、江津和旺苍等县针对当地计划生育技术工作薄弱，医疗单位防病治病任务繁重，避孕为主的方针难以落实更不易保持，存在节育手术经费吃紧、手术难、住院难等问题，在基层干部强烈要求下，计划生育部门与区、乡党政领导研究，利用计划生育抚养费和地方自筹资金，修房屋、购器械，选拔专干中懂节育技术的、少数区（乡）医院医生或优秀的乡村医生，经短期培训，在一些区、乡试行建立计划生育宣传技术服务站，效果较好。

省委、省政府领导根据中发〔1982〕11号文要求“县一级要逐步建立计划生育宣传指导站”和中办发〔1982〕37号文要求“县以上各级计划生育宣传指导站（所），是同级计划生育部门的事业单位。其主要任务是协同有关部门搞好计划生育宣传；编写计划生育宣传资料、制作宣传品；培训基层计划生育干部。有条件的地方，还应开展节育技术指导和避孕药具的发放管理工作。各地要从工作出发，确定人员编制，并按照国家计委的规定，在地方统筹和自筹资金中安排基本建设，抓紧进行”的精神及国家计生委召开的荣城会议精神，责成省计生委于1983年4月在平坝县什邡、丘陵县江津和山区县旺苍试点。5月，在取得经验的基础上，在江津县召开全省计划生育改革工作会议，把从实际需要出发，建立计划生育宣传技术指导站、服务站作为一项加强计划生育部门组织建设的重要经验来推广。6月，省委决定：“各级计划生育宣传技术指导站和基层服务站，要积极创造条件建立起来，以逐步形成一支专业化的宣传、技术队伍”。根据省委、省政府领导指示，省编委、省财政厅、省人事局和省计生委4个部门联合发文，对计划生育宣传技术指导所、站和服务站的任务、人员编制及经费开支的问题作出规定。省政府给每个县建站补助费1万元。

1984年4月，全省召开计划生育基层服务工作现场会议，提出建站的方针、方向，即贯彻“三为主”的方针和“十六字”的服务方向。同时，强调专业机构必须始终围绕计划生育工作开展各项服务活动，不能办成小医院。

1985年，在各地试点总结经验的基础上，省计生委印发《四川省计划生育宣传技术指导站工作条例》（暂行），规定：指导所、指导站、服务站是承担宣传教育工作、避孕药具管理工作、节育技术和优生指导工作任务的“四位一体”的专业事业机构，开展具有计划生育特色的工作。同时，印发《关于加强计划生育宣传技术指导所、指导站、服务站建设若干问题的意见》，对所、站的工作任务、服务范围、人员配备和使用、经费管理、福利待遇、内部机构设置、机构装备、技术人员考核晋升、工作制度和业务指导关系9个方面作出规定。

1986年，省财政拨款200万元专项用于农村计划生育服务员的误工补贴，调动基层干部从事计划生育工作积极性。9—10月，省计生委在全省对各级所、站开展以法治思想好、宣传教育好、业务技术好、组织管理好和指导基层好为内容的大检查、大评比，促进这支队伍的自身建设和各项管理工作。至年末，全省各市（地、州）、县和部分区、乡陆续建起计划生育宣传技术指导所（站）、服务站（室）等专业服务机构2384个。其中，市（地、州）计划生育宣传技术指导所22个（成都、重庆各有技术指导所和宣传教育所1个）；县（市、区）计划生育宣传技术指导站（重庆市统称计划生育服务所）189个，占全省县总数的88%；区计划生育宣传技术服务站627个，占全省县辖区总数的52.3%；乡（镇）计划生育服务站（室）1546个，占全省乡（镇）总数的17.7%。巴中、江北、荣县、江津、南川、梓潼、盐亭、简阳、旺苍和开县等县加强乡、村服务网点建设，村服务员配齐并落实报酬，全县基层计划生育四级（或三级）服务网络形成，有的工作已深入到组。

各级宣传技术服务机构有各类人员5724人。其中，医师以上367人，占6.4%；中级节育技术人员1448人，占25.3%；初级节育技术人员3305人，占57.7%；宣传人员208人，占3.6%；药具管理人员238人，占4.2%；行政管理人员204人，占3.6%。这支队伍坚持面向基层、深入乡村、方便群众、服务上门的方向，作为宣传、卫生部门的辅助力量，在宣传教育，避孕指导，孕前服务，药具发放，培训乡、村计划生育服务人员等方面发挥较好的作用。

是年起，省计生委把全省21个市（地、州）划分为2个片，分别由成都市、重庆市计划生育技术指导所牵头组成川西片、川东片计划生育部门节育技术协作组，每年由省计生委拨专款开展学术交流、疑难病人会诊等活动。川西片节育技术协作组由成都、德阳、绵阳、广元、遂宁、渡口（今攀枝花）、乐山、阿坝、甘孜、凉山10个市（地、州）组成，组长单位由成都市计生委担任；川东片节育技术协作组由重庆、自贡、泸州、内江、南充、宜宾、达县、涪陵、万县9个市（地）组成，组长单位由重庆市计生委担任。两片协作组的日常业务工作分别由成都市、重庆市计划生育技术指导所负责。节育技术协作组的主要任务是：相互协作，加强技术交流，积极推广科技成果，共同提高管理工作水平和避孕技术质量，以推动全省计划生育科学技术的进步。

1987年，全省召开部分县计划生育工作座谈会，总结交流基层、基础工作建设的经验。8月，省计生委印发《四川省计划生育宣传技术指导所、指导站、服务站工作条例》，对服务机构的性质、机构设置、工作任务、财务管理和工作制度等作出规定。至年末，全省建立627个区服务站、1546个乡服务室。服务站、室的人员定期走访村组，开展孕情普查、优生优育咨询、送药具上门和节育技术工作，做了大量的孕前服务工作，受到广大干部和群众的欢迎。

1988年10月，国家计生委在重庆召开全国计划生育服务站经验交流会，四川同时召开全省计划生育指导站、服务站经验交流会。在会上分别表彰全国、全省先进单位，强调建立计划生育宣传技术专业服务机构对控制人口过快增长和提高人口素质的重要性、必要性，明确建立具有计划生育特色的专业服务队伍的方针、任务、做法，要求各地及时总结建站经验，发现新典型，层层表彰先进，激励建站热情，加快建站步伐。会后，省计生委印发《关于学习推广先进计划生育宣传技术指导站经验的决定》，促进全省专业服务队伍的建设。

12月10日，省计生委印发《关于对全省各级计划生育专业服务机构全面进行一次摸底调查的通知》。该次摸底调查由市（地、州）计生委统一组织实施，调查标准是：一看房屋、人员、装备，是否“三配套”；二看宣传教育、节育优生、药具管理、人员培训“四大功能”是否发挥；同时，根据《四川省计划生育宣传技术指导所、指导站、服务站工作条例》规定所担负的任务，各有侧重地去衡量，分为好、中、差三等。

是年，全省市（地）、县、区、乡四级建立计划生育宣传技术指导所（站）和服务站（室）2647个，有各类人员6540人（其中，专业人员6275人，占96%）。

1989年3月10日，省计生委制定《四川省计划生育宣传技术专业服务机构建设规范和发展规划》，提出“布局合理、规模适当、人员精干”的建站原则，确定“七五”“八五”时期的建站目标。各地在政策支持下，因地制宜，创造条件，首先启动县和县辖区服务机构的建设，同时在一些人口较多的乡镇建起服务站（室）。12月10日，省计生委印发《关于加强计划生育宣传技术指导所、站宣传教育工作的意见》，对指导所（站）应承担的宣传教育任务、宣教人员配备、宣传品制作等提出要求。

1990年起，四川与联合国人口基金会合作，先后把巴中、南部、资阳、合江、峨眉山、三台、旺苍和广汉等县（市）指导站列入宣传示范站建设项目，共同投资购置宣传设备、培训宣教人员、提升宣传教育服务能力，为全省计划生育技术服务机构开展宣传教育工作进行引导、示范。至年末，全省有各级计划生育宣传技术服务机构3075个，有专业技术人员7664人，21个市（地、州）全部建立宣传技术指导站，全省217个县（市、区）中已建206个宣传技术指导站，占95%；全省建区、乡计划生育宣传技术服务站2798个，占27.6%；部分有条件的村还建立宣传技术服务室。

1991年，四川省计划生育网络建设领导小组成立，负责全省技术服务机构建设。中共中央、国务院《关于加强计划生育工作严格控制人口增长的决定》印发后，省委、省政府对计划生育服务网络建设问题进行专门研究。8月，省委、省政府印发《贯彻〈中共中央、国务院关于加强计划生育工作严格控制人口增长的决定〉的通知》，要求全省“大力加强县、区、乡计划生育宣传技术服务站（室）的建设，尽快把已经规划的服务站（室）建立起来，并逐步做到‘人员、设备、房屋’三配套，已建立起的站（室）要充分发挥服务功能”。具体决定：

1. 补齐区乡计生专职干部缺额，被挤占的指标和编制要退回，并拨2000名专项招聘指标解决区、乡计生专干缺额，由各级计生委与人事部门联合考试录用。

2. 区、乡计生专干一般不能平级调动，提拔调动的，要征求县计生委意见后再办理，并要按先进后出的原则，不能把指标和工资基金带走。

3. 推广巴中县对区、乡计生干部实行“公开招考、择优录用、签订合同、实行保险”的经验。

4. 选配政治思想好、热心为群众办事的人担任村计划生育指导员或服务员，并合理解决其报酬。

5. 加快县、乡、村服务网络的建设，采取积极措施，统一认识，排除阻力，把已规划的区、乡服务站（室）建起来，并做到“人员、设备、房屋”三配套。鉴于区、乡服务站（室）目前实行自负盈亏、经费困难，决定对每个区、乡服务站（室）按平均2人计算，以中专医士毕业定级标准工资的60%进行补助，其经费在计生事业费中开支，财政予以列支。

6. 大力发展乡、村等基层协会，其办事机构必须配备专（兼）职干部，人员从各级计生委中调剂划拨，乡村等基层协会可聘请退休人员担任。

该文件出台，坚定各级建站决心，全省县、乡技术服务机构建设速度明显加快。

是年，国家计生委在四川省广汉市召开全国计划生育服务站规范管理试点工作经验交流会。四川在会上介绍技术服务机构建设和管理经验，国家计生委对四川建站的成绩给予肯定。至年末，全省各级计生委人员基本配齐，乡（镇）计生专干严重缺额的问题得到解决，队伍稳定，初步建成服务网络。全省有各级计划生育行政管理干部（包括招聘干部）16716 人，其中区、乡、街道计生专干 13294 人，96%的村和 98%的企业单位配备计生专（兼）职干部。已建计划生育技术服务机构 4736 个，其中，地级指导所 21 个，县级指导站 199 个，县辖区服务站 740 个，乡（镇）服务站（室）3776 个，区、乡服务站（室）比上年增加 61. 4%；有各类专业技术人员 10463 人，比上年增加 36. 5%。

1992 年，按照省委、省政府的部署，全省调整区乡建制，理顺机构，加强乡（镇）统筹协调职能，对区、乡计划生育服务机构做到不撤不并，人员得到充实，使基层计划生育服务网络建设在改革中得到加强。

3 月，省计生委召开全省计划生育服务网络建设工作会议，与会人员讨论认为深化专业服务机构改革，除应紧紧把握依靠和面向问题，增强依靠科技进步发展计划生育事业的意识，提高节育技术人员的科技素质；坚持“面向基层，深入乡村，方便群众，服务上门”的工作方向，主要应锐意改革“一大”“三铁”。是年，省计生委根据国家计生委《县、乡、村计划生育管理指南》，结合全省各地实际，制定《基层（乡、村、组）计划生育管理规范》，把基层在宣传教育、政策法规、人口计划、人口统计、技术药具服务和财务管理等方面的工作，归纳成一套较为符合实际、可操作的基层计划生育工作规范，推进基层计划生育工作逐步实现经常化、科学化、制度化、法制化的进程。

1993 年，根据省委、省政府关于“稳定乡村计生办，建好乡服务站，培训好乡服务员”的指示精神，省人事厅、省编委和省计生委联合印发《关于颁发〈四川省乡镇计划生育宣传技术服务站人员编制标准（试行）〉的通知》，对乡（镇）计划生育宣传技术服务站的性质、管理体制、职责任务、建站条件、人员编制比例标准、人员经费等作出规定。同时，在机构改革撤区并乡过程中，注意稳定机构、稳定队伍。10 月，在遂宁市召开全省丘陵大县工作会议，专门研究丘陵大县的计划生育问题，人口在 95 万人以上的 31 个县（市）分管领导、计生委主任和省级有关部门负责人参加会议。

至年末，全省市、县、乡三级建立计划生育技术服务所（站）4282 个，房屋、设备、人员“三配套”2777 个，约占 65%。23 个市（地、州）中，除广安、巴中两个新建地区外，均建立“三配套”的计划生育指导所；在 222 个县（市、区）中，已建站 67. 92%；县辖区（乡、镇）3306 个，已建站 2093 个，占规划应建站数的 78. 5%，其中，“三配套”1314 个，占已建站的 62. 73%；区辖乡（镇）总数 2747 个，规划建站 2379 个，已建站 1956 个，占规划建站的 82. 22%，其中“三配套”的站 1298 个，占已建站的 66. 4%。此外，有约 60%的村建立计划生育服务室。全省计划生育计生服务人员 10871 人，其中，高级技术职称 64 人，占 0. 58%；中级职称 867 人，占 7. 97%；初级技术职称 4261 人，占 39. 19%；大学（含大专）学历 724 人，占 6. 71%；中专学历 3233 人，占 29. 9%；高中学历 3496 人，占 32. 42%；初中以下学历 4239 人，占 39. 31%。

1994 年，省编委、省人事厅和省计生委联合印发《四川省乡（镇）计划生育宣传技术服务站人员编制的规定》，把乡（镇）服务站机构、人员配置纳入农村社会化服务体系建设规划，加快服务站建设步伐，规范乡村计划生育服务管理，促进基层技术服务和管理水平的提高。抓住贯彻中央关于加强农村基层党组织建设的有利时机，选配好村、组计生专（兼）职干部和服务员，建立村组干部计划生育责任制，调动村组干部抓计生工作的积极性和创造性，把工作实绩与使用、报酬挂钩。在村级建立健全简明易操作的基础账、卡、册簿，统一人口出生统计口径，规范人口出生申报审批程序。

5月16—29日，为迎接全省服务网络工作会议的召开，省计生委科技处和省技术指导所组成3人调查小组，采取召开座谈会听取情况介绍、实地察看和现场提问等方式，调查广元市、绵阳市和德阳市30个基层技术服务站（室）工作。

1995年9月5—8日，省计生委在宜宾市召开全省计划生育技术服务网络工作会议，表彰104个先进乡（镇）计生技术服务站和1085名万例计划生育手术无事故的先进个人。由于各级党委、政府认真落实服务机构建设的有关政策和规定，想办法、添措施、加大经费投入，使全省技术服务机构建设得到很大发展。至年末，全省23个市（地、州）建技术指导所21个，建所率91.30%；县级指导站建站率96.60%；乡（镇）级建站率82.42%；村级服务室建室率45.93%。县级站“三配套”的占已建站的65%，乡级站“三配套”的占66.9%。各级站设观察床、康复床位13139张。全省基本形成市、县、乡三级服务网络。

1996年2月22日，省委常委会专题研究计划生育工作，对稳定计划生育工作队伍作出决议：在机构改革中，各级计划生育机构不减，基层计划生育专职干部调动后，编制要留下，人员要及时增补。是年，全省县、乡、村新建所（站）分别为4个、347个、16827个，完成预定建站的目标。

1997年，重庆设为中央直辖市调整行政区划后，四川所属的服务机构数量相对减少，但乡、村服务站（室）发展较快。是年，省计生委开始在“三州”卫生扶贫项目县实行乡镇服务站与卫生院共建试点，完成对“三州”技术服务人员的对口培训，与农工民主党四川省委和省民委在凉山州联合举办培训班，培训基层计生技术服务人员43名。至年末，全省建省计划生育技术指导机构1个，21个市（地、州）建计划生育技术指导所19个，建县级指导站176个（建站率97.77%）、乡（镇）服务站3269个（建站率89.83%）、村级服务室23182个。

1998年，省计生委制定《四川省计划生育技术服务机构等级评审标准》，并对成都、乐山两市的计划生育技术服务机构进行试评审。各地围绕建设等级站的目标，加强计划生育技术服务网络建设。12月2日，省人事厅、省编办和省计生委印发《关于进一步加强基层计划生育机构队伍建设有关问题的通知》，要求各地按照中共中央总书记江泽民关于基层计划生育工作要做到机构、人员、报酬三落实和省委、省政府主要领导关于稳定乡办、建好乡站、培训好村干的要求，加强乡镇计划生育机构队伍建设。至年末，全省建立县、乡两级计生技术服务机构3472个，占规划建站数的90%。

1999年，省计生委与省卫生厅在“三州”的7个乡开展乡中心卫生院与服务站共建试点。8月2日，省计生委在对乡城县共建试点工作调研的基础上，从试点形式、管理体制、职能任务、服务方式、收费标准等6个方面确定《计划生育部门在民族地区卫生扶贫项目进行乡（镇）计生服务站与卫生院共建试点方案》，具体明确列为省级试点县的中心乡（镇）卫生院（指试点乡）实行“一套人员”“一个班子”“两块牌子”。计划生育技术服务机构名称为“××乡（镇）计划生育宣传技术服务站”。在管理体制上隶属乡（镇）政府领导，乡计生办主任（计生专干）兼任乡（镇）卫生院副院长、乡（镇）服务站副站长，分别接受上级计划生育行政主管部门和卫生行政主管部门业务指导与考核。承担计划生育宣传技术服务和医疗卫生两项任务。乡城县、茂县和喜德县的试点乡（镇）按照方案的要求，开展共建试点。

针对全省计生技术服务队伍现状，省计生委印发《关于进一步加强计划生育宣传技术服务机构人员管理的通知》，要求各地在加强在职人员技术培训的同时，严把进人关，以保证技术服务队伍的整体素质和水平。至年末，全省形成省、地、县、乡、村五级计划生育技术服务网络。全省规划建乡、镇计划生育宣传技术服务站3721个，已建乡站3663个，建站面98.4%，建成的乡站“三配套”率达45%。同时，全省计划生育技术服务队伍发展到1.28万人，成为落实计划生育基本国策和“三为主”方针的主力军。

2000年，省委、省政府在关于贯彻《中共中央国务院关于加强人口与计划生育工作稳定低生育水平的决定》的意见中指出：“除城区、人口特少的乡和‘三州’外，都应建立乡（镇）计划生育宣传技术服务站。”“计划生育服务机构是重要的卫生资源，要积极支持有条件的计划生育技术服务机构依法拓宽服务领域，发展生殖健康产业，提高社会效益和经济效益。”

是年，省计生委印发《四川省计划生育技术服务机构宣传规范》（以下简称《规范》）。各级技术服务机构按照要求强化宣传教育工作，首先从站（所）内部宣传工作抓起，在浓郁计划生育宣传氛围、营造温馨服务环境方面下功夫，市、县、乡服务机构基本做到“十有”。即：有1—2条规范、固定的人口与计划生育宣传标语，宣传科学、文明、进步的婚育观念，如晚婚晚育、男女平等、少生优生；有1幅计划生育宣传广告画或计划生育科普宣传挂图，宣传避孕节育措施知情选择、优生优育、不孕不育、母婴保健、生殖保健科普知识；有宣传橱窗或宣传栏，宣传本站（所）的服务方向、业务范围、业务技术优势及计划生育技术服务人员职业道德规范；站（所）内有1个避孕药具展示柜（品种不少于10种），着重展示和宣传新药具、新技术；有1个悄悄话室，内置文、图、声、像宣传设施及必要的实物标本，重点进行性健康、性安全知识的宣传、教育和咨询；站（所）内有醒目标识，科室标牌统一、规范、协调，各业务科室岗位职责上墙，各种抢救程序及抢救药品使用方法上墙；楼层有科普宣传园地，康复室有1—2条精美、适用的宣传标语或挂图；各级计划生育技术服务机构有1名站（所）长分管宣教工作，有专（兼）职宣教人员，具体工作落实、有人抓、有人管；有开展宣传工作必需的办公、宣传、培训用房和必要的宣传设备；有保证开展宣传教育工作的经费投入。

各级服务机构按照《规范》和《四川省计划生育技术服务机构管理标准》及有关要求，基本规范、统一宣传设施与宣传内容，建立健全宣传教育岗位职责及工作制度，使各级计划生育技术服务机构的宣传教育工作处于经常化、规范化运行状态。

至年末，全省乡站“三配套”率达89.18%。在10630名技术服务人员中，具有中专学历5763人、大专及以上学历1466人，分别占54.21%、13.79%；具有初级职称5382人、中级职称1270人、高级职称110人，分别占50.63%、11.95%和1.03%。

2001年，省委常委会就在乡镇机构改革中加强计划生育工作作出5项决定：大乡镇设立计生民政办公室，小乡镇在综合办公室中增挂计划生育办公室牌子；每个乡镇至少配备1名计划生育公务员，大、中等乡镇根据需要适当增配；乡镇计生服务站与卫生院条件不具备一般不合并，具备合并条件的要从严掌握，引进竞争机制，精简队伍，提高人员素质和效益；村计生专干一般由妇女主任兼任，其报酬纳入乡镇财政预算列支；确保农村税费改革后的计生经费投入。

2002年2月，省计生委印发《关于贯彻实施〈计划生育技术服务管理条例〉及其配套文件有关问题的通知》，对服务网络建设和管理作出规定：在保证服务机构稳定的同时，必须坚持依法设立机构，规范执业管理，全面清理整顿基层服务站、依法重新登记；要求各地根据实际，做出切实可行的计生技术服务网络建设规划，在保证计划生育技术服务工作能有效落实的前提下，同时考虑服务站的生存和发展，统筹安排；根据全省计生技术服务网络已基本健全的实际以及乡镇事业单位机构改革的精神，对新建站的设置审批坚持从严控制。对既无乡（镇）卫生院，又无乡（镇）服务站的地方若需建站，须上报省、市计划生育行政机关，并严格按照《从事计划生育技术服务的机构设置标准》（以下简称《设置标准》）和《计划生育技术服务项目评审基本标准》审批；服务站的扩建改造项目需比照《设置标准》，适度控制规模，坚持实用；统一机构称谓与全国接轨，重新对技术服务机构进行命名：省级称为“四川省生殖保健服务中心”，市（州）服务机构更名为“计划生育指导所”，县（市、区）、乡（镇）均称为“计划生育服务站”。

4月，省人事厅、省计生委印发《关于加强基层计划生育队伍建设有关问题的意见》，规定：乡镇必须按照省委、省政府要求配齐计划生育工作和技术服务人员；乡镇计生干部招录、进出和调整要征得县级计生部门同意；乡镇计生技术服务人员实行聘用制和准入制，非卫生、计生专业人员不得进入，公开、择优聘任已取得医疗技术执业资格的人员，未取得医疗技术执业资格的人员限时分流。

8月8日，省计生委针对乡（镇）事业单位机构改革的实际，印发《关于在全省乡镇事业单位机构改革中加强计划生育技术服务机构建设的意见》，强调乡（镇）计划生育技术服务机构是隶属于同级计划生育行政部门、具有医疗保健性质从事计划生育技术服务的事业单位，在乡（镇）事业单位机构改革中要稳定已建立的乡镇服务站，不得合并和撤销，并保证其开展工作的基本条件；指出乡（镇）计划生育技术服务机构建设，要遵循市场经济发展的规律，适应人口与计划生育法治建设的需要，精减人员，优化结构，增强活力。

9月，省人大颁布《四川省人口与计划生育条例》，对服务机构的性质作出明确界定：“计划生育技术服务机构是非盈利的公益性全额拨款事业单位。”这些政策、规定的先后出台，对服务网络的稳定和发展起到重要的作用。至年末，除广安市和2个县外，省、市、县三级均建立计划生育技术服务机构，有工作人员4561人；市（州）指导所平均每所19.4人，县级指导站平均每站17人；有乡级服务站3687个，占同级行政区划总数的70%，除“三州”外，全省有服务站3442个，占同级行政区划的84%，其中单独设置的有3238个，占94%，乡级服务站有工作人员8968人，平均每站2.4人。

2003年6月27日，省计生委与省卫生厅印发《关于共同做好基层计划生育和卫生服务工作的意见》，在严格机构准入条件，规范人员执业管理，探索计卫合作途径，加强职业监督管理等方面作出规定，使双方机构、人员在执业资格认定、注册等方面实现平等一致，初步解决基层开展医疗服务和生殖保健服务中存在的问题与困难，受到省委、省政府及国家有关部门的肯定。

是年，全省加强基层计划生育技术服务机构建设与管理，在计划生育技术服务机构中开展环境优美、技术优良、服务优质、管理优秀和群众满意的“四优一满意”活动，做好计划生育技术服务规范、制度等质量保证体系建设，实施避孕方法知情选择规范、计划生育手术前知情同意制度，增强广大计生技术服务人员的责任意识与服务意识。至年末，全省建立各级计划生育技术服务机构3348个，其中，省生殖保健服务中心（科研所）1个、市（州）指导所20个、县级计划生育服务站178个（占应建数的98.89%）、乡级服务站3149个（占规划数的98.34%）；全省技术服务机构总人数10948人。

2004年，全省按照“加强县级站，建设中心（分）站，稳定乡镇服务站，夯实村服务室，用好服务车，积极探索计卫合作，努力做好新时期计划生育技术服务工作”的发展思路，调整布局，优化组合，创建“以县站为龙头，中心站为骨干，乡站为依托，村级服务室为基础”的新型人口计生技术服务网络；清理整顿人口计生技术服务队伍，提高技术服务人员的水平。国家人口计生委领导对四川省的做法给予肯定，并在四川省召开全国计划生育服务站工作会议，学习和推广四川经验。

图 3－1　平武县计划生育技术服务人员入户开展服务

是年，省人口计生委把德阳市作为全省计（生）卫（生）合作试点市，予以重点指导。德阳市人口计生部门与卫生部门通过建立信息互通、病残儿鉴定、医疗转诊以及市场准入等联席制度，在全市加强计（生）卫（生）合作，探索出一条“计卫合作、资源共享、优势互补、共同发展”的新路子。各市（州）选择 1—2 个技术服务机构管理相对规范、计卫合作工作已有一定基础、党政高度重视的县（区）进行试点。据抽查统计，全省有 20%—30% 的村级计生服务室与卫生室实行“两块牌子、一个服务室”，共同为群众提供计生技术服务和基本医疗卫生、公共卫生方面的服务。

2005 年起，国家利用国债资金加强西部地区人口计生技术服务网络建设。为此，全省调整基层计划生育技术服务网络布局，按照功能合理、集散有度的原则，对县、乡、村三级技术服务机构进行资源优化，把县级指导站做强，重在完善基础设施，强化内部管理；把交通方便、辐射面宽的乡镇服务站改建为片区中心站，改善装备条件，充实技术力量；把覆盖人群少、服务半径小的乡镇服务站改建为咨询服务点，发挥孕情检查、药具发放、随访服务、宣传咨询的功能。同时，在德阳市等具备条件、计卫双方愿意的地方进行计卫合作试点，探索资源共享、优势互补、共同做好群众生殖保健服务工作的新路子。全年落实国债资金 1400 万元，地方自筹 440 万元，新建和改扩建 10 个县级、25 个乡级计划生育技术服务站，新建国家级优质服务县（市、区）4 个、省级计划生育优质服务先进县（市、区）10 个。

至年末，全省计划生育技术服务网络基本形成“以县站为龙头、乡（镇）中心站为骨干、乡（镇）服务站为依托、村服务室为基础、流动服务车为纽带”的发展格局，成为计划生育公共服务体系的中坚和开展优质服务、避孕节育和生殖保健的重要平台。

图 3－2　宜宾市翠屏区赵场街道人口和计划生育服务站

第二节 技术装备

1986年，全省拨专款装备市（地、州）计划生育宣传技术指导所（含药具管理站）。对国家和省下达的专项装备经费，各指导所做到专款专用。是年，全省装备13个计划生育技术指导所、62个计划生育宣传技术指导站，为各市（地、州）配备计划生育药具专用车19辆。省财政拨款350多万元购置设备、仪器。

1986—1987年，全省对县以上宣传技术指导所、站分4批进行装备，拨款930万元，装备167个所（站）。承办国家计生委免费40多万元调拨的产床、吸引器等分配、提货、分发。

1988年11月，省长宋宝瑞主持召开省计划生育领导小组会议，作出“省级计划生育事业费重点用于加强乡镇计生服务站的设备配置，以改善工作条件，提高服务质量”的决定。是年，全省各级计生委筹集资金，支持指导所（站）和服务站（室）建设。全年用于市（地、州）、县（市、区）计划生育宣传技术指导所（站）和区、乡（镇）计划生育宣传技术服务站（室）的经费2673.9万元，其中，分出建站、装备经费1295.9万元，占事业费支出的17.7%。

1989年，国家计生委、财政部提出在两三年内分期分批将宣传技术指导所（站）达到一类装备标准。省计生委按照全省指导所（站）的建设、装备进度，采取分步实现地、县指导所（站）的一类装备标准，并确定每个所（站）的装备费为20万元（不含计划单列重庆市），其中省（含中央）补助10万元，各级自筹10万元。经1年多努力，全省一部分市（地）、县指导所（站）达到一类装备水平。

1990年，国家计生委和财政部印发通知，要求四川省在年底前达到一类装备标准的所（站、室）数量为131个，对未按要求完成一类站装备任务的扣减下年补助经费。8月，省计生委召开财务半年报会议专题讨论，并对全省年底应达到一类装备的所（站）情况进行研究。8月23日，省计生委印发《关于下达一九九〇年底前达一类装备所、站的通知》，要求各市（地、州）、县计生委按照省里的计划，督促已确定为当年达一类所（站）装备的市（地）、县指导所（站）做好装备配套工作，协助解决实际问题。各计划为当年达一类装备的市（地）、县指导所（站）要制定具体落实措施，指定专人负责，逐一安装标准配套装备。

同时，明确县（市、区）指导站装备一类站标准明细。

1. 医疗器械部分：手术床、产床、X光机（100—200毫安）、无影灯、国产B超、吸引器、器械台、消毒锅、氧气瓶、麻醉机、显微镜、手术包、医用冰箱、医用冰柜等。

2. 宣传部分：幻灯机、照相机、收录机、电影放映机、放像机和电视机、宣传器材、宣传画板等。

3. 药具部分：货架、样品柜、除湿机、降温与消防设备等（从药具工作经费中解决）。

4. 培训部分：黑板、桌、椅、床、凳等。

是年，全省按照国家计生委要求，重点装备131个县的计划生育宣传技术服务站，并逐步达到“三配套”的标准。

1991年起，全省实行省控装备。

1992年，省计生委与省计委分配下达国家计委1991年、1992年下达的建站补助费200万元和省计委下达的建站配套补助费100万元，分别补助、支持28个县站建设；省（含中央）一次性补助县站建设费、装备费1002万元（其中建设费677万元、装备费325万元），对100多个县站的改建、扩建和装备予以补助和支持。同时，继续实行由省直接控制150万元装备费，采取匹配的办法，对县站装备进行填平补齐，推动和加快县站实现一类站装备标准的进程。各地按照省上要求，结合当地实际，筹措资金，合理使用经费，抓紧、加快乡（镇）服务站建设，一些地区实现乡乡镇镇建立服务站，完善“三室一校”的目标。是年，全省有50多个县级指导站购置计划生育专用车，改善交通条件，提高服务手段。

1993年，全省用于县级指导站的装备费共计300万元。

1996年，省计生委采取直接装备部分乡（镇）服务站的措施，提高乡（镇）服务站的装备水平，增强服务功能。同时，每年单列5万元事业费，用于少数民族地区建设和购置设备。

1997年，按照省委、省政府“建好乡站、配强村干”的要求，继续加强基础建设，新建县、乡技术指导（服务）站118个，新装备技术服务设备价值800余万元。

1998年，省计生委、省财政厅从省级计划生育事业补助费中列出1500万元专项经费，用于装备技术服务设备。

1999年，全省各地组织人员对乡镇计生服务站进行县与县之间的交叉检查。在此基础上，省计生委会商省财政厅从省计划生育事业费中拿出2300万元，采取基层匹配、省统一组织政府采购的办法，为36个县级指导站和1899个乡镇服务站装备最基本的技术服务设备，改善全省县乡两级服务机构的硬件条件。

2000年，全省继续从省级计划生育事业费中安排资金3000万元，采取基层匹配、统一采购的方式，为基层计划生育技术服务机构装备基本技术设备，并为首批23个少数民族县、国家级贫困县装备计划生育流动服务车，改善基层计划生育技术服务机构的装备条件，增强为群众提供技术服务的能力。

2001年10月至2002年1月，省计生委在全省开展“十五”期间县级计划生育服务站建设项目调查，为科学编制“十五”期间县级计划生育服务站建设项目规划提供依据。在各级政府及计划、财政等部门支持下，经过近20年的努力，全省各级计划生育服务站建设取得长足发展。至2001年末，全省建有房屋的县级服务站172个，占180个县（市、区）的95.6%，建筑面积244844.4平方米，其中业务用房144213.26平方米，总投资13442万元。

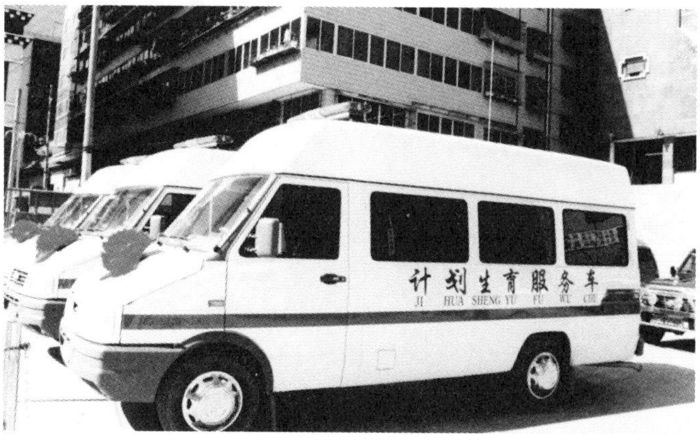

图3－3　流动服务车

2003年，在国家支持下，四川为市县计划生育服务站装备服务车145辆。国家相关部委为四川省所有少数民族县配置计划生育流动服务车；同时，省人口计生委举办3期流动服务车使用管理培训班，对配备服务车的单位相关人员进行操作维护和使用管理培训。主动协调省计委、省国税局和省交通厅等部门，签发服务车免征车辆购置税文件。

至年末，全省市、县级计划生育服务机构拥有计划生育流动服务车197辆。全省已建的178个县级计划生育服务站产权属计生系统的有171个，属其他部门的7个。县级服务机构建筑面积244352平方米，其中，技术服务用房161629平方米，药具管理用房10353平方米，宣传培训用房20339平方米，其他用房52031平方米；万元以上技术设备1359件，价值6143万元；万元以上宣传培训设备89件，价值1045万元；房屋、设备投资总额15804万元，其中，国家补助1283万元，占投资总额的8.12%；省级补助3469万元，占投资总额的21.95%，自筹11052万元，占投资总额的69.93%。在全省3149个乡级计划生育服务站中有中心站591个（拟建654个）。乡（镇）服务站人员编制7823名，在岗技术人员5714人。房屋建筑面积992652平方米，其中，独立建站955835平方米，与卫生共建用于计生使用36817平方米。万元以上技术设备2553件，价值4448万元；万元以上宣传培训设备21件，价值39万元；房屋、设备投资总额45976万元。

第二章 孕前服务

第一节 孕情普查

20世纪80年代初，全省计划生育技术服务机构建立后，迅速改变计划生育工作依靠突击活动和补救措施的被动局面，实行定期免费检查，有效开展宣传教育与思想工作，将孕后补救变为孕前服务，由突击活动变为经常性工作，使计划生育工作思路及工作方法发生重大变化。

全省计划生育技术服务机构相继设置咨询室或悄悄话室，在温馨、安静的环境中，技术服务人员利用医疗知识、交流技巧，与育龄群众面对面交流，为其提供计划生育和生殖保健信息。同时，定期免费“三查”，受到广大育龄群众欢迎，一些超过育龄期的育龄群众，也自愿接受“三查”。

1985年，全省进行妇科检查和诊治妇女病500多万人次，婚检和儿检46万多人次、各种咨询47万多人次、接受宣传对象861万多人次。

1987年7月，《四川省计划生育条例》颁布，婚前健康检查工作在有条件的地方重新展开。此后，全省多数县、区组织人员坚持双月或一季度普查一次孕情。在普查时，从实际出发，按照当地节育措施的分类情况进行普查。同时，逐步采取先进的普查手段，如采用乳胶、A超、X线、超声妊娠仪、双合诊等方式，提高准确率。

图3－4 计生服务人员为孕检人员提供咨询服务

1993年，全省健全计划生育孕前服务监控网络，乡以上服务机构均配备B超机和早孕监控仪，改人工双合诊为仪器监测，提高准确性和工作效率。

“八五”期间（1991—1995年），全省贯彻避孕为主的方针，大面积应用B型超声波诊断仪进行监测，保证每年4次“双查”的落实，提高孕前服务水平，使计划生育工作从孕后补救型转到孕前服务型，保护广大育龄妇女健康。

至1999年，全省孕前健康监测服务已成为基层计划生育技术服务机构的一项经常性工作，为孕前管理的实现提供技术支撑。此后，广泛运用B超“双查”，淘汰原始的方法，大大提高监测质量，推进孕前服务进程。

第二节 计划生育合同制

1993年，雅安地区在荥经县进行推行计划生育合同制试点。合同在内容上把宣传教育与技术服务相结合，在做法上把“教育、合同、服务”融为一体，体现社会约束、利益导向和依法管理计划生育工作的新机制。实行计划生育合同制工作，即由乡（镇）人民政府与育龄夫妇签订计划生育合同是双方共同在“基本国策”的前提下，享受并承担各自的权利和义务。甲方（乡镇政府）定期对育龄夫妇进行面对面的宣传教育，乙方（育龄夫妇）按照落实避孕节育措施，得到避孕节育知识和技术服务。具体内容：把乡镇政府、育龄夫妇在计划生育中的权利义务摆在平等的地位上，突出行政管理机关既是管理者，又是服务者，要为育龄夫妇提供计生咨询和优质高效的服务，以及在宣传教育技术服务中享受的权利与履行的义务。合同对甲方要求：进行人口与计划生育基础知识教育，每3个月进行一次妇检，并提供避孕节育技术服务，发放避孕药具，对已办理独生子女证的夫妇按月发给独生子女保健费等。乙方应尽的义务：按时到乡（镇）、村计生服务站（室）接受宣传教育、孕情检查。

随后，全省大部分地区学习借鉴并推广雅安地区这一成功经验，并有所创新。

1994年，为贯彻落实计划生育“三为主”方针，做好孕前服务，有效控制全省人口过快增长，省计生委根据《四川省计划生育条例》的规定，制定《四川省计划生育服务协议》的式样和主要条款。4月11日，省计生委印发关于在全省统一订立、实施《四川省计划生育服务协议》的通知，具体明确：凡居住在四川省行政区域内的非国家机关、社会团体、企业、事业单位在职人员的育龄夫妻，应与居住地计划生育服务机构或指定的医疗保健机构签订计划生育服务协议；国家机关、社会团体、企业、事业单位和城市街道，应根据实际情况，自行掌握。计划生育服务协议的订立和实施，从该通知下达之日起执行。乡（镇）人民政府、城市街道办事处负责监督计划生育服务协议的订立和实施，对计划生育服务协议实施中的争议及时进行处理，村（居）民委员会和有关单位予以协助配合。

第三章　避孕节育服务

第一节　避孕药具服务

1984年，全省使用避孕药具人数占综合节育措施的6.1%。至2005年末，全省有78.31%的已婚育龄群众选择药具避孕，70.94%的人选择放置宫内节育器，1.4%的人使用口服、注射药避孕，使用外用避孕药的有0.19%，使用避孕套避孕的占4.71%，有0.71%的人选择皮下埋植剂，采取其他措施的占0.36%。

一、管理机制

20世纪80年代后，全省省、地两级计划生育部门按照国家要求和工作需要，建立单独的药具管理机构；县（区）级有的建立单独的药具管理机构，有的配置专职管理人员。

1986年6月23—26日，全省计划生育技术药具业务工作会议在江油县召开，会上明确药具管理站的职能：计划生育宣传技术指导所是同级计生委领导下的事业单位，是贯彻“三为主”方针的宣传、技术、药具三位一体的计划生育专职机构。根据国家计生委要求，省、地两级应有独立的药具管理站，作为同级计生委直属的二级事业单位，具体负责药具计划、供应、经费的管理使用和药具使用效果考核。县级药具管理站（服务部）对内是宣传技术指导所（站）的一部分，对外是一个独立的机构。

1987年7月2日，省第六届人民代表大会常务委员会第二十六次会议通过的《四川省计划生育条例》把优生优育和节育措施专列一章，并规定“节育应采取综合措施，以避孕为主”。此后，以避孕服务为主要工作在全省推开。

1988年8月15日，国家计生委发文，省编委批准，成都计划生育药具供应站成立，为全国八大药具供应站之一，与省计划生育药品器械管理站合署办公，实行“两块牌子、一套班子”，独立核算，自收自支，负责收购、调拨和储存本地区生产的药具，主要承担华西医科大学制药厂生产1号避孕针、53号抗孕片的收购，并发至全国有关市（地）计划生育药具站。同时，开始承担西藏自治区药具中转。

至年末，全国普遍实施避孕药具“经费包干，计价调拨”的管理办法，并在城乡普遍实行计划免费发放和市场零售相结合的“双轨制”供应办法。

1991年末，全省形成地（市）、县、区、乡、村药具服务网络，全省有1262757人使用药具，占节育避孕措施的6.72%。

1992年7月9日，为提高避孕药具工作管理水平，省计生委制定《四川省避孕药具工作管理规范》，其中对组织机构规定：

1. 市（地、州）、县、区、乡避孕药具管理工作分别在同级计划生育行政部门的统一领导下进行。

2. 市（地、州）设计划生育用品器械管理站，编制3—5名，设站长1人。县（市、区）在宣传技术指导站内设置避孕药具管理服务部，人员在指导站编制数中调剂解决。配药具工作人员2—3人，服务部主任可由指导站负责人兼任。服务部工作人员应具有医药专业的大、中专或相应专业知识的人员担任。

3. 区、乡计划生育服务站配兼职药管员1人；未建服务站的区、乡由区、乡计划生育专职干部负责发放药具。

4. 村计划生育服务室送药员由服务员兼任；未建服务室的村由村计划生育服务员负责发放药具。

至1995年，全省省、地、县、乡、村五级药具管理服务网络基本形成，专（兼）职药具人员有10余万人。全省23个市（地、州）建立单独的药具站，作为同级计生委领导下的具有相应行政管理职能的二级事业单位，财务独立核算，实行全额预算管理。县级药具服务机构做到一专职一兼职以上的人员配备，实行账、物管理人员分开，杜绝免费药具进入零售市场。乡、村两级药具服务机构健全，明确乡、村两级药具人员只坚持免费发放工作，不搞药具零售。各地解决村级发药员每月8—15元津贴。

1996年7月，省计生委在峨眉山市召开全省财务药具管理工作会议，会议要求：市（地、州）级必须建立单独的药具管理站，属同级计生委领导下的事业单位，实行全额预算管理，建立专账专户，独立核算。

县（区）已单独建立药管站的，属同级计生委领导下的事业单位，实行全额预算管理，建立专账专户，独立核算；挂靠在宣传技术指导站未单独建立药管站的，在机构改革中能争取单独建站的更好，但在未单独建站前，工作直接受同级计生委领导，单独实行药具管理职能，按照全额预算管理方式执行，药具经费要设立专账管理。县单独建站的，挂牌名称为“××县计划生育避孕药具管理站”；未单独建站的，挂牌名称为“××县计划生育避孕药具服务站”。

药具管理部门负责承办药具计划编制、药具订购、仓储管理、药具调拨、计划发放和零售发放管理、药具质量检测、药具使用效果检测，指导下级药具工作和培训下一级药具管理人员，草拟药具业务文件，编制药具业务报表，建立药具业务账卡册，制定药具管理制度及药具管理人员岗位责任制，配合计生委做好药具目标管理双向考核等工作。

全省财务药具管理工作会议后，各市（地、州）在机构改革中，把理顺市、县两级药具管理站的管理体制纳入机构改革的内容，并作为加强药具管理工作的一项重要措施，抓紧落实。至8月末，全省除“三州”外的20个市（地）和40%的县（市、区）经当地编委批准单独建立药具管理站，作为同级计生委的事业单位，机构单列，经费单独预算，业务上接受同级计生委和上级财务药具管理部门的双重领导，做到机构人员、经费、工作职责三落实。

2001年起，全省农村已婚育龄群众全面享受计划生育技术服务机构和相关医疗保健机构免费提供的避孕节育技术服务。

2002年，四川省计划生育药品器械管理站与成都计划生育药具供应站关系理顺，两站与四川省计划生育药具供应完全独立分开运作。

2005年6月全国药具工作改革会议后，全省组织药具系统职工学习文件和全国药具工作改革精神，启动计划生育药具管理机制改革，制定全省药具工作改革的意见和方案，召开全省药具工作改革会议。11月11日，省人口计生委印发《关于深化改革加强计划生育药具工作的意见》，明确各级药具管理服务机构的性质和职责，改革免费供应药具工作机制，推进生殖健康产业发展与药具社会营销试点，加强对深化计划生育药具工作改革的组织领导。

二、药具供应

1974年，全省普遍实行免费供应避孕药具，每年由计划生育部门编制要货计划，省医药公司负责订货、调拨、供应。各地建立基层计划生育工作网络。农村的乡、村、村民小组，城镇的街道、居委会、居民小组有专（兼）职计划生育工作人员负责发放避孕药具和有关服务工作。机关、厂矿、企事业单位等基层单位也设有专（兼）职计划生育人员负责该项工作，这些单位所需的避孕药具均向当地计划生育部门报领。国家根据基层逐级上报的使用药具人数和需求数量、品种等，制定每年的生产供应计划，并作为指令性计划下达到各生产厂，再按计划由计划生育系统层层下发到使用者手中。

1976年，四川医学院药厂（今四川大学华西药业股份有限公司）开始生产53号探亲抗孕片、已酸孕酮1号避孕针。

1984年3月，省计生委、省医药管理局会同成都市计划生育委员会、成都市医药公司联合组成药具改革试点组，到邛崃县前进公社进行改革试点，取得初步经验后，即在全县试行。9月，省计生委、省医药管理局在邛崃县召开全省药具管理改革现场会，介绍改革情况。10月，省计生委举办全省药具人员培训班，结合邛崃县改革经验研究全面推行药具改革的有关问题。10月13日，国家计划生育委员会、国家医药管理局批准四川省从1985年1月1日起，进行药具管理改革，实行经费包干、计价调拨。

是年，四川省计划生育药品器械管理站成立。同时，全省从上至下建立与之相适应的药具管理、发放网络和各项规章制度。

1985年，四川在成都、重庆、自贡、绵阳和广元等11个市（地）实行药具经费包干的计划供应试点。根据试点单位按照户籍人口避孕药具需求情况提出购药计划，经省药具管理部门审定后与医药二级站（公司）签订供货合同，再由医药部门供应避孕药具。通过对试点单位避孕药具购药经费的预算和掌控，使各地药具供需计划符合实际，减少浪费。

2月27日，全省实行药具管理初步改革后，省计生委、省医药总公司和省财政厅联合印发《四川省避孕药具经费包干、计价调拨管理工作暂行办法》，明确计划生育部门和医药部门的责任与分工：计划生育部门负责药具计划编制、分配、发放、效果考核和包干经费的使用管理；医药部门负责按照计划（合同）组织货源，结算货款和药具验收、储运、保管、调拨工作。

与此同时，市（地、州）设立计划生育药品器械管理站；县（市、区）在计划生育宣传技术指导站内设立药具服务站；乡（镇、街道）、村（居委会）以及工厂、事业单位设立负责药具管理发放的专（兼）职人员。在经费管理上，实行三级承包的办法，即省向国家承包，市（地、州）向省承包，县（市、区）向市（地、州）承包。是年，第一批批准成都、绵阳、乐山、遂宁、德阳、广元、万县、攀枝花、雅安、自贡（重庆计划单列，自行向国家承包）11个市（地）承包。承包期限一定3年不变。

1986年，全国避孕药具工作会议决定，避孕套生产厂向用户（地、市计划生育药具管理站）直接调拨。是年，全省扩大避孕药具发放的承包范围，承包市（地、州）由上年11个扩大到17个，新增内江、宜宾、达县、南充、甘孜、阿坝6个市（地、州），使承包地区人口占全省总人口的83%。此外，增设零星避孕药具发放点4163个。使用避孕药具人数由1983年的61.4万人增至122万余人，计划发放率95.35%，随访率92.3%，有效率93.85%。人均使用药具金额由1984年的6.94元降至3.48元。

1987年，全省对20个市（地、州）药具管理站和27个县（区）的药具工作进行检查。全省有零星药具发放、零售点4290个，其中，零售点308个，零星发放点3982个，基本满足需要，方便群众。

1988年起，全省各级计划生育药具管理站按照国家计生委通知要求，将节育手术器械纳入管理范围。省计生委陆续免费调拨各地计划生育部门部分节育器械。9月5日，开始施行省计生委制定的《关于加强由省统一免费调拨宫内节育器械的供应、经费管理暂行办法》。

12月21日，省计生委办公室印发成都药具供应站关于《四川省避孕药具实行直调的暂行管理办法》，明确成都计划生育药具供应站是国家计生委在避孕药具产地所设的避孕药具供应单位，系省计生委所属的二级事业机构，其主要工作职责是完成国家下达的药具收购、调拨、储存任务；监督执行四川省避孕药具的调拨、储运工作；负责川西片区药具的储运、中转；对片区药具供应站进行业务指导。

为保证药具流通，根据全省地理条件，分别设立绵阳、宜宾和重庆3个计划生育药具供应站，分别负责川北、川南、川东3个片区的药具中转任务。其职责是为省代储一定数量的库存药具；负责片区内不能由厂家直运的药具中转任务；按省有关规定承办进出货款结算，报送统计报表等事宜。

供应区划为绵阳计划生育药具供应站供应广元市、遂宁市、德阳市、绵阳市、南充地区。宜宾计划生育药具供应站供应泸州市、自贡市、内江市、宜宾地区。重庆计划生育药具供应站供应涪陵地区、万县地区、黔江地区、达县地区。成都计划生育药具供应站供应甘孜州、阿坝州、凉山州、乐山市、攀枝花市、雅安地区。

按照省计划生育药管站下达的药具分配计划，由片区药具供应站与供应区内市（地、州）药管站分别签订供需合同。由厂家直接发运的品种，即避孕套、外用药膜，则按照省药管站与厂家签订的合同分点情况执行调拨，不另签订合同。

调拨原则上采用送货制，即由供应单位采用铁路、水运、汽车运输等发运到收货方的车站或单位。

受省计生委委托、省药管站按照各市（地、州）的计划合同，分4个季度提前将货款预拨给市（地、州）药管站。各市（地、州）药管站按照与片区供应站签订的合同，将货款分4个季度预拨给供应站，半年结算，年底结清。由厂方直接发运的品种，则由各收货单位与厂方按照托收承付方式支付货款。

是年，全省加强避孕药具网络建设，配备85986人，占应配数的99%，保证定时、定量发放药具。同时，在6个市（地）进行药具应用效果调查，资料汇总进入微机分析、储存。据省避孕药具管理站统计，全省使用药具1172664人；计划发放1296859人，计划发放率90%；随访1124305人，随访率96%；人均使用药具金额2.60元。

1989年1月1日起，全省改革药具调拨流通方式，扩大药具调拨范围，避孕药具不再通过医药部门周转，直接由药具生产厂家按照计划调拨到计划生育部门，实现全部药具直调。对所有避孕药具订货、调拨、储存均不经过各医药站（或公司），医药管理部门与计划生育部门脱钩，由计划生育部门自成体系，负责整个药具工作。

为适应经济发展，为育龄群众提供使用避孕药具的便利，全省城乡开始推行“双轨制”供应避孕药具。即以“免费计划发放”为一轨、“市场销售”为一轨。将过去以计划发放为主，零售发放为辅的办法，改为“以块为主”，在有计划、有步骤、定人、定时、定量发放药具的前提下，扩大零售范围，保证供应，方便群众，满足需要。在坚持计划免费发放政策不变的前提下做好药具市场销售，以满足流动人口中育龄群众避孕之需，保护妇女身心健康。同时规定：免费计划发放份额一般应占药具供应量的90%以上，市场零售占5%—10%；在成都、重庆等流动人口较多的大城市允许零售额度较其他市（地、州）大一些。

为使药具零售工作健康有序发展，省计划生育药品器械管理站等单位对各地药具零售试点情况进行调查。随后，省计生委转发省药管站《关于扩大零售避孕药具的调查报告》，强调不宜所有的医药商店、供销社、医院、计生服务站都要销售避孕药具，销售机构必须具备相应的条件且要合理设点，防止在经济利益驱使下盲目发展，滋生出管理滞后、副反应无专业人员指导等不良现象。

1990年起，全省开始对药具质量进行监测，以保证药具质量。凡出厂期3年的避孕套和出厂期5年的避孕药均要送检，检查不合格者不能使用。

至1991年末，全省避孕药具管理（发放）人员98926人，零售网点1734个，零售金额70万元。全省使用避孕药具10812781人，应用率为95.36%，随访率为96%，有效率为98%。

1992年，省计生委贯彻国家计生委印发的《节育新技术推广应用暂行管理办法》，制定《四川省避孕药具工作管理规范》，加强对节育技术市场的整顿和管理。全省全年调进总值500万元的避孕药具，省站还免费调拨部分市（地、州）51.77万元避孕药具。成都供应站完成各项任务，收购华西医科大学制药厂生产的53号抗孕片333600板，金额316920元；调拨53号抗孕片486万片、长效针6.6万支，发送北京、天津、贵州、云南、广西等省（市、自治区）。中转西藏自治区避孕药具99.8万元，分拉萨和昌都2个点发货。至年末，全省有药具工作人员100468人，其中：省级专职人员16人，地级专职人员104人，县级专兼职人员1087人，区（乡）级专兼职人员10231人，村级送药员89030人。各市（地、州）药管站有专职人员3—5人，县有专职人员2—3人，区（乡）有专兼职人员1人，村有送药员1人，部分村民小组也有送药员。村级送药员报酬有的落实较好。夹江县村、社送药员报酬每月10—40元，除财政补贴一部分外，县人大通过决议，从农村统筹费中提0.4%作为基层计生人员的报酬，自贡市村村都有1名女送药员，每人每月报酬约30元，从市、县、乡三级财政中开支，稳定队伍，使基层药具工作有了组织保证。乡、村发药员做到定时、定人、定量送药上门，精心指导，热情服务，方便群众，满足需要。

1993年，四川省计划生育物资供应公司成立。全省建立避孕药具零售点1123个，对育龄群众，上门服务，发放避孕药具。

1994年7月8日，省计生委、省财政厅、省卫生厅、省医药管理局、省工商行政管理局、省税务局和省物价局联合印发《四川省避孕药具零售管理办法》（以下简称《办法》），对避孕药具零售网点设置、业务管理、供应渠道、价格核定、财务管理等作出规定。各地按照《办法》对所有避孕药具零售网点进行清理整顿和规范。按照属地管理原则，对符合条件的零售点发给“避孕药具零售许可证”，签订协议书。对从事零售的人员进行岗位培训，持证上岗。同时，加强药具供应单位的业务管理，严格禁止把计划内供应的药具混入零售渠道，两类避孕药具必须分开管理，做到专人、专账、专库。是年，整顿节育市场，基本废止使用单环，大面积推广使用宫铜、T铜环。全省药具零售点3000个，地、县、乡、村四级网络健全，全省药具管理、服务人员10万余人。

1995年，省计生委和省物价局印发《关于避孕药具价格的通知》，公布26种零售药具价格，强调各个环节不得加价销售，要做到明码实价，维护群众利益。在各有关方面监管下，四川药具零售工作得到规范。同时，继续改革药具供应办法，积极开发药具零售市场，药具供应“双轨制”初步形成，保证供应，弥补药具经费不足，取得良好的社会效益和经济效益。至年末，全省零售点发展到4000余个，药具零售额约占计划免费发放额的8%。

图3－5　避孕药具进超市

1997年，省计生委完成《四川省避孕药具管理办法》的起草、论证和送审工作。

1999年，全省使用药具1121万人，占已婚育龄妇女的63.44%。

2000年，国务院颁发《计划生育技术服务管理条例》，对避孕药具的生产、供应等作出原则性规定。四川对基层“双轨制”药具供应情况进行调研，总结“双轨制”利弊：药具零售不仅为流动人口避孕提供方便，且为遏制性病、艾滋病蔓延起到积极作用，但由于市场经济的特殊性和药具管理部门的职能转变，基层计划生育药具部门不再具体从事药具零售工作，主要精力应放在依法做好免费药具供应上，以确保育龄群众避孕之需。为满足市场避孕药具的需要，药具销售工作仍由医药等部门承担，同时计生部门把流动人口纳入避孕药具免费发放范围并扩大避孕药具发放网点，通过多途径的按需配送和零售保障育龄群众的避孕需要。

2001年，全省严禁免费药具市场销售，实行药具批号登记管理。同时，开始试行药具市场零售的连锁经营。

2005年，省人口计生委指导基层按照“知情选择”的要求，提高药具发放的有效性；按照“渠道畅通、保障供应、方便群众、提高效益”的原则，拓宽发放渠道，将流动人口、特殊人群纳入药具服务之中，提高药具发放的覆盖面、易得性和及时率，解决药具品种单一、发放不及时的问题；按照术后随访的要求，做好药具使用的跟踪随访服务和不良反应监测；各地药具社会营销试点也有突破。至9月末，全省使用药具1310万人，药具应用率96.75%，有效率98.21%，群众知情满意率97.60%，药具占综合避孕措施的78.14%。

三、药具管理

经费管理　避孕药具是由国家财政划拨专项资金购买的避孕专用品。针对药具的特殊性，四川对药具经费管理作出规定，做到专款专用。

1985 年，全省药具经费承包后，其经费由国家计生委从银行拨款给省计生委，省计生委转拨省药管站，省药管站再转拨给各地区。

1986 年，全省扩大药具经费包干范围，在全省 20 个市（地、州）中，有 17 个实行药具经费包干。包干地区的人数占全省总人数的 87%。

1987 年，省计生委印发《四川省避孕药具包干经费暂行管理实施细则》，规定避孕药具包干经费实行一级包一级的原则，县以下不进行经费承包；包干经费的 80%用于购买避孕药具，20%作为业务建设、培训、劳保和奖励；药具经费实行专户独立核算，省、市药管部门设专职会计，县级药具服务部设专账。

1990 年起，省计生委、省财政厅决定将避孕药具经费纳入市（地、州）地方财政预算管理，包干使用，每年由省计生委、省财政厅分两次下拨经费，包干经费基数一定 3 年不变。药具零售经费，实行专账管理，做到日清月结，销售部门可提取总额的 15%作为经营服务费，85%用于再购药具。此前，全省药具包干经费由省计生委转拨。

1995 年，实行中央划拨的药具款由财政逐级拨款改为省财政厅将药具经费划拨省计生委，再由省计生委直接将药具经费划拨到市（地、州）计生委的做法，保证全省药具经费及时足额到位，药具经费拨款渠道畅通。全省各级药管站在调查研究基础上修订和完善药具管理的各项工作制度，建立和规范药具的仓储管理、财务管理、计划免费发放管理、统计报表管理等制度，零售市场管理制度也逐步完善和成熟。各市（地、州）、县级药管站建立药具分类账、分户账、库房账和货卡，建立财务总账与明细账等。乡、村级基层单位建立药具账，药具发放卡，发放登记册。各地做到账物相符，账账相符，统计报表及时。

1996 年 6 月 20 日至 8 月 20 日，全省开展避孕药具经费财务检查，重点检查避孕药具经费的分配、使用、管理和财经纪律、财务制度的执行情况；检查截留、挤占、挪用、借支避孕药具转款和拖欠药具货款情况。同时把避孕药具计划发放的执行情况，免费药具的分配、使用情况，零售药具的进货、销售、价格、零售药具款的使用作为该次检查的重要内容进行分项检查。检查人员边检查，边纠正存在的问题，并向市、县提出改进药具发放工作的意见和建议。

1998 年，四川在全省统一药具账、表、册。但是，部分县、乡、村药具管理人员由于责任心不强、填写质量差、档案资料保存不当的情况仍然存在。对此，省站组织人员到基层指导填写和帮助提高基层人员的业务水平，乐山、绵阳、雅安、资阳、内江、自贡和眉山等地区站采取试点示范乡的办法，在基础工作比较好的乡，逐一指导、验收，再以点带面推广。

仓储运输管理　1986 年，四川省给各市（地、州）装备药具运输工具，部分地区逐级配备药柜、药架和发药包。

1988 年，省计生委批准筹建成都计划生育药具供应站，供应站基建面积 4000 平方米，其中，库房 3000 平方米，业务用房 1000 平方米，工程总投资 350 万元。国家计生委分 3 次拨给基建款 130 万元。在基建未完成前，临时租借库房，仓储药具。

1991 年，省药管站动工修建规范化的药具库房；次年竣工，并被验收为优良工程，库房面积

1400 平方米。

1992 年 7 月 9 日，为提高避孕药具工作管理水平，省计生委制定《四川省避孕药具工作管理规范》，其中对基本建设规定：

1. 市（地、州）药具管理站：设办公室、药具库。库房面积 50—300 平方米。配药具运输车 1 辆、手推车 1—2 辆、除湿机 3—5 台；配备微机、宣传、培训、防盗、防火、质检、空调等有关设备。

2. 县（市、区）药具服务部：设办公室、药具库、零售柜。库房面积 30—80 平方米。配备药具架、样品柜、除湿机、排气扇、空调机、防盗门、灭火器等设备。

3. 区、乡服务站药具室：配备防潮、消防设备和药具柜、发放药具包。

4. 村服务室配备发放药具箱（包）。

同时，明确市（地、州）药具管理站，县（市、区）药具服务部，区、乡服务站，村服务室的任务和基本管理制度。

避孕药具实行直调供货后，省、市、县药具库房建设得到很大发展。市级药具库房建筑面积平均在 200 平方米左右，县级建筑面积平均在 60 平方米以上，各级药具专用库房通风、除湿、温控等设施完备。为保障药具供应，四川对药具库存周转量（单品种）作出规定：省级仓储量为 6—8 个月，市级为 4—6 个月，县级为 3—4 个月，乡级为 1—2 个月，村级为 1 个月。各级对仓储药具实行分类上架保管，建立出、入库和结存专账，做到账账相符、账物相符。为保证仓储药具质量，全省建立仓储保管制度和质量管理责任制，规定所有药具都要标明“双批号”（生产日期批号和失效日期批号）才能使用，对效期不确定药具要及时处理，确保避孕效果。省药管站购置药具质检设备，及时为药具质量检测提供服务；基层单位配备专、兼职药具质量检验人员，从外观形状上对药具质量进行鉴别，确保用药安全。对过期失效等需报废的药具，四川作出规定：严格禁止基层擅自处理，必须集中到市级药管站统一进行毁形等破坏性处理，防止过期失效避孕药具进入供应渠道。

至年末，全省（含成、渝两市）有药具库房 13272 平方米。各地按照药具工作管理规范要求，改善库房设施，增添空调、除湿、灭火、防盗等设备。市（地、州）库房面积绝大部分达标，条件均已改善。

1995 年，省计生委在药具包干经费紧张情况下，统筹安排 35 万元给部分地区购置送药车辆，拿出 15 万元给部分地区建设库房，还为 23 个市（地、州）药管站配备微机，改善药管部门的工作条件。

2001 年，省计划生育药品器械管理站安排经费 80 万元，为市（州）药管站装备药具运输车辆，为市（县）药管站配置除湿机 208 台。

2004 年，对各级库存药具按品种、批号、数量等进行清库盘点、汇总。结果表明，全省杜绝过期、失效、变质药具出入库房，有效减少责任报损，提高药具避孕可靠度。

至 2005 年末，全省药具库房从未发生任何安全和责任事故。

目标管理 1986 年，四川开始实行药具目标管理责任制，主要指标有：药具应用率、有效率、随访率（以下简称“三率”）。目标责任书由省药管站同市（地、州）药管站签订，市级再同县（市、区）药具服务部签订，每年专项检查考核 1 次。

7 月 16 日，省计生委、省医药管理局制定《四川省一九八六年避孕药具管理工作考核评比条件及办法》，明确奖励办法：

1. 国家规定7%的奖金由省统一提取，根据对各市（地、州）及医药二级站（公司）全面考核的结果，由省评审后分别给奖。

2. 省对实行避孕药具经费包干的市（地、州）根据考评比计分多少进行浮动金额的返回，总分在95分以上的，原则上返回全部浮动金额（扣除由省统一提取的7%的奖金数额）；总分达不到95分的，每差1分后减0.5个百分点的浮动金额。

3. 省对未实行药具经费包干，未进行计划分配、计价管理，责任承包的市（地、州）根据考核评比计分多少，酌情核定药具业务活动经费。

1988年起，全省试行药具目标管理责任制，每年由省药管站拟定工作内容，明确工作指标和考核办法。由省计生委下达给各地。各地在城市的最基层由机关、单位、工厂、驻军向街道办事处签订集体合同；根据本部门实际，由政府部门和业务部门层层签订单项责任书。在农村由药具发放员与使用者签订使用合同，乡（镇）计生办为监督单位，甲乙双方按合同要求各负其责。

1989年8月，省计生委印发《一九八九年避孕药具管理工作检查评比办法》。拟于1990年1月15日前由各地进行自查、互查；1月15日后由省组织人员抽查、评比。检查评比内容包括10项：1. 领导重视；2. 基层网络人员配备；3. 基层人员培训；4. 普及药具知识；5. 提高药具使用效果；6. 综合节育措施；7. 计划合理、库存达标；8. 库房建设和管理；9. 财务管理；10. 日常管理工作。每项10分，共100分。省对市（地、州）全面检查考核后，评出名次，按规定返还浮动经费，并给予适当的工作奖励。

1990年3月26日，省计生委制定《一九九〇年四川省避孕药具工作目标管理办法》。同时，制定《一九九〇年四川省避孕药具工作考核评分办法》，考核项目包括11项：

1. 药具应用率：地、市达90%以上，“三州”达75%以上。

2. 随访率：地、市达95%以上，“三州”达90%以上。

3. 有效率：地、市达95%以上，“三州”达90%以上。

4. 仓储条件好，药具保管符合规定。药具损耗率不超过5‰。

5. 计划合理，库存达标（分品种）。

6. 领导重视，把避孕药具目标管理纳入计划生育工作总体目标统一进行考核评比。

7. 计划发放渠道畅通，无断档脱供；零售点布局合理。

8. 管理制度健全，并认真执行。

9. 药具经费无挪用，未出现无故拒付货款情况发生。

10. 宣传普及药具知识，及时反馈药具信息。每季上报一次工作材料。当年逐级培训1—2次药具工作专兼职人员（以教材、考卷为准）。

11. 各种报表填报及时。数据准确、真实。年终根据各地自查情况，将以上11项的得分相加为地区实际得分，减去省里随机抽查县、乡、村结果应扣减的分值，即为地区年终考评实际得分。

1991年，省计生委印发《四川省避孕药具工作目标管理办法》，目标考核内容在原基础上进行扩充，不仅有“三率”的指标要求，而且更注重考核实现“三率”的过程和完成目标任务所采取的措施。

1994年3月30日，省计生委印发《四川省市、地、州计划生育产品器械管理站工作目标责任制

（暂行办法）》，要求各级计生委要将药具工作的主要指标（即应用率、随访率、有效率）纳入计划生育工作总体目标进行考核。具体包括：组织机构、工作条件及制度管理、药具计划管理、药具仓储管理、药具财务管理、药具零售管理、药具宣传及干部培训工作。

是年，全省调整药具目标考核形式，终止一年一次的药具专项检查，把相关指标纳入计划生育综合目标管理范畴，统一安排部署、统一考核，以减轻基层负担。

1997 年，省计生委充实、完善药具目标管理内容，细化和变更相关指标。“三率”实行分区设定，按照平坝、丘陵、盆周山区、高寒山区、少数民族地区等情况分别确定指标，使考核更趋合理；在目标管理中强化职能指标，把计划管理、财务管理、质量管理、零售管理、制度建设、人员培训等列为目标管理内容。11 月，省计生委组织 7 个检查组，对全省 20 个市（地、州）、20 个县（市、区）、40 个乡（镇）、40 个村的药具管理发放、药具站制度建设、药具经费使用情况等 50 项内容进行检查，严格考核，推进全省药具目标管理工作的开展。

2000 年，全省围绕“计划生育服务年”的总体要求，以落实目标管理责任制为核心加强各级药具管理。省计生委印发《关于 2000 年全省药具工作考评实施办法的通知》，强调在目标管理中要一以贯之地坚持药具免费发放政策，强化计划发放主渠道；坚持实事求是的作风，强化基础管理；坚持人本观念，做好优质服务。

图 3－6　平武县乡镇计生服务人员发放避孕药具

2001 年，在全省药具工作会议上，部署全省药具工作实行目标管理，并恢复药具业务考核，促进全省药具业务工作。各市（州）药管站在 8 月进行药具基层工作情况 4 项调查，在 12 月进行药具业务自查。是年，省计生委印发川计生办〔2001〕7 号文件，对今后几年药具管理的主要工作目标提出要求：药具优质服务满意率达 80% 以上；药具应用率方面平坝、丘陵、盆周山区 90% 以上，高寒山区、少数民族地区 85% 以上；药具使用有效率方面城区 96% 以上、农村 95% 以上；药具随访率 100%；药具库存周转量符合要求；计划发放率（单品种）80%—120%。至“十五”期末，全省形成较为完备的市、县、乡、村四级药具服务网络和较为完善的管理制度，有效提升药具管理水平，增强群众对药具服务的满意度。

2004 年下半年，全省调整药具业务目标年度考核办法，将药具业务目标考核与全省优质服务县（市、区）评估验收一并进行，以县、乡、村药具服务质量及效果为考核重点，强化基础工作注重实效。市级药具工作考核采取以市级自查为主、省级复查的方式进行。

四、药具工作改革

2005 年 11 月 11 日，省人口计生委根据国家人口计生委《药具工作改革意见》，结合省情，印发《关于深化改革加强计划生育药具工作的意见》，确定药具工作改革的指导思想和基本原则。必须坚持以邓小平理论和“三个代表”重要思想为指导，全面落实科学发展观，以满足“改革两个适应”

为目标，以药具管理体制创新为动力，以全面提高药具管理与服务为重点，以创新药具管理与服务的工作理念、工作机制和工作方法为突破，以改进、完善基层药具管理与服务网络为基础，依靠科技进步，努力为群众提供药具优质服务，促进人的全面发展。11 月末，省人口计生委在荣县召开全省人口计生药具改革服务站工作会议，部署全省药具工作改革。

改革药具计划管理。按照以需求定计划的原则，完善计划编制标准及程序，科学合理准确编制药具需求计划。在调查核实的基础上，以乡镇为药具计划起报单位，各级人口计生行政部门根据相关统计数据和抽样调查资料进行审核、审批。

改革药具调拨方式，建立多元化的药具物流配送机制。四川除小品种避孕药具外，其他药具均采取企业直调、物流机构配送等多种形式，直接发送到各市（州）药具管理部门和有条件的县（市、区）计划生育服务站的药具管理部门，减少药具周转环节、缩短供货周期、加快调拨速度、降低药具在流通过程中的损耗。

改革药具发放模式。充分发挥县、乡服务机构、社区和社会服务网络的作用，拓宽发放渠道，以满足不同人群的需求。坚持专兼职药管员发放与志愿者发放相结合，主动上门服务与自行领取相结合，手工发放与自动发放机发放相结合，定点发放与流动发放相结合，药具网络发放与社会网络发放相结合。同时，各地计生部门将流动人口药具发放纳入管理与服务工作中，由仅向户籍地已婚育龄人群发放扩展为向现居住地育龄人群发放，提高药具发放的覆盖面和及时率。

规范药具经费管理。合理分配、使用中央药具专项经费，确保药具科学订购，使工作有效运转；各级政府把药具管理与服务工作经费全部纳入财政预算，并随财政对人口和计划生育事业经费投入的增长不断增加。

加强药具库存管理。按照人口数量、地理环境、交通运输和仓储条件，科学设置药具库存结构，合理确定库存量，保证满足计划发放及能应对特殊、紧急的需求。在药具库存管理改革中，根据各级的职能不同，调整工作重点：省级逐步减少药具库存量，进一步强化监督管理职能；市级主要是发挥中心城市的集散功能，加强仓储管理；县、乡级根据工作条件和群众需求，确定符合实际的库存量、避免药具脱供与积压。同时，通过进一步完善药具报损制度，严格药具报废程序和审批手续，使库存药具更新进入常态。

加强药具宣传和咨询随访工作。各级药管人员和计划生育技术服务人员，运用有效载体加强避孕节育科学知识宣传及咨询服务，指导育龄群众在充分了解避孕节育方法的基础上，结合自身情况，自主选择适宜的避孕方法，正确使用药具，并定期随访避孕药具使用情况，确保药具避孕安全有效。

加强药具信息化建设。通过改革，各级人口计生行政部门把药具管理和服务的信息系统建设纳入人口计生技术服务机构信息化建设、通盘考虑、长远规划，逐步实现全省乡以上药具系统计算机网络化管理，与人口计生信息系统、技术服务信息系统、流动人口管理信息系统互联互通、资源共享。

建立和完善药具不良反应报告制度。按照《中华人民共和国药品管理法》《计划生育技术服务管理条例》《药品不良反应报告和监测管理办法》等法律法规，完善药具不良反应监测报告制度，及时、妥善处理药具不良反应；定期分析药具不良反应情况，并依法向有关部门通报。通过改革，全省药具管理体制和工作机制得到不断创新，提高育龄群众对药具的易得性和满意度，确保广大育龄群众使用安全、有效、便捷的药具产品。

第二节　节育技术服务

20 世纪 70 年代，节育手术主要由卫生部门承担，计划生育宣传技术服务机构仅承担力所能及的节育手术。为了提高节育技术工作质量，与卫生部门共同对节育技术人员进行培训、考核，考核合格者按其隶属关系，由卫生和计生分别发证。同时，建立健全各种节育手术责任制，统一执行《节育手术常规》，并加强经常性的督促检查。

1986 年，全省计划生育专业技术服务机构建立后，计划生育部门承担的避孕节育工作量逐年增多。一些地区的调查任务基本由专业服务机构承担。同时，全省计划生育专业服务队伍还进行宣传、避孕药具发放、独生子女病残儿童鉴定、节育术后并发症诊治、优生遗传咨询和儿童体检、妇女病防治等工作，涉及群众 6000 多万人次。

由于全省建立计划生育宣传技术专业服务队伍，加强孕前服务工作，全面落实避孕为主的综合节育措施，全省计划生育率逐年提高。

1992 年 6 月 25—26 日，省计生委、省卫生厅在资阳县联合召开万县、内江、达县、南充四市（地）节育手术死亡病例研讨会。参加会议的有四市（地）卫生、计生部门有关技术管理的负责人、省计划生育指导所和省妇幼保健院负责人等 50 余人。省节育技术指导组部分专家到会对节育手术死亡病例进行评审，并分 4 个专题举办学术讲座。

1991—1995 年，全省计生系统承担节育手术量逐年增多。到 1995 年末已达总量的 80%以上。技术服务机构每年 4 次主动到乡村为育龄妇女查治一些妇科病，开展独生子女病残儿医学鉴定、节育手术并发症鉴定和诊治、优生遗传咨询及生殖保健等服务。完成计划生育技术工作由过去单纯依靠卫生部门向以计划生育技术服务机构为主、卫生部门配合为辅的转变。

1998 年，全省避孕节育措施的有效率、及时率和手术质量逐步提高，并发症发生率明显下降，有效保护育龄群众的身体健康。

到 2000 年末，全省计划生育部门所做避孕节育手术份额突破 85%，部分地区超过 90%。同时，在避孕节育工作中，全省计划生育技术服务机构依靠科技进步，改进工作方法，较好地解决脱环率高和带环妊娠的问题；有计划地推广“皮下埋植剂避孕”，并加强随访，受到群众尤其是藏族地区居委会欢迎。

此后，推行合理的综合避孕节育措施，逐步实现避孕工作向“孕前节育型”转化。

第三节　避孕知情选择

1998 年，四川开始在部分县（区）进行避孕节育知情选择试点，随后在全省逐步推广。各地运用多种方式宣传避孕节育知识和配备避孕药具展示柜等介绍避孕节育方法、器具，让实行计划生育的育龄群众直观选择。同时，加强对技术服务人员的技能培训和职业道德教育，使其熟练掌握多种避孕节育本领（服务人员须准确知晓5种以上避孕方法、避孕原理、适应症、禁忌症、并发症诊治，药具使用方法、副作用预防及随访时间等）和保持良好的服务状态。技术服务人员在了解服务对象基本情况的基础上，将适宜的3种以上的避孕节育方法介绍给服务对象，育龄群众根据自己的身体状况选择自身所处的生理时期及该时期比较适宜的避孕方法。

2001年，四川避孕节育措施“知情选择”在国家计生委立项。

图3-7 甘孜州开展避孕节育知情选择宣传

2002年8月20日，省计生委印发《四川省避孕方法知情选择服务工作规范（试行）》，对避孕方法知情选择的工作原则、知情内容、服务程序等作出规定。11月26日，为保障育龄群众知情选择可靠的避孕节育方法和保护医务人员与受术群众双方的合法权益，省计生委、省卫生厅印发《关于在全省实行统一使用避孕节育手术术前知情同意书制度的通知》，规定：在四川境内从事计划生育技术服务的机构，必须使用由省计生委和省卫生厅共同制定的避孕节育手术术前知情同意书；凡从事与计划生育技术服务有关的临床医疗服务人员，应按照同意书所规定的内容，向接受避孕节育手术的育龄群众提供认真、细致的术前咨询，指导服务，耐心解答其询问的问题；在征得受术者本人或其家属意见的基础上，严格履行避孕节育手术术前知情同意签字制度，由受术者本人（或其家属）和施术者在同意书上分别签字后，方可实施避孕节育手术。避孕节育手术前知情同意书由省计生委和省卫生厅制定统一格式，各市（州）计生委和市（州）卫生局印制，省计生委和省卫生厅定期对各地执行情况进行抽查，并将抽查结果向全省通报。

至年末，全省技术服务机构避孕节育方法知情选择面达95%以上，做到实行计划生育的育龄群众在充分了解避孕方法有关知识的基础上，在技术服务人员的指导下，自主、自愿而负责任地选择安全、有效、适宜的避孕方法。

由于避孕方法知情选择服务的实施，主动选择避孕措施的育龄群众越来越多。至2005年末，全省综合避孕率上升到91.70%。

第四章　生育服务

第一节　生殖健康服务

1996年，全省以计划生育技术服务机构为依托正式启动生殖健康工程。11月27日，省计生委印发《关于扩大部分县级计生指导站开展生殖保健系列服务试点工作的通知》，明确生殖保健系列服务试点站名单。国家计生委批准，巴中市、新都县和荣县计划生育技术指导站被列为国家级生殖保健系列服务试点站。为扩大试点面，省计生委研究确定下列18个县级计划生育宣传技术指导站为省级生殖保健系列服务试点站：温江县、攀枝花市仁和区、合江县、绵竹市、江油市、广元市元坝区、遂宁市市中区、威远县、乐山市五通桥区、洪雅县、宜宾市、南部县、大竹县、石棉县、武胜县、会理县、理县、丹巴县。

省计生委根据国家计生委《全国计划生育服务站开展生殖保健系列服务试点工作的方案框架（试行稿）》的要求，按照规范管理、优化服务、拓宽领域、提高效益、培养人才的思路，结合全省实际，制定《四川省省级计划生育宣传技术指导站开展生殖保健系列服务试点工作总体方案》，明确服务内容：生殖健康教育及咨询；计划生育技术服务；充分利用现有条件，拓宽服务范围，围绕生育、节育、不育开展有关生殖保健技术服务；在职责范围内，积极配合卫生行政部门做好母婴保健工作；积极开展力所能及的医疗业务，并按照《四川省医疗机构管理条例》的有关规定到当地行政部门办理有关手续。成立省计划生育生殖保健系列服务试点工作领导小组，谢明道任组长，文远鹏、孙霖任副组长。整个试点工作周期为3年（1996—1998年）。

全省各地根据本地实际，适当增加试点县站，推动县站建设和全省计划生育技术服务工作的开展。

1997年，省计生委在成都举办生殖健康调查培训班，为24个生殖健康调查样本县培训调查员，采取讲理论、教方法的方式使他们掌握对育龄群众生殖健康现状调查的基本方法，为生殖健康服务培训骨干。同时，在全省开展生殖保健科普知识宣传，层层举行知识竞赛，四川省代表队在西南区预选赛中获得团体冠军，在全国决赛中获得团体第二名。

1998年，“四川省生殖健康·计划生育项目协调小组”成立，负责生殖健康项目执行，指导县级项目实施方案制定，负责项目配套资金落实，评审年度项目执行报告等。同时，确定仪陇、巴中二县（市）为项目单位，在联合国人口基金会的援助下，生殖健康工程顺利实施。其后，项目单位逐年增加，推动生殖健康服务工作较快发展。全省计生系统根据生殖保健服务工作的目标任务，把服务内容进行细化、分解、融入计划生育技术服务的各项具体工作中。各级技术服务机构广泛宣传生殖保健知识、避孕节育知识，增强育龄妇女自我保健意识和能力；以普查普治妇女常见病、多发病为切入点，开展生殖保健服务；围绕生育、节育、不育，开展优生优育咨询、孕产期保健、妇女贫血防治、未婚妇女生殖健康、性功能障碍诊治、生殖器肿瘤防治等生殖保健服务；推进男性参与计划生育，开展男性育龄人群的生殖保健服务；对新生儿护理、婴儿保健、哺乳期避孕和中老年保健指导；开展不孕症、妇女常见病和性传播疾病、艾滋病的筛查、诊治与随访工作；加强安全套（避孕套）推广力度，降低妇女常见病和性传播疾病发生率。

到1999年，全省生殖保健系列服务试点工作取得成效。是年，省计生委印发《四川省计划生育生殖保健服务试点工作评估方案》，各试点站按照评估方案进行自查与总结，并上报巴中、新都、荣县开展试点工作的总结材料，为下一步全面推行优质服务、提高工作水平打下基础。

2001年2月2日，省政府办公厅批转《省计生委关于开展生殖保健服务工作意见的通知》，强调：各级政府要加强对生殖保健服务工作的领导，并纳入县、乡政府工作目标；把开展生殖保健服务作为稳定低生育水平的一项重要措施来抓；人口和计划生育部门要按照有关职责负责生殖保健的技术服务工作；各有关部门在其职责范围内积极做好生殖保健服务工作，为开展生殖保健服务创造条件；计划生育技术服务机构的房屋、设备条件要满足开展生殖保健工作的需要，确保生殖保健工作健康有序地开展。同时，省政府下达今后一个时期全省生殖保健工作的目标任务。到2005年，生殖保健服务纳入县、乡镇政府工作目标达到100%，“五期教育”面大于90%，育龄妇女生殖健康知识普及率大于80%，育龄妇女生殖健康监测率大于80%，育龄妇女常见生殖道感染患病率小于50%，节育手术并发症发生率小于0.75‰，遗传病咨询面大于80%。

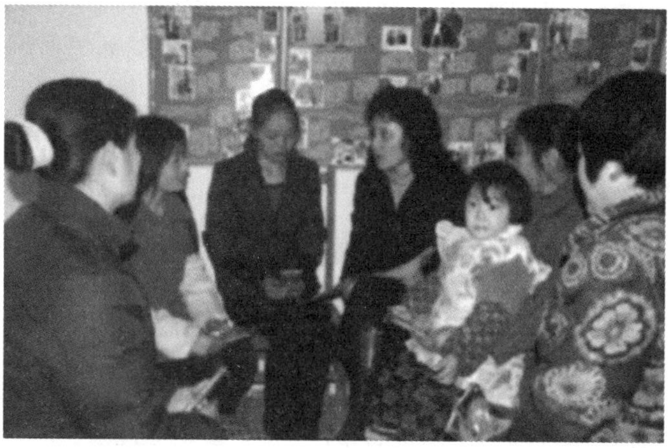
图3－8　基层计生办工作人员向育龄群众宣传生殖健康知识

省计生委针对“九五”期间全省一些开展妇科病查治的地方，在实际工作中存在随意性较大和不规范的问题，指导德阳市6个县（市、区）的6个乡镇进行以妇科病查治为切入点的生殖保健服务试点，重点探索适合不同地区、不同条件的妇科病普查普治的服务方式，规范妇科病普查普治的内容、方法和操作。通过试点，总结出争取党政重视，做好部门配合协作，启发群众生殖保健需求，科学规范开展妇科病普查、系统正规开展妇科病普治，登记建档追踪服务的经验，并为全省各地提供可借鉴的多种服务方式，各地在认真学习借鉴德阳经验基础上，结合当地实际，按照由点到面逐步推开的原则，以妇科病普查普治为切入点的生殖保健服务工作在全省全面实施。

2002年起，针对全省农村妇女妇科病发病率高的现状，全省大部分地方的人口计生部门结合查环查孕，开展妇科病普查普治工作。成都、广元、攀枝花等地制定措施，保障流动人口中的育龄妇女享有与户籍育龄妇女同等的生殖保健和计划生育技术服务，成效明显。

2003年，全省继续组织实施避孕节育方法知情选择、出生缺陷干预和生殖道感染防治为重点的生殖健康推进活动，满足群众生殖健康需求，提高群众对计划生育技术服务的满意度。至年末，全省计划生育技术服务机构无一例因计划生育技术服务造成服务对象死亡病例发生，节育手术并发症发生率仅为0.45‰，提前3年实现《四川妇女儿童发展纲要》提出的控制指标，为广大育龄群众提供优质的生殖保健服务。

2004年，省人口计生委、省妇联和省政府妇儿工委办联合发出《关于在全省开展“关爱女性健康”·乳腺疾病普查及科普知识宣传活动的通知》，在中国人口福利基金会的支持下，全省实施三级免费服务：第一级由政府妇儿工委牵头，结合“送健康进社区、送健康进农家”活动，开展科普知识宣传教育活动；第二级依托各级计生服务站免费向基层妇女提供免费乳腺疾病普查服务；第三级开通全国专家组免费咨询电话，适时组织全国妇外科专家对疑难杂症进行免费会诊。该服务较好地满足育龄妇女查治乳腺疾病的需要，保护女性健康。

2005年，在修正药业的赞助下，全省实施“计划生育·生殖健康”计划，对已婚育龄妇女开展常见生殖道感染疾病的免费普查，增强广大育龄妇女的自我保健意识，提高生殖健康水平。至年末，全省生殖健康服务实现2005年工作目标，且多数指标接近2010年规划要求。

第二节　出生缺陷预防

1985—1990年，为掌握四川人口素质的第一手资料，给出生缺陷干预工作提供可靠依据，省计生委在全省11个市（地、州）的20个县（市、区）中抽取42个样本点（农村样本点占76.38%、城镇占23.62%）进行先天性畸形、遗传病及与遗传有关疾病的调查。现场调查126876人，发现先天性畸形、遗传病及与遗传有关疾病150种，病例12576例，全省患病率416.6例/万人。此次调查，摸清发病本底，为人口政策的制定和预防出生缺陷奠定基础。

1998年，省计生委发出《关于进一步加强提高出生人口素质工作的通知》，要求各地加快出生缺陷预防工作步伐，开展以优生优育、母婴保健等为主要内容的预防出生缺陷工作。有条件的技术服务机构开展婚前医学检查，预防高风险遗传性疾病发生，把好人口出生第一关。开展孕产期保健，做好孕产期咨询指导、孕期保健、消除儿童智力损害和其他疾病发生。发挥计生系统优生遗传方面的技术优势，开展严重遗传性疾病筛查服务。尤其是对照顾生育且有遗传风险的家庭，坚持常规进行遗传性疾病检测和家系调查，防止高发致残、致畸的遗传性疾病及先天性畸形儿出生。创造条件开展巨细胞病毒、风疹病毒、弓形体诊断等优生检测，减少出生缺陷的发生。建立新生儿出生缺陷登记、上报制度，为实施出生缺陷预防储备信息。开展新生儿神经管畸形预防工作。据统计资料显示，神经管畸形是一种覆盖面大、危害严重、发生率较高的出生缺陷。国内外研究结果表明，增补叶酸能够显著降低新生儿神经管畸形的发生率。“福斯福”是一种含有400微克叶酸及20多种孕妇必需的维生素和微量元素的复合营养素软胶囊，是预防神经管畸形发生的有效药物。

1999年，国家召开推广使用“福斯福”新闻发布会后，四川随即成立“四川省出生缺陷干预工程——福斯福引入性实验项目领导小组”和工作班子，负责“福斯福”推广活动的指导和监督。决定采取分三步走的方式逐步推广使用“福斯福”。首先，在成都等几个大中城市开展；其次，扩大到23个生殖保健系列服务试点县和46个优质服务试点县；最后，扩大到全省其他地区。通过由点到面的推广和对神经管畸形发生机理、预防措施的宣传，群众使用“福斯福”预防新生儿神经管畸形发生、减少出生缺陷成为自觉自愿行动。

图 3－9　2005 年 3 月，人口计生部门组织群众进行出生缺陷预防宣传培训

2004 年，贯彻落实国家人口计生委《全国“十五”人口与计划生育事业发展规划》，按照国家推进优质服务的工作要求，在全省进一步实施出生缺陷预防工程。9 月 2 日，省人口计生委印发《关于在全省进一步实施出生缺陷干预工程的意见》，具体明确：全省实施“出生缺陷干预工程”是以群众需求为导向，在各级政府领导下，通过各种手段，对出生缺陷实施有效干预，达到减少出生缺陷、提高人口素质的目的。各地把出生缺陷干预工作列为专项工程实施，建立健全出生缺陷干预和监测网络；普遍开展对出生缺陷人群的筛查，通过识别高危个体，有针对性实施优生遗传咨询指导服务；同时，各级计划生育技术服务机构加大“实施出生缺陷干预工程”的宣传，举办以“预防出生缺陷、提高出生人口素质”为主题的“斯利安杯”有奖知识竞赛，并利用板报、宣传画、VCD 等形式和其他传媒向广大育龄群众宣传、普及出生缺陷预防等基本知识，有效提高育龄群众预防出生缺陷知识知晓率。此外，实施“幸福工程”，开展“微笑活动”，为先天性心脏病、唇（腭）裂儿童实施免费修复治疗。

2005 年，省人口计生委、省计划生育协会、“幸福工程”四川省组委会与四川大学华西医院遗传研究室合作，启动“万名孕妇服用福格森的临床对比观察”研究，为实施出生缺陷干预工程进行科技攻关。

第三节　“两个鉴定”

20 世纪 80 年代，四川计划生育技术服务机构开始承担独生子女病残儿童医学鉴定和节育手术并发症鉴定（以下简称“两个鉴定”）工作。病残儿医学鉴定是为照顾生育提供依据，节育手术并发症鉴定是为节育手术受术者的相关诉求作结，“两个鉴定”与群众利益息息相关。四川在制定鉴定政策、成立鉴定组织等方面严格把关，确保“两个鉴定”顺利进行。

80 年代初，全省多数地区计划生育指导所和县指导站把节育术后并发症、后遗症患者的鉴定与治疗工作列为重要任务之一。定期进行鉴定和清理，对确是术后患者则采取“定人、定时、定点、定经费”的办法给予治疗，效果显著。

1984 年，在国家尚未出台鉴定标准前，省计生委、省卫生厅印发《四川省独生子女病残儿童鉴定试行标准》《四川省独生子女病残儿童鉴定管理工作暂行规定》，并在全省实施，使基层在工作中有章可循。

1985 年，省计生委、省卫生厅印发《关于进一步加强对节育术后并发症鉴定和治疗工作的通知》。

1986年，全省各地对并发症进行摸底调查，同时配合卫生部门，安排解决好治疗问题。实行经费承包，就近定点治疗。如确需转成都、重庆会诊、鉴定、治疗的，按照节育技术协作组划分的片区，由有关市（地、州）指导所事先与成都市或重庆市指导所联系，并提供完整的病情资料。此后，各地每年进行一次全面清理节育术后并发症的工作，并成为一项制度。

1987年5月，在全省市（地、州）计生委主任及宣传技术指导所、站服务经验交流会议上，省计生委拟就《四川省独生子女病残儿童鉴定试行标准修定意见》《四川省独生子女病残儿童鉴定管理工作暂行规定》和《四川省节育手术并发症暂行管理办法》，供与会人员讨论。根据大家意见，修订后征得省卫生厅同意共同发文下达实施，规范“两个鉴定”的诊断标准和管理程序。

1989年11月14—16日，四川省召开全省节育手术并发症、独生子女病残儿童鉴定和管理研讨会，总结交流经验。仁寿县对节育手术并发症管理实行“五定一包”。“五定”：定鉴定时间，规定全县统一鉴定的时间和地点；定并发症患者管理对象，严格执行并发症诊断标准，集体讨论鉴定结论；定治疗期限；定治疗经费标准；定治疗地点，明确就医范围。“一包”：包干治疗经费，分片包干，节余留用。安岳县改革独生子女病残儿童鉴定管理办法，理顺审批程序，做到“三为准”（统一鉴定、集体鉴定、县指导组鉴定为准），“三不准”（不准搞假鉴定、出假证明和营私舞弊），“三坚持”（坚持按女方户籍地申报、干部职工申报由主管局审查并签具意见和社会调查）。梓潼县对独生子女病残儿童鉴定采取“五统一”（鉴定标准、鉴定时间、鉴定地点、鉴定医生、鉴定对象统一编号），“两集中”（一年集中鉴定1次、参加鉴定的医生集中在1个大诊疗室），“把好五关”（村组初审关、乡计生办核实关、县体检关、鉴定小组集体审批关、群众监督关）。资中县、成都市龙泉驿区、射洪县对节育手术并发症的防治分别采取归口定人管理、进行综合治理和酌情一次性补助办法。绵阳市市中区对独生子女病残儿童鉴定、审批、结果实行的监督措施，均收到明显的社会效益和经济效益。会后，省计生委、省卫生厅印发《四川省节育手术并发症、独生子女病残儿童鉴定和管理研讨会议纪要》，指导基层完善对“两个鉴定”的管理。

1991年3月1日，省计生委、省卫生厅转发国家计生委印发的《独生子女病残儿医学鉴定诊断暂行标准及第二胎优生原则》和《独生子女病残儿医学鉴定暂行管理办法》。10月1日起，全省按照国家统一规定开展独生子女病残儿医学鉴定工作。是年，成立省、市、县三级独生子女病残儿医学鉴定组和节育并发症鉴定组，聘请权威医院的有关专家对技术服务工作进行指导与鉴定。

1997年，省政府办公厅行文成立四川省计划生育技术鉴定组和四川省独生子女病残儿医学鉴定组，由省计生及卫生部门专家组成，负责在全省进行“两个鉴定”工作的巡回指导、技术培训、疑难鉴定等工作。各市（地、州）和县级鉴定组由同级人民政府组建，同时撤销部门鉴定组，使鉴定工作更具权威性与严肃性。

1998年，全省注重抓好鉴定技术的提高和普及，有条件的市、县购置遗传设备，开设优生遗传实验室，省计生委每年拨出专项经费进行技术培训，并推广优生新技术。全省建立优生遗传实验室50个。省计生委拨出经费进行“四川省独生子女病残儿医学鉴定审批情况分析研究”课题研究，促进照顾生育二胎的独生子女病残儿医学鉴定工作的规范化、科学化。1995—1998年，培训省内外优生遗传人员48人，为开展优生工作提供条件。

1999年，全省已婚育龄妇女的综合避孕率提高到92.53%，及时率提高到66.12%，节育手术并发症发生率下降为1.04‰，无责任性节育手术死亡事故发生。

2001 年 6 月，《计划生育技术服务管理条例》颁布实施后，四川强化各级政府对鉴定工作的领导，定期研究解决鉴定工作中的重大问题；调整、充实各级鉴定组织，成立专家鉴定委员会，省、市（州）和有条件的县（市、区）建立专家库以备随机抽选鉴定人员。为了严格技术标准，原由县级实施的独生子女病残儿医学鉴定工作划归市（州）进行，坚持集体鉴定、人人负责的原则，凡参与鉴定的工作人员须在鉴定表上签具实名并承担相应的法律责任；加强群众和社会监督，聘请技术监督员，增强鉴定工作透明度；规范鉴定文书，“两个鉴定”统一使用由省计生委印制的鉴定表册，并归档存查。

2002 年，结合贯彻《独生子女病残儿医学鉴定管理办法》，省计生委印发《四川省计划生育委员会办公室关于启用〈四川省病残儿医学鉴定表〉》《〈四川省病残儿医学鉴定结论通知书〉的通知》。

第四节　母婴保健

1994 年 10 月 27 日，第八届全国人大常务委员会第十次会议通过《中华人民共和国母婴保健法》（以下简称《母婴保健法》），自 1995 年 6 月 1 日起施行。

1995 年，全省计划生育部门和卫生部门贯彻落实国家计生委、卫生部印发的《关于配合做好计划生育母婴保健工作的通知》，在各自职责范围内，开展计划生育技术服务、母婴保健、优生优育等工作，满足广大育龄群众的保健需要，把“控制人口数量，提高人口素质”的人口政策落到实处。

按照《母婴保健法》的要求，全省逐步建立婚前医学健康检查制度，对申请登记结婚的男女青年进行法律所要求的婚前医学检查，并对接受检查的男女青年提供婚配和生育方面的医学意见。多数地方卫生、民政部门相互配合，使婚前医学检查与婚姻登记相结合，计划生育部门在结合自身工作开展婚前计划生育知识教育中，也将有关婚前保健和新婚期的卫生知识作为一项重要内容，使婚检率稳步提高，1997 年全省婚检率由 1990 年的 12.6%增至 43%。

与此同时，对孕产妇和婴幼儿提供保健服务。越来越多的孕产妇和婴幼儿进入妇幼卫生保健机构的服务范围，全省孕产妇保健系统管理率达 72.2%，3 岁以下儿童保健系统管理率达 61.1%，住院分娩率稳步提高。家庭接生纳入管理，接生质量有所提高。由于加强保健服务，1997 年与 1995 年相比，全省孕产妇死亡率由 118.3/10 万人降至 109.3/10 万人，婴儿死亡率由 58‰降至 50.7‰，5 岁以下儿童死亡率由 69.4‰降至 61.9‰，住院分娩出生缺陷发生率由 11.6‰降至 9.9‰，危害广大妇女儿童的常见病、多发病明显得到控制，妇女儿童健康水平明显提高。

1998 年初，国务院办公厅在天津市召开“全国加强计划生育技术服务提高出生人口素质会议”。会后，四川省计生部门组织本系统传达学习，及时将会议精神向省人大、省政府、省政协有关领导汇报，并将卫生部和国家计生委联合下发的“会议文件汇编”印发到各市（地、州）计生委，组织学习，贯彻执行，加强计生技术服务，做好母婴保健工作，提高出生人口素质。

12 月 21—25 日，根据副省长李进指示，省政府办公厅、省人大教科文卫委、省法制局、省计生委、省卫生厅等组成调查组，对新都县、荣县、内江市市中区 3 个县（区）和 6 个乡镇，就贯彻落实《母婴保健法》及国务院天津会议的情况，进行专题调查。调查组与市、县、乡三级党政领导、计生、卫生部门和县、乡计生服务机构、妇幼保健机构及乡镇卫生院有关人员座谈，并实地考察机构建设、业务开展及计生与卫生两个部门配合情况。

从调查点的情况来看，市、县、乡三级计生技术服务网络和妇幼保健网络健全，设备齐全，并配有医学院校毕业或经过医学专业培训的人员。多年来，双方开展计划生育技术和母婴保健工作。在有关法律法规下发后，各地在党政统一领导和协调下，相互配合共同做好计划生育和母婴保健工作。

至年末，省、市、县三级母婴保健监督员、检查员队伍有12000余人，审批服务单位2600余个，技术服务人员1500余人，家庭接生员8800余人，初步规范监督管理和服务网络。

1999年，省计生委提出对省政府办公厅《关于进一步加强母婴保健工作，提高出生人口素质的通知》的贯彻意见，明确计划生育技术服务机构在贯彻《母婴保健法》工作中的职责、任务和要求，为做好计划生育技术服务工作，提高出生人口素质，提供保证。是年起，全省实施“爱婴行动与母亲安全工程”，重点加强农村母婴保健工作。

第五节　艾滋病防治

按照省政府要求，省人口计生委把艾滋病防治工作纳入人口计生工作，统一部署，发挥人口计生宣传教育网络优势，加强艾滋病防治知识宣传，开展形式多样的艾滋病防治宣传活动。县、乡（镇）人口计生部门和计生技术服务机构设立艾滋病防治知识宣传栏。在春节和农忙期间，为返乡农民发放艾滋病宣传资料。基层计生协会中的志愿者，与育龄群众面对面开展艾滋病防治知识宣传。

2003年起，全省实施“预防艾滋病知识宣传”项目。省计生协会制定5年规划，在全省各县级计生协会分期分批实施预防艾滋病知识宣传项目。通过宣传，到项目结束时使协会会员预防艾滋病知识的知晓率在城市达到90%，农村达到75%。各级协会组织采取图片展示、影视宣传、街头咨询等形式，对协会会员和广大育龄群众宣传预防艾滋病基本知识，使其正确认识艾滋病，关注、关爱艾滋病感染人群，警示人们“远离毒品、珍爱生命”，倡导科学文明、健康有益的生活方式。是年，省药管中心（成都计生供应站）组织各地开展艾滋病预防工作。成都、绵阳、攀枝花、遂宁等市在城区人口流动频繁区域、娱乐场所、大学校园安装安全套售套机近1000台；邀请华西医科大学教授开展专题讲座，针对高危人群进行咨询、培训，推广使用安全套。

图3－10　预防艾滋病宣传活动

2004年，省人口计生委与省卫生厅印发《关于在全省计划生育技术服务机构中开展艾滋病检测、诊断、咨询等工作的通知》，并为兴文县、攀枝花市仁和区、资中县、峨眉山市、松潘县、宁南县6个县级服务站安排艾滋病初筛检测设备经费。省人口计生协会先后举办100多个县级计生协会秘书长参加的艾滋病预防培训班。省人口计生宣教中心、四川生殖卫生学院及时制作防治艾滋病知识资料。

2005 年，省人口计生委在市（州）计生委分管科技副主任、科技科科长、部分县服务站站长培训班上邀请专家进行艾滋病预防知识专题讲座。与国家人口计生委共同举办西部地区“生殖健康/计划生育咨询能力建设项目师资培训班”；在绵阳市举办“艾滋病预防与计划生育服务相结合”项目后续发展研讨培训班。全省各级人口计生部门利用健全的技术服务网络，宣传性病、艾滋病防治知识，与省卫生厅、省疾控中心共同举办 2 期 HIV 抗体检测初筛技术培训班，110 名计生技术服务人员获得四川省 HIV 抗体检测初筛上岗证。

至年末，全省 47 个“预防艾滋病知识宣传”项目点会员预防艾滋病知识知晓率得到明显提高。

第五章　科技服务

第一节　科技研究

20世纪70年代前，四川计划生育科研为零星立项。1980年，全省计划生育科研项目归口省计划生育行政部门管理后，以应用为主的科研项目逐渐增多。省计生委把计划生育科研工作列为贯彻落实省委、省政府“科技兴川”的重要措施，常抓常议。在启用计划生育专业科研力量的同时，加强与医疗卫生单位、大专院校等横向联系，并争取国际支持与合作，使四川计划生育科研工作得到较快发展。

四川成立省计划生育科学研究所、重庆市计划生育科学研究所两个独立的专业科研机构，承担全省计划生育科研项目的60%左右。同时，全省还建立市（地、州）计划生育宣传技术指导所和县（市、区）计划生育宣传技术指导站220个，在参与计划生育科研及推广应用科技成果工作中作出积极贡献。此外，全省计划生育科研工作的开展，始终重视加强横向协作，发挥有关科研单位的作用，先后与华西医科大学、重庆医科大学、泸州医学院、第三军医大学、四川大学、成都电讯工程学院、省中药研究所、晨光化工研究院、中科院成都有机化学研究所和地方人民医院等20多个单位建立合作关系。这些单位拥有计划生育兼职科技人员近300人，承担全省计划生育科研项目的40%左右。

1985年8月，在贯彻落实《中共中央关于科学技术体制改革的决定》和四川省科技工作会议精神时，省计生委印发《四川省计划生育重点科技项目管理办法》《四川省扩大计划生育科研机构自主权充分发挥科技人员作用的意见》，强调“加强计划生育专业技术服务，也必须依靠科学管理”。12月，省计生委在批复省计划生育科研所的《科研体制改革方案》时，明确科研所的领导体制和民主管理方法，支持科研所采取并实施“建立经济责任制和岗位责任制”“考核和奖励”“关于所内自主权”“加强对外工作”等改革措施，使科研所管理得到优化，激发广大科技人员的科研热情。

1986年，在省计划生育科研协作组的基础上，四川计划生育科技专题委员会成立，作为省计划生育委员会在科技方面的参谋、咨询组织。专题委员会下设女性临床、男性临床、避孕药具、基础和优生5个专题小组，每年一季度召开专题委员会，评审各单位申报的科研项目和听取上一年度科研项目计划的实施情况。进行学术咨询，对科技成果的鉴定，以专题委员会的各专题组为主，邀请有关同行参加。经过科技专题委员会评审的项目，省计生委审定后分别上报国家计生委、省科委或列为省计生委部门级项目下达科研计划任务。对归口下达的各级科研项目的管理，主要依靠项目承担单位的自身管理，发挥单位科研管理部门的作用。省计生委主要做好协调工作，并直接参与组织重点项目的实施，及时解决问题。

是年起，全省改革计划生育科研体制，对新上项目实行科研合同制管理，由甲、乙、丙三方签章，明确责任，各司其职；在项目经费管理上，实行以“课题核算、课题承包”为核心的责任制，加强项目管理。

1988年5月1日起，省计生委根据《关于试行“申请鉴定科技成果查新咨询规定”的通知》要求，凡要求鉴定的科技成果项目，必须在鉴定前先进行查新咨询。

1980—1989年，通过省计生委归口下达的国家级、部委级、省级、省部门级计划生育科研项目经费455.43万元，平均每年45.54万元。项目结构比例为：应用技术研究约占60%，应用基础研究约占30%，成果推广应用及软科学研究约占10%。

1990年，省计生委制定《四川省“八五”计划生育科技发展计划纲要》，对“八五”时期计划生育科研的主攻方向和重点科研项目作出规划，强调以应用研究为主，同时加强基础研究与成果推广应用研究。

1992年，根据省委、省政府颁发的《关于大力推动科技进步振兴四川经济的决定》《关于知识分子工作若干问题的暂行规定》，省计生委及时将深化计划生育科研项目管理、深化技术服务机构科研改革等方案上报省委、省政府，从宏观上引导全省计划生育科研改革工作的健康发展。

是年，全省对计划生育科研项目的管理试行改革，由过去签订科研合同后长期不变的管理，改革为全部实行计划滚动式的动态管理。省计划生育科研所制定“科技体制改革方案”，经主管部门批准后实施。配合改革方案的实施，出台科技人员考核办法、科室负责人职责、所青年科技基金管理试行办法、国内课题奖励办法、国外课题奖励办法、停薪留职人员管理办法等。

1980—1992年，省计生委归口下达国家级、部委级、省级、省计生委部门级四级科研项目166项，总投资575.18万元，获得研究成果126个，占归口下达项目的75.9%。全省男性节育手术、生殖遗传学、中药避孕药物和相关流行药学研究处于国内先进水平。

至1995年，全省在管理计划生育科研项目的立项评审、计划下达、经费拨款、执行监督、成果鉴定登记、成果评奖等工作步入制度化、规范化的轨道；科研计划下达后，全部实行动态管理；科技经费的投入由全部无偿资助逐步改为全部与部分相结合、无偿与有偿相结合，逐步建立科技投入的良性运行机制。“八五”期间，全省归口管理计划生育科研项目，共投入科研经费255.78万元，较“七五”期间增加142.40万元，增长125.6%。国际合作项目21项，研究经费39.84万元。同时，在科研质量上，科研项目的立项数目增加，水平逐年提高。“八五”期间，全省归口管理新上计划生育科研项目108项，较“七五”期间增加46项、增长74.19%，新立项目中，国家级、部委级、省级项目39项，占39%；“八五”期间，全省计划生育归口管理的科研项目取得较好成果，获得省部门级以上科技进步奖72项，其中国家级、部委级、省级26项，占36.10%，获得国家专利10项。

1996年11月，为落实计划生育基本国策和实施“科技兴川”战略，省计生委组建四川省计划生育科技专家委员会，作为省计生委的学术咨询机构，其宗旨是：遵循党的计划生育科技方针，团结全省计划生育科技人员，积极从事计划生育科技政策、科学技术的研究，推进科学技术进步，为落实计划生育基本国策，实现全省人口控制目标服务。科技专家委员会委员采用聘任制，由省计生委根据工作需要聘请有关专家组成。科技专家委员会实行任期制，每届任期3年。

12月下旬，省计划生育科技专家委员会在成都召开第一届会议，会上印发《四川省计划生育科技专家委员会组织办法（试行）》和《四川省第一届计划生育科技专家委员会名单》。省计生委正式聘请吴坷（四川生殖卫生学院）、李顺强（四川生殖卫生学院）、杨宇如（华西医科大学）、罗琳

（省计划生育科研所）、罗世媛（省计划生育科研所）、罗德纯（华西医科大学）、胡家骆（省人民医院）、赵小文（华西医科大学）、张思仲（华西医科大学）、姜漪（省政协人口副组长）、祝彼得（省卫生管理干部学院）、黄明孔（省计划生育科研所）、韩字研（华西医科大学）、雷贞武（四川生殖卫生学院）、潘慈康（省人民医院）15 人组成四川省第一届计划生育科技专家委员会。

12 月 25—26 日，省计生委在成都召开全省首次计划生育科技大会，总结“八五”期间四川省计划生育科技工作的成绩，部署全省“九五”时期计划生育科技工作。会上印发《四川省计划生育技术服务机构管理标准（试行）》及《四川省计划生育科学技术“九五”计划和 2010 年远景目标》，确定全省计划生育科研方向和奋斗目标，强调要进一步促进科技资源合理配置，健全以专业计划生育科研机构、大专院校为骨干的计划生育科研体系；大力开展哺乳期避孕、男性避孕、紧急事后避孕和青春期与流动人口等特殊人群的生殖保健问题相关的科学研究；开发一批安全、高效、方便的避孕节育和生殖保健技术，并大范围推广；选择性地开展生殖生物学研究、免疫避孕研究，为探寻 21 世纪新一代避孕节育技术建立理论基础。随后，省计生委印发《计划生育科研项目管理办法》，对科研项目审批、实施、检查、验收、奖励和科研经费的管理、知识产权保护等作出规定。

2000 年，在省级科技进步奖评审委员会下增设计划生育医药专业组，为计划生育科研成果的评审创造好的条件。

2001—2005 年，全省深化科研体制改革，在计生系统内进行资源组合，省计划生育科研所划归四川生殖卫生学院代管，优化科研条件。在此期间，科研围绕“三大工程”（避孕节育优质服务、出生缺陷干预和生殖道感染干预工程）进行有关技术、方法、工程实施的科学研究，为人口计划生育一线工作服务；同时承担“便携式激光可复性输精（卵）管节育仪研制”“‘尔勿忧’避孕中药研制”等科研课题。

第二节　科研成果

1986—2005 年，全省有 106 个计划生育科研项目获得各级奖励，其中获得国家级奖励 3 项、省部级奖励 38 项、省级部门奖励 65 项。“由人体体表角质生长物测定体内甾体激素及其衍生物含量的检测方法”“以人体毛发检测体内含有泌乳素、黄体生成素在内的多肽及蛋白质类生殖激素含量的方法”“国产聚氨酯女用避孕套”3 项科研成果获得专利。

一、四川省遗传病流行病学调查

该课题由四川生殖卫生学院省计划生育科研所牵头，与华西医科大学合作，历时 5 年，首次在全国一个大范围区域（1 亿人口、5 个民族）内普通人群中遗传病的种类、顺位、频率与分布，估算 44 种单基因病的基因频率、携带者频率和 15 种多基因病的遗传度。该课题还就一些常见多发或危害严重的疾病，如智力低下、耳聋、盲、腹股沟斜疝、唇腭裂、共转性斜视等进行病因学和遗传学分析，报告其病因构成比、遗传度、教养性因素、双亲年龄、胎次及孕期和环境因素影响。课题还报告了全省各民族的近亲婚配情况及其对多基因疾病的遗传学效应等。首次全面提出一般人群中遗传病的本底状况，为全国遗传病的防治、优生优育政策措施的制定和实施提供重要的依据，居国内领先水平，某些方面达到国际先进水平，获得国家计生委科技进步二等奖、国家科技进步三等奖、四川省科技进步二等奖。

二、中国妇女对使用长效避孕针醋酸甲孕酮（DMPA）的可接受性和安全性研究

该课题由四川生殖卫生学院牵头，从1993年3月至2001年4月，对中国妇女使用长效避孕针醋酸甲孕酮（DMPA）的可接受性和安全性作了较系统的研究，包括对使用DMPA后月经改变的追踪观察及月经改变相关因素的分析，闭经后、哺乳期用药小儿的安全性研究及用药对妇女血、尿生化检测的研究，其结果表明应用DMPA是安全的。通过对比性研究证实强化咨询可显著提高受试者的可接受性。该研究在国内处于领先地位，部分达到国际先进水平。经国家计生委组织多中心对DMPA可接受性的引入性研究验证，表明具有可重复性，该研究结果解决推广过程中的困难。国家计生委办公厅下发关于避孕针作为哺乳期避孕药的通知，国家计生委药具服务中心举办全国培训班促成DMPA在全国推广应用，具有显著的社会效益。获得四川省科技进步二等奖。

三、输精管绝育术后流行病学调查

输精管绝育术是一种全球普遍应用的节育技术，也是四川省已婚育龄人群主要的避孕节育方法之一。四川省计划生育科研所作为主研单位，承担世界卫生组织和中国政府对输精管绝育后远期并发症大规模临床流行病学调查，涉及23766人的横断面对照研究和10286人的队列研究。结果提示：输精管结扎术是一种安全有效的方法，无远期危害健康的副作用。该研究填补国内空白，对绝育年限较长的调查研究资料在国际上领先，研究成果为输精管绝育术后远期安全性评估提供科学依据，具有重要的社会效益和经济效益，获得国家计生委科技进步一等奖和四川省科技进步三等奖。

四、米非司酮用于紧急避孕、黄体期避孕及催经的研究

该课题系国家人口计生科研所肖碧莲院士主持的全国多中心研究，四川生殖卫生学院作为主研单位参与研究。1998—2003年对米非司酮用于紧急避孕、黄体期避孕及催经所作研究，结果表明米非司酮用于紧急避孕、黄体期避孕及催经的有效性和可行性，其7篇论文分别发表在《中华医学杂志》、《生殖医学杂志》、《中华妇产科杂志》、《*Contraception*》等国内、外权威学术期刊上。米非司酮10毫克用于紧急避孕已被国家药监局批准为新药推广使用。2004年，被授予中华医学科技奖一等奖。2005年，被授予国家科技进步二等奖。

五、经皮输精管注射黏堵绝育法

输精管化学绝育是向输精管内注射化学制剂，或造成局部无菌性炎症反应致使管腔纤维化而闭锁，或形成管腔机械性阻塞，或两种作用兼有，实现输精管道阻断的一种节育方法。1972年，李顺强教授发明经阴囊皮肤直接穿刺输精管的技术，建立判断穿刺成功的客观指标，首次将“经皮输精管注射黏堵法”应用于临床男子节育。经皮输精管注射黏堵绝育术不作皮肤切口，不游离、切断及结扎输精管，组织损伤小，并发症发生率低，在心理上的可接受性优越于传统结扎手术，黏堵药物的安全性通过世界卫生组织毒理学委员会的评估。该技术获得科技部发明二等奖。

六、直视钳穿法输精管结扎术

采用皮肤穿刺替代传统皮肤切口、提出和分离输精管，全部操作在直视下进行，改变以往用锐器进入阴囊盲目操作的缺点，避免不必要的组织损伤及由此产生的阴囊血肿、感染等临床并发症，

被公认为最安全的手术路径和最好的输精管结扎技术。该技术是19世纪以来输精管切除术最重大的技术发展，1986年获得卫生部和国家计生委科技进步二等奖，被纳入中国节育技术临床操作常规，并受到世界卫生组织和其他国际组织的推崇，在全世界50多个国家及地区推广应用。

1986—2005年四川省计划生育科研成果获部、省级以上奖励项目表

表3－1

序号	成果名称	授奖时间	授奖等级
1	输精管穿刺精道造影术	1983年	四川省重大科技成果四等奖
		1986年	部委级科技进步三等奖
2	合成已酚孕酮酯化反应新工艺	1984年	四川省重大科技成果一等奖
		1986年	部委级科技进步一等奖
3	12省市农村育龄妇女宫内节育器使用效果流行病学调查	1986年	部委级科技攻关二等奖
4	输精管黏堵剂药理、毒理、手术器械进一步研究及黏堵剂的中试生产	1986年	部委级科技攻关二等奖
5	羊水细胞培养与染色体制片方法、人羊水细胞SCE研究	1986年	部委级科技进步三等奖
6	输精管绝育术后流行病学调查	1986年	部委级科技进步一等奖
7	直视钳穿法输精管结扎术	1986年	部委级科技进步二等奖
8	不锈钢宫腔型宫内节育器研究	1986年	部委级科技进步三等奖
9	输精管注射黏堵器械标准化研究	1986年	部委级科技进步二等奖
10	输精管结扎术后对垂体性腺轴的长期影响	1986年	四川省科技进步三等奖
11	快速鸡红血球凝集抑制早孕诊断试剂的研制	1986年	四川省科技进步三等奖
12	绒毛膜促性腺激素（HCG）受体体外放射分析法	1986年	四川省科技进步三等奖
13	妊娠早期绒毛膜细胞直接制备染色体方法的研究	1986年	四川省科技进步三等奖
14	绒毛滋养层细胞直接制备染色体方法的研究	1986年	四川省科技进步三等奖
15	人体染色体高分辨显带及其在医学中的应用	1987年	部委级科技进步二等奖
16	人精子染色体研究——一种稳定的人精子染色体制备技术	1987年	部委级科技进步三等奖
17	输精管结扎术对心血管系统的远期影响——5143对人的回顾性定群研究	1987年	四川省科技进步三等奖
18	液闪测量支持物质在甾体激素放免测定中的运用	1988年	四川省科技进步三等奖
19	正常冷冻精子人工授精方法的应用研究	1988年	四川省科技进步三等奖
20	人精子单倍染色体制备及C. C显带方法研究	1989年	四川省科技进步三等奖 国家计生委科技进步三等奖
21	成都地区已婚育龄妇女婚姻生育、避孕节育状况的重点整群调查研究	1989年	国家计生委科技进步三等奖
22	人精子膜抗原的研究、人精子膜蛋白组分离	1989年	四川省科技进步二等奖

续表 3－1

序号	成　果　名　称	授奖时间	授　奖　等　级
23	垂体细胞的分离培养以及在灌流系统中促性腺激素释放的动力学研究	1989 年	四川省科技进步二等奖
24	抗精子抗体检测药盒研制	1989 年	四川省科技进步三等奖
25	人精子单倍染色体制备及 G. C 显带方法的研究	1990 年	四川省科技进步三等奖
26	超声波治疗附睾淤积症的临床效果观察	1990 年	国家计生委科技进步二等奖
27	用高效液相谱仪分离人精浆中睾酮的研究	1990 年	四川省科技进步三等奖
28	避孕药具应用效果流行病学调查	1990 年	四川省科技进步三等奖
29	成都地区正常成年男子精液参数与生殖激素水平连续 1 年的动态观察	1991 年	四川省科技进步三等奖
30	不育男性精子和精浆乳酸脱氢酶 C4 同工酶及其他血清 FH 关系的研究	1991 年	四川省科技进步三等奖
31	绒毛短期培养制备染色体的研究	1991 年	四川省科技进步三等奖
32	男性生殖器官及性发育调查研究	1991 年	国家计生委科技进步三等奖
33	人精子染色体研究：评价化学物致断性的一种新的离体测试系统	1991 年	四川省科技进步二等奖
34	铁转运蛋白对卵泡颗粒细胞分化抑制作用及机制研究	1992 年	四川省科技进步三等奖
35	四川省遗传病流行病学研究	1991 年	四川省科技进步二等奖
		1992 年	国家计生委科技进步三等奖
36	铜离子缓释宫腔形宫内节育器研究	1992 年	四川省第六届发明金牌奖
37	羊水细胞染色体制备研究	1993 年	国家计生委科技进步优秀奖
38	四川省遗传病、流行病学调查	1993 年	国家计生委科技进步二等奖
39	人工流产后子宫内膜黏膜的病理与激素变化的研究	1993 年	国家计生委科技进步三等奖
40	染色体疾病群体调查研究	1993 年	国家计生委科技进步三等奖
41	人精子大肠艾希氏菌抗原共有研究	1993 年	四川省科技进步三等奖
42	染色体疾病的临床与群体细胞遗传学研究	1993 年	四川省科技进步二等奖
43	中国带器育龄妇女 B 超值及其相关因素的分析研究	1994 年	四川省科技进步三等奖
44	羊水细胞培养药盒的研制	1994 年	国家计生委科技进步二等奖
45	中草药（江南紫金牛）处理人输精管绝育术后精囊残余精子的实验研究	1995 年	四川省科技进步三等奖
46	表皮生长因子对男性生殖功能调节的研究	1995 年	四川省科技进步三等奖
47	金黄地鼠卵的低温冻存及用于检测人精子受精能力的应用研究	1995 年	四川省科技进步三等奖
48	遗传流行病学方法学研究及应用	1995 年	四川省科技进步二等奖
49	FUSIA 数据处理系统的开发的应用	1995 年	四川省科技进步三等奖
50	利凡诺的遗传毒理效应	1995 年	国家计生委科技进步三等奖
51	人工流产后的近期并发症及社会心理因素的研究	1995 年	国家计生委科技进步三等奖
		1996 年	四川省科技进步三等奖

续表 3－1

序号	成 果 名 称	授奖时间	授 奖 等 级
52	120 对流产夫妇体细胞染色体及异常男方精子染色体研究	1995 年	国家计生委科技进步三等奖
		1996 年	四川省科技进步三等奖
53	显微外科输精管吻合术式及影响其术后复孕的多因素研究	1996 年	四川省科技进步三等奖
54	四川省人群 B 地中海贫血基因诊断及产前诊断的应用研究	1997 年	四川省科技进步二等奖
55	输精管结扎术和吻合后附睾功能测定及方法应用	1997 年	四川省科技进步三等奖
56	育龄妇女生殖道感染干预研究	2002 年	四川省科技进步三等奖
57	中国妇女对长效避孕针醋酸甲孕酮的可接受性安全性的研究	2003 年	中华医学成果一等奖
58	米非司酮用于紧急避孕、黄体期避孕及催经的研究	2004 年	中华医学科技一等奖
		2005 年	国家科学技术进步二等奖

说明：此表未包括四川与省外协作的获奖项目和省级部门授奖项目

第三节　科研成果推广运用

1986 年，为推广计划生育的科研成果，全省采取办学习班等形式向部分地区推广使用鸡红血球凝集试验查早孕试剂 7 万多人份和宫腔形宫内节育器 40 多万个，并在汶川县举办培训班，向藏、羌、回、汉族医务人员传授男性注射黏堵节育技术。

1988 年，省计划生育科研所开展临床门诊和技术指导工作。先后派人到绵阳、德阳、盐亭和梓潼等市县，重点开展新技术推广应用、优生优育进修生的培训。

1989 年，全省推广输精管直视钳穿结扎法、输精管注射黏堵绝育法、宫腔形宫内节育器等科技成果，在部分地区重点试行输精管注射黏堵绝育法和银亮绝育法，提高避孕节育技术质量，受到广大育龄夫妇的欢迎。

1980 年至 1989 年末，全省列为计划生育科研项目 119 个，完成研制任务并通过鉴定获得国家级、部委级、省级、省部门级、市级科技成果奖 86 个，占 72.3%。这些科技成果在不同层次、不同范围的推广应用，为实行节育、优生增添技术措施，提高避孕节育工作质量。重庆市计划生育科研所获得国家发明三等奖的“输精管注射黏堵绝育法”、获得国家部委级二等奖的“直视钳穿法输清管结扎术”在省内外城乡使用 800 多万例，得到国内外专家的高度赞扬，并为美国、泰国、尼泊尔、孟加拉国和斯里兰卡等国家培训一批男性节育技术人员，促进对外科技合作交流。省计划生育科研所获得国家部委级、省级科技成果奖的“人羊水细胞培养与染色体制备方法”“人羊水细胞 SCE 研究”“绒毛染色体滋养层细胞直接制备染色体方法”3 项新技术被列入“中国技术成果大全”，推荐给国内外有关单位。重庆、成都的科技单位研制成功的“宫腔形宫内节育器”“鸡血球凝集抑制早孕诊断试剂”得到广泛的推广应用。成都市计划生育技术指导所与成都市岷江工业公司协作，对该公司研制的便携式超声查孕仪进行临床扩大应用研究，进一步得到验证并被确定为农村基础查孕简便有效的方法。

1991 年，省计划生育科学研究所在合江县召开全省 B 超、查孕仪推广应用经验交流会。参加会议的有各市（地、州）计生委科技处（科）负责人和全省 40 多个规范化管理县（市、区）指导站及 4 个区、乡服务站 80 多人。会议总结和推广合江县查环、查孕工作走向宣传教育、环情孕情监测、落实节育措施“三结合”的规范化管理经验。

1992 年，省计划生育科研所承担在全省基层计划生育技术服务机构实施芫花贴膜终止妊娠 RU-486 非手术人流、活性宫内节育器以及激光新技术等在计划生育领域中的应用推广工作。

1995 年，省计生委与省卫生厅、省医药局联合行文加强节育技术市场管理，对流产药米非司酮的使用作出规定。

1991—1995 年，全省推广应用成熟的科研成果。李顺强发明的输精管直视钳穿结扎法推广到 30 多个国家和地区；重庆市计划生育科研所研制的含铜宫腔形宫内节育器，被国家计生委列入推荐使用的宫内节育器，使用量逐年增加；省计划生育科研所研制开发的羊水细胞盒和人精子抗体药盒在全国 20 多个省（市）和 100 多个计划生育、医疗单位使用，皮下埋植避孕、米非司酮抗早孕和新型宫内节育器在全省逐步推广。

1999 年，“国产聚氨酯女用避孕套的研制”和“国产聚氨酯男用避孕套的研制”在被列入四川省“九五”科技攻关项目的基础上，滚动进入国家“九五”科技攻关项目，被国家计委列入高新技术产业化示范项目。“基层育龄妇女计划生育信息管理系统”软件被省科委列为全省科技成果重点推广项目。

2001 年，世界级高难技术——冷冻胚胎试管婴儿技术在成都市计划生育技术指导站实现。

2001—2005 年，全省坚持科技创新、坚持面向基层、坚持应用研究为主，计划生育科研工作取得显著成效，科研成果得到广泛应用，部分科研成果在省内外得到不同层次、不同范围的推广，为实行避孕节育、优生优育增添技术措施，有的成果进入国际市场，收到较好的社会效益和经济利益。男性绝育技术和宫内节育器研究居国内外领先地位。

第六章　服务管理

第一节　技术服务机构管理

1996年11月11日，按照国家计生委关于加强计划生育技术服务机构建设和管理的要求，省计生委印发《四川省计划生育技术服务机构管理标准（试行）》，标准分基本标准和分级标准。基本标准是市级计划生育宣传技术指导所必备条件，达到基本标准要求，才有资格参加本级计划生育技术服务机构等次的评审。

基本标准包括：床位（总数20—50张）；科室设置（职能科室、技术服务主要科室、医技及其他业务科室、计划生育重点专科、组）；人员（技术人员占全所职工总数不少于80%，其学历、职称获得国家认可）；房屋；设备。

分级标准包括：所内管理；思想政治工作、职业道德和精神文明建设；主要功能和任务（宣传教育工作、技术服务工作、人员培训）；其他工作（科研工作、药品管理、设备仪器使用和管理、财务工作、总务工作）。此外，还明确21项主要考核指标。

1997年，省计生委制定《四川省计划生育技术服务机构等级评审标准》。

1998年起，全省开始按照《四川省计划生育技术服务机构等级评审标准》，对全省计划生育技术服务机构进行等级评审。5月8日，省计生委印发《关于对计划生育技术服务机构进行等级评审的通知》，明确评审目的要求、评审机构、评审程序和等级管理等。

省、市（地、州）、县（市、区）各级成立计划生育技术服务机构等级评审委员会，隶属同级计生委。各级评审委员会由5—9人组成，设主任委员1人，副主任委员1人。

评审程序：

1. 自查申报。凡申请等级评审的计划生育技术服务机构应在自查的基础上经同级计生委（办）组织初评后，根据初评意见向上一级评审委员会提出等级评审申请，并附自查报告和有关材料。

2. 考核评审。实行分等级评审。即上一级评审委员会评审下一级计划生育技术服务机构。各等级评审委员会根据评审标准对申请评审的计划生育技术服务机构进行实地检查，结合平常考核，提出等级评审意见，报同级计生委。

3. 审批权限。各级计生委根据评审委员会的评审意见，审查后批准计划生育技术机构的等级，审批权限如下：

（1）甲等市（地、州）计划生育宣传技术指导所由省计生委审批；

（2）甲等县（市、区）计划生育宣传技术指导站由省计生委组织复查后批准；

（3）甲等乡（镇）计划生育宣传技术服务站由市（地、州）计生委组织复查后批准；

（4）乙等、丙等计划生育技术服务机构由上一级计生委审批。

凡经评审确定为“不合格计划生育技术服务机构”的，应限期治理整顿。各级批准的乙等以上计划生育技术服务机构，由各市（地、州）汇总后报省计生委备案。取得的等级有效期为3年。有效期内，上级计生委可组织对下级计划生育技术服务机构进行抽查和复查，对达不到等级标准的机构，有权予以降级或取消等级。

1999年8月23日，省计生委印发《关于实施四川省计划生育宣传技术服务机构等级评审（省级评审）工作的通知》，明确申报、评审甲级站必须具备3个方面的考核指标：技术服务机构外部环境要整洁美观，内部环境要整齐卫生舒适，科室布局要符合卫生学管理要求；经济创收指标，要求地级指导所人均年纯收入10000元，县级指导站人均年纯收入8000元，乡级服务站人均年纯收入6000元（“三州”各级服务机构可参照执行）；技术服务工作指标，要求完成当地计生主管部门下达的年度节育手术任务和其他工作任务，并无重大节育手术责任事故发生。

与此同时，省计生委制定《四川省计划生育宣传技术服务机构等级评审（省级评审）实施细则》，具体明确：四川省计划生育宣传技术服务机构等级评审（省级评审）的对象是全省市（地、州）、县（市、区）甲级计划生育指导所（站）和市（地、州）乙级计划生育技术服务指导所。

四川省计划生育宣传技术服务机构等级评审（省级评审）是由有关专家和管理人员组成的四川省计划生育宣传技术服务机构等级评审委员会，依照细则和《四川省计划生育技术服务机构等级评审标准》，对有关计划生育宣传技术服务机构的执业活动、服务质量及管理水平等进行综合评价的专业技术性活动。

四川省计划生育宣传技术服务机构等级评审（省级评审）委员会隶属省计生委领导，负责实施全省计划生育宣传技术服务机构评审（省级评审）。

四川省计划生育宣传技术服务机构等级评审委员会以《四川省计划生育技术服务机构等级评审标准》为依据，负责对申报材料的审核和申报单位的现场评审。

申报省级评审的各级计划生育宣传技术服务机构应按细则参加评审。

四川省计划生育宣传技术服务机构等级评审（省级评审），包括周期性评审和不定期重点检查。

四川省计划生育宣传技术服务机构等级评审（省级评审）的申报程序是：

1. 县级申报单位按照《四川省计划生育技术服务机构等级评审办法》进行自查打分，基本达到甲级站标准的，填写《四川省计划生育技术服务机构等级评审申报书》，将申报书复印件报市（县）计生委。

2. 县计生委对申报书进行审查，对同意申报甲级站的申报书签署意见后报市（地、州）计生委。

3. 市（地、州）计生委在收到申报单位申报书后，组织人员进行初评，基本达到甲级站标准的，将该单位申报书、初评表及当年本地评审工作报告（提出拟评审单位及初评时间）一并报送省计生委科技处等级评审办公室。

4. 市（地、州）申报单位按照《四川省计划生育技术服务机构等级评审办法》进行自查打分，并填写申报书，将申报书和初评表报市（地、州）计生委审核，由市（地、州）计生委签署意见后报省计生委科技处。

评审合格的甲级计划生育宣传技术指导所（站），由省计生委颁发等级评审合格证书，授予

“四川省甲级计划生育宣传技术指导所（站）”标牌，并给予适当奖励；对评审合格的乙级计划生育宣传技术指导所颁发等级评审合格证书，授予“四川省乙级计划生育宣传技术指导所”标牌。

评审证书有效期为3年。有效期内，省级评委会将不定期对达标单位进行监督和复查，对达不到标准或出现重大事故的单位，经报省计生委审批后，将取消原等级，并收回原证书及标牌。

3年有效期满后，省计生委将不定期进行抽查和复查，合格的单位继续保留原等级及荣誉；对达不到标准的单位，要求限期整改，整改后仍不能达到原等级标准的，省计生委将视情况给予撤销原等级或降级处理。

省级评审工作每年进行1次。各地申报省级评审的材料于每年6月底前报送省计生委科技处等级评审办公室，省计生委将在当年适当时候组织评委会有关人员实地进行评审。

10月，省计生委印发《全省计划生育技术服务机构等级评审实施细则》，完善评审程序，对新都县、江油市两个指导站进行试点评审。

2000年4月10日，省计生委印发《关于进一步加强计划生育技术服务机构等级评审工作的通知》，开展计划生育技术服务机构的等级评审工作，由此推动计划生育技术服务机构的规范化、制度化管理的进程。

4月，省计划生育宣传技术服务机构等级评审委员会根据各地自查申报情况，组织专家和管理人员，对全省13个计划生育技术服务机构进行现场评审。经评审组审核，并报请省计生委批准，成都市、泸州市、广汉市计划生育宣传技术指导站，新都县和江油市计划生育宣传技术指导站等12个计划生育技术服务机构被评为首批甲级计划生育宣传技术指导所（站）。

至年末，全省有2个市级指导所、10个县级指导站和263个乡级服务站被评为省级甲级站（所）。

2001年，全省县以上计划生育宣传技术服务甲级所、站26个，乡站407个。

2002年9月，省计划生育技术服务机构执业许可评审组根据各地申报材料，组织专家和管理人员，对省、市18个计划生育技术服务机构进行现场评审。经评审组审核，并报经省计生委批准，同意四川生殖卫生学院附属医院、成都市、自贡市、攀枝花市、泸州市、德阳市、绵阳市、广元市、遂宁市、内江市、乐山市、南充市、宜宾市、达州市、雅安市、阿坝州、甘孜州和凉山州18个计划生育指导所获得计划生育技术服务机构的执业许可。

至2003年末，全省取得计划生育技术服务执业许可证的市级以上指导所达18个，县级指导所173个，乡（镇）服务站3082个，分别占省（市）、县、乡三级已建所、站的90%、97.17%和85.04%；县级指导站取得医疗机构执业许可证的占77.46%，乡（镇）服务站占18.46%。

2005年9月，省计划生育技术服务机构执业许可校验评审组根据各地申报材料，组织专家，对省、市（州）18个计划生育技术服务机构进行现场评审。经评审组审核，四川生殖卫生学院附属医院，成都市、自贡市、攀枝花市、泸州市、德阳市、绵阳市、广元市、遂宁市、内江市、乐山市、南充市、宜宾市、达州市、雅安市、阿坝州、甘孜州和凉山州计划生育指导所18个计划生育技术服务机构的计划生育执业许可校验合格。

是年，全省加强计划生育技术服务标准和规范的制定与实施，推行计划生育技术服务准入和退出机制，严格清退达不到计划生育技术服务从业资质的机构和人员，提高服务质量和水平，最大限度满足公众对生殖健康服务的需求。

第二节 技术服务资质管理

20世纪80年代初，四川对从事避孕节育服务的机构和人员由县级计生、卫生行政部门发给计划生育技术服务许可证（以下简称许可证）和计划生育手术施术合格证（以下简称合格证）。

1991年，省计生委和省卫生厅印发《四川省节育技术机构人员考试考核试行办法》，成立由各级卫生部门牵头，计划生育部门参加的市（地、州）、县（市、区）节育技术考试考核领导小组。规定凡在四川省境内开展节育技术工作的单位，必须具备开展手术的基本条件，从事节育技术的人员应经培训，具备一定的理论水平和实际工作能力，并通过统一的理论考试和操作技能考核，合格者，发给单位许可证、发给个人合格证。

1998年，根据国家有关规定和国家计生委《计划生育技术服务工作管理办法》的要求，决定在全省统一换、核发许可证和合格证。4月28日，省计生委、省卫生厅印发关于在全省统一换、核发许可证和合格证的通知，明确发证范围、管理分工、审批发证程序及要求等。全省核发许可证和合格证工作于5月开始，年底前结束。全省换证工作实行计生、卫生归口管理，许可证（含正本、副本、镜框）每套收工本费30元，合格证每本收工本费5元。是年，全省计生系统对全省所有的技术服务机构和从事计划生育技术服务人员的持证情况和服务项目进行全面清理，对许可证、合格证重新进行换发和核发，坚持凭证施术，无证不准上岗。

2001年6月13日，国务院令第309号公布《计划生育技术服务管理条例》后，省计生委按照国家计生委颁布的《计划生育技术服务机构执业管理办法》《从事计划生育技术服务机构的设置标准》《计划生育技术服务项目评审基本标准》，对全省省、市、县、乡计划生育技术服务机构执业许可进行评审，有18个市级、173个县级、3082个乡镇级计划生育技术服务机构取得计划生育服务机构执业许可证；全省计划生育技术服务机构总人数10948人，技术人员9240人，其中，取得执业医师资格证2529人，取得执业医师（助理）资格证1697人，取得护士执业证500人，取得计划生育技术服务人员合格证8563人。

2002年，全省制定计划生育技术服务资质管理的配套政策。确定省计生委负责市（州）技术服务机构执业的评审、审批和计划生育技术服务机构执业许可证的发放；市（州）计生委负责本行政区域内县、乡技术服务机构执业的评审、审批和许可证的发放，同时负责本行政区域内乡以上各级计生技术服务人员的计划生育技术服务人员合格证的审批及发放。申请技术服务机构执业许可的单位，需具备《计划生育技术服务机构设置标准》规定的条件，并提供相关材料，发证部门组织专家和管理人员按照《计划生育技术服务项目评审基本标准》实地考察、核实并提出书面评审意见，根据评审结果、服务需求，作出是否准予执业及批准执业项目的决定，对准予执业的单位进行注册登记颁发计划生育技术服务机构执业许可证及副本，并在许可证上载明获准开展的项目；对不符合机构设置标准及人员、设备不配套等情况的单位不予发放许可证；发证部门每3年对服务机构进行一次校验，校验合格的换发许可证，同时在许可证副本上作相应记录；对超越服务范围及有重大避孕、节育技术事故等情形的要给予1—6个月的暂缓校验期，经过整改仍不能通过校验的，由发证部门注销其许可证。

8月1日，省计生委印发《四川省计划生育技术服务人员合格证管理办法（试行）》，规定合格证的申领对象必须是在编、在岗的计划生育技术服务人员；对于确因技术力量不足或拓展服务领域需要聘用的人员，必须具有执业（助理）医师资格，方可申领合格证；合格证的申领由本人申请、所在单位推荐，经县级计划生育行政部门初审合格后由市（州）计生委审查，符合条件的予以受理。合格证所载项目，分为审批项目（指与计划生育有关的临床医疗服务项目，围绕生育、节育、不育的其他生殖保健服务项目）和服务项目（指与计划生育相关的技术指导、咨询、随访等项目）。审批项目的批准需经市（州）计生行政部门组织的基础理论考试及操作技能考核合格；服务项目的获准需参加市（州）计生委组织的专门培训并合格；符合条件的对象由发证机关进行审批、建档、颁发合格证。合格证实行定期校验、注册制度，有效期为3年，逾期未校验，注册的合格证自行作废；离岗、退休或调出本系统的技术服务人员，收回并注销其合格证；调离本单位，仍在本系统工作的人员要重新进行注册。

至2003年末，全省3348个技术服务机构取得计划生育技术服务机构执业许可证。其中18个市（州）指导所和149个县级服务站同时取得医疗机构执业许可证。各级在职技术人员有8563人取得计划生育技术服务人员合格证，其中，2529人同时取得执业医师资格证、1697人取得执业（助理）医师资格证、500人取得护士执业证，分别占技术服务人员总人数的29.53%、19.82%和5.84%。

2005年，全省实行计划生育技术服务资格准入和退出机制。

第三节　技术服务质量管理

1987年，省计生委、省卫生厅印发《关于大力加强节育技术指导工作的联合通知》，要求各级计生、卫生部门加强领导，高度重视技术服务质量，对节育技术人员要普遍进行计划生育基本国策和医疗道德教育，增强工作责任感，把好术前检查、术中操作、术后访视“三关”，使受术者感到安全。开展技术服务必须严格执行《节育手术常规》，不准无证施术，不得使用未经科研鉴定、未经批准推广应用的节育方法。计划生育部门和卫生部门还共同建立各级节育技术指导组，对基层节育手术质量进行全面检查、指导。

1992年，全省接受国家八部委检查组对县计划生育宣传技术指导站和基层服务站节育技术质量的检查，评估验收48个规范化管理试点站。

1996年，省计生委印发《四川省计划生育技术服务机构管理标准（试行）》，对各级计生技术服务机构的人员编制、房屋建设、设备配置、服务范围、技术规范和服务质量进行严格的规范。

至1997年，全省计划生育综合节育率达到89.5%。

1998年，省计生委印发《四川省计划生育技术服务机构等级评审标准》，在全省开展各级技术服务机构的等级评审工作，运用TQC（全面质量管理）管理方法，各级机构成立质量管理小组，对计划生育技术服务进行规范、系统的管理，使全省计划生育技术服务质量明显提高。

至2000年末，全省已婚育龄妇女综合避孕率达90%以上，长效避孕措施落实率、有效率分别达80%、95%以上。计生系统内节育技术并发症发生率控制在国家规定的0.8‰以内；90%的计生技术服务机构普遍开展生殖保健系列服务，以技术服务为重点的优质服务已起步；新型宫内节育器、使用米非司酮、皮下埋植避孕、3月避孕针等计划生育新技术、新方法得到普遍推广应用。县级指导站人均总收入近2万元，乡级服务站人均总收入超过万元，取得明显的社会效益和经济效益。

2002年初，四川省计划生育质量管理小组成立，统一安排、部署全省开展TQC活动。同时，各级技术服务机构成立相应的组织，运用TQC方法对技术服务进行规范系统的管理。在全省开展的TQC活动中，成都市、泸州市计划生育指导所被评为先进单位，受到国家计生委表彰。

2003年，四川开展技术服务“质量管理年”活动。采取完善技术服务抢救措施、健全应急抢救体系、制定和完善节育手术事故报告与病案讨论制度、加强技术服务安全教育和质量监督、全面实行技术服务知情同意制度、开展优质服务先进县创建活动、严禁各级技术服务机构开展非医学需要的胎儿性别鉴定和选择性别的人工终止妊娠、坚持推行重大计生手术事故严厉查处等措施，提高技术服务质量，确保技术服务安全。是年，绵阳市计生委在全市乡级服务机构中开展就诊环境、服务安全、服务人员资格以及个性化服务（包含术后随访、特殊对象等内容）4个方面管理的督查，并将督查结果纳入年终考评，强化服务质量管理；成都市、泸州市计划生育技术指导所通过“质量管理小组活动”加强管理，提高质量。

2004年，全省县级以上服务机构实施ISO 9000质量管理标准体系认证工程。通过对质量管理标准、《常用计划生育技术常规》、《计划生育技术服务管理条例》、《医疗事故处理条例》资料等系统培训、学习和贯彻实施，强化技术服务机构和服务人员依法执业、依法管理、依法服务意识和风险责任意识，消除事故隐患。是年，省人口计生委被国家人口计生委授予“质量管理小组活动组织奖”。

2005年4月30日，省人口计生委印发《关于进一步加强计划生育服务管理的通知》，加强技术服务质量管理，要求各市（州）人口计生委建立健全技术服务质量与安全责任制；加强监督管理，健全保障体系，严格规范管理。至年末，全省节育手术并发症发生率大幅度下降，“十五”期末仅为0.45‰，提前3年实现《四川妇女儿童发展纲要》提出的控制指标；全省技术服务机构无一例医疗事故或计划生育技术事故发生，为广大育龄群众提供安全优质的计划生育技术服务。

第四节　免费技术服务定点机构管理

2002年9月10日，为贯彻落实《计划生育技术服务管理条例》关于向“农村实行计划生育的育龄夫妻免费提供计划生育技术服务”的规定，加强和规范免费技术服务定点机构管理，省计生委、省财政厅和省卫生厅印发《四川省计划生育免费技术服务定点机构管理暂行办法》。各地按照方便群众、优势互补、综合平衡的原则，遴选免费服务机构、确定服务项目。免费技术服务定点机构是在取得计划生育技术服务机构执业许可证，或取得注明获准开展计划生育技术服务医疗机构执业许可证的计生、卫生机构中选取。免费技术服务定点机构的认定程序是：先由具备条件的单位申请，然后县级计生、卫生行政部门考核，最后由市（州）计生委按照相关标准审查，合格者，发给计划生育免费技术服务定点机构资格证书和标牌，并向社会公布，同时报上级计划生育行政部门及同级财政部门备案。县级计生行政部门对已取得免费技术服务定点机构资格的单位每年进行一次检查、考核并向社会公布，不合格的机构，报市（州）计生行政部门审查，视其情况责令整改或取消其定点技术服务资格。被确认的免费技术服务定点机构均要与县级计生行政部门签订服务协议，其内容包括服务范围、服务项目、服务质量及例平手术经费结算标准等。通过协议，明确双方的责任、权利和义务，协议有效期为3年。免费技术服务经费由中央和地方财政共同负担，实行专款专用。

是年，省计生委、省财政厅、省卫生厅、省发展计划委员会和省物价局印发《四川省计划生育免费技术服务经费管理办法》。计划生育免费技术服务经费由县级计生行政部门和财政部门共同管理，县级设立计划生育免费技术服务经费专户，按照国家相关的财务规定和《四川省计划生育免费技术服务经费管理办法》进行管理和核算。定点机构要向育龄群众公布免费服务范围和服务项目，按照《四川省计划生育免费技术服务经费例平包干收费标准》结算，并接受相关部门的审计、稽核与群众监督。

2003年，全省继续向实行计划生育的育龄夫妇免费提供避孕、节育技术服务，全省支出免费技术服务经费1.74亿元，占经费支出总额的13.64%。各市（州）根据财力状况，制定各级负担的免费技术服务经费比例，将该项经费纳入目标考核内容，并首先确保免费技术服务经费的落实到位；建立健全免费技术服务经费管理制度，规范报销程序。各地根据实际制定审批报销、经费划拨等管理制度，成立由科技、财务和统计人员组成的免费技术服务经费报销审批小组，规范免费定点服务机构。各市（州）经过审核、检查，对符合免费服务的计生服务站和医疗保健机构颁发定点机构标牌；加大免费技术服务经费的检查监督力度，查处多报免费服务例数的乡镇服务站，保证免费技术服务经费专款专用。

第五节　优质服务

1990年4月，国家计生委根据一些省、市对计划生育服务站要加强规范化管理的建议，在全国12个县（市）进行计划生育服务站规范化管理试点。6月，全省召开县级指导站规范化管理工作现场会，以点促面。

1991年6月，全省举办有巴中县、新都县、永川县计划生育指导站站长参加的全省40个规范化管理试点站负责人培训班，学习交流管理经验。10月20—22日，国家计生委在四川省峨眉计划生育培训服务中心召开部分省计生委分管主任参加的服务站管理工作座谈会。10月25日至11月3日，国家计生委在四川省广汉市、巴中县分两个阶段召开全国计划生育服务站规范化管理试点工作会议。随后，四川省上报巴中县、新都县、永川县计划生育宣传技术指导站为全国规范管理试点站。3个试点站贯彻“三为主”方针，坚持“面向基层、深入乡村、方便群众、服务上门”的十六字方向，发挥宣传教育、节育优生服务、避孕药具管理、人员培训四大功能作用，围绕控制人口数量和提高人口素质开展各项业务工作，取得成效，年末达到一类站标准。

1992年，四川省在试点基础上，全面开展创建计划生育合格乡村、先进县、红旗县活动。10月23日，省计生委印发《四川省计划生育“红旗县”“合格乡”的标准及考核验收办法》，明确“红旗县”“合格乡”的标准：实现计划生育工作“两无一好”为活动的核心内容，以乡为基本计算单位。计划生育“红旗县”“合格乡”的评选活动，每年1次。按照分级管理、分级考评、分级表彰的原则，合格乡的考评表彰、奖励，由县组织进行；红旗县的考评、表彰、奖励，由省组织进行。

为推动全省创建计划生育合格乡村活动开展，各级政府及主管部门把创建活动纳入人口与计划生育目标管理，制定考核、验收和奖励办法：凡70%以上的村达到合格村的标准，为计划生育先进县；70%以上的乡达到合格乡的标准为计划生育红旗县。计划生育合格乡村、先进红旗县分别由县（市、区）、市（地、州）和省计生委考核验收与奖励，凡验收合格者，分别由县、市、省分级奖励，并授予相应的荣誉称号。

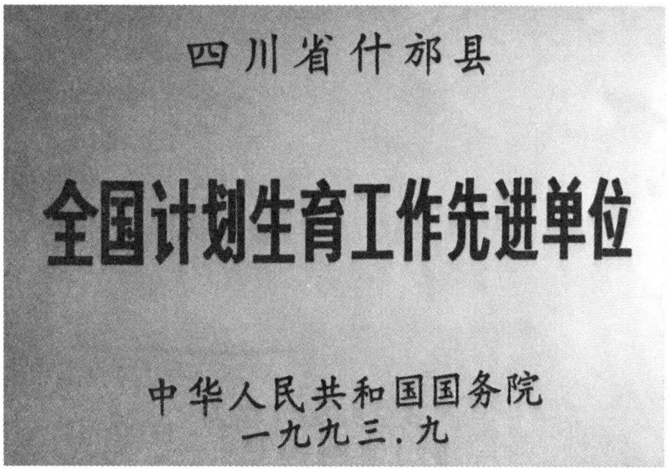

图3－11　1993年9月，什邡县被国务院评为“全国计划生育工作先进单位”

1993年，全省开展以“两无一好”合格乡、村和创建计划生育先进县、红旗县的活动。3—4月，省计生委从省、市、县三级计生委抽调360多名计生干部，分10个小组，对全省10个申报计划生育红旗县的县（市、区）进行验收。什邡、广汉、绵竹、旺苍、德阳市市中区、江津、南川、荥经8个县（区）被评为1992年度四川省“计划生育工作红旗县”，并各获得5万元奖金。什邡、广汉、南川、江津、荥经、巴中、峨眉山、荣县、蒲江和苍溪10个县（市）被评为全国计划生育先进县，并参加国务院召开的全国贯彻“三为主”方针经验交流会暨计划生育先进县表彰大会，受到国务院和国家计生委表彰。

1996年，省计生委对各市（地、州）155个乡（镇）、330个村进行摸底调查，向国家计生委上报《创建合格村，加强基层基础工作的突破口》的调查报告，印发《四川省计生委关于深入开展创建计划生育合格村活动的通知》，推动创建计划生育“合格村”活动。同时，省计生委印发《四川省计划生育委员会关于在全省计划生育系统广泛开展“双优”活动的通知》，确定绵竹、温江、巴中3个县为开展计划生育“双优”活动的试点单位，并制定开展“双优”活动的主要内容和目标。

1997年7月和11月，省计生委先后由副主任文远鹏、孙霖带队到山东省、浙江省、江苏省和湖南省考察开展计划生育优质服务情况，学习借鉴外省经验，研究制定四川省计划生育优质服务的试点方案，并在不同经济发展水平、不同自然条件，但计划生育基础工作较为扎实的绵竹、巴中和温江3个县开展优质服务试点。各试点县结合实际，探索新的工作思路和方法，逐步将工作重点转移到为群众提供优质服务上来，试点工作取得成效。为加快全省实现“两个转变”的进程，省计生委党组研究决定扩大省级试点县范围。在各市（地、州）各选择1—3个县（市、区）进行试点，以摸索和总结经验，为加速20世纪末全省实现计划生育“三为主”打下基础。

1998年3月10日，省计生委印发《1998年四川省计生委扩大优质服务试点实施方案》，明确计划生育优质服务基本内容：普及计划生育科学知识，提高群众作为计划生育主人的意识；开展避孕节育全程服务，帮助群众有效开展“知情选择”，自觉实行计划生育；开展生殖保健服务，保护育龄群众生殖健康；建立育龄妇女信息管理系统，为优质服务提供信息引导；逐步实行生育服务证制度，改革人口计划管理；正确执法，文明执法，保护群众合法权益；帮助计划生育户发展生产，提高生活质量。同时，成立扩大优质服务试点领导小组，副省长李进、省计生委主任谢明道任组长，省计生委副主任孙霖、助理巡视员罗惠泉任副组长。省计生委优质服务试点领导小组每年对各试点县（市、区）进行试点工作评估。评估内容包括：

1. 试点工作的组织领导以及相关部门协调配合；
2. 宣传教育开展情况；
3. 计划生育技术服务情况；
4. 育龄妇女计算机信息管理系统建设和使用情况；
5. 法规执行情况；
6. 经费投入情况；
7. 其他。

评估涉及工作实施与工作效果两个方面，采取定性评估和定量分析相结合的办法，包括听取汇报、查阅有关文件资料、观摩现场演示以及开展集体访谈等，同时配合一定数量的随机抽查。

3 月 13 日，省计生委发出《关于报送扩大计划生育优质服务试点县的通知》。各地按照优质服务试点县条件及申报程序，组织报送。经省计生委主任办公会议审议，确定增加金堂县等 43 个县（市、区）为四川省计划生育优质服务试点县。

成都市：金堂县　龙泉驿区　新都县　金牛区

自贡市：荣县

攀枝花市：仁和区　东区

泸州市：泸县　合江县

德阳市：旌阳区　广汉市　什邡县　罗江县

绵阳市：梓潼县　盐亭县　江油市　涪城区　游仙区　安县区

广元市：旺苍县　苍溪县

遂宁市：市中区

内江市：威远县　隆昌县

乐山市：市中区　五通桥区　峨眉山市

南充市：阆中市

宜宾市：翠屏区　兴文县

广安地区：华蓥市

达川地区：达川市

雅安地区：荥经县　雅安市　石棉县

眉山地区：眉山县　彭山县　洪雅县

资阳地区：乐至县　简阳市

阿坝州：汶川县

甘孜州：泸定县

凉山州：会东县

4 月 21 日，省计生委印发《四川省计划生育优质服务试点实施意见》，明确优质服务试点基本内容：加强和完善计划生育行政、技术、群团服务网络建设，建立一个注重服务质量的生殖健康服务体系；深化普及计划生育科学知识，提高群众作为计划生育主人的意识；建立育龄妇女信息管理系统，为服务对象提供信息引导；逐步实行生育服务证制度，开展避孕节育全程服务，拓宽服务范围，开展生殖保健全程服务，满足育龄群众生殖健康、计划生育需求；正确执法，文明执法，坚持“七不准”，保护群众合法权益；推行“三结合”，积极帮助计划生育户发展生产，提高生活质量。

省计划生育优质服务试点领导小组成立，省计生委主任谢明道任组长。

全省确定50个左右的县（市、区）试点。每个县（市、区）选择2—3个自然经济条件不一、工作基础较好的乡（镇）试点。试点时间不少于2年。试点应循序渐进，先调查摸底，弄清情况，再制定《实施方案》，并组织实施、检查、评估。

评估指标体系包括：

1. 宣传教育。包括宣传阵地建设、设备配置、宣传舆论环境、宣传品进村入户、人口与计生基础知识教育、计生业务培训等情况。

2. 系列服务。包括乡镇服务站规范管理和服务、避孕节育措施落实、术后及药具使用随访、知情选择、生殖保健、“三结合”帮扶等情况。

3. 科学管理。包括“合格村”创建、流动人口规范管理、微机及统计信息管理、各种制度规范、文明执法等情况。

4. 保障措施。包括领导重视、协议签订与履行，独生子女父母奖励（生育保险）、计生协会作用等情况。

5. 工作效果。包括计生率、晚婚率、群众满意率、出生性别比、出生人口缺陷率等情况。

采取定性评估和定量分析相结合的办法。县一年一次自查评估，市（地）复查，省两年评估一次。对试点成绩优异的县以奖代补给予适当奖励。

至年末，省级计划生育优质服务试点县由3个扩大到46个，并形成“一、二、三、四”的优质服务工作思路，即：围绕一个核心——群众是计划生育的主人；把握两个关键——群众会当“主人”，计划生育工作者会当“公仆”；抓住三个环节——解决“公仆”想服务、会服务、能服务的问题；开展四项服务——知情选择的避孕节育服务、按政策自主安排生育的政策服务、生殖保健的系列服务、对计生户优惠优先优待的生产服务。

2000年，为提高计划生育工作质量，稳定低生育水平，推动计划生育优质服务试点的深入、健康发展，全省决定在46个优质服务试点县（市、区）的试点乡（镇、街道）试行“生育服务证”制度。5月29日，省计生委印发《关于在优质服务试点乡（镇、街道）试行〈生育服务证〉制度的通知》，明确从7月1日起，在全省优质服务试点县（市、区）的试点乡（镇、街道）启用由省计生委统一印制的生育服务证、生育服务通知单和出生婴儿入户通知单。试点期间各地应免费发放给持证者，不得收取任何费用，如有违反，将严肃查处。同时，参与对25个优质服务试点县的调查研究，总结近3年来开展优质服务工作的成效、经验，分析存在的问题，并在此基础上于8月16日印发《四川省计划生育委员会关于全面推进计划生育优质服务工作的通知》，提出全面推进以技术服务为重点的计划生育服务工作的指导思想、基本目标、工作任务和保障措施。至年末，全省开展优质服务试点县扩大到146个。

2001年9月6日，省计生委印发《关于开展人口与计划生育综合改革试点工作的意见》，其中明确优质服务县、乡的标准是：

1. 计划生育技术服务网络健全，有一支较强的技术服务队伍；

2. 开展计划生育技术和生殖保健系列服务，育龄妇女妇科病普查普治率达到80%，避孕措施及时率达到90%；

3. 80%的乡镇开展避孕措施知情选择，群众满意率达到80%；

4. 育龄群众避孕节育、优生优育、生殖健康科普知识知晓率达80%以上；

5. 无计划生育手术医疗责任事故和执法不当而出现的恶性案件；

6. 70%的乡、镇服务站经济效益好，收支平衡有节余。

2002年起，国家计生委决定在全国开展计划生育优质服务先进县（市、区）创建活动。7月5日，省计生委印发《关于贯彻〈国家计生委关于开展计划生育优质服务先进县（市、区）创建活动的通知〉的意见》，提出在3年内，力争使30%、20%和10%左右的县（市、区）分别成为市（州）级、省级、国家级计划生育优质服务先进县（市、区）。省计生委成立创建计划生育优质服务先进县（市、区）活动领导小组，并制定创建规划和评估标准。全省有计划、有重点地全面展开创建活动。

2003年，全省计划生育科技工作暨优质服务现场会召开。7月7日，省计生委印发《关于实施创建计划生育优质服务先进县（市、区）工程的意见》，启动全省计划生育优质服务先进县（市、区）创建工作，明确各级政府在“创优”中的职责、任务，并将“创优”纳入日常工作。是年，全省22个县（市、区）达到省级计划生育优质服务先进县（市、区）的标准，其中，成都市金牛区、峨眉山市、兴文县被评为国家级计划生育优质服务先进县（市、区）。

2004年3月，经省计生委严格考核评估后，报经省政府同意，授予成都市金牛区、成都市新都区、都江堰市、荣县、攀枝花市仁和区、泸州市江阳区、什邡市、江油市、苍溪县、大英县、隆昌县、峨眉山市、乐山市市中区、兴文县、宜宾市翠屏区、阆中市、华蓥市、大竹县、平昌县、雅安市雨城区、彭山县和资阳市雁江区22个县（市、区）计划生育优质服务先进县（市、区）称号。

为巩固计划生育优质服务先进县（市、区）的创建成果，省计生委办公室印发《关于开展省级计划生育优质服务先进县（市、区）“回头看”活动的意见》，要求“省优”县（市、区）在“回头看”活动中按照国家和省计划生育优质服务先进县（市、区）评估指标体系，围绕“七看”查找工作中的薄弱环节，解决工作中存在的问题，巩固创建成果。省人口计生委不定期检查省优县（市、区）开展“回头看”活动情况。凡是计划生育工作质量滑坡、群众反映强烈等情形之一，省人口计生委将报请省政府取消“省优”资格。同时，制定5年全省优质服务“手牵手”创建行动计划，组织已建成的“国优”“省优”县（市、区）与民族地区建立对口帮助的创建工作制度，组织22个“省优”（含3个“国优”）对甘孜州、阿坝州、凉山州16个少数民族县开展“手牵手”活动，推动全省创建计划生育优质服务先

图3－12 2005年，绵阳市开展“优质服务进千村”活动

进县（市、区）活动的开展。全年新建国家级优质服务县（市、区）6个、省级优质服务先进县（市、区）34个。

2005年3月22日，省计生委印发《关于进一步深化创建计划生育优质服务先进县（市、区）活动的通知》，要求各地深化认识，突出重点，继续深化计划生育优质服务先进县创建活动。经国家和省级专家组考核评估，全省新创建国家级优质服务县（市、区）4个、省级计划生育优质服务先进县（市、区）10个。至年末，全省有66个县（市、区）达到“省优”标准，占全省县（市、区）建制数的36%，其中13个被评为“国优”。

第六节 “幸福工程”

1996年，省计划生育协会牵头，开始在全省实施以救助贫困母亲为主要内容的“幸福工程”。5月15日，省计生委研究同意省计划生育协会成立“幸福工程”四川组委会。5月16日，省计划生育协会印发《四川省计划生育委员会关于支持“幸福工程”——救助贫困母亲行动的通知》。“幸福工程”是经国家计生委批准，并得到全国妇联等10多个部门支持的救助贫困母亲行动计划。该活动旨在通过动员海内外各界资金和力量，帮助贫困地区的贫困母亲治穷、治愚、治病，提高贫困地区妇女的文化、身体素质、社会地位，引导她们少生、优育，尽快摆脱贫困。这对于落实计生工作“三为主”方针，推行“三结合”，促进贫困地区人口与经济、社会协调发展具有积极意义。为推动该项活动在全省开展，经请示省领导同意，四川省成立以秦玉琴、张中伟为名誉主任，刘昌杰为主任，姜漪、陈正年为副主任的“幸福工程”四川组委会。

“幸福工程”所需资金，主要靠发动社会各界自愿捐助。按照规定，“幸福工程”四川组委会在全国“幸福工程”组委会的授权下，负责全省的资金募集和项目执行。市（地）以下不层层设立机构，经“幸福工程”四川组委会批准，可在市（地）计生委指导下，由计生协会牵头，邀请有关部门参加，负责本地区“幸福工程”资金的募集和项目执行。

11月14日，四川省召开“幸福工程”新闻发布会暨捐赠仪式。全国“幸福工程”组委会主任王光美，副秘书长于德慧，中国计生协会宣传联络部副部长叶环，中共四川省委常委、省委宣传部部长席义方等出席会议。会上，将全省捐赠款83万元分别发放到宣汉县、康定县、通江县、仪陇县、屏山县、北川县、南部县、盐边县、广元市朝天区9个“幸福工程”项目县（区）。

1997年，“幸福工程”筹资600多万元，先期9个项目县开展的救助贫困母亲行动取得阶段性成果，第四季度将项目县增加到25个。

2004年起，省计划生育协会、“幸福工程”四川省组委会联合成都红十字心血管病医院（成都德瑞心血管病医院），在全省开展“免费、减费救助贫困母亲家庭先心病患儿爱心行动”（以下简称“春雨行动”）。

2005年，成都德瑞集团补贴手术费420万元，为800例实行计划生育的贫困母亲心脏病患者及其家庭的先心病患儿、心脏病患者免费（减费）做手术。在实施“春雨行动”的两年间，有上万名患者接受检查，近千人得到手术治疗。至年末，全省在53个贫困县的220个乡镇、678个村，累计投入资金1700多万元，救助贫困母亲1万余人，受惠人口4万余人。“幸福工程”通过在生活上“扶贫”、思想上“扶志”、能力上“扶技”，提高贫困母亲的自我发展能力，帮助贫困母亲勤劳致富，取得成效。接受帮扶的贫困母亲掌握1—2门实用技术，70%以上摆脱贫困，走上富裕的道路。

第四篇　综合治理

四川综合运用法律、行政、教育、经济等手段，组织有关部门和各群众团体与计划生育部门共同实施计划生育管理，形成齐抓共管、协调一致的管理体系，营造全社会一起参与计划生育的氛围，建立健全人口与计划生育依法管理、优质服务、政策推动、综合治理的长效工作机制，为人口计划生育工作的开展创造良好的法治环境。

第一章　政策法规

第一节　政策演变

20 世纪 70 年代至 2005 年，四川人口计生政策经历四个主要阶段。

一、20 世纪 70 年代：倡导晚、稀、少

1971 年，四川执行国家“四五”计划提出的“一个不少、两个正好、三个多了”的指导方针和“晚、稀、少”（晚育，一般初育应当晚于 25 岁，生育间隔至少 4 年，最多二胎，生育间隔 3 年以上）的政策要求。

1973 年，四川省革命委员会（以下简称“省革委”）批转四川省计划生育委员会（以下简称“省计生委”）《关于认真做好计划生育工作意见的报告》，开始提倡晚婚，要求男 25 周岁、女 23 周岁以上结婚。提倡一对夫妻生育两个子女，两胎之间相隔 3 年以上。

1978 年 10 月，中共中央发布 69 号文件，提出一对夫妻生育孩子的数量“最好一个，最多两个”，这是中央文件里首次就公民生育子女的具体数目做出明确指示。11 月，省革委印发《关于计划生育若干政策问题的暂行规定》，贯彻国家“最好一个、最多两个”政策，并对只生育一个孩子，保证不再生育的夫妻发给“计划生育光荣证”，每月给予适当奖励；对生育 3 个以上孩子的，依法征收抚育费。

1979 年 1 月，全国计划生育办公室主任会议强调，提倡每对夫妇生育子女数最好为一个，最多两个，间隔 3 年以上。对于只生一胎、不再生第二胎的育龄夫妇给予表扬。

二、1980—1986 年：提倡只生一个孩子

1980 年 9 月，中共中央发表《关于控制我国人口增长问题致全体共产党员、共青团员的公开信》，提倡“一对夫妇只生育一个孩子，对某些群众确有实际困难而又符合政策规定的，可以生两个孩子，对少数民族更可以适当放宽一些”。至此，标志着“一孩”政策正式出台并全面实施。

1981 年 10 月，中共中央书记处召开第 122 次会议，听取并讨论国务院副总理、国家计划生育委员会主任陈慕华关于计划生育工作的汇报。会议认为，城市仍应继续坚持每对夫妇只生一胎，在农村则要根据实行责任制后的新情况，制定一个能为广大农民接受的长期政策，使党的计划生育方针政策和多数农民取得一致。同年 12 月，中共中央、国务院发布 11 号文件提出：“我们的计划生育工作要继续提倡晚婚、晚育、少生、优生。具体要求是：国家干部和职工、城镇居民，除特殊情况经批准者外，一对夫妇只生育一个孩子。农村普遍提倡一对夫妇只生育一个孩子，某些群众确有困难要求生二胎的，经过审批可以有计划地安排。不论哪一种情况都不能生三胎。对于少数民族，也要

提倡计划生育，在要求上，可适当放宽。”

1982 年 2 月，《中共中央、国务院关于进一步做好计划生育工作的指示》规定：“农村普遍提倡一对夫妇只生育一个孩子，某些群众确有实际困难要求生二胎的，经过审批可以有计划地安排。不论哪一种情况都不能生三胎。”7 月，《四川省实行计划生育若干问题暂行规定》出台，要求公民晚婚、晚育、少生、优生，提倡一对夫妇只生一个孩子，将 20 世纪 70 年代“最多两个”转变为独生子女政策。9 月，中共十二大把计划生育定为基本国策。

1984 年 3 月，省政府将全省划分为五种生育类区，根据不同类区制定与之相适应的生育政策。

至 1986 年末，四川生育政策在实践中得到相应完善。

三、1987—1999 年：一孩加照顾

1987 年 7 月 2 日，《四川省计划生育条例》经省六届人大第二十六次会议通过，规定“十三种人”在前一个孩子满 3 周岁后，经县级计生部门批准，可生育二孩。其中，首次确定，夫妻双方（不含省辖市的近郊）均为农村户口，只生育一个女孩的，可以申请再生育。省辖市的近郊，农村夫妻只生一个女孩，是否允许再生育由该市（省辖市）人大常委会决定。自此，农村一孩加照顾政策初步确立，四川省生育政策基本形成。

1988 年，中共中央提出，“农村某些群众确有实际困难，包括独生女，要求生二胎的，经过批准可以间隔几年后生第二个孩子”。

1990 年，《中共中央国务院关于加强计划生育工作严格控制人口增长的决定》重申坚定不移地贯彻落实计划生育政策，保持政策的稳定性和连续性，把计划生育工作摆到与经济建设同等重要的位置。

1991 年 11 月，《四川省计划生育条例实施办法》对育龄妇女的权利和义务作出规定：公民结婚前应接受人口与计划生育基础知识教育、不得非婚生育；已婚育龄妇女要按时接受孕情检查；夫妻生育孩子需履行相关手续领取生育证；夫妻户籍不在一地的，执行女方户籍所在地的生育规定；夫妻晚育和领有独生子女证的享受《四川省计划生育条例》规定的各项优待。

此后，《四川省计划生育条例》历经 1993 年、1999 年两次修改、修订，生育政策始终按照“整体稳定、适度微调”的原则，既不收紧、也不放宽，在保持稳定性和连续性的同时，适度调整和完善。

四、2000—2005 年：稳定低生育水平

2000 年 3 月，中共中央、国务院发布《关于加强人口与计划生育工作稳定低生育水平的决定》，人口与计划生育工作的主要任务转向稳定低生育水平，提高出生人口素质。

2000 年 5 月，省委、省政府印发《关于贯彻〈中共中央、国务院关于加强人口与计划生育工作稳定低生育水平的决定〉的意见》，对稳定低生育水平工作作出部署。

2002 年 9 月施行的《中华人民共和国人口与计划生育法》第十八条规定，符合法律、法规规定条件的，可以要求安排生育第二个子女。具体办法由省、自治区、直辖市人民代表大会或者其常务委员会规定。四川结合实际，对生育政策不断加以完善，划定对部分确有实际困难的群众要求生育二孩的照顾范围和条件，实施区别对待、多元化的生育政策，缓和计生矛盾。

2002 年 11 月，《四川省计划生育条例》经第三次修改、修订后更名为《四川省人口与计划生育

条例》，将因公（工）致残人员再生育条件由“二等乙级”改为“五级以上”。再生育间隔改为“前一个孩子满3周岁或者女方满26周岁后”。村民委员会成建制改为居委会的，其居民从改制之日起3年内适用农民的生育政策。

2004年，省人大常委会对《四川省人口与计划生育条例》进行第四次修改、修订，继续保持生育政策的连续性和稳定性。

2005年，中共中央、国务院发布的《关于全面加强人口和计划生育工作统筹解决人口问题的决定》，重申要继续稳定低生育水平。

第二节　生育政策

一、生育子女数量规定

（一）汉族地区生育子女数量规定

1984年8月，省政府对生育子女数量作出规定：国家干部、职工、城镇居民，除特殊情况经过批准者外，一对夫妇只生育一个孩子；农村普遍提倡一对夫妇只生育一个孩子。某些群众确有实际困难要求生两胎的，经过批准按规定的间隔时间生育第二个孩子；按照分类指导的原则，不同类型汉族地区照顾生育第二个孩子的条件分别是：第一个孩子有非遗传性疾病，不能成长为正常劳动力的；独生子与独生女结婚的；婚后多年不育，依照《中华人民共和国收养法》收养一个孩子后怀孕的，可以申请生育一个孩子；因丧偶再婚的夫妻，再婚前丧偶一方子女不超过两个，另一方无子女的；因离婚再婚的夫妻，再婚前一方只有一个孩子，另一方无子女的。

1987年7月，《四川省计划生育条例》对生育第二个孩子作出规定：第一个孩子有非遗传性疾病，不能成长为正常劳动力的；独生子与独生女结婚的；农村人口中男到独生女家结婚落户的；农村人口中烈士的独生子女；农村人口中因公致残，相当于二等甲级以上残废军人的；农村人口中几个亲兄弟只有一个有生育能力的；农村人口中夫妻一方两代以上都是独生子女的；盆周山区县和经设区的市（地区）批准的盆地内的山区乡（不含境内的平坝、丘陵、河谷地带）的农村人口中，缺乏劳力的独生女户；盆周山区县的边远高寒大山区的农村人口中的独生子女户；夫妻双方均系归国华侨回四川定居的；婚后多年不育，依法收养一个孩子后又怀孕的。

符合下列情形之一的，可以再生育一个孩子：因丧偶再婚的夫妻，再婚前丧偶一方子女不超过两个，另一方无子女的；因离婚再婚的夫妻，再婚前一方只有一个孩子，另一方无子女的。

1993年12月15日，《四川省第八届人大常务委员会第六次会议关于修改〈四川省计划生育条例〉的决定》通过。

符合下列情形之一的，可以申请再生育一个孩子：因丧偶再婚的夫妻，再婚前丧偶一方子女不超过两个、另一方无子女的；因离婚再婚的夫妻，再婚前一方只有一个孩子，另一方无子女的。

1997年10月17日，省八届人大第二十九次会议对《四川省计划生育条例》再次进行修改。在生育调节方面作了进一步补充、完善。改“依《中华人民共和国收养法》收养一个子女后怀孕的”为“婚后患不育症，依《中华人民共和国收养法》收养一个子女后怀孕的”，可以申请生育第二个子女。

2002年9月26日，省九届人大第三十一次会议修订通过《四川省人口和计划生育条例》。符合下列条件之一的夫妻，可以申请生育第二个子女：第一个子女为病残儿，不能成长为正常劳动力但医学上认为可再生育的；独生子与独生女结婚的；农村人口中男到独生女家结婚落户的；农村人口中夫妻一方为烈士的独生子女的；农村人口中夫妻一方为二等甲级以上的伤残军人的；农村人口中夫妻一方因公致残，相当于二等甲级以上的伤残军人的；农村人口中几个亲兄弟只有一个有生育能力的；农村人口中夫妻一方两代以上都是独生子女的；盆周山区县和经设区的市批准的盆地内的山区乡（不含其行政区域内的平坝、丘陵、河谷地带）的农村人口中，缺乏劳动力的独生女户；盆周山区县的边远高寒大山区的农村人口中的独生子女户；婚后患不育症，依《中华人民共和国收养法》收养一个子女后怀孕的。

符合下列条件之一的夫妻，可以申请再生育一个子女：因丧偶再婚的，再婚前丧偶一方子女不超过两个，另一方无子女的；因离婚再婚的，再婚前一方只有一个子女，另一方无子女的。

2004年9月24日，省十届人大第十一次会议《关于修改〈四川省人口与计划生育条例〉的决定》修正公布，对生育子女数量未作修改、修订。

（二）少数民族地区生育子女数量规定

1984年8月，省政府将凉山、甘孜、阿坝3个自治州的少数民族地区确定为五类生育区，提倡生一胎，允许生二胎，个别的可以照顾生三胎。

1987年7月，《四川省计划生育条例》第十条规定：少数民族应当实行计划生育。具体办法由民族自治州、自治县的人民代表大会根据本条例的原则和当地实际情况制定，报省人民代表大会常务委员会批准后施行。

1988年6月24日，甘孜州制定《甘孜藏族自治州计划生育条例实施办法》。1998年12月18日，甘孜州人大常委会对实施办法进行修改、修订。1999年6月1日，四川省九届人民代表大会常务委员会第九次会议批准施行。

符合下列条件之一的夫妻，经批准，可以生育第二个子女：少数民族城镇居民；户籍在自治州行政区域内并居住满5年的汉族公民；再婚的夫妻，再婚前一方只有一个子女，另一方无子女；因丧偶再婚的夫妻，再婚前一方子女不超过两个，另一方无子女或双方有一个子女的。夫妻一方是少数民族，另一方是汉族的可按有关少数民族的生育规定执行。

符合本变通规定生育的子女系双胞胎或多胞胎的，应计入规定允许生育子女数。

1988年11月28日，凉山州人大常委会审议通过《凉山彝族自治州计划生育办法》，并于1989年5月8日经凉山州人大常委会颁布实施。2003年3月26日，《凉山彝族自治州实施〈四川省人口与计划生育条例〉的补充规定》经自治州八届人民代表大会第四次会议通过。2003年5月28日，四川省十届人大第三次会议批准《凉山彝族自治州实施〈四川省人口与计划生育条例〉的补充规定》。

其中第九条提出：汉族村民，提倡一对夫妻只生育一个孩子；确有实际困难的，经批准可以照顾生育第二个孩子；少数民族村民，允许一对夫妻有计划地生育两个孩子；居住在边远、高寒地区，确有实际困难的，可以照顾生育第三个孩子。

正住户口在州内的非农村人口中的汉族夫妻，符合下列情形之一的，经批准可以生育第二个孩子：第一个孩子有非遗传性疾病，不能成长为正常劳动力的；独生子与独生女结婚的；干部、职工在州人民政府确定照顾的边远、高寒地区连续工作8年以上的。

符合下列情况的夫妻，可以照顾再生育一个孩子：因离婚再婚的夫妻，再婚前一方只有一个孩子，另一方未生育子女的；丧偶再婚夫妻，再婚前丧偶一方子女不超过两个，另一方无子女的；少数民族村民中的再婚夫妻，一方子女不超过两个，另一方未生育子女，或双方各有一个子女的；居住在低山、河谷地带的少数民族村民，按规定生育的两个孩子中有一个患非遗传性疾病，不能成长为正常劳动力的。

1989年4月28日，《阿坝藏族羌族自治州计划生育办法》经州人大常委会通过，5月8日四川省七届人民代表大会常务委员会第九次会议批准。符合下列情况之一的夫妻，经批准，可以生育第二个子女：夫妻双方或一方为少数民族的；夫妻双方为农牧民的；非农牧业人口中的汉族夫妻，亲兄弟或亲姐妹中只有一个有生育能力的；夫妻一方两代以上都是独生子女的；夫妻一方是二等甲级以上伤残军人，或者因公致残相当于二等甲级以上伤残军人的；居住在阿坝、若尔盖、红原、壤塘四县以及其他海拔在3000米以上的乡（镇），常住户籍在8年以上的。

夫妻双方均系归国少数民族在州定居的，经批准，可以生育第三个子女。

少数民族农牧民夫妻符合下列条件之一的，经批准，可以生育第三个子女：居住在阿坝、若尔盖、红原、壤塘四县的；居住在经州人民政府认定的边远高寒地区的；亲兄弟或亲姐妹中只有一个有生育能力的；双方均系独生子女的；一方是二等甲级以上伤残军人，或者因公致残相当于二等甲级以上伤残军人的；因离婚再婚的夫妻，再婚前一方子女不超过两个、另一方无子女，或者双方各有一个子女的；按照规定生育的两个子女中有一个患有非遗传性疾病，不能成长为正常劳动力的，经县级以上生育技术指导机构组织进行病残儿医学鉴定，符合条件的。

夫妻一方是少数民族的，执行少数民族的生育规定。属于以下情况的夫妻，执行女方户籍所在地的生育规定：夫妻一方为非农牧业户口，另一方为农牧业户口的；夫妻一方常住户口在州内，另一方户口在州外的；夫妻人户分离一年以上的。

符合本变通规定生育的子女系双胞胎或多胞胎的，应计入规定允许生育子女数。夫妻将子女送给他人收养的，送养的子女数应计入计划生育的子女数。

二、生育类区照顾规定

1984年8月，省政府根据四川地形地貌、生产条件、人口密度、交通状况、人均土地、劳动强度、人口发展速度和少数民族政策等因素，将全省划分为五种生育类区，根据不同类区制定与之适应的生育政策。五种生育类区是：

（一）机关干部、职工、城镇居民和非农业人口为一类生育区，提倡一对夫妇只生育一个孩子，特殊情况经过批准照顾生育二胎。

（二）自然条件较好，居住比较集中，人均耕地比较少，劳力比较充裕，交通比较方便，人口发展比较快，人口密度比较大的农村平坝、丘陵和河谷地区为二类生育区，提倡一对夫妇只生育一个孩子，有实际困难，经过批准照顾生育第二胎（照顾条件执行1982年省委、省政府规定的12条）。

（三）居住分散，劳动条件差，人均耕地比较多，劳力比较缺乏的农村山区为三类生育区，提倡生一胎，除执行二类生育区的照顾条件外，允许第一胎是女孩的再生育一个孩子。

（四）山势峻峭，耕地分散，劳动艰巨，人均耕地、林地面积大，人口密度小，交通不便，劳力缺乏，人口发展慢的少数农村边远大山区为四类生育区，提倡生一胎，允许生二胎。

（五）凉山、甘孜、阿坝 3 个自治州的少数民族地区为五类生育区，提倡生一胎，允许生二胎，个别的可以照顾生三胎。对各类型地区的计划生育，从指导思想、生育政策到具体措施和具体要求均有所不同，实事求是，不搞“一刀切”。

1986 年 12 月，全省计划生育工作会议提出：三、四类地区的工作重点主要是抓堵多胎，一、二类平坝丘陵地区照顾二胎的条件不能再变动。在保证完成人口控制计划后有多余的指标时，具备以下条件的地区，可以有计划地照顾只有一个女孩而父母在 30 岁以上的育龄夫妇生育二胎；不突破当年人口计划；基本无多胎生育。

1987 年，四川对以下类区生育二胎作出规定：盆周山区县和经设区的市（地区）批准的盆地内的山区乡（不含境内的平坝、丘陵、河谷地带）的农村人口中，缺乏劳力的独生女户；盆周山区县的边远高寒大山区的农村人口中的独生子女。

1991 年 11 月 12 日，省政府令第 26 号发布《四川省计划生育条例实施办法》。符合下列情况之一的夫妻，可以申请生育第二个孩子：盆周山区县和经省辖市（地区）批准的盆地内的山区乡（不含境内的平坝、丘陵、河谷地带）的农村人口中，缺乏劳力的独生女户；盆周山区县的边远高寒大山区的农村人口中的独生子女户。

1993 年、1997 年、2002 年、2004 年，省人大常委会对《四川省计划生育条例》（后称《四川省人口与计划生育条例》）虽进行 4 次修改、修订，但涉及生育类区照顾的规定未作变动。

三、生育间隔规定

1984 年 8 月，省政府规定，农村普遍提倡一对夫妇只生育一个孩子。某些群众确有实际困难要求生二胎的，经过批准按规定的间隔时间生育第二个孩子，但不论哪一种情况都不能生三胎。

1987 年 7 月，《四川省计划生育条例》规定：符合条例第八条、第九条、第十条规定，要求生育的，由夫妻双方申请，经县级计划生育主管部门审查，纳入生育计划。生育第二个孩子一般应有 4 年的间隔时间。

1993 年 12 月 15 日，省八届人大常委会第六次会议通过《关于修改〈四川省计划生育条例〉的决定》（修正）。符合本条例第十一条和第十三条规定申请再生育一个孩子的，一般应有 4 年的间隔时间。

1995 年 10 月 19 日，省八届人大常委会第十七次会议批准《阿坝藏族羌族自治州计划生育办法》第十条规定：符合本变通规定申请再生育子女的，除女方年龄在 30 周岁以上者外，农牧业人口应当有 2 年的间隔时间，非农牧业人口应当有 3 年的间隔时间。

2003 年 5 月 2 日，省十届人大常委会第三次会议批准《凉山彝族自治州实施〈四川省人口与计划生育条例〉的补充规定》第十六条规定：符合本办法第九条至第十五条规定，要求生育的，由夫妻双方申请，经县、市计划生育委员会审查，纳入生育计划。每个孩子之间，少数民族应有 3 周岁以上的间隔时间；汉族应有 4 周岁以上的间隔时间。

2004 年 6 月 3 日，《甘孜藏族自治州关于实施〈四川省人口与计划生育条例〉的变通规定》经省十届人大常委会第九次会议批准。散居在高寒山区，依照本变通规定申请再生育子女的，生育间隔时间一般在 3 年以上，居住在高寒山区的农牧民已婚妇女和 28 周岁以上生育第一个子女的已婚妇女，可以缩短为 2 年。

2004 年 9 月，省十届人大常委会第十一次会议《关于修改〈四川省人口与计划生育条例〉的决定》修正公布。符合《四川省人口与计划生育条例》规定申请再生育子女的，除女方年龄在 30 周岁以上者外，应当有 4 年的间隔时间。

四、生育秩序管理规定

1987 年 7 月 2 日，《四川省计划生育条例》颁布实施。对生育秩序管理作出规定：生育必须按计划进行，提倡和鼓励一对夫妻只生育一个孩子，不得非婚生育。

严禁利用超声技术和其他技术手段进行非医学需要的胎儿性别鉴定；严禁非医学需要的选择性别的人工终止妊娠。因生育病残儿经鉴定获准再生育者，需要进行胎儿性别鉴定或者选择性别的人工终止妊娠的，应当经省计划生育行政部门核实，并到指定的机构接受鉴定或者手术。

有下列行为之一的，按照《中华人民共和国人口与计划生育法》的有关规定处理：非法为他人施行计划生育手术的；利用超声技术和其他技术手段为他人进行非医学需要的胎儿性别鉴定或者选择性别的人工终止妊娠的；进行假医学鉴定，出具假计划生育证明的；伪造、变造、买卖计划生育证明的；侵犯公民人身权、财产权和其他合法权益的；滥用职权、玩忽职守、徇私舞弊的；索取、收受贿赂的；截留、克扣、挪用、贪污计划生育经费、奖励专项经费或者社会抚养费的；虚报、瞒报、伪造、篡改或者拒报人口与计划生育统计数据的；不履行协助计划生育管理义务的。

1991 年 11 月 12 日，《四川省计划生育条例实施办法》对生育秩序管理作出规定：公民结婚前应接受当地乡（镇）人民政府、街道办事处组织的人口与计划生育基础知识教育和健康检查，不得非婚生育。

夫妻双方申请生育第一个孩子的，由所在单位或村（居）民委员会审查，经女方单位所在地或户籍所在地乡（镇）人民政府、街道办事处同意后，发给生育证。符合生育第二个孩子规定、夫妻双方申请生育的，由女方单位所在地或户籍所在地乡（镇）人民政府、街道办事处审查，经县级计划生育委员会批准，并由乡（镇）人民政府、街道办事处发给生育证。县级计划生育委员会对生育申请应当严格审查，在 6 个月内作出是否批准的书面通知；逾期没有书面通知的，视为批准。

夫妻户籍不在一地的，执行女方户籍所在地的生育规定。户籍在农村的妇女被招聘为干部、民办教师、合同制职工的，在受聘期间执行城镇居民的生育规定；解聘回农村后，仍执行农村人口的生育规定。夫妻认为其第一个孩子有非遗传性疾病，而不能成长为正常劳动力，要求生育第二个孩子的，必须由县（市、区）及其以上计划生育技术指导组进行病残儿医学鉴定，其他任何单位、个人出具的病情鉴定不能作为依据。禁止在节育手术和病残儿医学鉴定中弄虚作假；禁止伪造、变卖、骗取生育证、独生子女证、病残儿医学鉴定结论等证件。

生育必须按计划进行。提倡和鼓励一对夫妻只生育一个孩子，不得非婚生育。夫妻将子女送给他人收养的，不得再生育。

1993 年 12 月 15 日，省人大常委会将《四川省计划生育条例》进行修订。新增“流动人口计划生育管理”一章。根据四川农村人口外出务工和到四川经商人员逐年增多的实际，修改后的条例，对流动人口生育秩序管理设置专章（第四章）。对流动人口计划生育管理的对象进行界定；实行流动人口计划生育情况证明制度；作出流动人口计划生育管理所需经费以计划生育经费支出为主、流动人口适当交纳管理费的规定；明确流动人口计划生育管理以现居住地乡（镇、街道办事处）人民政府为主；把流动人口计划生育管理工作纳入各级政府目标管理。

1994年1月3日，省政府印发《关于贯彻实施〈四川省计划生育条例〉的通知》，对生育秩序管理提出要求，把农村计划生育和城乡流动人口计划生育管理工作列为重点。做到有法可依，执法必严，违法必究。既要用法律手段来引导、教育、规范公民的生育行为，保护公民实行计划生育的合法权益，又要用法律法规来规范行政机构和工作人员的管理行为。做到正确执法、文明执法。认真处理好遗留问题。对过去出现的问题未作处理的，应按当时的有关规定处理；已按规定处理的，不再重新处理。凡与新颁布的条例相抵触的规定，一律停止执行。

2002年9月26日，省九届人大常委会第三十一次会议通过《关于修改〈四川省人口与计划生育条例〉的决定》规定：

夫妻超过法律、法规规定数量生育的，每多生育一个子女，对双方当事人分别按计征基数的3倍征收社会抚养费。

未履行婚姻登记手续生育的，按照双方当事人各自子女数分别累计计算，生育第三个及以上子女的，每生育一个子女，按计征基数的3倍征收社会抚养费。社会抚养费的计征基数，分别以当事人生育行为发生时上一年度当地县级统计部门公布的城市居民和农村居民年人均可支配收入为标准。

社会抚养费的征收，由县级计划生育行政部门作出书面征收决定；县级计划生育行政部门可以委托乡（镇）人民政府、街道办事处作出征收社会抚养费的书面决定。社会抚养费的征收决定自送达当事人之日起生效。当事人应当自收到征收决定之日起30日内一次性缴纳社会抚养费。

2004年9月24日，省十届人大常委会第十一次会议《关于修改〈四川省人口与计划生育条例〉的决定》修正公布。对生育秩序管理作如下规定：夫妻生育第一个子女的，应当在怀孕3个月内到女方所在地或者户籍所在地乡（镇）人民政府、街道办事处领取生育服务证，凭证享受免费的计划生育技术服务，女方单位所在地或者户籍所在地乡（镇）人民政府、街道办事处应当及时发给生育服务证，做好生殖保健服务；夫妻申请再生育的，经女方单位所在地或者户籍所在地村民委员会、居民委员会核实，乡（镇）人民政府、街道办事处审查，报县级计划生育行政部门批准，乡（镇）人民政府、街道办事处应从收到申请材料之日起30日内审查完毕，并报送县级计划生育行政部门，县级计划生育行政部门应当从收到报送材料之日起60日内（需作独生子女病残儿鉴定者鉴定期间除外），发出是否批准生育的书面通知，批准生育的发给生育证，逾期没有送达书面通知的，视为批准；符合《四川省人口与计划生育条例》规定申请再生育子女的，除女方年龄在30周岁以上者外，应当有4年的间隔时间。夫妻将子女送给他人收养的，不得以此为理由再生育。

五、港澳台同胞海外侨胞生育政策规定

1984年8月，省政府规定：在四川定居的港、澳、台同胞和归国华侨，以及夫妻一方为港、澳、台同胞、归国华侨、外国公民的生育，按国家有关规定执行。

1987年7月2日，《四川省计划生育条例》规定，夫妻双方均系归国华侨回四川定居的，可以生育第二个孩子。

1995年10月19日，省八届人大常委会第十七次会议批准的《阿坝藏族羌族自治州计划生育办法》规定，非农业人口中的汉族夫妻，属台湾同胞、港澳同胞和归国华侨回阿坝州定居的，可以生育第二个孩子。

1999年6月1日，省九届人大常委会第九次会议批准《关于修改〈甘孜藏族自治州计划生育办法〉的决定》。在自治州定居的归国藏胞、归国华侨、台湾同胞、港澳同胞，均适用该办法。

2003年5月28日，省十届人大常委会第三次会议批准《凉山彝族自治州实施〈四川省人口与计划生育条例〉的补充规定》规定：台湾同胞、港澳同胞和归国华侨回凉山州定居的，可以生育两个孩子；是少数民族的，可以生育三个孩子。

2002年、2004年，省人大常委会修订通过的《关于修改〈四川省计划生育条例〉的决定》规定：在四川定居的港、澳、台同胞、归国华侨，以及夫妻一方为港澳台同胞、归国华侨、外国公民的生育，按国家有关规定执行。

六、特别规定

1997年10月17日，省八届人大常委会第二十九次会议对《四川省计划生育条例》进行修改。在继续保持具体生育政策稳定的前提下，在总则中增加计划生育工作要与发展农村经济、帮助群众勤劳致富奔小康、建设文明幸福家庭相结合（计划生育“三结合”）的内容，同时把开展生产、生活、生育服务写进条例中。这次条例的修订，是全国率先将计划生育“三结合”纳入法制管理的唯一省份。

2002年9月26日，省九届人大常委会第三十一次会议修订通过的《四川省人口与计划生育条例》第四条规定：计划生育工作，坚持以宣传教育、避孕、经常性工作为主（计划生育“三为主”）的方针，辅以必要的行政、经济措施，引导公民自觉实行计划生育。把计划生育“三为主”纳入地方法规。

第三节　技术政策

一、婚检孕检规定

1987年，《四川省计划生育条例》对婚检孕检作出规定：实行计划生育的育龄夫妻免费使用国家发放的避孕药具，免费享受孕情检查、手术和计划生育手术并发症的诊断、治疗等基本项目的计划生育技术服务。

1991年11月12日，省政府发布《四川省计划生育条例实施办法》，对婚检孕检作出规定：

（一）机关、团体、企业事业单位、村（居）民委员会实行计划生育工作责任制，做好计划生育宣传教育和经常性的服务工作，及时报告计划生育情况，落实生育指标，组织动员已婚育龄妇女接受孕情检查。

（二）计划生育技术服务和医疗单位在婚前健康检查、孕情检查中发现计划外怀孕、计划外生育的，必须立即报告所在地乡（镇）人民政府、街道办事处。

（三）公民结婚前应接受当地乡（镇）人民政府、街道办事处组织的人口与计划生育基础知识教育和健康检查，不得非婚生育。

1993年12月15日，省八届人大常委会第六次会议通过的《关于修改四川省计生条例的决定》规定：

（一）婚前应进行健康检查。检查的项目和收费标准由省卫生主管部门会同民政、计划生育、物价部门制定。

（二）计划生育服务机构或指定的医疗保健机构应按期为已婚育龄妇女提供孕情检查的服务，已婚育龄妇女应予以配合；孕情检查、落实节育措施的费用，国家机关、社会团体、企业事业单位在职人员由所在单位在医疗费中开支，城镇无业人员和农村村民从计划生育经费中开支。

（三）非国家机关、社会团体、企业、事业单位在职人员的育龄夫妻接受孕情检查，由居住地计划生育服务机构或指定的医疗保健机构与之签订计划生育服务协议，明确双方的权利、义务和违约责任，并报乡（镇）人民政府、城市街道办事处备案。

1995 年 7 月 13 日，省政府第三十九次常务会议通过的《四川省婚前医学检查管理办法》规定：

（一）婚前医学检查是对准备结婚的男女双方可能患影响结婚和生育的疾病进行医学检查。县级以上（含县级、下同）卫生行政部门是婚前医学检查的监督管理部门。各级婚姻登记机关在职责范围内配合卫生行政部门做好婚前医学检查的监督工作。符合《中华人民共和国婚姻法》的有关规定，准备结婚的男女双方，在办理结婚登记之前，应当到婚姻登记机关所在地的婚前医学检查机构接受婚前医学检查。

（二）婚前医学检查应限于对下列疾病的检查：严重遗传性疾病；指定传染病。婚前医学检查机构必须执行省卫生行政部门制定的检查标准，按照检查的实际结果给接受检查者出具婚前医学检查证明。婚前医学检查证明应载明合格、暂缓结婚或者不宜生育的结论，并由医师签名，加盖婚前医学检查机构的印章。

（三）婚前医学检查机构对婚前医学检查中发现的指定传染病和不宜生育的检查结果应进行专门登记，并做好随访咨询工作。经婚前医学检查，对患指定传染病在传染期内或者有关精神病在发病期内的，医师应当提出医学意见；准备结婚的男女双方应当暂缓结婚。对诊断患医学上认为不宜生育的严重遗传性疾病的，医师应当向男女双方说明情况，提出医学意见。但《中华人民共和国婚姻法》规定禁止结婚的除外。

1997 年 10 月 17 日，省八届人大常委会第二十九次会议对《四川省计划生育条例》进行修改。第十八条修改为："公民结婚登记前应接受婚前医学检查。具体办法按照《四川省婚前医学检查管理办法》的规定执行"。

2002 年 9 月颁布实施的《四川省人口与计划生育条例》，对婚检孕检规定作了进一步规范。实行计划生育的育龄夫妻免费使用国家发放的避孕药具，免费享受孕情检查、绝育手术和计划生育手术并发症的诊断、治疗等基本项目的计划生育技术服务。

二、节育技术规定

1987 年，《四川省计划生育条例》对节育技术作出规定：县以上医疗、妇幼保健单位和计划生育宣传技术指导单位，应开展优生节育咨询门诊。婚前应进行健康检查，结婚和生育应接受优生节育指导。节育应采取综合措施，以避孕为主。提倡有两个孩子的夫妻一方采取绝育措施。免费供应育龄夫妻的避孕药具。凡施行节育手术的医疗单位和计划生育宣传技术指导单位，必须具备手术条件。节育手术由持有县以上卫生行政部门或计划生育部门颁发的手术合格证的医务人员施行，确保受术者的健康和安全。节育手术费，国家工作人员和城乡集体所有制企业职工在本单位医疗费中开支，城镇居民和农村人口从计划生育经费中开支。施行绝育手术后，因情况变化允许再生育的，凭所在单位证明，经县级计划生育主管部门批准，在指定的医疗单位施行吻合手术。经县以上计划生育技术指导组鉴定，确因节育手术引起并发症、后遗症的，在治疗期间，国家工作人员和城乡集体所有制企业职工工资照发，农村人口减免本人当年的集体义务劳动工；治疗费用按节育手术费的规定处理。

1991 年 11 月 12 日，省政府发布《四川省计划生育条例实施办法》。卫生行政部门组织、督促医疗单位做好优生优育、节育技术服务及节育手术并发症的防治工作；民政部门做好晚婚晚育的宣传教育工作，对独生子女家庭和因节育手术丧失劳动能力符合救济条件的家庭优先给予救济。机关、团体、企业事业单位、村（居）民委员会实行计划生育工作责任制，做好计划生育宣传教育和经常性的服务工作，及时报告计划生育情况，落实生育指标，组织动员已婚育龄妇女接受孕情检查。

1993 年 12 月 15 日，省八届人大常委会第六次会议通过的《关于修改四川省计划生育条例的决定》规定：

（一）县级以上计划生育宣传技术指导所（站）、乡（镇）计划生育服务站和医疗保健机构应开展优生、优育、节育咨询门诊，提供计划生育技术服务。公民应接受人口与计划生育基础知识教育；计划生育服务机构或指定的医疗保健机构应按期为已婚育龄妇女提供孕情检查的服务，已婚育龄妇女应予以配合；落实节育措施的费用，国家机关、社会团体、企业事业单位在职人员由所在单位在医疗费中开支，城镇无业人员和农村村民从计划生育经费中开支。

（二）节育应采取综合措施，以避孕为主。提倡和鼓励有两个孩子的夫妻一方采取绝育措施，免费供应育龄夫妻避孕药具。凡施行节育手术的医疗单位和计划生育服务机构，必须具备手术条件。节育手术由持有县以上卫生行政部门或计划生育主管部门颁发的节育手术合格证的医务人员施行，确保受术者的健康和安全。施行绝育手术后，因情况变化允许生育的，凭所在单位证明，经县级计划生育主管部门批准，在指定的计划生育服务机构或医疗单位施行吻合手术。除经县级以上计划生育、卫生主管部门批准，确有遗传性疾病等需要作胎儿性别鉴定者外，严禁进行胎儿性别鉴定。

（三）经县以上计划生育技术指导组鉴定，确因节育失败而怀孕施行手术的或因节育手术引起并发症的，在治疗期间，机关、团体、企业、事业单位在职人员视为出勤，工资照发；农村人口减免本人当年的农村义务工和劳动积累工。治疗费按节育手术费的开支办法处理。属于医疗事故的，由卫生行政部门按照国务院颁布的《医疗事故处理办法》及其实施细则的规定处理。

1997 年，省八届人大常委会第二十九次会议对《四川省计划生育条例》第二十二条修改为“计划生育技术服务机构施行节育手术必须具备手术条件，并取得县级以上计划生育主管部门颁发的计划生育技术服务许可证，其施行节育手术的人员应持有县级以上计划生育主管部门发给的施术合格证。医疗机构及其医务人员施行节育手术应当符合国家或省卫生行政部门规定的条件。”“禁止前款规定以外的单位和个人施行节育手术”。

2002 年 9 月颁布实施的《四川省人口与计划生育条例》，把“计划生育技术服务”专列一章，对节育技术作出具体规定：

（一）计划生育技术服务机构和从事计划生育技术服务的医疗、保健机构应当指导公民选择安全、有效、适宜的避孕节育措施。实施避孕节育手术，应当保证受术者的安全。育龄夫妻应当自觉落实计划生育避孕节育措施，接受计划生育技术指导。提倡和鼓励已生育子女的夫妻选择长效措施为主的避孕方法。非意愿妊娠或者不符合法定生育条件妊娠的，应当及时采取补救措施。经婚前医学检查，诊断为患有医学上认为不宜生育的严重遗传性疾病的，应当采用长效避孕措施或者施行绝育手术。

（二）保障育龄夫妻享有获得避孕、节育指导等计划生育技术服务的权利。计划生育技术服务机构或者指定的从事计划生育技术服务的医疗、保健机构或者村民委员会可与农村人口中的育龄夫妻签订计划生育服务协议，明确双方的权利、义务和违约责任。

（三）实行计划生育的育龄夫妻免费使用国家发放的避孕药具，免费享受孕情检查、放取宫内节育器、人工终止妊娠术、绝育手术和计划生育手术并发症的诊断、治疗等基本项目的计划生育技术服务。前款规定所需经费，农村人口由各级财政按国家和省的规定列入财政预算解决；城镇人口按国家和省的有关规定在生育保险或者医疗保险统筹基金中报销。未参加生育、医疗保险的，由所在单位或者地方财政负担。

三、病残服务规定

1987 年，《四川省计划生育条例》对病残技术服务作出规定：符合本条例第十三条第二款第（一）项规定，要求再生育一个子女的，必须由设区的市级以上计划生育技术指导组组织进行病残儿医学鉴定。其他任何单位、个人出具的鉴定不能作为依据。经县级以上计划生育手术并发症鉴定组鉴定为并发症的，在治疗期间，国家机关、社会团体、企业事业单位在职人员视为出勤，工资福利待遇不变；农村居民由基层人民政府给予适当优待。

1991 年 11 月 12 日，《四川省计划生育条例实施办法》规定：卫生行政部门组织、督促医疗单位做好优生优育、节育技术服务及节育手术并发症的防治工作；民政部门做好晚婚晚育的宣传教育工作，对独生子女家庭和因节育手术丧失劳动能力符合救济条件的家庭优先给予救济。

1993 年 12 月 15 日，省八届人大常委会第六次会议通过的《关于修改〈四川省计划生育条例〉的决定》规定：符合本条例第十一条第一项规定，要求再生育一个孩子的，必须由县（市、区）以上计划生育技术指导组组织进行病残儿医学鉴定。

2002 年 9 月颁布实施的《四川省人口与计划生育条例》规定：施行绝育手术后，因子女死亡、再婚等特殊情况允许再生育的，凭所在单位证明，经县级计划生育行政部门批准，在指定的计划生育技术服务机构或者医疗、保健机构施行吻合手术。经县级以上计划生育手术并发症鉴定组鉴定为并发症的，在治疗期间，国家机关、社会团体、企业事业单位在职人员视为出勤，工资、奖金照发；农村人口由基层人民政府给予适当优待。

四、药具服务规定

1987 年 7 月颁布的《四川省计划生育条例》对药具服务作出规定：实行计划生育的育龄夫妻免费使用国家发放的避孕药具，免费享受孕情检查、绝育手术和计划生育手术并发症的诊断、治疗等基本项目的计划生育技术服务。前款规定所需经费，农村居民由各级财政按国家和省的规定列入财政预算解决；城市居民按国家和省的有关规定在生育保险或者医疗保险统筹基金中报销。未参加生育、医疗保险的，由所在单位或者地方财政负担。计划生育技术服务应当由计划生育技术服务机构和经批准从事计划生育技术服务的医疗、保健机构提供。

2002 年 10 月，省八届人大常委会第二十九次会议对《四川省计划生育条例》作了修改：实行计划生育的育龄夫妻免费使用国家发放的避孕药具，免费享受孕情检查、绝育手术和计划生育手术并发症的诊断、治疗等基本项目的计划生育技术服务。所需经费，农村人口由各级财政按国家和省的规定列入财政预算解决；城镇人口按国家和省的有关规定在生育保险或者医疗保险统筹基金中报销。节育应采取综合措施，以避孕为主。提倡和鼓励有两个孩子的夫妻一方采取绝育措施。免费供应育龄夫妻避孕药具。

五、技术服务保障规定

1987 年 7 月颁布的《四川省计划生育条例》规定：地方各级人民政府应当采取措施，保障公民享有计划生育技术服务，提高公民的生殖健康水平。育龄夫妻自主选择计划生育避孕节育措施，预防和减少非意愿妊娠。计划生育技术服务网络，由计划生育技术服务机构和从事计划生育技术服务的医疗、保健机构组成，并纳入区域卫生规划。计划生育技术服务应当由计划生育技术服务机构和经批准从事计划生育技术服务的医疗、保健机构提供。

1993 年 12 月 15 日，省八届人大常委会第六次会议通过的《关于修改四川省计划生育条例的决定》规定：

（一）县级以上计划生育宣传技术指导所（站）、乡（镇）计划生育服务站和医疗保健机构应开展优生、优育、节育咨询门诊，提供计划生育技术服务。婚前应进行健康检查。检查的项目和收费标准由省卫生主管部门会同民政、计划生育、物价部门制定。

（二）非国家机关、社会团体、企业、事业单位在职人员的育龄夫妻接受孕情检查，由居住地计划生育服务机构或指定的医疗保健机构与之签订计划生育服务协议，明确双方的权利、义务和违约责任，并报乡（镇）人民政府、城市街道办事处备案。

（三）经县以上计划生育技术指导组鉴定，确因节育失败而怀孕施行手术的或因节育手术引起并发症的，在治疗期间，机关、团体、企业、事业单位在职人员视为出勤，工资照发；农村人口减免本人当年的农村义务工和劳动积累工。治疗费按节育手术费的开支办法处理。

2000 年 5 月 27 日，《中共四川省委、四川省人民政府关于贯彻〈中共中央国务院关于加强人口与计划生育工作稳定低生育水平的决定〉的意见》要求，要大力推进以技术服务为重点的计划生育优质服务，不断提高群众的生殖健康水平。充分利用各级计划生育技术服务机构和各种现有卫生资源，围绕生育、节育、不育，做好计划生育技术服务、生殖保健服务、母婴保健服务和提高出生人口素质的工作。计划生育技术服务机构要指导育龄群众选择以长效避孕措施为主的安全、有效、适宜的避孕方法。加强计划生育领域的科学研究和技术创新工作，重视避孕节育、优生优育、生殖保健新技术、新产品的开发和推广，并加强计划生育技术、避孕药具和生殖保健用品市场的管理，保护群众的身心健康。

2002 年 10 月，省八届人大常委会第二十九次会议对《四川省计划生育条例》保障规定作了修改：

（一）公民享有避孕方法的知情选择权。计划生育技术服务机构和从事计划生育技术服务的医疗、保健机构应当指导公民选择安全、有效、适宜的避孕节育措施。实施避孕节育手术，应当保证受术者的安全。

（二）保障育龄夫妻享有获得避孕、节育指导等计划生育技术服务的权利。计划生育技术服务机构或者指定的从事计划生育技术服务的医疗、保健机构或者村民委员会可与农村人口中的育龄夫妻签订计划生育服务协议，明确双方的权利、义务和违约责任。

（三）育龄夫妻应当自觉落实计划生育避孕节育措施，接受计划生育技术指导。提倡和鼓励已生育子女的夫妻选择长效措施为主的避孕方法。经婚前医学检查，诊断为患有医学上认为不宜生育的严重遗传性疾病的，应当采用长效避孕措施或者施行绝育手术。

（四）实行计划生育的育龄夫妻免费使用国家发放的避孕药具，免费享受孕情检查、节育手术和计划生育手术并发症的诊断、治疗等基本项目的计划生育技术服务。

（五）前款规定所需经费，农村人口由各级财政按国家和省的规定列入财政预算解决；城镇人口按国家和省的有关规定在生育保险或者医疗保险统筹基金中报销。未参加生育、医疗保险的，由所在单位或者地方财政负担。

（六）计划生育技术服务网络，由计划生育技术服务机构和从事计划生育技术服务的医疗、保健机构组成，并纳入区域卫生规划。计划生育技术服务应当由计划生育技术服务机构和经批准从事计划生育技术服务的医疗、保健机构提供。

六、技术服务管理规定

1987 年 7 月颁布的《四川省计划生育条例》对技术服务管理作出规定：计划生育技术服务机构开展计划生育技术服务，必须依照国家规定取得设区的市级以上计划生育行政部门核发的“计划生育技术服务机构执业许可证”。该证上应当注明获准开展的计划生育技术服务项目。医疗、保健机构开展计划生育技术服务，应当依照有关的设置标准，由县级以上卫生行政部门审查批准，在其“医疗机构执业许可证”上注明获准开展的计划生育技术服务项目，并向同级计划生育行政部门通报。个体医疗机构不得从事计划生育手术。

计划生育技术服务机构中从事计划生育技术服务的临床服务人员，应当依法取得执业资格和申请注册，并在经批准从事计划生育技术服务的机构中执业。严禁利用超声技术和其他技术手段进行非医学需要的胎儿性别鉴定；严禁非医学需要的选择性别的人工终止妊娠。因生育病残儿经鉴定获准再生育者，需要进行胎儿性别鉴定或者选择性别的人工终止妊娠的，应当经省计划生育行政部门核实，并到指定的机构接受鉴定或者手术。计划生育技术服务机构开展计划生育技术服务之外的其他诊疗业务，应当依照《医疗机构管理条例》的规定申请办理医疗机构执业许可证。

1993 年 12 月 15 日，省八届人大常委会第六次会议通过《关于修改四川省计划生育条例的决定》规定：凡施行节育手术的医疗单位和计划生育服务机构，必须具备手术条件。节育手术由持有县以上卫生行政部门或计划生育主管部门颁发的节育手术合格证的医务人员施行，确保受术者的健康和安全。施行节育手术后，因情况变化允许生育的，凭所在单位证明，经县级计划生育主管部门批准，在指定的计划生育服务机构或医疗单位施行吻合手术。除经县级以上计划生育、卫生主管部门批准，确有遗传性疾病等需要作胎儿性别鉴定者外，严禁进行胎儿性别鉴定。

2002 年 10 月，省八届人大常委会第二十九次会议对《四川省计划生育条例》保障规定作了修改：

计划生育技术服务实行国家指导与个人自愿相结合的原则。计划生育技术服务机构是指依照《计划生育技术服务管理条例》规定取得执业许可，从事计划生育技术服务的非营利的公益性全额拨款事业单位。计划生育技术服务机构开展计划生育技术服务，必须依照国家规定取得设区的市级以上计划生育行政部门核发的计划生育技术服务机构执业许可证。该证上应当注明获准开展的计划生育技术服务项目。医疗、保健机构开展计划生育技术服务，应当依照有关的设置标准，由县级以上卫生行政部门审查批准，在其医疗机构执业许可证上注明获准开展的计划生育技术服务项目，并向同级计划生育行政部门通报。个体医疗机构不得从事计划生育手术。

计划生育技术服务机构中从事计划生育技术服务的临床服务人员，应当依法取得执业资格和申请注册，并在经批准从事计划生育技术服务的机构中执业。严禁利用超声技术和其他技术手段进行非医学需要的胎儿性别鉴定；严禁非医学需要的选择性别的人工终止妊娠。

因生育病残儿经鉴定获准再生育者，需要进行胎儿性别鉴定或者选择性别的人工终止妊娠的，应当经省计划生育行政部门核实，并到指定的机构接受鉴定或者手术。施行绝育手术后，因子女死亡、再婚等特殊情况允许再生育的，凭所在单位证明，经县级计划生育行政部门批准，在指定的计划生育技术服务机构或者医疗、保健机构施行吻合手术。

计划生育技术服务机构开展计划生育技术服务之外的其他诊疗业务，应当依照《医疗机构管理条例》的规定申请办理医疗机构执业许可证。

第四节　奖励政策

一、城镇独生子女父母奖励制度

1987 年，《四川省计划生育条例》（以下简称《条例》）颁布实施。《条例》对城镇独生子女父母奖励政策是：每月奖给独生子女保健费 5 元，从发证之月起发至孩子 14 周岁止，由父母所在单位各负担 50%；独生子女保健费，国家工作人员和城乡集体所有制企业职工按财政部有关规定开支；城镇无职业的居民从计划生育经费中开支；城镇个体工商户的独生子女保健费，按有关规定办理；在就医、健康检查等方面，同等条件下，独生子女优先照顾；国家工作人员和城乡集体所有制企业职工，夫妻双方符合晚婚条件的，除国家规定的婚假外，增加婚假 10 天；实行晚育的，除国家规定的产假外，增加产假 20 天。婚假、产假视为出勤。

1991 年 11 月 12 日，省政府发布《四川省计划生育条例实施办法》（第 26 号令）。第十四条规定：逐步推行独生子女两全保险和独生子女父母养老金保险的社会保障制度；领有“独生子女证”的夫妻享受下列优待：所在单位对独生子女的托幼费、学杂费、医疗费给予适当补助；所在单位在分配住房时给予适当照顾。符合《条例》和本办法规定已领取独生子女证的农民、城镇无业居民年老或丧失劳动力后生活困难、符合救济条件的，由当地民政部门优先给予适当救济。

1993 年 12 月 15 日，省八届人大常委会第六次会议通过《关于修改〈四川省计划生育条例〉的决定》。

根据单位的经济条件，每月发给独生子女父母奖励金总和为 5—10 元，从取得独生子女证之月起发至孩子 14 周岁止。奖励金由父母所在单位各负担 50%，在职人员由国家机关、社会团体、企业、事业单位按财政部和省财政厅的规定开支；城镇无业的居民从计划生育经费中开支；城镇个体工商业者在工商行政管理机关收取的个体工商户管理费中开支。在就医、健康检查、毕业分配等方面，同等条件下，对独生子女优先照顾。

1997 年 12 月 29 日，省政府发布的《四川省流动人口计划生育管理办法》规定：异地暂（寄）住已婚妇女持有独生子女证的，继续享受《条例》及其实施办法规定的奖励和优待，其中被招聘或雇请为合同工、临时工的独生子女保健费由招聘或雇请的单位、私营企业、个体工商户承担。

2002 年经省人大常委会修改修订的《条例》，对领取和取得独生子女父母光荣证者享受奖励政策再次进行调整。凡取得独生子女父母光荣证者享受以下奖励和优待：

根据当地或者单位的经济条件，每月发给独生子女父母奖励金总和为5—10元，从取得“独生子女父母光荣证”之月起发至子女18周岁止，奖励金由父母所在单位各负担50%；国家机关、社会团体、事业单位在职人员的奖励金按有关规定开支；各类企业职工、城镇个体工商户及其他经济组织人员的奖励金在经营成本中列支；一方是国家机关、社会团体、企业事业单位在职人员，另一方为城镇享受最低生活保障救济人员或者农村人口的，由在职一方所在单位全额发给；机关、社会团体、事业单位职工中的独生子女父母，退休时加发5%的退休金（但加发后的比例不得超过100%）；企业职工中的独生子女父母退休时，根据有关规定增发养老金。

2004年4月，省政府颁布的《四川省独生子女父母奖励实施办法》（以下简称《实施办法》），对独生子女父母奖励的发放途径、经费来源、管理方法、发放标准、发放对象等作出规定：

独生子女父母奖励金按下列途径发放：国家机关、社会团体、事业单位在职人员的奖励金按有关规定开支；各类企业职工、城镇个体工商户及其他经济组织人员的奖励金在经营成本中列支；夫妻双方一方是国家机关、社会团体、企业事业单位在职人员，另一方无用工单位的，由在职一方所在单位全额发给；以上三种情形以外的夫妻，其独生子女父母奖励金在人口与计划生育奖励专项经费中列支。独生子女父母奖励专项经费建立财政专账进行管理，由政府拨款、社会抚养费全额进入独生子女父母奖励专账管理，专款专用，专账核算。具体管理办法由省财政部门和省人口与计划生育行政部门制定。按照上年度父母双方均为农村居民和城镇享受最低生活保障的独生子女人数，省人民政府财政部门每年按人均不低于5元、市（州）人民政府财政部门每年按人均10—15元的标准，安排落实人口与计划生育奖励专项经费。不足部分由县级人民政府财政部门补足。各级人民政府财政部门拨付的人口与计划生育奖励专项经费不得冲抵国家和省规定应落实的计划生育工作经费。乡（镇）人民政府、街道办事处的计划生育工作机构于每年第一季度按照实际情况编制独生子女父母奖励对象名册，报县级计划生育行政部门审核。

同年10月，省政府第四十二次常务会议决定，省财政每年安排3000万元用于奖励独生子女父母，确保落实《四川省独生子女父母奖励实施办法》中规定的“省人民政府财政部门每年按人均不低于5元的标准，安排落实到人”的目标。

二、农村独生子女父母奖励制度

1987年，《四川省计划生育条例》对农村独生子女父母奖励政策是：每月奖给独生子女保健费5—10元，从发证之月起发至孩子14周岁止；农村人口从集体公益金或乡（镇）村集体企业利润提成中开支，也可免缴独生子女本人应上缴的集体提留资金或以其他形式解决；农村人口中晚育的，可免去当年的集体义务劳动工；农村在招收乡（镇）村集体企业工人及扶贫方面应对独生子女户优先照顾；在就医、健康检查等方面，同等条件下，独生子女优先照顾；农村人口中晚婚、晚育的，基层人民政府可予以适当奖励。

1991年11月12日，省政府发布《四川省计划生育条例实施办法》，规定：夫妻只有一个合法收养的未满14周岁的孩子，可按《四川省计划生育条例》规定的程序申请取得独生子女证，享受对独生子女父母的奖励和优待；符合《四川省计划生育条例》和本办法规定已领取独生子女证的农民、城镇无业居民年老或丧失劳动力后生活困难、符合救济条件的，由当地民政部门优先给予适当救济。

1993年12月15日，省八届人大常委会第六次会议通过《关于修改〈四川省计划生育条例〉的决定》规定：农村在招收乡（镇）村集体企业工人及扶贫、划拨宅基地方面应对独生子女父母优先照顾。

1997年12月29日，省政府发布的《四川省流动人口计划生育管理办法》规定：异地暂（寄）住已婚妇女持有“独生子女证”的，继续享受《四川省计划生育条例》及其实施办法规定的奖励和优待，其中被招聘或雇请为合同工、临时工的独生子女保健费由招聘或雇请的单位、私营企业、个体工商户承担。

2002年，省人大常委会修改修订的《四川省计划生育条例》，对领取和取得“独生子女父母光荣证”的农村独生子女父母奖励政策再次进行调整：

地方各级人民政府对农村实行计划生育的家庭发展经济，给予资金、技术、培训等方面的支持、优惠。独生子女父母婚姻变化后未再生育和未收养子女的一方或者双方，凭原独生子女父母光荣证继续享受有关奖励和优待。

县级以上人民政府建立人口与计划生育奖励专项经费。奖励专项经费由政府拨款、社会抚养费、社会捐助等组成，用于奖励夫妻双方均为农村人口和城镇享受最低生活保障救济人员中的独生子女父母；夫妻双方均为农村人口和城镇享受最低生活保障救济人员的奖励金在人口与计划生育奖励专项经费中列支；农村独生子女家庭可多划一人宅基地；对实行计划生育的贫困家庭，在扶贫贷款、以工代赈、扶贫项目和社会救济等方面给予优先照顾；独生子女父母婚姻变化后未再生育和未收养子女的一方或者双方，凭原独生子女父母光荣证继续享受有关奖励和优待。

2004年10月11日，省政府颁布的《四川省独生子女父母奖励实施办法》，对农村独生子女父母奖励的发放途径、经费来源、管理方法、发放标准、发放对象、发放程序、监督制度等作出规定：

按照上年度父母双方均为农村居民和城镇享受最低生活保障的独生子女人数，省人民政府财政部门每年按人均不低于5元、市（州）人民政府财政部门每年按人均10—15元的标准，安排落实人口与计划生育奖励专项经费。不足部分由县级人民政府财政部门补足；每年第一季度按照实际情况编制独生子女父母奖励对象名册，报县级计划生育行政部门审核；根据县级计划生育行政部门核准的应奖励对象和金额，应在第二季度内将奖励专项经费拨付给各乡（镇）人民政府、街道办事处的计划生育工作机构；乡（镇）人民政府、街道办事处的计划生育工作机构收到拨款后应于30日内以现金形式发给应奖励对象，不得作任何抵扣或强制购买保险等；发放人口与计划生育奖励专项经费，由独生子女父母或其委托人持独生子女父母光荣证和有效身份证签字领取。

2004年10月，省政府第四十二次常务会议决定，省财政每年安排3000万元用于奖励独生子女父母，确保落实《四川省独生子女父母奖励实施办法》中规定的“省人民政府财政部门每年按人均不低于5元的标准，安排落实到人”的目标。

三、农村部分计划生育家庭奖励扶助制度

2004年2月，国家将四川列为农村部分计划生育家庭奖励扶助制度试点省。决定根据审定的奖励扶助人数，按每人每年600元筹集奖励扶助资金，除中央财政负担外，在地方财政负担的份额中，甘孜、阿坝、凉山3个民族自治州，由省财政全额负担；成都、攀枝花、德阳、绵阳、宜宾5个市，省财政负担45%，市、县负担55%；其余13个市，省财政负担60%，市、县负担40%。

2004年，省政府办公厅批转省人口计生委、省财政厅《关于开展农村部分计划生育家庭奖励扶助制度试点工作实施意见》。

奖励扶助对象的基本条件和奖励标准：本人及配偶均为农业户口或界定为农村居民户口，且户口在本乡（镇、街道）。出生于 1933 年 1 月 1 日至 1944 年 12 月 31 日。本人或配偶曾经生育子女，本人及配偶没有违反计划生育法规和政策规定生育。本人及配偶现存一个子女，或现存两个女孩，或子女死亡现无子女。各地具体条件按省人口计生委《关于四川省农村部分计划生育家庭奖励扶助对象确认条件的政策解释》执行。符合上述条件的农村计划生育夫妻按人年均不低于 600 元的标准发放奖励扶助金，直到亡故为止。已超过 60 周岁的，以该制度在全省开始执行时的实际年龄为起点发放。

奖励扶助对象的确认：奖励扶助对象的确认，由省人口计生委制定政策界限和程序，各级人口计生部门依据政策，按照个人申请、村委核实、乡（镇、街道）审核、县审批，村、乡（镇、街道）公示的程序对奖励扶助对象进行确认和年审。

奖励扶助金发放和管理：奖励金的发放单位为中国农业银行四川省分行及所属分支机构。实行奖励扶助金社会化发放和个人账户的专业化管理。奖励扶助金每年 9 月一次发放。县级财政委托农业银行县支行建立农村部分计划生育家庭奖励扶助专项资金财政专户，中央转移支付资金和地方配套资金按规定时限归集到专户，封闭运行。严禁用专项财政资金进行任何形式的营利性投、融资活动。农业银行四川省分行及其分支机构按照省人口计划生育部门提供的奖励扶助对象名单建立个人账户，将财政部门拨付的奖励扶助资金及时到位拨付到个人账户并将建立个人账户和资金到位拨付情况反馈给省财政和人口计划生育部门，省财政和人口计划生育部门汇总后上报财政部和国家人口计生委，形成严格的预算审批、会计核算和决算报告制度。每年由省级财政、人口计划生育部门组织社会力量和中介机构对奖励扶助金的发放和管理情况进行绩效评估。

2005 年 1 月，在全省人口资源环境工作座谈会和全省人口计生工作会议上，省委、省政府对继续做好奖励扶助工作提出严格要求。

同年 4 月，省人口计生领导小组印发《关于做好 2005 年农村部分计划生育家庭奖励扶助对象资格确认前期工作的通知》。5 月，省人口计生委印发《四川省农村部分计划生育家庭奖励扶助对象个人申报办法（试行）》和《四川省农村部分计划生育家庭奖励扶助对象个人信息档案管理办法（试行）》，进一步规范申报程序、确认程序、退出程序和奖励扶助对象档案管理程序。

四、扶助独生子女特殊困难家庭制度

2004 年 10 月 11 日，省政府发布的《四川省独生子女父母奖励实施办法》规定：县级以上人民政府建立人口与计划生育奖励专项经费，奖励专项经费由政府拨款、社会抚养费、社会捐助等组成，用于奖励夫妻双方均为农村人口和城镇享受最低生活保障救济人员中的独生子女父母、专款专用；政府对奖励专项经费拨款，按照上年度父母双方均为农村居民和城镇享受最低生活保障的独生子女人数计算，省人民政府财政部门每年按人均不低于 5 元、市（州）人民政府财政部门每年按人均 10—15 元的标准安排落实人口与计划生育奖励专项经费，不足部分由县级人民政府财政部门补足。

2005 年 2 月，四川对父母双方年龄均在 60 周岁以下的农村独生子女特困家庭进行救助与扶持。独生子女特困家庭在享受独生子女奖励政策的同时，对下述对象进行救助与帮扶：独生子女死亡，独生子女母亲年龄在 40 周岁以上且现未收养子女的家庭；独生子女罹患重大疾病（指心脏病伴急性或慢性心脏功能不全、慢性肾功能衰竭、肾病综合症、恶性肿瘤、白血病、结缔组织疾病、重大器官移植手术、急性重症肝炎、再生障碍性贫血、严重精神障碍性疾病、其他在医学上认为是重大疾病的情形）的家庭；独生子女因意外伤害致残，不能成长为正常劳动力的（符合病残儿医学鉴定标准）；独生子女父母因计划生育手术并发症（经县以上计划生育技术服务机构鉴定）影响生产、生活能力导致贫困的。

根据独生子女特困家庭的实际情况，主要采用四种救助扶持方式：与实施“三结合”相衔接，选择可行项目，帮助独生子女特困家庭发展生产，增强自我发展能力；参照农村部分计划生育家庭奖励扶助政策原则，确定特困家庭扶助金标准，计月按年发放；建立养老保险制度。对特困家庭，由政府出资帮助办理养老保险，解决老有所养问题；一次性补助；根据实际情况，视其特困程度、制定标准，一次性发给救助金，解决生产、生活中的实际困难。

同年2月，省委宣传部、省民政厅、省扶贫办、省妇联等十部门印发《救助计划生育特殊困难家庭实施方案》，对救助对象作了进一步界定：夫妻双方（或一方）户籍在四川，并长期居住；独生子女领证户包括农业户口和非农业户口，二女结扎户只指农业户口或界定为农业户口者；独生子女领证户子女死亡家庭是指父母在领取独生子女父母光荣证后，其子女未生育之前死亡的（含抱养）；农村二女结扎户子女死亡家庭是指农村生育两个女孩夫妻一方结扎，领取二女结扎户父母光荣证后，其中一个子女或两个子女不满18周岁死亡；独生子女领证户和农村二女结扎户父母死亡家庭是指夫妻双方或一方死亡，其子女未满18周岁的；独生子女领证户和农村二女结扎户夫妻伤残或患有特殊疾病的家庭是指子女本人或父母一方或双方由于伤残、疾病丧失劳动力，生活水平低于当地平均水平者。

同年3月，省政府颁布《计划生育特殊困难家庭救助办法》，其确认程序为：

（一）本人提出申请。计划生育特殊困难家庭须填写“四川省计划生育特殊困难家庭救助审批表”（一式三份），独生子女领证户提交独生子女父母光荣证，农村二女结扎户提交二女结扎户父母光荣证，同时提供相关的死亡证明、县级以上医院或计划生育技术服务机构的伤残、疾病诊断证明。因疾病、年幼等原因当事人难以提出申请的，由村（居）民委员会向上级主管部门申报。

（二）村民委员会审议。村（居）民委员会依据《四川省救助计划生育特殊困难家庭办法》，对申请人的条件和提交的证明材料进行审核，将审核通过的申请人名单以组（社）、居民委员会为单位张榜公布7天，确无异议后，在“四川省救助计划生育特殊困难家庭审批表”上签注意见，将拟救助对象名单和相关证明复印件上报乡镇人民政府或街道办事处。

（三）乡（镇）人民政府、街道办事处收到申请后，通过走访群众、入户调查和核对相关计划生育资料以及公安户籍等方式，对申请人资格进行初审，确无异后，于当年7月30前将拟救助对象名单以正式文件上报县（市、区）人口和计划生育行政部门。

（四）县（市、区）人口和计划生育行政部门对乡（镇）人民政府、街道办事处上报的救助对象再次进行核实，并将核实后的救助对象名单、救助原因和救助标准，于当年8月30日前以正式文件下发村（民）委员会、街道办事处，同时抄送同级财政部门，上报市（州）人口和计划生育行政部门备案。

（五）市（州）人口和计划生育行政部门对县（市、区）人口和计划生育行政部门上报的救助对象按50%的比例进行抽查，并于当年10月30日前将各县（市、区）救助对象名单汇总，抄报同级财政部门，上报省人口和计划生育委员会备案。同时，省人口计生领导小组把计划生育特殊困难家庭救助所需经费列入省、市（州）、县（市、区）三级财政预算。省级财政负担80%，市（州）、县各负担10%。鼓励企、事业法人、其他组织和个人为计划生育特殊困难家庭救助捐款，保证资金的来源，建立起长效救助机制。

同年4月，四川被中国人口福利基金会确定为全国第一批参加农村部分独生子女特殊困难家庭扶助试点省。四川制定《农村部分独生子女特困家庭扶助行动试点实施方案》。同时，省人口计生委会同省财政厅、中国人民银行成都分行、中国农业银行四川省分行印发《关于做好2005年农村部分计划生育家庭奖励扶助资金兑付工作的通知》，对奖励扶助专项资金的管理、委托代理发放等作出规定，并重新签订代理协议。

第五节　法规、规章

一、地方性法规

（一）《四川省人口与计划生育条例》

1987年7月2日，《四川省计划生育条例》（以下简称《条例》）经省六届人大常委会第二十六次会议通过并颁布实施。《条例》共5章34条。是全国第一部计划生育地方性法规，比国家颁布《中华人民共和国人口与计划生育法》提前14年。

《条例》在实施过程中，根据各个时期的情况、形势和任务，省人大常委会分别于1993年、1997年、2002年、2004年对《条例》进行4次修改、修订。

1. 1993年第一次修订

1993年12月15日，省八届人大常委会第六次会议《关于修改《四川省计划生育条例》的决定》颁布。修订后的《条例》为6章49条。

2. 1997年第二次修订

1997年10月17日，省八届人大常委会第二十九次会议对《条例》再次进行修改。在继续保持具体生育政策稳定的前提下，在总则中增加计划生育工作要与发展农村经济、帮助群众勤劳致富奔小康、建设文明幸福家庭相结合（“三结合”）的内容。这次《条例》的修订，是全国率先将计划生育“三结合”纳入法制管理的唯一省份。

3. 2002年第三次修订

2002年9月26日，省九届人大常委会第三十一次会议修订通过，将《四川省计划生育条例》更名为《四川省人口与计划生育条例》并公布实施。《四川省人口与计划生育条例》遵循《中华人民共和国人口与计划生育法》的法定原则，结合省情加以修订。

4. 2004年第四次修订

2004年9月24日，省十届人大常委会第十一次会议对《四川省人口与计划生育条例》进行修订，取消关于“发布涉及计划生育技术广告，须经省计划生育行政部门审查”这一条款，其余章节未作变动。

（二）《成都市流动人口计划生育管理规定》

1997年7月23日，《成都市流动人口计划生育管理规定》经成都市十二届人大常委会第二十六次会议通过；8月19日，省八届人大常委会第二十八次会议批准施行。

1999年12月10日，省九届人大常委会第十二次会议批准《成都市人民代表大会常务委员会关于修改〈成都市流动人口计划生育管理规定〉的决定》。

（三）《甘孜藏族自治州计划生育条例实施办法》

1988年6月24日，根据《四川省计划生育条例》和《中华人民共和国民族区域自治法》等相关法律法规，甘孜州人大常委会制定《甘孜藏族自治州计划生育条例实施办法》（以下简称《实施办法》）。

1998年12月18日，甘孜州七届人大常委会第三十五次会议通过，1999年6月1日，省九届人大常委会第九次会议批准。颁布《甘孜藏族自治州人大常委会关于修改〈甘孜藏族自治州计划生育办法〉的决定》。修改后的《实施办法》共6章48条，在原《实施办法》的基础上增加1章18条。

（四）《阿坝藏族羌族自治州实施〈四川省人口与计划生育条例〉的变通规定》

1989年4月28日，阿坝州六届人大常委会第八次会议通过，1989年5月8日省七届人大常委会第九次会议批准；根据1995年10月19日省八届人大常委会第十七次会议批准的《阿坝藏族羌族自治州计划生育办法》修正案修正。2004年2月26日，《阿坝藏族羌族自治州实施〈四川省人口与计划生育条例〉的变通规定》经阿坝州九届人大常委会第二次会议通过，2004年6月3日省十届人大常委会第九次会议批准。

（五）《凉山彝族自治州实施〈四川省人口与计划生育条例〉的补充规定》

1981年4月，凉山州计划生育办公室向省革委会上报《关于我州开展计划生育工作的试行规定的请示报告》。11月，省革委会批转该报告，统一全州各县（市）生育政策。1988年11月28日，凉山州五届人大常委会第十五次会议审议通过《凉山彝族自治州计划生育办法》，并经1989年5月8日凉山州人大常委会颁布实施。2003年3月26日，根据《中华人民共和国民族区域自治法》《中华人民共和国人口与计划生育法》《四川省人口与计划生育条例》的规定，《凉山彝族自治州实施〈四川省人口与计划生育条例〉的补充规定》经州八届人大常委会第四次会议通过，2003年5月28日，省十届人大常委会第三次会议批准。

二、省政府规章

（一）《四川省流动人口计划生育管理办法》

1991年9月16日，省政府第七十二次常务会议通过，10月4日以省政府令第24号发布《四川省流动人口计划生育管理办法》。

根据《中华人民共和国行政处罚法》等法律、法规的规定，省政府对1996年底以前制定的规章进行清理，决定对《四川省流动人口计划生育管理办法》进行修改。1997年12月19日，省政府第八十四次常务会议通过关于修改《四川省流动人口计划生育管理办法》的决定，12月29日由省政府令第103号发布施行。

（二）《四川省计划生育条例实施办法》

1991年10月17日，省政府第七十三次常务会议讨论通过《四川省计划生育条例实施办法》，于同年11月12日以省政府令第26号发布施行。

（三）《四川省计划外生育费管理办法》

根据《四川省计划生育条例》第三十七条规定，1995年4月8日经省政府第三十五次常务会议讨论通过《四川省计划外生育费管理办法》，同年5月5日以省政府令第59号发布，自1995年7月1日起施行。

（四）《四川省独生子女父母奖励实施办法》

2004年8月19日省政府第四十二次常务会议讨论通过，10月11日以省政府令第185号发布《四川省独生子女父母奖励实施办法》，自2005年1月1日起施行。

第二章　依法行政

第一节　依法管理

一、法制教育

1987年7月《四川省计划生育条例》（以下简称《条例》）颁布实施后，四川即与国家“一五”普法紧密结合，在全省开展《中华人民共和国宪法》和《条例》的学习、宣传活动。进入“八五”期间，四川把人口计生法制教育工作列入各级政府“二五”普法总体规划。

1991年，中共中央、国务院发出《关于加强计划生育工作严格控制人口增长的决定》（以下简称《决定》）。省委、省政府作出统一部署，要求各级领导干部带头学习、宣传好《决定》。同年7月，省计生委印发《关于迅速掀起宣传贯彻〈中共中央、国务院关于加强计划生育工作，严格控制人口增长的决定〉热潮的意见》，同时印发宣传教育提纲和10个要点。

1993年12月15日，修订的《四川省计划生育条例》颁布。省计生委把宣传《条例》及其配套法规、规章作为“二五”普法的重点，制定法制教育年度计划。同时要求各级计生部门把法制教育工作纳入业务工作目标同安排、同落实、同奖惩。各地在省计生委培训骨干的基础上，按照分级管理、分级培训的要求，精心组织，采取各种宣传形式，运用各种宣传工具，加大对《条例》的宣传力度。

1994年10月，省委、省政府作出《关于在全省农村全面开展计划生育“三结合”工作的决定》，各地紧扣农村中心工作，开展计划生育与农村发展商品经济、农民勤劳致富奔小康、建设文明幸福家庭相结合（“三结合”）的宣传，把计划生育与发展经济的宣传融为一体，使广大农民群众从中受到计划生育再教育，逐步将其多生孩子的愿望转移到少生快富上。

图4－1　1994年10月，省计生委举办法律知识竞赛

1995年，省计生委把村一级作为计划生育工作的重点，以创建计划生育“合格村”为载体，把计划生育宣传教育、避孕节育、经常性服务工作落实到村、组、户。在加强宣传教育方面重点做好人口与计划生育基础知识教育，平坝、丘陵县（市、区）受教育面达80%，山区县（市、区）70%，少数民族地区开展婚前教育面30%。

同时，加大社会宣传力度，中央电视台开办的计生专题栏目，播放四川制作的人口与计划生育节目60分钟，全省计划生育宣传品进村率70%，入户率60%。

1996年10月，省计生委印发《关于在计划生育系统干部职工中开展法制宣传教育的第三个五年规划的通知》，对1996—2000年的法制宣传教育工作进行部署。省、市、县三级计生委成立以主要负责人为组长的法制宣传教育领导小组，负责“三五”普法工作。

2000年3月，中共中央、国务院《关于加强人口与计划生育工作，稳定低生育水平的决定》（以下简称《决定》）下发后，省委、省政府制定《关于贯彻〈中共中央国务院关于加强人口与计划生育工作稳定低生育水平的决定〉的意见》，并召开全省计生工作会议，对宣传贯彻中央《决定》进行部署。四川采取多种形式，组织各级党政领导干部、计生工作者的学习和面向广大群众的宣传。各地广泛、深入宣传中央《决定》的重要意义和基本精神，使广大干部群众深刻理解人口问题仍然是制约国家经济社会发展的关键问题，充分认识稳定低生育水平工作的重要性、长期性和艰巨性，进一步明确新世纪四川人口与计划生育工作的奋斗目标，牢牢把握人口与计划生育工作的改革、发展方向和措施，增强大局意识、责任意识和忧患意识，提高贯彻落实《决定》精神的自觉性，克服盲目乐观、麻痹松懈情绪，以对党和国家、对群众利益和子孙后代高度负责的精神，坚持不懈地把计划生育工作抓紧抓好，确保人口计划的顺利完成。

2001年12月，《中华人民共和国人口与计划生育法》颁布，四川各级党委宣传部门和计生系统运用行之有效的宣传手段，在全省城乡广泛宣传中华人民共和国第一部人口与计划生育专业法，为2002年9月1日起施行作准备。

2002年，省人大常委会法制工作委员会与省计生委合作，组织人员将《条例》的法规条文用通俗易懂的文字作出详细解释，并收集相关法律、法规、规章汇集成《人口与计划生育法律法规务实》一书，作为四川计生系统“四五”普法教材，供各级学习。

2004年9月，省政府办公厅根据《国务院办公厅转发人口计生委财政部关于开展对农村部分计划生育家庭实行奖励扶助制度试点工作意见的通知》精神，转发《四川省人口计生委、四川省财政厅关于开展农村部分计划生育家庭实行奖励扶助制度试点工作实施意见的通知》。各地组织力量深入宣传两个文件，把党和国家的惠民政策及时传播到广大群众中。

2005年，全省计生系统在学好专业法律、法规的同时，开展《中华人民共和国行政许可法》（以下简称《行政许可法》）和国务院《全面推进依法行政实施纲要》的学习教育，强化依法行政意识。在抓好群众普法的基础上，突出五个重点：各级计划生育部门的领导干部；各级计划生育政策法规工作机构的工作人员；各级计划生育部门其他工作人员；各乡（镇）、街道办事处的计划生育行政执法人员；基层分管计划生育的党政领导干部。通过重点教育，使各级计生干部和分管领导全面领会人口与计划生育法律法规精神和掌握《行政许可法》等法律要义，做到知法、守法、护法、依法维护群众合法权益。

2001年启动计划生育综合改革试点，乡镇、街道计生办建立爱乐网站、市计生委资源网、互联网和流动人口计划生育信息交换平台、成都通“人口和计划生育”专栏，初步实现计划生育信息资源共享和网上交流，为宣传服务开拓新的空间。2002年启动开展的“婚育新风进万家”活动，浓厚宣传舆论氛围，提高宣传教育质量，推动新型生育文化建设，初步建立起以党委宣传部门牵头、相关部门协调配合、人口计生委组织实施的大联合、大宣传工作格局。2005年，全市建成生育文化小区27个、生育文化中心110个、生育文化大院681个。坚持领导干部带头学法，坚持普法教育与提高计划生育执法水平相结合，坚持普法教育与开展“无重大恶性案件年”活动相结合，坚持普法教育检查验收与整改相结合，使普法教育收到实效。以“四五”普法为契机，把计划生育政策、法规纳入“四五”普法内容，利用广播、电视、报刊、人口学校等舆论工具和宣传阵地，开展宣传和咨询活动。在宣传内容上，突出计划生育法律、法规和政策，突出避孕、节育基础知识，突出优生优育知识；在宣传对象上，坚持面向基层，面向育龄人群；在宣传方式上，以“婚育新风进万家”活动为载体，注重宣传教育进村入户，努力缩小群众生育意愿与政策规定的差距。通过“三改”“两取消”“一规范”改革措施，使各级计生干部和分管领导全面领会人口与计划生育法律法规精神和掌握《行政许可法》等法律要义，增强依法决策、依法管理的自觉性，使之做到知法、守法、护法、依法维护群众合法权益。各级计划生育主管部门把宣传《四川省计划生育条例》及其配套法规、规章纳入群众普法规划中，作为普法重点，组织实施。采取各种宣传形式，运用各种宣传工具，加大对计划生育的宣传力度。在对《人口与计划生育法》《四川省人口与计划生育条例》《计划生育技术服务管理条例》等法律法规宣传上，仅2001年，全市就印发“一法三规”小册子130万份，合订本3万册，《四川省计划生育条例》10万份，分发到农户和村以上干部。从20世纪80年代开始，计划生育宣传形式逐步进入到从宣传方针政策、生殖健康、避孕节育、优生优育，注重法律法规的宣传，在人口计生活动中除资料、图片、专栏、墙报、口碑宣传外，充分利用新闻媒体，广播、电视宣传和节假日集中大型宣传，同时，加大宣传力度，深入广泛地宣传人口计生法律法规。计生部门在开展人口计生工作活动中，因势利导，用群众看得见的事例，开展计划生育观念的教育，使广大群众，特别是各级领导干部认清实现民族的繁荣发展与控制人口数量，提高人口素质的关系。

图4－2 眉山市东坡区计划生育局开展社会治安综合治理“四五”普法宣传

二、规范行政行为

（一）规范抽象行政行为

“七五”期间，四川计生系统在规范抽象行政行为中，把执法职能、执法任务、工作程序和制度、执法责任落实到具体的单位和部门，并制成图表接受公开监督。各地计生委建立和实施部门执法责任制、错案责任追究制度和行政执法风险金制度，并抓好在乡一级的落实。

1993年，省计生委、省法制局等部门联合行文，要求各地在贯彻执行修订后的《四川省计划生育条例》及相关法律法规时，必须对抽象行政行为进行检查、建立规范性文件备案审查制度和清理制度，坚持“三不出台”，即不规范的文件不出台，与法律法规有抵触的不出台，程序不合法的不出台。开展规范性文件的专项治理工作，省计生委组织6次全省规模的规范性文件清理，使规范性文件的合法性得到保证。广安地区1994年清理计划生育规范性文件622件，其中，县、市级文件

101 个，乡镇文件 521 个，废止文件 12 个，更改文件 42 个。乐山市废止县级规范性文件 2 个，部分修改 27 个、废止乡级规范性文件 72 个。

1995 年颁布的《四川省计划外生育费管理办法》规定的征收计划外生育费的主体是乡镇人民政府或者街道办事处。征收对象为农村村民、城市居民或单位职工的，由所在地村（居）民委员会或所在单位协助征收；征收对象为城镇个体工商业者或流动人口的，由所在地工商行政管理部门、公安机关或用工单位协助征收。

“九五”期间，在《中华人民共和国母婴保健法》《中华人民共和国收养法》《中华人民共和国刑法》《中华人民共和国婚姻法》等相关法律法规（草案）制定过程中，省计生委认真负责地提出建议意见；在相关法律出台后，及时研究，主动协调有关部门制定好实施办法，为开展计划生育工作创造良好的法制环境。先后与西南财经大学等学术团体共同完成国家计生委课题《四川未来人口发展与生育政策前瞻性研究》、国家哲学社会科学研究规划基金资助课题《人口与计划生育立法研究》，得出四川必须稳定现行生育政策的结论，为国家立法和贯彻《条例》、稳定现行生育政策提供依据。在建立社会保障体制的过程中，积极争取，多方协调，稳定独生子女父母退休后加发 5%退休金的政策。与此同时，针对新形势下计划生育工作的新情况、新问题，对流动人口、下岗职工、被拐卖妇女等特殊人群的相关政策问题进行专题研究，对《条例》运用中的若干具体问题进行全面系统地梳理、归纳、解释；协调省财政厅、省物价局在专题调研、考察的基础上，制定照顾生育二孩社会抚养费的征收和管理办法、流动人口计划生育管理费、“婚育证明”工本费收取标准和管理办法等规范性文件，为推动计划生育工作深入开展提供政策支持。

1998 年，省计生委对《行政处罚法》实施后贯彻《条例》的一些具体问题，认真分析研究，及时制定下发规范性文件，指导基层具体操作，并自上而下逐级对规范性文件进行全面清理。

1999 年 1 月，省计生委印发《关于落实规范性文件备案审查制度的通知》，对规范性文件的审查范围、审查机构、审查程序、审查办法和审查责任等方面作出规定。同时，强调各级计生部门在制发规范性文件时必须做到“三个不抵触”，即：严格依照法定职权，以法律法规、规章为依据制定规范性文件，不得与法律法规、规章相抵触；下级政府制定的规章、规范性文件不得与上级政府制定的规范性文件相抵触；部门制发的规范性文件不得与政府的规章、规范性文件相抵触。在该原则指导下，省、市（州）、县（市、区）人口计生委（局）严格执行规范性文件备案审查制度和清理制度，依照法定职权制定规范性文件，全省未发生越权设定行政处罚及行政许可等事项。

进入“十五”期间，随着国家《人口与计划生育法》的出台和《四川省人口与计划生育条例》的再次修改、修正，在社会抚养费征收、管理和使用等方面制定系列配套文件，废止与此不相一致的规定，全面开展规范性文件清理工作。省计生委与省财政厅联合行文，规定各地必须确定并公开告示社会抚养费征收标准。各级建立规范性文件备案制度，制定的规范性文件均报送省人口计生委备案，对经审查不符合相关法律法规的规范性文件，省人口计生委及时要求其进行废止。在执法检查和调研的过程中未发现市（州）一级制定的规范性文件违法的情况。

2002 年修订后的《四川省人口与计划生育条例》规定，由县级计划生育行政部门作出征收抚养费的书面决定，县级计划生育行政部门可以委托乡（镇）人民政府和街道办事处作出征收社会扶养费的书面决定。但被委托的乡（镇）人民政府或者街道办事处作出征收社会扶养费的书面决定是以县级计划生育行政部门的名义作出的，由此引起的一切后果，包括行政复议、行政诉讼以及国家赔偿等责任由委托的县级计划生育行政部门承担。

2004年，四川人口计生系统在原有制度的基础上新订立“行政执法信息公开制度”和“行政决策公开听证制度”，增强行政执法和行政决策的透明度。

1. 根据人口和计生法律法规和机构改革“三定方案”规定，对行政管理事项、行政执法事项进行逐一分解，列出每一项工作的依据、工作程序，落实到每个岗位和执法人员的权限和责任中。

2. 坚持人口和计划生育行政执法公示制度。将人口和计划生育行政执法法定职责范围、生育政策、奖励优惠政策、再生育政策规定、人口和计划生育行政执法程序及收费项目、收费标准在各级的政务公开栏、村（居）务公开栏中向群众公开，让育龄群众知晓、理解、监督、支持人口与计生工作。

3. 加强行政执法监督检查，提高人口和计划生育行政执法水平。建立半年、年终检查和平时抽查制度，检查的主要内容包括：执法主体和执法人员的资格、各项收费标准和程序、执法文书的填写、再生育审批、规范性文件的合法性、出生人口的统计上报、有无违反“七不准”及“十禁止”情况等。

4. 建立人口和计划生育行政执法过错追究制度。对在人口和计划生育执法过程中由于故意或过失违反人口和计划生育法律、法规，造成严重后果，但尚不够承担刑事责任的具体行政行为进行追究，确保正确执法，文明执法。

5. 建立人口和计划生育行政执法评议制度。定期组织育龄群众、人口计生协会、邀请社会各界人士对人口和计划生育行政执法机关进行评议。

2005年，省人口计生委指导和监督基层计划生育行政部门准确适用法律法规，制定《人口与计划生育行政执法主要程序和工作制度》并要求各地认真执行。在行政执法过程中严格遵循程序合法、正当原则，执法文书制作、填写、归档符合统一规范。贯彻人口和计划生育相关法律法规，依法征收社会抚养费，坚持计征基数、倍数、计征办法、应征适用对象，征收情况公示制度。建立和完善包括再生育审批、生育证发放、独生子女父母光荣证的办理、独生子女病残儿鉴定、流动人口婚育证明办理、节育手术并发症鉴定等各项工作程序。对再生育的审批、独生子女父母奖励金发放和奖励扶助、独生子女特殊困难家庭的救助等关系群众切身利益的事项还规定逐级公示，对公示的时间、地点和规格等进行统一规范，避免走过场，在公共场所都能看到醒目的计划生育便民指南，包括群众关心的政策法规规定、办事程序、依法收费的依据、项目和标准。同时，省人口计生系统对原出台的规范性文件进行5次清理，对其中有违上级法律法规、规章和规范性文件的进行修改或废止。全省共清理和纠正不符合相关法律法规的案件1078件。取消流动人口婚育证明工本费收费，各市（州）免费发放170万本流动人口婚育证明，全省流动人口婚育证明办证率、验证率分别达到62%、66%。

各地坚持行政执法讲责任，行政管理讲服务的理念，制定和完善《计划生育行政执法程序》《行政执法错案追究责任制度》《计划生育行政执法监督制度》和执行计划生育“七不准”“十禁止”规定等。凉山州建立集“制度约束、来信来访、义务监督、政务公开”于一体的计划生育执法监督体系，改变过去计划生育执法监督主、客体倒置现状。绵阳市游仙、涪城、安县等区（县）推出“监督卡”，卡上印有问候语、计生局地址及举报电话、五项服务承诺等，广大育龄妇女能从监督卡上掌握办理证件、申请再生育程序和法定回复期限，避免跑冤枉路。在政策法律服务上，内江市重点推行“三改”“两取消”“一规范”措施。即改重点向群众宣传应尽义务为把法律法规内容全部交给群众，建立义务监督员制度，改一孩生育审批为在政策指导下由群众自主安排生育，改群众“跑腿”自办法律法规规定证件为按生殖服务项目上门服务；取消生育证，实行生育服务证，取消为方便管理者违法授权和违法设置的政策措施，废止与现行法律法规相悖的上墙图表、标语口号和公开栏中的相关内容；规范生育服务证、再生育审批、流动人口婚育证明、独生子女光荣证的办证服务流程。

（二）规范具体行政行为

1990年，省计生委开展具体行政行为的清理，重点清理征收费用情况，清理征收方式不符合行政诉讼法要求的问题。

进入“八五”期间，四川对计划生育行政执法人员进行全面培训，提高行政执法水平。四川对人口计生执法人员采取分级培训、普遍培训和重点培训等形式不断提高政治、业务素质，为文明执法创造条件；对未经政策法规培训和虽培训但考试不合格的计划生育工作人员一律不发给行政执法证和行政执法监督检查证。

1993年，省计生系统在县以上人口计生机构设置政策法规处（科、股）专司行政执法，其他业务处（科、股）室配备相关执法人员；禁止不具备行政执法主体资格的机构、组织从事计划生育行政执法，取缔个别基层单位组建的计划生育小分队、突击队。同时对乡、镇计生办不具备执法资格的临时人员进行清退。

1995年，国家计生委印发在计划生育行政执法中坚持“七个不准”的规定，省计生委在全系统分级举办贯彻执行“七个不准”专题培训班，提高干部认识、规范具体行政行为、减少工作中的随意性，防止违法行政。同年，省委、省政府作出决定把执行“七个不准”纳入计划生育目标考核。

1998年，省计生委对全省1995年以来的计划生育行政执法情况、队伍建设情况进行全面调查，对加强计划生育法制管理和计生系统进一步学习贯彻《四川省计划生育条例》其相关法律法规提出中长期和近期规划以及保障措施。组织计划生育执法大检查，在各地自查的基础上，省计生委由3位副主任分别带队，抽查4个市（地、州）、12个县（市）、24个乡（镇）、48个村，对288户农户进行问卷调查，对乡以上各级计划生育干部进行行政执法知识测试。

2000年10月，省政府法制办、省计生委发出《关于全省计划生育系统协助行政执法证颁发管理问题的通知》，对协助行政执法证的颁发、管理、使用等进行规范，解决乡、镇计生办未取得行政执法证人员和村（居）委会及大中型企事业单位专（兼）职计划生育干部等协助执法人员的资格认定问题。通过加强执法队伍建设、规范执法主体，全省在计划生育行政执法中实现执法人员持证上岗、亮证执法和文明执法。

2003年7月，四川印发《关于计划生育行政执法“十禁止”的通告》。

通过各级认真执行“七个不准”和“十禁止”规定，有效规范具体行政行为，保护群众的合法权益。

2004年，省人口计生委发文要求各地严格按照职责权限和法定程序行使权力、履行职责，准确运用相关法律法规做出行政许可、征收、奖励、处罚等具体行政行为，保证行政许可实施主体的合法、合理、规范。

“九五”至“十五”期间，四川在人口计生工作中坚持依法行政、文明执法，全省无引起国家赔偿的行为；无违法的具体行为被撤销、变更或限期履行；无程序违法的具体行政行为；无乱收费、乱罚款、乱集资、乱摊派的行为；无行政执法人员玩忽职守、打击报复、滥用职权等行为。

三、执法监督

1987年《四川省计划生育条例》颁布实施后，各地人大、政协对《条例》的执行情况进行监督检查。省计生委加强对全省计划生育行政执法的指导，在调查研究，总结各地经验和在乐山试点的基础上，制定8个计划生育行政执法程序，制作4种执法文书样式，对各地生育指标审批管理、病残儿鉴定、行政执法监督检查，行政处罚、复议、应诉、申请人民法院强制执行、流动人口计划生育情况证明、协议等一系列制度和行政执法程序进行规范与统一，建立全省计划生育行政执法的新秩序。

1991年，省政府发布《四川省行政执法监督检查规定》，各级计划生育行政部门制定计划生育行政执法监督检查的实施办法。主要采取以下措施：

1. 建立计划生育规范性文件备案审查制度，坚持未经有关部门和组织审查为规范性文件不出台。

2. 建立计划生育行政执法检查制度，开展经常性的执法监督检查。1995年以后，凉山州开展计划生育行政执法检查59次，撤销、纠正不正确的行政行为34件次。

3. 建立错案追究制度，查处计划生育工作中的违法乱纪案件。

“九五”期间，四川建立和完善行政执法监督机制，制定和实施法规规章实施情况报告制度、规范性文件备案审查制度、大案要案申报制度、法制工作统计制度等。在各地普遍自查的基础上，省计生委每年组织对4—5个地（市）的行政执法情况进行抽查，并将抽查结果通报全省。在配合省人大对《四川省计划生育条例》贯彻实施情况检查时，把计划生育行政执法作为重点内容之一，开展以清理违反政策乱开生育口子和计划外生育费管理为重点的行风评议试点。针对个别地方乱收费的问题，省计生委发出《关于坚决纠正在计划生育工作中乱收费的紧急通知》和《关于在计划生育工作中切实做好减轻农民负担工作的通知》，明确计划生育收费的种类和标准，坚决取缔和纠正一切乱收费、提高标准收费等行为。

1998年，省政府对《行政执法监督检查规定》进行修正，根据新规定，省计生委制发计划生育行政执法监督检查实施意见，提出监督检查的主要内容和重点。明确抽象行政行为监督检查的重点是：建立和遵守规范性文件制定程序情况；下级计生部门制定的规范性文件是否与法律、法规、上级规章和规范性文件相抵触；是否越权设置强制措施、许可制度或处罚、收费、集资等项目；是否按照法律、法规、规章的规定制定实施细则、实施办法。具体行政行为监督检查的重点是：作出具体行政行为的机关或组织是否具备行政执法主体资格，受委托的组织从事行政执法是否由行政机关依法委托；是否遵守行政执法程序；适用实体法律、法规、规章是否正确；是否依法进行行政复议；是否履行其他法定职责和义务。

2001年9月，《四川省行政执法监督检查条例》颁布实施，结合计划生育工作的实际，全省进一步完善计划生育行政执法监督机制，形成以人大监督、政协监督、司法监督、政纪监督、计划生育行政机关内部层级监督、群众监督等综合发挥作用的监督体系。

（一）人大监督

从1988年开始，全省各级人民代表大会及其常委会连续十余年对各级政府贯彻实施《四川省计划生育条例》的情况进行检查；坚持每年听取一次计划生育法律、法规贯彻落实情况的汇报；每年组织一至二次计划生育法律、法规实施情况的视察；不定期地深入基层调查研究，了解计划生育行政执法中存在的困难和问题，监督政府依法管理计划生育工作。

（二）政协监督

省、市、县政协人口环境委员会（人口组）坚持每年对计划生育执法问题进行调查；各级政协坚持每年听取一次计划生育执法情况汇报；各地政协结合每年的视察对基层计划生育执法情况进行监督，并将发现的问题向同级党委、政府及时反映，提出工作建议；政协委员深入城镇居委会和农村基层，就计划生育在新形势下出现的新情况、新问题进行调查研究，将重点事项形成提案，探索执法监督和依法做好计划生育工作的新途径。

（三）计划生育行政部门层级监督

图4－3 2005年6月，泸州市政府组织开展人口与计划生育工作督查暨生育秩序专项检查验收

按照层级管理的原则，上级人口计生行政部门负责对下级人口计生部门进行指导和监督。监督检查的重点是：下级部门在贯彻各项法律法规，稳定现行生育政策中有无擅自扩大再生育政策适用人群等情况；监督检查执行“七个不准”和“十禁止”规定的落实情况和在实施行政行为中有无具体行政行为的乱作为和不作为情况；监督检查规范性文件备案审查制度和清理制度是否落实；检查计划生育行政执法人员对政策掌握是否熟练、法律法规运用是否准确、自由裁量权使用是否适当；检查行政执法责任制是否落实到人；检查法律文书使用是否规范、是否建立实施切实可行的错案责任追究制度等。

1987年《四川省计划生育条例》实施后，每年对基层单位贯彻落实《条例》的情况进行随机抽查。从1997年起，坚持每年进行全省性计划生育执法监督大检查，每次随机抽查3—5个市（州）计划生育行政执法情况，将先进典型及时推出供各地学习，对发现的问题如实地反馈给当地党委、政府，促其改正。各地人口计生委（局），结合工作指导，经常对基层计划生育执法情况进行监督检查。把群众最为关心的生育政策执行、社会抚养费的征收和独生子女父母奖励金的兑现等具体行政行为的执行情况纳入常规督查事项，及时发现和解决行政执法工作中存在的问题；加大对乡级执行错案责任追究等制度的监督检查，增强法律责任和约束力；监督检查乡、村落实行政执法公示和举报制度的情况，增强计划生育执法透明度。

（四）群众监督

1．在村级实行执法公示制度，接受群众监督。从1985年开始，全省各地普遍实行人口计划公开、社会抚养费收支存情况公开的“两公开一监督”制度，主动接受群众监督。1989年，省委办公厅、省政府办公厅印发《基层人口生育计划和超生费管理实行公开监督的规定》。许多地方出现干部自觉用《四川省计划生育条例》规范计划生育工作，群众自觉用《四川省计划生育条例》规范自己的生育行为的新气象。20世纪90年代，各级建立健全计划生育政务、村务公开制度，在“两公开一监督”的基础上充实内容，形成“五公开一监督”，即将计划生育政策、人口计划指标、照顾生育审批程序和结果、人口出生、社会抚养费征收等情况公布在人群集中处的政（村）务公开栏中，接受群众监督。进入21世纪，全省各地除继续坚持执行计划生育政务、村务公开制度外，在计划生育村民自治工作中，坚持实行计划生育村民议事会制度，由村民代表组成评议监督小组，对上级行政执法和村计划生育工作进行评议、公开评议结果，接受群众监督。

2. 各级人口计生部门聘请计划生育行风监督员，设置举报箱和举报电话，号召群众举报计划生育系统行政执法中的不正之风。为使群众监督渠道畅通，县以上人口计生部门确定分管领导，落实经办人员，建立信访接待、对举报人保密和保护、举报属实兑现奖励等工作制度。

3. 群众组织监督。全省7万多个计划生育协会组织，在协助党委、政府贯彻计划生育方针政策、落实人口计划的同时，发挥协会网络优势，行使群众组织监督权，对计划生育行政执法情况进行经常性监督，发现问题随时向有关部门反映，做好保护育龄群众正当权益的工作。

四、执法检查

（一）行政执法责任制

1991年，全国计划生育政策法规工作座谈会在吉林市召开，提出计划生育行政执法“七个不准”的要求。省计生委强化基础建设：

1. 结合整顿生育秩序和查假治假，开展规范行政行为和建章立制工作。

2. 认真抓好县、乡两级计划生育规范性文件的清理工作，建立规范性文件审查备案制度、重大行政处罚行为事前报告制度、行政执法重大事件报告制度、行政执法统计报告制度。坚持“三不出台”，即不规范的文件不出台，与法律、法规有抵触的不出台，程序不合法的不出台。

3. 按照国家和省计生委的统一部署与要求，开展计划生育“二五”普法工作，采取多种形式对有关计划生育法律、法规、规章进行宣传。

1992年，省计生委加强工作指导，深入调查研究，总结各地计划生育行政执法经验。在乐山地区试点的基础上制定8个计划生育行政执法程序和4种执法文书式样，对各地生育指标审批管理、病残儿鉴定、行政执法监督检查、行政处罚、复议、应诉、申请人民法院强制执行、流动人口计划生育情况证明、协议等一系列制度和行政执法程序进行规范与统一，建立全省计划生育行政执法的新秩序。

1994年，根据省人大常委会的决定，全省各级计生部门加强计划生育行政执法基础建设，按照职责分工、任务要求，分解执法责任，落实执法目标。

1995年，省计生委要求各级计生委把计划生育行政执法列入重要议事工程，深刻领会开展计划生育行政执法检查的重要性和必要性，明确执法检查指导思想与目的、掌握检查内容与方法。各地对照通知要求，层层组织自查。在自查的基础上，各市（地、州）选择3—4个县进行抽查，有的地区还组织专门的检查队伍，对可能出现问题的“死角”和薄弱环节进行典型调查，写出执法检查报告。

1996年3月，省计生委印发《关于实行计划生育行政执法责任制的通知》《计划生育行政执法责任制实施方案》和《计划生育行政执法责任制实施细则》，明确省、市、县、乡四级计生部门的执法职能、执法任务和工作制度。

1997年，省计生委全面推行部门执法责任制：

1. 制定《四川省计划生育委员会部门执法责任制实施方案》及《四川省计划生育委员会部门执法责任制实施细则》。成立以委党组书记、主任任组长的行政执法领导小组，下设办公室。制定分阶段的实施步骤，落实保障措施，把执法职能、执法任务、工作程序、执法责任落实到具体的处室和个人，并制成图表公开监督。全省绝大多数市（地、州）、县级计生委都相应建立和实施部门执法责任制。

2. 建立和实施错案责任追究制度和行政执法风险金制度，并抓好在乡一级的落实。对每一例错案、失职或渎职行为依情节轻重，分别予以扣除风险抵押金、扣除年终目标奖、承担赔偿责任等处理。触犯刑律的，由司法机关依法追究其责任。

3. 建立计划生育行政执法程序，规范行政执法行为。针对基层行政执法人员缺乏相关的法律法规知识和统一的行政执法程序等问题，制定和完善行政执法程序。

1998年，省计生委进一步加强内部行政执法制度建设，先后制定行政执法错案责任追究制度、法规规章实施情况报告制度、规范性文件备案审查制度、大案要案申报制度和法制工作统计等制度。

2000年，各地建立和实施错案责任追究制度和行政执法风险金制度，并抓好在乡一级的落实。对每一例错案、失职或渎职行为，分别对责任人予以扣除风险抵押金、扣除年终目标奖、承担赔偿责任等处理；触犯刑律的，由司法机关依法追究其责任。“九五”期间，全省采取分级培训、普遍培训和重点培训相结合的原则，省计生委每年举办1期政策法规培训班，培训市（地、州）计生委分管主任、政策法规科处长和部分人口大县、计生工作困难县主任或分管政策法规工作的副主任；市（地、州）培训到县，县培训到乡镇和村（居）委会。

2001年，全省市、县、乡三级陆续进行机构改革，各地及时调整和落实好计划生育行政执法责任制和错案责任追究制，把重点放在乡（镇）一级，明确责任人的岗位职责和执法任务，把每一项职责任务都与执法人员的经济责任和行政责任挂钩，对每一例错案和失职、渎职行为，都认真进行追究处理，切实增强计划生育行政执法人员的责任意识。

（二）行政执法检查

1988年7月和12月，省人大和省政府分别组织全省计划生育工作执法大检查，重点检查各地贯彻《四川省计划生育条例》、执行计划生育政策情况。省、地、县三级“四大班子”领导成员约2000人和3000名计生干部参加这两次全省性大检查。省七届人大常委会第十八次会议听取汇报，作出《关于全面深入贯彻实施〈四川省计划生育条例〉的决议》。各级人大加强对《条例》贯彻情况的监督，仅1988年省计生委就承办省人大有关《条例》执行情况方面的提案40多件。

1989年10月，省计生委组织全省实施《四川省计划生育条例》两周年大检查。主要检查《条例》颁布实施后，各地执行计划生育政策法规、计划生育经常性工作、育龄妇女的分类服务工作、年度人口出生、计划生育统计、节育措施、超生费管理及使用情况等。各地按照省上要求，注意抓好县、区、乡（镇）、组四级计划生育服务网络建设，建立健全计划生育管理制度，切实抓好计划生育的“三为主”，落实各级计划生育目标管理责任制。年末，全省计生系统建立省、市（地、州）、县（区）行政执法工作机构。全省县以上计生执法机构配备工作人员497人，平均每个机构2.31人。

1990年9月，省委、省政府召开全省计划生育工作会议，要求各地、各部门进一步开展以实施

《条例》为主要内容的执法检查，采取三项措施，稳定计划生育政策：普遍对本地的生育政策进行全面清理，凡与《条例》相悖的，坚决予以纠正；对照《条例》规定，对《条例》颁发3年来超生情况进行彻底清理，政策兑现；根据本地实际情况，制定贯彻实施《条例》的配套政策和措施。

1992年11月，省计生委组织以规范性法律文书使用为重点的执法检查，检查行政执法人员对政策掌握是否熟练、法规运用是否准确、自由裁量权使用是否适当。检查结果，多数地方执法文书完备、准确、规范；调查笔录详尽准确，调查核定材料、孕情检验单、定额收据存根等收集保存完好，执法文书用语准确、简练，各项规章制度健全，执法责任制落到实处。

1993年国家计生委大连会议后、省计生委召开全省市（地、州）计生委主任会议，传达贯彻会议精神和“七个不准”的要求。各地计生部门及时向当地党政领导汇报，向计生干部传达教育。《条例》修正颁布后，省计生委把计划生育行政执法作为重点内容之一，开展以清理违反政策乱开生育口子等为重点的行风评议试点。针对个别地方乱收费、乱罚款问题，省计生委印发《关于坚决纠正在计划生育工作中乱收费的紧急通知》和《关于在计划生育工作中切实做好减轻农民负担工作的通知》，明确收费种类和标准，坚决取缔和纠正一切乱收费、提高标准收费、乱罚款行为。省计生委在各地计划生育行政执法自查的基础上，对部分地区行政执法情况进行抽查，并将检查结果通报全省。

1995年，省人大教科文卫委员会、省计划生育委员会联合开展贯彻实施《四川省计划生育条例》情况大检查，派出4个检查组，分赴乐山、广元、遂宁、南充、巴中、雅安、涪陵、黔江等市（地）进行重点抽查。检查的主要方式：听取市（地）、县、乡党政领导的汇报；召开部分人民代表、政协委员以及有关部门负责人员座谈会；进村入户走访群众，深入基层调查；与党政领导交换意见，共同讨论存在的问题和研究问题的解决办法，以及如何进一步实施《条例》的意见。

1996年，省计生委对全省1990年以来的计划生育行政执法、队伍建设进行全面调查。为修改完善《四川省计划生育条例实施办法》做了充分的调查、修改、论证、征求意见等工作；对《行政处罚法》实施后贯彻《条例》的一些具体问题分析研究，及时制定印发规范性文件，自上而下逐级对规范性文件进行全面清理；加强培训，全省计划生育系统行政执法全面实现岗位培训、持证上岗、亮证执法。

1997年，全省组织计划生育执法大检查，在各地自查的基础上，省计生委由3名副主任分别带队，采取随机抽样、不要陪同、自下而上的方法，抽查4个市（地、州）、12个县（市）、24个乡（镇）、48个村，对288户农户进行问卷调查，对乡以上各级计划生育干部进行行政执法知识测试，检查1995—1996年各级制发的计划生育管理规范性文件、计划生育行政执法案件档案及其他有关文件、案卷。

1998年，省计生委印发《关于计划生育行政执法监督检查的实施意见》，要求明确两个重点：

1. 建立和遵守规范性文件制定程序，下级计生部门制定的规范性文件是否与法律、法规、上级规章和规范性文件相抵触；是否越权设置强制措施、许可制度或处罚、收费、集资等项目。

2. 作出具体行政行为的机关或组织是否具备行政执法主体资格，受委托的组织从事行政执法是否由行政机关依法委托；是否遵守行政执法程序；适用实体法律、法规、规章是否正确；是否依法进行行政复议；是否履行其他法定职责和义务。

同时，省计生委将培训、检查相结合，加强对行政执法的指导。从省到市、县、乡，逐级对计划生育行政执法程序和制作行政执法文书进行系统培训。对具有典型性和普遍性的问题进行统一规范。

1999 年，针对个别地方规范性文件中存在的乱收费问题，省计生委派调查组进行专项调查，提出整改措施，印发《关于计划生育工作中切实做好减轻农民负担工作的通知》，明确计划生育收费的种类和标准，要求坚决取缔和纠正一切乱收费和超标准收费，切实减轻群众负担。

2001—2005 年，省人口计生委对全机关和直属单位每年进行为期 2 天的行政执法资格培训和考试，为机关全体执法人员换发行政执法证和执法监督证，全省人口计生系统均执行行政执法人员持证上岗制度。各级计生行政部门建立和完善政务公开制度、行政执法公示制度、执法过错责任追究制度、执法案卷评查制度。在行政执法中，坚持相关法律法规的准确适用和行政执法程序合法并重，从严查处违反“七个不准”和“十禁止”的行为。

2005 年，省人口计生委举办 3 次计划生育法律法规培训班。即：在绵阳举办各市（州）分管书记、市长和计生委主任参加的计划生育法律法规培训班，邀请国务院法制办、国家计生委领导和省计生委领导授课；举办各市（州）计生委分管主任、科长和部分县级计生局干部参加的计划生育法律法规培训班；和有关县（市）人大法制工作委员会联合举办县、乡镇分管领导和计生干部参加的计划生育法律法规培训班。

同年，省人口计生委与省人大、省政府法制办共同编纂《人口与计划生育法律法规实务》一书，对条例逐条进行释义、对具体运用中的问题作出解释，辑录重新完善的执法程序和文书，以及相关的法律法规规范性文件等，全书约 35 万字。

第二节　利益导向

一、计划生育“三结合”

计划生育“三结合”工作发端于 20 世纪 90 年代，四川各地不断进行改革创新、扩大帮扶基地，使更多的计划生育家庭享受到政策和项目的扶持。至 2005 年，全省计划生育“三结合”省级帮扶部门由 8 个增加到 34 个，市、县级帮扶单位多数超过 40 个，有的达到 60 个；全省共建立计划生育“三结合”帮扶基地 8500 多个，有 500 多万个计划生育家庭在“三结合”帮扶工作中受益。

二、独生子女父母奖励

1987 年，《四川省计划生育条例》统一了全省的独生子女父母奖励政策：

1. 每月发给独生子女父母奖励金总和为 5 元，从取得独生子女证之月起发至孩子 14 周岁止；
2. 农村在招收乡（镇）村集体企业工人及扶贫、划拨宅基地方面应对独生子女户优先照顾；
3. 在就医、健康检查、毕业分配等方面，同等条件下，对独生子女优先照顾。

2002 年在修订《四川省人口与计划生育条例》时，将独生子女父母奖励金的发放年限由 14 年延长至 18 年；规定农村独生子女家庭可多划一人宅基地；机关、社会团体、事业单位中的独生子女父母退休时加发 5%退休金（但加发后的比例不得超过 100%）；企业职工中的独生子女父母退休时，根据有关规定增发养老金。

随着农村土地承包责任制的完善和税费改革的推进，2004 年 4 月，省政府颁布《四川省独生子女父母奖励实施办法》（以下简称《办法》），对独生子女父母奖励金筹集、使用范围等作出详细规定。《办法》要求：各级必须确保独生子女父母奖励政策落实到位。县级以上人民政府由财政拨款、社会抚养费、社会捐助建立人口和计划生育奖励专项经费，省级财政按应奖励人数每人每年5元安排奖励经费，市级按每人每年10—15元落实，不足部分由县级人民政府财政部门补足。《办法》规定：户籍在四川省行政区域内依法取得独生子女父母光荣证的国家机关、社会团体、事业单位在职人员的奖励金按财政有关规定开支；各类企业职工、城镇个体工商户及其他经济组织人员的奖励金在经营成本中列支；夫妻双方一方是国家机关、社会团体、企业事业单位在职人员，另一方无用工单位的，由在职一方所在单位全额发给；以上三种情形以外的夫妻，其独生子女父母奖励金在人口与计划生育奖励专项经费中列支。2005年，四川把“全面落实独生子女父母奖励政策”作为年度人口计生重点工作之一，加大考核和督查力度，有效保证全省独生子女父母奖励金的兑现落实。当年，除机关、事业单位、企业职工的独生子女父母奖励金按规定由所在单位落实外，全省共支付2.8亿元独生子女父母奖励专项经费，兑现520多万户独生子女家庭的奖励。

三、扶助独生子女特殊困难家庭

2002年9月1日起施行的《中华人民共和国人口与计划生育法》规定：“独生子女发生意外伤残、死亡，其父母不再生育和收养子女的，地方人民政府应当给予必要的帮助”。四川把独生子女特殊困难家庭扶助工作列入重要议事日程。2003年，在雅安市天全县对农村独生子女特殊困难家庭扶助工作进行探索。2005年，四川被中国人口福利基金会确定为全国第一批参加农村部分独生子女特殊困难家庭扶助试点省。四川及时制定《农村部分独生子女特困家庭扶助行动试点实施方案》。当年，实施试点项目的雅安市天全县、名山县、雨城区和眉山市仁寿县，按照方案要求，组织开展扶助对象的调查摸底和扶助对象确认工作，并按规定进行公示，最终确认296户扶助对象。其中，独生子女死亡、母亲年龄在40周岁以上、且未收养子女的家庭85户；独生子女因意外伤害致残不能成长为正常劳动力的家庭183户；独生子女罹患重大疾病的家庭28户。在扶助工作中，本着因地制宜、因户制宜，尊重扶助对象本人意愿，逐户确定和实施扶助项目。其中，生产扶助251户、生活扶助7户、助医治病27户、助学11户，共落实到位扶助资金150万元。为了放大农村部分独生子女特殊困难家庭救助的政策效应，四川在总结试点工作经验的基础上，指导各市（州）根据本地实际，以建立农村养老保障体制、开展送温暖活动、争取相关扶助项目等作为切入点，进行扶助农村部分独生子女特殊困难家庭的探索，扩展和推广试点成果。“十五”期末，全省有12个市（州）、108个县将该项工作列入本级工作安排，进行摸底调查，确认扶助对象5.1万户，投入资金1800余万元，使2.6万户农村独生子女特殊困难家庭得到扶助。

四、农村部分计划生育家庭奖励扶助制度

对农村部分计划生育家庭，夫妇年满60周岁以后，由中央和地方财政安排专项资金进行奖励扶助的制度（以下简称“奖励扶助制度”），是解决农村部分计划生育家庭生产、生活实际困难的一项重大惠民政策。

2004年2月，国家将四川列为奖励扶助制度试点省份，省委、省政府随即作出部署：

（一）成立由省委、省政府分管领导负责，人口计生、财政、公安、民政、审计、纪检、监察等部门参加的奖励扶助制度试点工作协调小组，建立起齐抓共管的联动机制。

（二）发布“四条禁令”，严格工作纪律。即：严禁乱开口子放宽政策；严禁弄虚作假、徇私舞弊；严禁吃、拿、卡、要、刁难群众；严禁代领代发奖扶资金。

（三）决定根据审定的奖励扶助人数，按每人每年 600 元筹集奖励扶助资金，除中央财政负担外，在地方财政负担的份额中，甘孜、阿坝、凉山 3 个民族自治州，由省财政全额负担；成都、攀枝花、德阳、绵阳、宜宾 5 个市，省财政负担 45%，市、县负担 55%；其余 13 个市，省财政负担 60%，市、县负担 40%。同月，省人口计生委、省财政厅草拟《关于开展农村部分计划生育家庭奖励扶助制度试点工作实施意见》，由省政府办公厅批转各地执行。各市（州）、县（市、区）将试点工作纳入党委、政府议事日程，统筹安排，主要领导牵头组织，分管领导亲自抓，层层签订责任书，确保奖励扶助试点工作严格、有序推进。各地通过深入宣传，发动群众，准确把握奖励扶助对象的基本条件和奖励标准：①本人及配偶均为农业户口或界定为农村居民户口，且户口在本乡（镇、街道）；②出生于 1933 年 1 月 1 日至 1944 年 12 月 31 日之间；③本人或配偶曾经生育子女，本人及配偶没有违反计划生育法规和政策规定生育；④本人及配偶现存一个子女，或现存两个女孩，或子女死亡现无子女；⑤符合上述条件的农村计划生育夫妻按人年均不低于 600 元的标准发放奖励扶助金，直到亡故为止，已超过 60 周岁的，以该制度在全省开始执行时的实际年龄为起点发放等，原原本本地交给群众，依靠群众力量，筛选甄别，确保奖扶对象准确。

同年 4 月，全省各地开始进行奖励扶助目标人群调查登记。为确保奖励扶助对象“一个不错、一个不漏”，各级认真落实责任制，严把质量关。明确在调查登记和申报工作中，各级人口计生委主任（局长）是第一责任人，调查登记员是直接责任人。对各个重要步骤、重要信息都要由具体负责人签名认可，对调查登记工作承担政治、行政和经济责任，并实行责任倒查追究制和领导干部引咎辞职制。

为统一政策口径和试点方法，省人口计生委印发《关于开展农村部分计划生育家庭奖励扶助制度试点工作实施意见》《四川省农村部分计划生育家庭奖励扶助对象确认办法》《四川省农村部分计划生育家庭奖励扶助对象确认条件的政策解释》《四川省农村部分计划生育家庭奖励扶助对象个人申报办法（试行）》《关于建立和完善农村部分计划生育家庭奖励扶助制度监督机制的通知》等文件，指导全省实施农村部分计划生育家庭奖励扶助制度。

在调查登记中，各地始终坚持由国家公务员担任调查员；坚持做好村级评议（由调查员组织评议会，邀请与被评议对象同年龄段同村民小组老村民参加评议，签名认可）；坚持规范公示（把奖励扶助对象婚育史作为重点，以纸质公示为主，在村委会驻地、交通要道人群聚居地、被公示对象所在村民小组同时公布，接受监督）；坚持按省人口计生委发布的奖励扶助对象确认条件进行资格确认；坚持按照“本人申请、村级评议、三榜公示、两级审核、两级复查、逐级上报”的程序开展奖励扶助对象申报确认工作。同年，省财政厅、省人口计生委与中国农业银行四川省分行签订《代理兑现农村部分计划生育家庭奖励扶助制度资金管理协议书》，并联合印发《四川省农村部分计划生育家庭奖励扶助制度资金管理办法》。确定“专户管理、专款专用、封闭运行、直接补助、到户到人”的资金管理原则。受托机构负责将建立个人账户和资金拨付情况反馈给财政和人口计生部门，然后汇总上报，形成严格的预算审批、会计核算、决算报告制度。

各地把计划生育奖励优惠政策和各项帮扶救助措施结合起来，逐步形成较为完善的计划生育利益导向机制。奖励扶助对象按本人提出申请，村民委员会审议并张榜公示，乡（镇）人民政府（街道办事处）初审并张榜公示，县（市、区）人口计生行政部门审核、确认并公示，报市计生委备案5个程序进行确认，县级人口计生行政部门每年进行一次年审，根据年审情况进行增减。奖励扶助标准为，对符合条件的奖励扶助对象，按人年均不低于600元的标准发放奖励扶助金，直到亡故为止。已超过60周岁的，以该制度在当地开始执行时的实际年龄为起点发放。奖励扶助金以个人为单位发放。资金由中央和地方财政确定负担比例，安排专项资金并分别纳入当年财政预算。地方负担的资金，以省级财政为主，全市按基本标准（每人每年600元）中央财政负担80%、地方财政负担20%。资金发放和管理实行统一建立奖励扶助对象个人账户，实行专账核算和直接拨付，由省上委托有资质的机构进行发放。财政部门负责奖励扶助资金的预算决算、转移支付、总量控制和监督管理，人口计生部门及时掌握并监督委托发放机构建立奖励扶助对象个人账户和资金管理情况，代理发放机构负责制定资金发放办法和操作规程。同年9月22日，四川省暨成都市农村部分计划生育家庭奖励扶助金首发仪式在成都市举行，国家人口计生委主任张维庆、四川省省长张中伟及成都市有关领导出席首发式。各市（州）、县（市、区）也举行奖励扶助金发放仪式。是年，全市完成调查、登记、审批、上报、兑现工作，确认符合奖扶条件的对象。全省共确认奖励扶助对象127992人。

2005年1月，全省人口资源环境工作座谈会和全省人口计生工作会召开，省委、省政府主要领导对继续做好奖励扶助工作提出严格要求。在试点基础上，要进一步完善各项工作制度和运作程序，并决定把奖励扶助工作纳入对各地人口与计划生育目标考核。同年，在省人大通过的《政府工作报告》中，将继续做好奖励扶助工作列为政府工作的重要内容。省人口计生领导小组对做好2005年奖励扶助工作作出安排，印发《关于做好2005年农村部分计划生育家庭奖励扶助对象资格确认前期工作的通知》。随后，省人口计生委印发《四川省农村部分计划生育家庭奖励扶助对象个人申报办法（试行）》和《四川省农村部分计划生育家庭奖励扶助对象个人信息档案管理办法（试行）》，进一步规范申报程序、确认程序、退出程序和奖励扶助对象档案管理程序。同年，省人口计生委与省监察厅、省财政厅、省审计厅等部门印发《关于建立和完善农村部分计划生育家庭奖励扶助制度监督机制的通知》，对各部门的监督职责、监督重点、监督形式等进行规范。各级监察机关，把奖励扶助制度作为行政监督的重要内容，对各级政府和有关部门及工作人员实施奖励扶助制度的情况进行监察；各级人口计生部门，主要对奖励扶助目标人群资格确认过程进行监督，结合计划生育目标考核、专项调查等工作加强对奖励扶助制度的日常管理和监控；各级财政部门，严格执行专项资金管理的有关规定，保证资金封闭运行，加强对奖励扶助资金筹集、管理、发放的监督；各级审计部门，对奖励扶助资金的筹集、管理和使用进行审计监督；资金代理发放机构，加强对奖励扶助资金的管理、发放监督，禁止将奖扶资金交行政机关及其工作人员代领代发，禁止利用奖扶资金进行投、融资活动和抵扣个人贷款等。在落实部门监督责任的同时，各地组织新闻媒体，宣传报道奖励扶助政策，要求对奖励扶助制度运行过程中出现的违纪、违规行为公开曝光，以强化监督效果。为健全社会监督机制，各地聘请奖励扶助观察员。选拔热心人口计生事业、有高度责任心和使命感的各界人士充实观察员队伍，听取他们对奖励扶助制度的意见和建议，不断改进工作。是年，省人口计生委会同省财政厅、中国人民银行成都分行、中国农业银行四川省分行联合印发《关于做好2005年农村部分计划生育家庭奖励扶助资金兑付工作的通知》，对奖励扶助专项资金的管理、委托代理发放等作出详细规定，并重新签订代理协议。2005年，全省奖励扶助目标人群为199687人，其中继续享受对象124087人，新进对象75600人，当年9月，奖励扶助资金已全部划入个人账户。

第三节　计生人口统计

一、统计内容

计划生育人口统计的主要内容包括人口变动过程的指标（总人口、出生人数、死亡人数、自然增长人数以及各指标的比率等）、育龄妇女生育状况指标（育龄妇女人数、计划内及计划外生育人数、分孩次的生育人数、独生子女人数和领取独生子女证情况等）、育龄妇女避孕和节育情况指标（采取各种避孕措施的人数及节育率等）、女性初婚状况指标（女性初婚人数、晚婚人数及比率等）。

1990 年 1 月，省计生委印发《关于加强计划生育统计工作的意见》，要求各地人口计生部门加强统计资料的核实、保管、保密工作，建立统计数据定期公布制度，以利领导和群众掌握，了解和监督计划生育工作。凡公布和使用统计数据应严格按照《中华人民共和国统计法》和《实施细则》有关规定办理，杜绝“一门多数”和“数出多门”的现象发生。1997 年前，各市（州）使用 1981 年 5 月四川省计划生育定期报表，共 3 张 41 个项目。各区县每月向市报“表一”“表二”，季度、半年同时报“表三”。至 2005 年报表内容曾经过 5 次修改，但报表制度始终坚持。

1999 年 3 月，国家计生委印发的《计划生育统计工作管理办法》要求：乡、村两级应当建立、健全计划生育统计账卡，账卡内容应当每月变更。村级实行月报告单制度，每月通过报告单将变更信息上报到乡。

2003 年，根据新修订的《中华人民共和国人口与计划生育法》《四川省人口与计划生育条例》有关规定，规范乡（镇）一级统计内容和村务公开，凡与新法新规相抵触或不适应的账、表、卡、册和计划生育统计工作制度，一律废止或修改。

2004 年 3 月，省计生委印发《关于修订人口和计划生育统计报表的通知》，精简和调整统计报表。调整后修订的人口和计划生育统计为“人口自然变动情况表”“育龄妇女和流动人口情况表”“避孕节育情况表”3 张，统计指标 50 项。

2005 年 4 月，省人口计生委印发《关于修订人口和计划生育统计报表的通知》，规定新报表启用问题中的时间、统计时段、报表时间等内容。各市（州）自当年 4 月起开始使用新报表，2005 年半年报表仍使用原报表上报。报表的升级由各市（州）自行到网上升级。新报表统计时段与原统计时段相同。月报表于次月 10 日前上报；半年报表于每年 4 月 12 日前上报，年报表于每年 10 月 15 日前上报。月报表报 3 张；季报表、半年报表、年终报表加报分析报表；同时上报文字分析材料。

省计生部门统计工作严格按照《中华人民共和国统计法》和国家人口计生委《计划生育统计工作管理方法》《计划生育系统统计调查管理方法》等法律法规进行。

二、统计制度

依据《计划生育统计工作管理办法》，计划生育统计制度主要包括：

（一）统计考核评比制度

统计考核评比的内容包括统计基础账册、报表及时性和准确性、统计分析质量、对基层业务培训指导及预报全年人口出生数、抽样检查和分析评估等。

（二）分级负责统计培训制度

实行分级培训，省负责培训县以上计划生育统计干部；市负责培训县以下的乡镇、街道计划生育统计人员；区、县负责培训乡级计划生育统计人员。村的兼职统计人员由乡（镇、街道办事处）采取以会代训方式进行培训。

（三）基础账、册和台账制度

统一基础账册，乡（镇、街道办事处）建立结婚、出生、死亡、节育、独生子女领证、人口生育计划安排登记账本、已婚育龄妇女登记卡片（分村、分孩次装活页）和台账等，作为编制报表的依据。村级以村为单位建立健全已婚育龄妇女计划生育卡片档案和计划生育统计（微机变更）台账。台账和卡片随时逐项记录和变更，做到人账相符，账账相符，无错填、漏报。

（四）村访问制度

村计划生育兼职统计员每月月底对全村已婚育龄妇女作一次走访，将结婚、怀孕、避孕、节育手术、生育、领证、死亡、迁移等变化填入报告单和账卡。

（五）统计例会制度

村例会，每月底进行，主要对本村总人口、本月婚姻登记、人口出生、死亡、已婚育龄妇女迁入、迁出、节育措施落实、药具发放及流动人口婚育情况，查看有无相关人口计生信息漏统、漏报，一旦发现，及时进行相应的变更、统计、上报。乡镇例会，乡镇、街道每月月底或月初定期开会，乡镇统计员和村计生专干相互审核报告单与账册是否相符，由乡镇、街道计生办进行验收。例会包含组织村专干学习业务、交流经验、布置工作等。

（六）公示制度

在村、乡镇、街道两级政务公开栏中，每季度公布一次出生人口、孩次、出生时间、计划内外、落实节育措施、怀孕、生育、征收计划外生育费等情况，接受群众监督。

（七）县月报和抽查制度

乡镇每月将台账编报表报区、县人口计生委（局）；区、县人口计生委（局）总编月报，并做简要分析呈送有关领导和部门和上报市（地区）人口计生委。区、县计生委（局）每季度抽查1—2个乡（镇）或村，重点核实计划内外、人口出生、已婚育龄妇女避孕及避孕及时情况，排挤统计水分，及时发现人口计划和统计中的问题，提出解决办法，为领导当好参谋。市（地区）计生委每年对1—2个区县、3—4个乡镇街道办事处，乡镇街道对50%以上的村、社区的计划生育情况进行一次检查、解剖、评估，开展不定期专项调查和典型调查，分析研究人口与计划生育工作的重大问题，并将检查结果在适当的范围内进行通报。

（八）计划生育报告单制度

乡（镇、街道）实行计划生育报告单制度，按月向县（市、区）报告本月发生的人口变动、婚姻、生育、死亡、节育措施等情况，做到一月一清、一月一查、一月一报。报告单一式两份，留底一份按年度装订成册，保管待查。乡（镇、街道）级设立计划生育基础账卡和台账。按月将各村（居）委会的报告单内容填写到相应的卡片或账册上，同时汇总有关项目产生乡（镇、街道）级报表，并将报表内容记入统计台账。对账卡管理应做到逐月登记、季度抽查，每半年进行一次清理、整顿。对账卡的设置与管理情况，要列为半年、全年工作检查和考评的内容。对账卡设置与管理好的经验与典型要注意及时总结、交流、推广。

（九）统计资料保管、保密制度

各级统计资料及时存档并分类别按年度装订成册，妥善保管。乡镇、村所有统计资料均保存5年以上，市、区县统计资料长期保存，做好保密工作。

三、统计手段

1990年初，省计生委印发《关于加强计划生育统计工作的意见》，要求各地要加强基层基础统计工作，完善账、卡、册的使用与管理，提高统计数据质量，减少统计水分。各地很快行动起来，普遍对基层账、卡、册使用和管理进行清理，大部分市（地、州）、县统一账、卡、册。与省统计局联合，对国家计生委、国家统计局关于《计划生育统计工作实施办法》提出贯彻意见。

1999年，各地婴儿出生进入微机管理。2000年，市（州）和县（市、区）人口统计实现计算机联网。2005年，各地乡（镇、街道）全面实现育龄妇女信息管理系统网络化，统计手段开始由手工操作逐步向现代化转变。乡村两级取消沿用多年的“一档六簿”（已婚育龄妇女卡片（档案）、落实节育措施登记簿、一孩报名登记簿、结婚登记簿、生育计划登记簿、出生登记簿、死亡登记簿），用已婚育龄妇女基础信息卡代替。

四、统计口径

1990年，按国家计生委通知要求，全省年初总人口数按人口普查后调查的上年末总人口数进行填报和计算。2002年1月，省计生委印发《关于规范统计口径的通知》，规范各地计划生育工作有关统计口径，规定避孕措施及时率的时限。信访查实列入目标考核。查办信访案件凡是跨季度未统，经群众举报查实的，一律按漏报计入当年年度目标考核。实行跟踪调查，确因瞒报、漏报而骗取荣誉者，按照《中华人民共和国统计法》追究有关人员责任，并对所在乡镇通报批评。流动人口生育、节育手术的统计：凡流动人口生育、避孕节育手术，流出地和流入地都必须如实统计上报。

2005年，省人口计生委印发《四川省人口和计划生育委员会关于规范出生人口统计口径的通知》，明确常住人口统计口径。计划生育统计的对象为填报单位所辖行政区域内，具有中国国籍的常住人口。包括户口在本地，居住在本地的人；户口在本地，因从事务工、经商等活动或者以生育为目的离开户籍所在地的人；户口在外地，因婚姻、工作等原因常住在本地，户口未迁入的人；常住在本地，户口待定的人。出生人口统计口径包括孩次统计口径、符合政策生育统计、不符合政策生育统计、移民和少数民族生育一孩统计、流动人口生育统计、死亡人口统计口径等方面。截至2005年末，全省出生人口统计口径无变化。

五、统计质量监测

各地在贯彻《计划生育统计工作实施办法》的过程中，结合本地实际工作需要，本着删繁就简、减轻基层负担，以实用为度的原则设置并逐步规范基层计划生育统计台账、育龄妇女卡、报告单等必要的原始记录并完善相应的管理和考核制度。村级实行计划生育报告单制度，按月向乡（镇、街道）报告本月发生的人口变动、婚姻、生育、死亡、节育措施等情况，做到一月一清、一月一查、一月一报。报告单一式两份，留底一份按年度装订成册，保管待查。

2001年，各地完善和规范基层基础账、册、卡的管理，市、区县人口统计实现计算机联网，大部分县（市、区）及乡（镇）使用微机开展工作，利用微机上报资料，育龄妇女微机管理进入试点阶段。为计划生育统计提供现代化办公手段，及时上报统计数据，利于市计生委督促检查各区县计划生育部门。抓人口计划清查清理，抓村级计划生育工作，月月公布人口出生情况，设立举报奖，发动群众监督人口统计工作。

至2005年，各地推行统计监测点制度，建立省、市（州）、县（市、区）、乡（镇）四级统计监测点。

六、信息化建设

各地通过加强计算机应用能力建设和育龄妇女信息系统建设，使计划生育数据统计、育龄妇女信息收集等业务工作实现由手工填写跃升到计算机管理的新时期。

（一）计算机（微机）装备与应用能力建设

1985年，省计生委统一给各市（地、州）计划生育统计部门装备PC－1500单版计算机；1988年，为适应生育节育调查的需要，市级配备功能较齐全的微机；到1990年末，除市（地、州）外，有微机的县达38个。

1995年，省计生委印发《四川省计划生育系统“九五”期间计算机推广应用规划》和《四川省计划生育系统“九五”期间计算机应用实施方案》，对信息化建设的试点和全面推广作出安排。1997年，四川在计划生育基层单位逐步装备计算机。

1997年，省计生委信息中心组织开发出全省第一代育龄妇女管理系统（YFGL），泸州市泸县率先于8月在兆雅镇试点，开始使用省信息中心提供的育龄妇女信息系统单机版（YFGLv1.0版本），1998年7月在全省推广应用。

2001年，省计生委印发《四川省计划生育系统“十五”信息化建设规划》，提出“以需求为导向，以应用促发展，统一规划，协同建设，资源共享，安全保密”的信息化建设原则。各地作出具体规划、出台实施办法、加大资金筹措力度，在省列专项资金的推动下，使硬件建设得到较快发展。

2002年，全省各级计生系统配备计算机3059台，其中：市、县两级计生委平均有3台，乡（镇）计生办2451台，有计算机的乡（镇）占47%。省计生委专门为当年有育龄妇女信息系统建设任务的45个县（市、区）先后举办为期7天和20天的主任培训班、技术骨干培训班。当年全省各级培训、复训乡（镇）计算机操作人员2493名。

2003年，全省开始实施“人口和计划生育信息化建设工程”，省人口计生统计现代化建设改过去手工统计为计算机统计，统计质量有所提高。

2004年，全省配备计算机4300余套，除甘孜州、阿坝州、凉山州的部分乡（镇）外，其余地区所有乡（镇）均装备计算机。为使各级计划生育统计人员能熟练掌握计算机操作技能，达到“五会”（会一种汉字输入法、会一种文档编辑软件、会使用育龄妇女信息系统软件、会上党政网互联网查阅和下载资料、会使用电子邮件）的要求，四川以省计划生育信息中心为基地，举办各类培训班。

2005年，各地完善基层网络，加强督促指导。平时指导和重点指导相结合，及时解决网络故障，指导基层做好育龄妇女管理系统基础数据的录入工作。大部分县（市、区）建立育龄妇女信息网络，实现市、县、乡三级联网。1996年，德阳市市中区34个乡（镇）计划生育办公室配齐使用计算机统计。至1998年，全市配备使用计算机的乡镇发展到78个。2002年，全市162个乡镇计划生育办公室全部使用计算机。2003年，四川省投资装备的全国计划生育资源网二级统计平台在德阳市正式运转。2005年6月，计算机全部更新，资源网三级统计平台投入使用，四川省人口和计划生育信息化管理现场会在德阳市召开，宣传推广德阳市人口和计划生育信息管理经验。省、市（州）、县（市、区）三级平台投入使用，全省计划生育系统信息化进程稳步发展。乡镇“育龄妇女信息管理系统”（单机版）全部完成数据录入、修正工作，完成第一阶段信息化建设任务。

（二）育龄妇女信息系统（WIS）建设

育龄妇女信息系统是计划生育数字统计、人口宏观管理与决策系统建设的基础。四川计生部门在“八五”期间开始为育龄妇女信息系统建设作准备，“九五”期间正式启动。

1997 年，为给微机录入育龄妇女信息提供条件，全省统一规范四川省育龄妇女信息卡片内容，印发《四川省育龄妇女信息卡编码说明》。同年 11 月，四川省基层育龄妇女信息管理系统应用软件开始在全省使用。1999 年，省与市（地、州）计生委之间实现运用电子信箱交换育龄妇女信息。

2000 年，全省各地启动信息化建设，筹措经费为乡镇装备计算机，运用育龄妇女信息管理系统进行育龄妇女信息微机管理。各县（市、区）陆续开展育龄妇女信息管理系统建设。

2001 年，四川作出“十五”期间省、市、县、乡四级育龄妇女信息系统建设和应用规划，提出统一规划、统一技术标准、统一软件开发、分头建设、分步实施的原则，计划到“十五”期末，全省基本完成育龄妇女信息系统建设任务。各地根据省确定的建设方案和目标，加强对本地育龄妇女信息系统建设的规划、建设、管理和维护，对下级网络建设进行指导、接入、检查督促、推广应用与信息服务，加快育龄妇女信息系统建设速度。

2002 年，四川省计划生育广域资源网一级平台建成，全省计生系统建成局域网 14 个，已建育龄妇女信息系统的县（市、区）30 个、占县级行政建制的 17%，乡（镇）1657 个、占乡级行政建制的 33%。

2003 年，省计生委印发《关于实施计划生育信息化建设工程的意见》，对育龄妇女信息网络系统建设、应用系统建设等做出全面安排。各级计生部门通过加强领导、保障投入、完善制度、培训人员、实行目标管理等措施，确保信息化工程顺利实施。同年，全省 21 个市（州）计生委建立内部局域网，并专线接入当地党政网，依托党政网建立与省计生委联接的全国计划生育资源网二级平台。

2005 年，全省完成市到县的三级网络平台建设，除三州外，其余乡（镇）建起与国家标准代码相统一、功能较为完备的育龄妇女管理信息系统，全省育龄妇女个案信息库建设初具规模，各地运用 WIS 系统汇总信息、分析形势、制定规划、指导工作进入常态。

（三）信息网络系统制度建设

1. 统一网络建设的技术标准，确保各级育龄妇女信息系统互联互通。

2. 规范信息应用系统，全省统一采购相关应用软件，避免资源浪费和重复开发。

3. 对从业人员进行信息网络安全保密教育，增强防护意识。各级人口计生部门，建立健全微机操作规范、信息安全保密、计算机管理、人员培训等制度，加强信息安全等级保护、信息安全风险评估和主要信息系统灾难备份与应急建设等工作，确保育龄妇女信息网络系统安全运行。

（四）人员培训

四川以省计划生育信息中心为基地，举办各种类型的培训班。1997 年，省计生委举办市（地、州）统计人员和已配置微机的县级计算机操作人员的集中培训。主要进行育龄妇女信息管理软件、网络点对点通信、绘画及图文混排技术等业务知识的学习，为市、县培养一批骨干。是年，把四川生殖卫生学院绵阳中专部列为计划生育统计人员微机应用培训点，为基层统计人员培训开辟新阵地。

1999年，省计生委印发《关于计划生育乡（镇）计算机装备操作人员培训的通知》，各地组织乡（镇）计算机操作人员到省参加培训，全年开班14期，培训700余人，参训学员分别获得省委组织部、省人事厅制发的“四川省计算机应用能力考核合格证”和省计生委制发的“计划生育工作计算机操作管理上岗证”。同年，《四川省计划生育系统1999—2000年计算机应用推广工作规划》出台，各级加大经费投入，从该年起在全省计划生育系统开始批量装备计算机。

“十五”期间，全省共举办计算机应用培训班35期，培训各级计算机操作人员4000余人，为各县、乡培训1名以上“五会”计算机操作人员和信息化管理人员。

第四节　信　访

一、制度建设

“七五”以后，省计生委实行领导联系解决信访突出问题工作责任制，对重大信访案件，中央和省委、省政府领导交办案件，多次重复上访案件及上级信访部门督办的信访案件，实行委领导联系解决责任制，由联系领导作为第一责任人，挂牌督办，限时办结。

1993年后，四川按照《信访条例》和《四川省计划生育信访规范化管理意见》等规定，建立完善计划生育信访工作制度。

（一）分级负责制度

全省对求决、申诉、举报类上访统一实行计划生育逐级上访介绍信，并将其作为请示上级复查上访凭证，群众上访反映问题，首先向有管辖权的基层计生部门（乡镇、街道计生办）提出，上访人同意本级处理意见并签字视为上访终结。若上访人不服处理意见，且有充分理由和事实依据，可持出具的介绍信按隶属关系逐级向上级请求复查，凡不经下级计生部门处理，未持下级计生部门签发的介绍信上访者，上级计生部门只作政策法规的宣传咨询，不予立案受理。

（二）上墙建簿制度

市（州）和县（市、区）建立“三上墙”（领导值班制度、信访工作人员守则、来访者须知上墙）和“四簿”［来信处理登记、来访处理登记、委（局）领导接访群众处理登记、信访会议记录］制度，乡（镇）、街道办事处建立“两上墙”（信访工作人员守则、来访者须知上墙）和“两簿”（来信处理登记簿、来访处理登记簿），村级做到“一上墙”（来访公约上墙）和“一簿”（来信来访登记处理簿）。来信按来信人姓名、时间、住址、内容、处理时间、处理意见等项目进行登记，来访按来访者姓名、时间、住址、内容、处理时间、处理意见等项目进行登记，做到每访每信均有记载，件件有交代，事事有回音。

（三）培训制度

按照“分级培训”原则，市（地区）每年举办1期县（市、区）计生信访干部培训班，各县（市、区）每年培训乡（镇）专兼职信访干部1—3期，做到人员、时间、内容三落实，保证培训质量。

（四）办理制度

各级均建立信访登记、呈阅、交办、转办、催查办、回告、复信、重大问题立案调查、结案、恶性案件上报及年初工作意见、工作总结、信访信息、年底上报统计分析、逐级写出书面报告、年初立卷归档等制度。每年 7 月 10 日和次年 1 月 10 日为半年报和年报时间。

（五）“回执单”复信制度

实行追踪式一条龙责任制，凡重要信息采用三联单，第一联作检查督促，第二联向承办单位交办任务，第三联承办单位上报按回执单查处的办理结果，加快信息反馈，提高结案率。

1997 年 3 月，省计生委根据国家计生委有关规范化管理的要求，拟定《四川省计划生育信访规范化管理实施方案》。遂宁市市中区按要求上报该区规范化管理实施方案和总结报告。重庆、遂宁分别出台《重庆市计划生育信访工作管理暂行办法》和《遂宁市市中区计划生育信访规范化管理办法》。两地的主要做法是：首先抓试点，推广典型。遂宁市市中区用 10 天左右的时间在条件较好的仁里、东禅、保升等乡镇进行试点。在此期间，组织有关人员学习全国信访会议精神，介绍兄弟省市的先进经验，同时参观 3 个试点现场。

1998 年起，各地计生委建立健全计划生育信访工作机制。先后制定《信访接待制度》《信访工作办理制度》《信访工作保密制度》《署实名件回复回访制度》《信访岗位责任制度》等制度，将信访工作纳入业务目标管理考核。培训信访工作人员，将制定信访工作的科学管理程序和各种规章制度、督促检查信访问题处理、加强信访信息的综合分析和有效反馈，作为培训各县计生委领导、分管领导、信访干部的主要内容。要求从事信访工作的人员相信群众相信党，倾听群众意见，密切联系基层群众，接受群众监督，取得群众理解支持，帮助及时纠正工作失误，为领导决策服务。每年向省人口计生委报送半年信访统计表、年度信访统计表。

各地计生委加强信访长效机制建设。以建立“畅通、有序、务实、高效”的信访工作新秩序为出发点，以维护群众信访权益、解决群众实际问题为落脚点，建立“统一领导、属地管理、综合解决、归口办理、依法规范、民主监督、信息推动”的人口和计划生育信访工作长效机制，全面实现人口计生信访工作由简单的情况反映向分析建议转移，由转办交办向督查解决转移，由被动受理向预测、防范转移。眉山市确定仁寿县、洪雅县为首批省级人口计生信访长效机制建设试点县，以点带面，逐步推开。经省计生委检查验收，仁寿县、洪雅县成为人口计生信访长效机制建设合格县。当年，启用新的国家人口计生委制定的信访统计表。眉山市人口计生委完善信访首问责任制、领导接访日制度、信访责任追究制度、信访事项督办制度等制度，实现信访工作的规范化管理。2000 年前，广安市计划生育信访总量相对稳定，市县两级接访量每年在 1000 件（次）左右。其中，上级主管部门及有关领导批办量达 10%；其余信访件办结率在 80%—85%。2002 年，建立并实施信访工作首问制责任制，谁先接待来访户，就由谁负责办理或交办跟踪落实，信访办结率开始上升。当年市人口计生委受理群众来信来访、电话举报 155 件（次），应结信访 19 件（次），办结 18 件（次），办结率为 95%。2003—2005 年，全市计划生育信访工作进一步规范，调处力度逐年加大。2004 年全市共受理群众来信 1496 件（次），比 2003 年的 915 件（次）上升 63. 5%。市本级受理群众来信 139 件（次），比 2003 年的 89 件（次）上升 56%。接待来访 36 人次，比 2003 年的 28 人次上升 29%。办结省交办件 2 件，办结市委、市政府交办件 2 件，办结市长短信热线 5 件。2005 年，市本级受理群众来信 76 件（次），接待来访 25 人次，立案 27 件，办结 27 件。

二、信访管理

“七五”和“八五”期间，各地把信访工作的重点放在农村，逐步建立起县、乡、村三级信访网络。重庆、乐山、达川、广元、遂宁等地建立市（地）、县、乡、村四级信访网络，做到信访工作层层有人管，具体工作有人做。同时，抓紧对信访干部的培训，提高基层干部的政策、业务水平，增强信访人员服务意识，真正做到一般访事不出村、社，大事区、乡承办，疑难问题和大案由计生委配合有关部门解决办理，减少信访矛盾。仅1994年就有9个市（地、州）和194个县无一人到省上访，来访比1993年同期减少62%。

1994年3月，四川省计划生育信访规范化管理领导小组成立，各市（地、州）成立相应的组织机构。各县（市、区）明确分管计生工作的副书记亲自抓，计生委分管主任具体抓，并成立由分管主任为组长，各股室负责人和信访干部为成员的领导小组，各乡镇也相应成立由分管计生工作的镇领导任组长，纪检、民政、信访、计生等部门参加的计生信访领导小组。

1995年，国家计生委在遂宁市开展计生信访规范化管理试点。遂宁市市中区开展创“三无”活动，通过坚持群众逐级信访制度，在程序规范、依法行政上狠下功夫。把做好初信、初访作为控制信访量的关键来抓，对初信、初访反映的问题认真研究，对那些带有倾向性的问题、情况早掌握，工作早介入，苗头早控制，问题早解决，不断提高初信、初访的一次办结率。要求基层认真对待第一封来信，接待好第一次来访，合理解决信访者提出的问题，一次结案不留尾巴。用真情感化，变上访为下访，消除怨气治“标”，综合帮扶，变输血为造血，增强功能治“本”。该区各乡、镇在1995年调整配备专（兼）职信访员800余名，并对信访干部进行一次业务知识轮训，受训学员800多人次。

“九五”期间，省计生委按照“分级负责、归口管理”“谁主管、谁负责”和“及时、就地、依法解决问题”的信访工作原则，凡发生在基层的问题首先责成基层解决，督促基层原则上在一个月内办结，办理结果与信访群众见面，并书面报告省计生委，以防止基层走过场、做形式、搞应付。推行信访接待规范化建设，认真执行逐级解决信访问题的工作制度，落实信访工作领导责任制，坚持把信访工作纳入目标管理。实行一把手亲自抓，分管领导具体抓，班子成员配合抓。建立和落实每月15日为委领导信访接待日的制度，委领导轮流排班到信访接待室接待群众来访和阅处群众来信；推行领导挂牌包案责任制，委主任、副主任和党组成员亲自带队查办重大信访案件；对上访老户实行领导挂牌督办，责任到人。坚持把信访工作纳入目标管理，在对市（州）党政进行人口和计划生育目标考核时，坚持把信访举报及调查结果作为抽取考核样本点及修正考核结果的依据之一；在对市（州）人口计生部门进行业务目标考核时，坚持把交办信访案件办理情况、化解信访老户情况等纳入考核内容；把非正常上访案件作为全省人口计生系统督办工作的重点，实行“五定”责任制，即定包案领导、定责任单位、定办理人员、定工作任务、定办结时限，专人追踪督查。

1996年起，省计生委实行矛盾纠纷排查责任制。立足于抓小、抓早、抓源头，每月对不稳定因素进行一次排查，排查情况及时报送委领导和有关方面研究处理，加强预警预测。仅2005年，委领导先后5次在排查材料上作出重要批示，使一些重大问题化解在萌芽状态，努力把矛盾解决在当地和基层。主动派出信访工作组，接待处理全系统的上访案件。进一步完善信访值班和信息报送制度，确保信访信息的快速准确传递。

1998年，省计生委结合贯彻学习《关于领导干部在维护社会稳定工作中失职渎职的责任追究办法》，实行信访责任追究制度。决定对由于信访工作被动、问题处理不及时而引发的群众上访的人口计生部门，给予通报批评，半年内仍无改观的，将其列入重点管理单位。被省列为重点管理的，在全年信访考核时直接确定为不达标单位；对上访问题突出，年终考核排在末位的，实行“一票否决”；对于分管不负责、归口不办理等情况，严肃追究领导责任。同时紧紧抓住开展“领导接待日”活动这一契机，对处理有一定难度，涉及多个职能部门的信访问题由领导牵头协调各部门共同商讨解决，每次接待均由委政法处派员参与，提供法律服务，使许多涉法信访的解决有法律依据。

2000年，省计生委推行“源头工作法”，完善信访预防机制，坚持“问题抓早、矛盾抓小、情况抓细、工作抓实”的原则，将工作重心下移，关口前置，变群众上访为领导下访，变群众来访为去访，变事后“治病”为事前“预防”，努力做好从源头上清除信访苗头的工作。每当事关群众利益的政策、措施出台前，都要认真调查研究，正确把握民意、民情。在政策、措施出台实施后，都要由委领导带队，深入基层，深入群众，及时掌握政策、措施的落实情况和群众的具体反映，对那些带有倾向性的问题、情况早掌握，工作早介入，苗头早控制，问题早解决。

2002年，省计生委印发《省人口计生委关于妥善处理群众性非正常上访的工作预案》，做好重要会议重大节日和重大政治活动期间的计生信访工作，坚持预防在先，建立重要会议期间安排专人驻会接待信访制度，强化防范化解措施，维护良好信访秩序。

2003年，省计生委根据《信访条例》和工作规则，要求全省各级人口计生信访干部要以倾听民声、理顺民气、帮解民难为天职，对上访群众要满怀真诚，饱含深情，热心接待每一位来访群众，细心听取每一位来访群众的陈述，耐心做好每一位来访群众的政策解释和息访工作，做到“四宜四不宜”，即工作方法上“宜细不宜粗”，耐心细致，以宣讲政策、说服教育为主；对历史遗留问题“宜活不宜死”，本着实事求是的原则，坚持原则性和灵活性相结合；对待上访“宜化不宜激”，以预防为主，相互配合，及时疏导；对重大信访案件“宜准不宜急”，摸准情况，吃透政策，妥善处理，不留后患。严格实行“三快”工作法。即“受理快”，接到群众的来信来访，委信访室必须当天审阅登记，提出办理意见报领导审批；“查办快”，对举报线索具体、问题严重的案件，两天内提出查办方案和派出调查工作组；“了结快”，规定所有的信访初查件必须在3个月内办结。快节奏、高效率的信访工作，推动群众信访问题及时得到解决和回复。

2004年12月11日，全国人口计生系统信访工作现场会在遂宁市召开。国家人口和计生委副主任王国强到会，充分肯定遂宁市计生信访工作取得的成绩，指出，遂宁的工作经验值得推广。

2005年，省人口计生委印发《人口和计划生育信访工作规范化管理办法（试行）》，确定信访工作坚持属地管理、分级负责，谁主管、谁负责，依法、及时、就地解决问题与疏导教育相结合的原则。要求各级人口计生部门以建立“畅通、有序、务实、高效”的信访工作秩序为出发点，以维护群众合法权益、解决群众实际问题为落脚点，建立“统一领导、属地落实、综合解决、归口办理、依法规范、民主监督、信息推动”的信访工作长效机制。

三、化解信访老案

1994年全省信访研讨会后，各地把解决信访老案问题摆上议事日程。蓬溪县计生委从工作大局出发，对该县40名手术后遗症患者分门别类，逐一排队，认真解决他们的实际问题，该县全年用于解决术后症患者的医疗费和困难补助费达17万余元。射洪县计生委对上访群众从关心其子女入手，对他们在生活、生产上给予关心和扶持，以真情换真心，使这一信访老案最终得以妥善解决。

“九五”和“十五”期间，省计生委探索化解上访老案问题工作新路子。提出“以人为本，以理服人，以情感人”的总体要求，在实际操作上，凡经鉴定为节育手术并发症的，无条件地按照有关政策规定解决，凡节育手术后因各种原因造成家庭困难的，均纳入人口计生等相关部门关心帮扶的对象，主动加强与他们联系，帮助他们通过增收致富解决实际困难。同时实行委领导“包户”做工作。提出包调查研究、包协调处理、包限期办结上报、包停诉息访的“四包”工作要求，对联系解决信访老案问题原则上在3个月内办结，不能办理的及时报告并说明原因。结合对《信访条例》的宣传、贯彻和培训工作，印发通知要求各市（州）对国家和省人口计生委挂牌的信访老案积案和新近出现的上访苗头进行清理和排查，并要求各地坚持月排查、季分析制度，逐案落实稳控措施。

省计生委积极完善社会联动机制，建立化解信访长效机制，按照《关于术后家庭确有困难的信访户实行帮扶的通知》要求，尽可能帮助群众解决困难。省人口计生委党组成员多次带队深入信访大县（市、区）督查信访专项治理，协调解决有关问题。以“三结合”工作为载体，积极协调相关部门落实对信访群众的优惠优待措施，特别是对信访户在领取困难补助、子女就学、种养殖业技术指导等方面给予优惠优待，使生活有困难的信访群众息诉、息访。完善跟踪下访制度，在科技、文化、卫生“三下乡”活动中，开展“十、百、千走访”活动，通过走十个村组、进百户群众家庭、访千名百姓，及时解民情、体民意。省委、省政府信访办负责人员与省计生委党组成员先后6次带队赴德阳市中江县、绵阳市安县、泸州市古蔺县、资阳市乐至县，了解信访群众的生活情况和思想动态，并和当地党委、政府信访部门以及计生委一起研究解决他们生活中的困难，落实长效解决措施。国家人口计生委在遂宁市召开信访工作现场会，有力推动全省化解信访老案工作。

四、信访督办

“七五”期间，省计生委加强人口计生行政执法、技术服务规范化建设和统计数据“治假”工作，着力从源头上减少信访量。

1. 广泛宣传人口计生法律法规，积极引导各级人口计生部门依法管理、群众依法生育，进一步完善人口计生行政执法程序和执法文书，严格执行人口计生行政执法“七个不准”和“十禁止”的规定，认真落实行政执法责任制和错案责任追究制，及时发现和纠正人口计生行政执法中的不规范行为，严肃查处侵犯群众合法权益的人和事。

2. 切实加强基层人口计生技术服务规范、制度等质量保证体系建设，严格执行手术操作常规、凭证施术、持证上岗等规定，全面实施避孕方法知情选择规范、计划生育手术术前知情同意制度，努力增强人口计生技术服务人员的责任意识和服务意识。

3. 大力提倡求真务实精神，进一步建立健全人口计生考核监督机制，认真开展清理漏统漏报工作，提高人口计生统计数据含金量。要求各地人口计生部门强化“三个转变”，即由注重解决个案与研究解决共性问题相结合转变，由注重微观处理向与突出宏观指导相结合转变，由注重分流交办向与强化协调督办相结合转变，从而使信访问题的处理渠道更畅通、落实效果更好、矛盾调处程序更具科学性。

进入“八五”期间，省计生委加强与各部门的配合，协调和组织各方面的力量，切实解决群（集）访问题。全省排查出来的信访积案大多涉及到经济赔偿问题，这类案件没有具体的法律依据，当事人和有关部门对经济赔偿不能达成一致意见，或者是一时达成意见但当事人过后又提出更高要求，省计生委加强与司法机关、行政执法部门的联系与合作，使信访问题得到依法分流，依法处理。同时积极动员上访群众通过司法渠道予以解决，并在一些地方开展律师参与接待和提供法律援助活动，不断提高依法治访工作效率与质量。同时，完善社会联动机制，提出在基层单位建立层层负责、触角面广的社会联动机制的思路，并在遂宁、眉山等地试点，做到小事不出村组、大事不出乡镇。

“九五”和“十五”期间，省计生委坚持委主任办公会每月听取一次信访工作情况汇报。对重大信访问题进行督查督办，并由委主要领导接待、批阅、协调、处理重大信访案件。强化委办公室对信访案件的运转督办工作，对于转办的信访案件，办公室不当“收发室”“运转站”，不一转了之，应付交差。对群众反映的突出问题和领导批示交办的信访案件，办公室都作为重点，及时准确地提出拟办意见，报委主任会议，根据领导批示或主任会议要求及时转相关部门处理，实行跟踪督办催办，督促办理单位按期汇报办理情况和办理结果，使人民群众反映的问题得到解决、落到实处，件件有着落，事事有回音，努力把矛盾解决在当地和基层。

省计生委努力改进督办工作方式方法，推行“三督办”工作法，即上级机关和领导转办的信访件，由委分管领导亲自督办；本委领导批示信访案件，由委督办室负责督办；转下级机构办理的信访件，由委信访室负责督办。广安市岳池县、达州市宣汉县乡镇计生服务站临时人员，在机构改革时被清退，巴中市巴州区、平昌县计生干部工资长达几个月未兑现，南充市高坪区乡计生专干工资只兑现60%。省人口计生委全力以赴做好接待工作，稳定上访人员情绪，做过细的思想疏导工作，积极与当地政府部门联系，发函督促他们按政策妥善解决好上访人员的安置问题。2005年上半年，省计生委分别与成都市、达州市和资阳市等地取得联系，就大邑县、宣汉县、安岳县的计生技术服务机构改革人员安置问题进行协调，并召集涉案人员进行座谈，讲解政策，取得大多数人员的理解和认同。

图4－4 2004年12月21日，省计生委召开委主任办公会，研究信访工作

第三章　行政管理

第一节　党政领导负责制

省委、省政府始终把人口和计划生育工作摆在重要位置，坚持基本国策不动摇，认真抓好各级党政领导人口和计划生育责任制的落实。

1986年，省委、省政府在下达“七五”人口计划时要求各级党委和政府务必把计划生育工作纳入工作总体规划，坚持“两种生产”一起抓，“两个文明”一起建，“两种任务”一起下，粮、钱、人、文、一起考核；要有布置、有检查，主要领导要亲自过问，层层建立责任制。

1988年8月，省委、省政府在批转《全省计划生育工作会议纪要》中要求：对计划生育工作中的重大问题党委要讨论决定，在领导计划生育工作、贯彻政策方面政府负有更大的责任。

1990年7月，省委、省政府在签发的《关于进一步加强计划生育工作的报告》中强调：各级党委和政府每年至少认真研究计划生育工作两次，及时解决计划生育工作中存在的实际问题；党政主要领导要亲自抓，并有一名领导具体分管，其他领导成员要配合抓好这一工作；坚持严格考核奖惩，对计划生育工作好、完成人口计划的单位，要给予表扬和奖励，对于领导不力造成人口失控的，要追究领导人的责任。

1991年8月，省委、省政府在贯彻《中共中央国务院关于加强计划生育工作严格控制人口增长的决定》的意见中指出：除省委、省政府每年不少于两次专题研究计划生育工作外，要求各市（地、州）党委、政府（行署）每半年，县（市、区）党委、政府每季度至少研究一次计划生育工作；区乡（镇）党委、政府应根据工作中出现的情况和问题，随时进行研究；各级党委、政府第一把手都必须亲自抓计划生育工作，负总责。

1992年4月，省计划生育领导小组组长、省长张皓若在全省计划生育工作会上要求：各级党政领导要充分认识计划生育工作的重要性、紧迫性、长期性和艰巨性，在发展经济的同时要继续抓紧抓好计划生育工作；要坚持党政一把手负总责不变，现行计划生育政策不变，下达的人口计划不变。针对部分地区基层机构改革、撤区并乡建镇、换届选举过程中放松计划生育工作的苗头，特别强调“三个稳定”（稳定计划生育机构、稳定队伍、稳定思想情绪）和“四个不能”（计划生育机构不能变、队伍不能散、财物不能分、经费投入不能减），确保全省计划生育工作稳中有进。

1993年4月13日，省委书记谢世杰主持召开省委常委会专题研究计划生育工作。会议作出四项决定：

1. 切实加强对计划生育工作的领导，各级党政一把手必须亲自抓、负总责，除按照中央的做法在人民代表大会期间省委、省政府召开一次市（地、州）、县主要负责人员参加的计生工作座谈会外，每年还要专门召开一次市（地、州）党委书记参加的计划生育工作座谈会，统一思想认识，讨论和研究解决计生工作中存在的问题；

2. 加强各级计划生育机构和队伍建设，在机构改革中，计划生育机构必须稳定，计生专干数额不能减少，基层计生工作队伍不能散，“三个网络”（行政、事业、群团）必须加强，必须在组织上保证计划生育经常工作有人抓；

3. 在继续抓好农村计生工作的同时，要加强城镇计划生育工作的管理，特别是把流动人口计划生育宣传教育和管理措施落实到基层各单位；

4. 想方设法克服困难，按照中央要求增加财政投入，并保证按省里规定的比例落实到位；在经费分配上，要求各地对计划生育工作做得好的地方予以倾斜。

同年，在全省计划生育工作会议上，省委书记谢世杰和省长肖秧分别代表省委、省政府与各市（州）党政一把手签订 1993—1995 年人口与计划生育目标责任书。

1994 年 3 月，省委常委会会议听取省计生委工作汇报后，作出加强领导、落实责任、稳定队伍、严格执法、增加投入、加强流动人口管理六项决定。会后正式印发《省委常委会决定事项通知》，要求各地认真落实，切实抓好全省计划生育工作。

1995 年，省委、省政府把人口与计划生育工作列入《四川省小康标准》，作为检查、评选小康示范村、县、市的条件；增补省计生委为省委综合治理委员会成员，强化对人口计生工作的领导。

1996 年，省委、省政府将计划生育工作列入重要议事日程，多次强调各级党委政府必须保持清醒认识，把计划生育工作作为经济和社会发展的一件大事抓紧抓好，抓出成效。年初，省委召开第七十七次常委会会议，专题研究计划生育工作，对稳定计划生育工作队伍，确保计划生育事业费投入作出决定：

1. 在机构改革中，各级计划生育机构不减，基层计划生育专干提拔调动后，编制要留下，人员要及时增补；

2. 各级计委要把计划生育基本建设列入基建计划；

3. 在计划生育事业经费投入上仍按省、市、县三级财政 2∶2∶6 比例分级增补配套原则，省级财政在 1995 年的基础上每年按人均递增 0.08 元，逐年到位。

为贯彻落实省委常委会会议精神，省计生委同省人事厅、省编委印发《关于稳定乡镇计划生育干部队伍的通知》，省财政厅在十分困难的情况下，及时足额增加计划生育事业经费。省委书记谢世杰、省长宋宝瑞在调查工作时，深入基层听取计划生育工作汇报，共同研究如何提高计划生育工作水平的意见和措施，并多次就如何解决计划生育工作中的问题作出批示。

1997 年 4 月，省委、省政府领导在全省计划生育工作会议上对各级党委、政府提出四点要求：

1. 认真贯彻落实中央“计生两会”（座谈会、工作会）精神，坚持计划生育基本国策不动摇，统一思想，加强领导，努力开创计生工作新局面；

2. 以邓小平同志建设有中国特色社会主义理论为指导，不断增强全民族可持续发展意识，促进全省人口、经济、社会的协调发展；

3. 坚持“三个不变”（党政一把手负总责不变，现行计划生育政策不变，下达的人口计划不变）、落实“三为主”（宣传教育为主、避孕为主、经常工作为主），围绕实现计生工作“两个转变”（工作思路转变、工作方法转变），切实加强计生队伍建设；

4. 落实“五个加强”，即要加强计生“三结合”工作、加强基层建设、加强计生法制建设、增加计生投入、加强流动人口计划生育管理。

1999年，省委组织部《关于把计划生育工作作为考核各级领导干部的一项重要内容的通知》强调：组织部门要把完成人口计划的情况和计划生育工作的好坏，作为考核各级党政领导干部政绩的一项重要内容，在干部考察工作中，要注意听取计生部门意见。大力表彰奖励在计划生育工作中有突出贡献的人员，对在抓计划生育工作中做出显著成绩的党政领导干部，要按国家有关规定给予奖励，在同等条件下优先提拔使用；严肃查处计划生育工作中的失职违纪人员，凡因工作不负责任造成本地区、部门、单位违反计划生育政策的，在计划生育工作中乱批生育指标、以权谋私以及弄虚作假、骗取荣誉的，必须从严处理；重视计划生育部门领导班子建设，要选拔事业心强、有能力的干部充实和加强计划生育部门，县以上计生委班子中要选配一名经过医学大专以上培训的副主任分管科技工作。

2000年5月，省委、省政府在贯彻《中共中央国务院关于加强人口与计划生育工作稳定低生育水平的决定》中强调：加强领导是做好人口与计划生育工作的根本保证。各级党委、政府要增强领导班子的人口意识和人均观念，坚持党政一把手对计划生育工作亲自抓、负总责，切实做到责任到位，措施到位，投入到位。坚持和完善人口与计划生育工作目标管理责任制。要改革考核指标体系和考核办法，实行党政领导和计划生育部门分线考核，把工作重点引导到稳定低生育水平和为群众提供优质服务、提高工作水平上来。把领导干部特别是一把手落实计划生育工作责任制的情况作为衡量政绩和选拔、奖惩的重要内容，任期内逐年考核，离任时进行审核，对工作失职的要追究责任。

2001年3月，省委、省政府召开座谈会，邀请有关部门负责人和专家学者畅谈人口计生工作，为稳定四川低生育水平建言献策。同年，在乡镇机构改革中，省委、省政府就基层计划生育机构、人员、经费等问题作出5项决定，确保计划生育工作持续、健康发展。

2002年初，省委对四川人口与计划生育工作做出批示：“全省人口问题仍是制约经济、社会发展的一个大问题，绝不能有丝毫放松。”随后，在4月召开的全省人口资源环境工作座谈会、计划生育工作会上进行认真学习、贯彻。省长张中伟在全省计划生育工作会上强调，人口和计划生育工作必须进一步加强领导、依法行政、强化服务、增加投入、齐抓共管。并要求各级政府在农村税费改革中做好计划生育经费需求测算，努力增加转移支付额度。

2004年2月，在全省人口资源环境工作座谈会上，省委书记张学忠强调，各级要用科学的发展观，做好新形势下的人口计划生育工作，突出重点，加大力度，努力解决人口计划生育方面的突出问题。省长张中伟要求，各级领导干部要把思想认识统一到中央的决策和部署上来，统一到省委、省政府的要求上来，始终把人口计划生育工作放在战略地位，摆上重要日程，切实加强领导，狠抓落实。

2005年1月，省委、省政府在成都召开全省人口资源环境工作座谈会，省委书记、省人大常委会主任张学忠强调，要正确认识全省人口资源环境工作形势，进一步强化国策意识，牢固树立和认真落实科学发展观，站在对人民负责、对子孙后代负责、对历史负责的高度，把人口计生工作抓紧抓好，抓出实实在在的成效。省人口计划生育领导小组组长、省长张中伟指出，四川只有经济增长速度高于全国平均水平，人口增长速度低于全国平均水平，才能实现跨越式发展。并强调，要牢固树立人均观念，始终把人口和计划生育工作摆在重要位置。

第二节　领导小组责任制

计划生育领导小组是四川各级党委、政府为了加强领导和协调各有关部门齐抓共管，动员社会各方面支持、关心计划生育工作而设立的机构。四川境内，省、市、县、乡、村五级设有计划生育领导小组。领导小组由若干单位负责人组成，一般由同级党、政主要领导出任组长。

领导小组的主要职责是：根据党委、政府确定的职责分工，结合本部门业务特点，协调、督促本系统配合人口计生部门共同抓好人口计生工作；参与研究人口计生工作中的重大问题；参与研究制定相关的政策、重要文件以及中长期人口发展规划和计划生育事业发展计划；及时了解人口计生工作的情况，对做好人口计生工作提出意见和建议；完成本部门的计划生育“三结合”及其他相关工作任务。

四川省计划生育领导小组，始设于1963年10月，随着人员的变化，到“十五”期末，历经12次调整、充实。2000年5月，省委、省政府在《贯彻〈中共中央国务院关于加强人口与计划生育工作稳定低生育水平的决定〉的意见》中指出：要建立健全各级计划生育领导小组协调制度和调研制度，继续实行省计划生育领导小组成员单位联系县制度，充分发挥领导小组成员单位的作用。2004年，四川省计划生育领导小组更名为四川省人口和计划生育领导小组。为适应新时期人口计生工作的需要，2005年，进一步充实领导小组，由省纪委（省监察厅）、省委组织部、省委宣传部、省发展改革委等34个部门组成，并进一步明确各成员单位以下具体责任。

一、省纪委（省监察厅）

严肃查处违反法律法规生育的党员、干部，对破坏人口计生法律法规或政策的党员、干部给予党纪、政纪处分；严肃查处在人口计生工作目标考核和统计工作中弄虚作假的党员、领导干部；对因工作不力造成人口计生工作严重滑坡的市（州）党政主要领导按有关规定追究责任；监督有关部门严格执行计划生育的各项收费标准，禁止乱收费，减轻群众负担；监督计生专项资金的发放和使用，防止挤占挪用。

二、省委组织部

把人口计生工作情况作为考核各级党政领导干部政绩的一项重要内容，在干部考核、考察中注意了解干部落实人口计生政策的情况；表彰在人口计生工作中做出显著成绩的党政领导干部和人口计生干部；协调和指导各级党校开展人口理论教育；重视人口计生部门领导班子建设。

三、省委宣传部

协助人口计生部门制定人口计生宣传教育工作规划，协调、指导有关部门积极开展全民性人口计生宣传教育和人口计生公益性宣传，在全社会形成有利于计划生育的良好氛围；指导各级党委中心组加强人口理论学习和督促相关部门深入开展“婚育新风进万家”活动，大力普及避孕节育、优生优育、生殖保健的科学知识，引导广大群众树立科学、文明、进步的婚育观，努力建设社会主义新型生育文化。

四、省委农办

结合部门职能，积极探索制定对农村计划生育家庭切实可行的优先、优惠、优待政策或措施并督促落实；把农业产业化经营和劳务开发与计划生育“三结合”工作结合起来，加大对农民工的培训力度，提高农民工的整体素质，拓宽农民增收途径，切实帮助实行计划生育的农户增收；协助做好对流动人口的计划生育的管理服务工作。

五、省发展改革委

指导人口发展战略、规划和方针政策的研究；组织全省人口发展和基本建设中长期规划和年度计划的编制，并将其纳入全省总体发展规划和基础设施及服务网络建设规划；会同有关部门编制下达全省和分地区人口计划，并监督检查执行情况；指导和协调人口计生领域高科技产业发展规划、计划的编制和实施，支持和推动相关高新技术产业化；统筹安排计划生育专项投资和国家财政性资金建设项目，在安排项目和有关资金时，优先考虑计划生育家庭。

六、省教育厅

积极参与人口计生宣传教育工作，指导学校根据青少年的身体、生理发育特点有计划地开展生理卫生、青春期和性健康等方面教育，使学生掌握必要的生殖健康科学知识；进一步健全扶持农村经济困难家庭学生接受义务教育的助学制度，加大对计划生育贫困家庭学生的资助力度；对流动人口中的计划生育家庭在子女入托、入学等方面给予流入地同等待遇。

七、省科技厅

指导全省人口计生中长期科技发展规划的编制，并将其纳入全省中长期科技发展规划；支持人口计生基础研究、应用研究和国际合作项目的开展，支持人口计生科技平台建设，推动生殖健康产业的发展，促进计划生育、生殖健康新技术、新产品的应用和推广；支持人口科学研究和技术创新工作，促进人口计生研究机构的改革。

八、省民委

遵循中央关于少数民族地区社会经济发展政策精神，加强调查研究，参与民族地区计生政策的制定和落实，督促落实内地支持少数民族地区对口支援措施，促进民族地区人口素质的提高和经济社会的全面发展。

九、省公安厅

负责全省常住人口、暂住人口的登记管理和统计工作，向人口计生部门提供年度常住人口和暂住人口统计资料；配合人口计生部门共同加强对流动人口的计划生育管理；将流动人口计划生育管理服务工作纳入日常工作范围，实行部门综合治理工作目标责任制；指导、督促地方公安机关查处殴打、伤害依法执行公务的人口计生工作人员案件，依法查处、打击非法进行胎儿性别鉴定和溺弃女婴案件。

十、省民政厅

负责开展《中华人民共和国婚姻法》的宣传，加强婚姻登记管理和人口计生宣传教育工作，及时将婚姻登记情况反馈人口计生部门；贯彻执行《中华人民共和国收养法》，规范公民收养行为；在发展社会福利、社会保障和社区服务工作中优先照顾和扶持实行计划生育家庭；对农村独生子女夭折、病残后又无再生育能力的符合救济条件的家庭要优先纳入困难救济；在推行社区建设、村（居）民自治和政务、村务公开工作中，把人口计生工作纳入其中。

十一、省司法厅

积极支持人口计生工作，将学习宣传国家人口计生法律、法规列入普法教育计划；按照《中华人民共和国法律援助条例》的规定依法为计划生育困难家庭提供法律援助。

十二、省财政厅

按照省委、省政府确定的人口计生经费投入的要求，安排人口计生事业经费，对计生事业经费的使用进行监督和管理。

十三、省人事厅

加强人口计生工作队伍建设，落实人员、任务、报酬。表彰在人口计生工作中做出显著成绩的先进集体、先进个人。

十四、省劳动保障厅

负责制定与四川省人口计生工作相适应的劳动就业和社会保障的政策，特别是生育保险政策，积极推行生育保险；制定有利于农村人口计生工作开展的农村养老保障管理和服务规划；协助管理失业后在劳动保障部门领取失业金人员和流动人口的计划生育工作。

十五、省国土资源厅

支持人口与资源协调、可持续发展问题的研究；加强自然资源的保护与管理工作，制定国土资源管理的政策时，要有利于计划生育政策的落实，保障人民生活和现代化建设当前和长远的需要。

十六、省建设厅

劳务企业在同等条件下优先招收计划生育家庭的人员务工；把流动人口计生工作纳入本行业、本系统的目标管理，指导物业管理企业和建筑施工企业做好人口计生工作。

十七、省农业厅

把人口计生工作纳入农业和农村经济发展规划，制定有利于计划生育的农村产业政策并督促落实；把农业生产和计划生育“三结合”工作结合起来，通过调整种植结构，提供优良品种和先进技术，优先帮助实行计划生育的家庭发展致富；优先培训计划生育贫困农民工，大力开展实用技术、职业资格等方面的培训。

十八、省林业厅

把人口计生工作纳入林业和农村经济发展规划，制定有利于计划生育的林业政策并督促落实，把林业和计划生育“三结合”工作结合起来，通过提供优良品种、优惠政策优先帮助实行计划生育的家庭发展致富。

十九、省水利厅

把人口计生工作纳入水利和农村经济发展规划，制定有利于计划生育的水利政策并督促落实，把水利和计划生育“三结合”工作结合起来，在大搞农田水利基本建设、鼓励户办工程时，优先帮助实行计划生育的家庭发展致富，特别是对计划生育贫困户承包水面给予优先照顾。

二十、省卫生厅

负责计划生育技术服务机构的执业医师、执业助理医师、执业护士的考试和注册工作；组织计划生育技术服务人员初、中级技术职称的考试和高级技术职称的评审工作；协助制定计划生育技术标准、规范，负责医疗保健机构从事计划生育技术服务的专业技术人员的监督管理和培训工作，拟订提高出生人口素质的规划、工作计划及技术服务规范的实施意见并组织实施；协同人口计生委做好计划生育技术指导、节育手术并发症的鉴定和治疗、质量监督及技术人员的培训工作；与有关部门共同做好避孕节育、生殖保健知识的宣传咨询和流动人口计划生育技术服务工作；依法查处医疗保健机构进行非法胎儿性别鉴定。

二十一、省人口计生委

根据党和国家有关人口和计划生育工作的方针、政策和法律、法规，协助有关部门制定相关的社会经济政策，推动人口和计划生育工作的综合治理；协调有关部门做好出生人口性别比治理工作；负责制定全省计划生育“三结合”及流动人口计划生育管理工作的规划并组织实施；根据国家下达的人口控制目标，拟定全省人口和计划生育中、长期发展规划、年度计划及人口和计划生育事业发展规划和政策；制定人口和计划生育目标管理责任制体系，并实施考核与评估。

二十二、省地税局

积极开展人口计生宣传教育，认真落实国家有关人口计生工作的税收政策，指导地税系统做好人口和计划生育工作。

二十三、省广电局

负责组织协调广播、电影、电视等媒介，宣传人口形势、国家人口计生的方针政策及有关法律法规，报道人口计生工作的重要新闻，宣传人口计生工作中的典型人物和先进事迹；传播普及人口和计划生育、生殖健康等科学知识，指导本系统做好人口和计划生育宣传工作；配合有关部门抓好科技、文化、卫生“三下乡”活动。

二十四、省统计局

组织实施人口普查和年度人口变动情况的抽样调查；收集、整理和提供人口数据；核定、管理、公布人口统计资料，对人口统计数据进行分析。

二十五、省工商局

配合有关部门共同做好个体工商户和私营企业经营者的计划生育管理工作，负责计划生育药具市场的管理和监督工作；对申办个体工商户、私营企业的流动育龄人口，按照《流动人口计划生育工作管理办法》核查流动人口婚育证明；配合有关部门对违反计划生育政策的个体工商户和流动育龄人口从业人员按照有关规定予以处理；在办理营业执照和提供咨询服务时，同等条件下应对计划生育户优先；协助人口计生部门做好固定集贸市场从业人员的计划生育管理工作。

二十六、省食品药品监管局

负责计划生育药品、医疗器械的再评价和不良反应监测工作；负责终止妊娠药品、医疗器械和促排卵药品的监管工作；协助有关部门对计划生育药品、医疗器械流通进行监督管理；协助和支持有关部门引入和推广计划生育药品、医疗器械。

二十七、省农机局

制定有利于计划生育的农机化发展政策并督促落实；通过农机化项目、先进实用农机具推广、农机化作业服务等方式优先帮助实行计划生育的农户发展致富；通过农机化科技示范推广项目、农机科技下乡、农机科教兴农教育培训活动培育农村各类实用技术人才，优先、重点培训计划生育家庭人员，努力培育他们的自我发展能力，帮助他们拓宽增收致富渠道。

二十八、省乡企局（省中小企业局）

指导乡镇各种所有制形式的企业在各级政府和人口计生部门的指导下，依据人口计生法律法规，做好企业的人口计生工作。

二十九、省畜牧食品局

制定有利于计划生育的畜牧食品政策并督促落实；通过努力发展畜牧业扶持计划生育贫困家庭；加强农村计划生育独生子女贫困家庭畜牧技术的应用培训工作，引导他们从依靠传统养殖业向科学化养殖发展，提高市场竞争力，较快增加收入。

三十、省扶贫开发办

把扶贫开发与人口计生工作结合起来，把计划生育贫困家庭作为项目扶贫的重点对象，同等条件下优先安排有利于促进人口计生工作的扶贫项目；抓好计划生育“三结合”工作，优先、重点扶持计划生育贫困家庭。

三十一、省总工会

在职工中广泛宣传人口形势及人口计生法律、法规和政策，把动员广大职工参与改革开放和经济建设与实行计划生育紧密结合起来，教育和引导他们自觉实行计划生育；监督企业落实计划生育法定代表人责任制。

三十二、团省委

在青年中普及人口计生政策，把动员广大青年参与改革开放和经济建设与实行计划生育紧密结合起来，教育和引导他们自觉实行计划生育。

三十三、省妇联

在妇女中普及计划生育法律、法规和政策，引导广大妇女自觉实行计划生育；参与“关爱女孩行动”的宣传教育工作；大力宣传男女平等，把提高妇女地位、动员广大妇女参与改革开放和经济建设与实行计划生育密切结合起来；动员和组织广大妇女积极参与人口计生方案的制定与实施，提高妇女计划生育主人翁地位；维护妇女婚姻和生育的自主权。配合有关部门深入开展“婚育新风进万家”活动，宣传树立科学进步的婚育观。

三十四、省供销社

通过推进农业产业化经营、发展农村专业合作经济组织、搞好农资产品供应、推进现代流通体系建设、提高农民的组织化程度，做好计划生育“三结合”工作，优先帮助实行计划生育的农民增加收入。

第三节　法定代表人工作责任制

2000 年 6 月，省政府印发《关于实行法定代表人计划生育工作责任制的通知》，决定在全省企事业单位实行法定代表人计划生育工作责任制，同时规定法定代表人计划生育工作责任、法人工作任务以及保障目标任务落实的有关措施。

一、法人计划生育工作责任

凡具有法人资格的单位和组织，必须实行法定代表人计划生育工作责任制：

1. 保证完成企事业单位计划生育工作目标；
2. 配备必要的工作人员，保证计划生育工作必需的经费；
3. 落实计划生育奖励、优待政策；
4. 抓好企事业单位人口与计划生育工作目标考核。

二、法人计划生育工作任务

认真贯彻执行党的计划生育方针、政策和国家有关计划生育工作的法律、法规，依法承担计划生育工作任务：

1. 落实人口出生计划；
2. 开展人口与计划生育宣传，进行人口与计划生育、优生优育和生殖健康基础知识教育；
3. 发放避孕药具；
4. 审核新用人员的婚育证明，负责职工包括各类用工人员的计划生育管理，会同有关部门共同做好下岗人员的计划生育工作；
5. 制定并落实企事业单位计划生育工作规章制度，按照有关法律、法规和单位有关规定，认真兑现计划生育奖励政策，如婚、产假期间的工资、节育手术费、独生子女奖励等；
6. 会同有关部门做好职工实行计划生育过程中的生产、生活、生育方面的服务工作；
7. 与所在地人民政府或街道办事处和上级主管部门签订计划生育目标管理责任书，并接受有关计划生育工作的检查、指导和监督。

三、法人计划生育工作目标

1. 为育龄妇女提供优生优育、避孕节育、生殖健康等方面的优质服务；

2. 招用户籍不在市区的人员，应持有流动人口婚育证明；

3. 对因解除劳动合同、辞退、辞职、自动离职、除名等离开本单位的育龄妇女，在一周之内将情况向所在乡（镇）、街道办事处计划生育部门和其户籍所在地乡（镇）、街道办事处计划生育部门通报；

4. 完成有关隶属关系的乡（镇）人民政府、街道办事处和主管部门下达的其他计划生育工作指标。

四、法人计划生育保障措施

凡具有法人资格的企事业单位，没有达到上述职责、目标规定要求，违反《四川省计划生育条例》《流动人口计划生育工作管理办法》等有关规定的，由县（市、区）计划生育委员会给予通报批评；企事业单位没有达到职责、目标规定要求的，由乡（镇）人民政府、街道办事处和上级主管部门按照签订的计划生育目标责任书的要求，追究工作责任；凡评选各种先进（包括各类企业排名），必须严把计划生育关，凡计划生育工作不符合要求的，取消评选各种先进的资格。

各地不断强化对企业计生工作的领导，有效实施企业法定代表人计生工作责任制，取得良好效果。其具体做法是：

1. 提高认识，增强企业法定代表人计划生育工作的主动性。在落实计生工作“单位负责、条条保证、以块为主、条块结合”的管理体制过程中，形成符合本地实际的“逐级负责、因企施策、分类指导”的管理方式，按企业规模分类，将企业划分为大中型企业和小型企业，分别由区政府和街道办事处管理计生工作。

2. 按企业性质分类，将企业划分为国有、“三资”、私营企业，注重发挥国有企业在区计生工作中的示范、带头和促进作用；对“三资”、私营企业，要求配备计划生育机构和专兼职干部。

3. 按经济效益情况和下岗人员多少分类，对效益好、实力强的单位，指导开展大规模的计划生育宣传教育和承担社会公益活动；对经济效益差的企业指导开展投资少、范围广的计划生育宣传教育活动。

第四节 目标管理

一、工作目标责任管理

1987 年 7 月，《四川省计划生育条例》（以下简称《条例》）颁布后，省委、省政府坚持和完善人口与计划生育工作目标管理责任制，要求各级党委、政府增强人口意识和人均观念，增强抓好计划生育的紧迫感和历史责任感，真正把计划生育工作纳入两个文明建设的总体布局。

1989 年 6 月，省政府常务会议专门研究计划生育目标责任管理工作，作出解决计生战线人员、机构、经费等紧迫问题的重要决议，并决定在成都召开县以上主要领导和计生委主任参加的全省计划生育工作会议，动员全省各级政府和领导认清计划生育的严峻形势，坚决贯彻《条例》，切实加强对计划生育工作的领导。会后，许多地方主要领导具体部署，深入基层检查指导工作，抓好会议精神的落实。重庆、成都、绵阳、内江、攀枝花、遂宁、宜宾等市、地政府和行署召开常务会议，听取计划生育工作汇报，决定增加计划生育经费，加强基层计划生育基础工作。绵阳市增加的经费重点投入宣传技术服务所（站）建设，做好技术服务和孕前管理。不少市（地、州）、县建立工作例会日制度和必要的工作程序，制定相应的配套措施，逐步完善管理、统计和考核办法，加强人员培训和基层组织建设。12月，省委、省政府批转省计划生育领导小组《关于进一步加强计划生育工作的报告》，分析全省计划生育形势，提出抓好计划生育的对策、意见和措施。

1990年，全省各地按照中央和省委、省政府要求，由党委或政府（行署）的一把手任计划生育领导小组组长。充实和调整后的各级计划生育领导小组重新明确职责，加强统筹协调和综合治理功能。

为了贯彻落实中央关于“把计划生育工作同治理整顿很好地结合起来”的指示精神，根据省七届人大常委会第十一次会议决议，全省计划生育工作重点抓三个环节：

1. 抓占全省总人口1/3的30多个百万人口丘陵大县的计划生育工作。在深入调查研究的基础上，召开全省丘陵大县计划生育工作会，总结推广巴中等经验，为在丘陵大县全面深入贯彻实施《条例》起到积极作用。

2. 省计生委与省贫困地区开展领导小组一起抓占全省人口30%的66个贫困县的计划生育工作。召开贫困地区计划生育工作经济交流会，介绍南川、旺苍等县将扶贫与计划生育相结合并使之同步进行的经验，为遏制“越穷越生、越生越穷”探索出一条脱贫致富的有效途径，为全省扶贫与计划生育相结合创造经验。

3. 省计生委、省公安厅、省工商行政管理局联合召开全省流动人口计划生育管理工作会，探讨加强流动人口计划生育管理的具体办法，并修改《四川省流动人口计划生育管理办法》（草案），成都、重庆、自贡、内江、乐山、攀枝花等市政府相继印发《加强流动人口计划生育管理办法》。

1991年，省委、省政府对计划生育工作作出重要部署：增加经费投入。省财政投入计划生育事业费7001.5万元，比1990年增长10.89%，实现中央规定的投入目标。提供新的政策保障。出台相关计划生育技术服务机构拓宽服务范围、征收照顾生育社会抚养费、流动人口计划生育管理收费等新政策。

1992年起，省委、省政府“一把手”和分管领导与市（地、州）党委、政府（行署）的“一把手”和分管领导每年签订人口计生目标管理责任书。各市（地、州）也按该办法层层签订目标管理责任书，把人口控制的效果作为考核党政“一把手”政绩的重要依据。对因工作失误或工作抓得不力而突破人口控制计划的，要追究党政“一把手”的责任。省委、省政府每年召开两次专门会议认真研究讨论，及时进行决策、部署，切实解决工作中的难点和突出问题。各级计划生育领导小组要具体抓好计划生育工作，直接对本地区的计划生育工作负责。层层落实人口目标管理责任制，把计划生育工作的好坏，作为考核党委、政府政绩的一项重要内容。

1993年为全省“计划生育基层基础工作年”。省委、省政府提出“根植基层、强化基础、狠抓落实”的基本要求：切实加强技术服务网络建设，全省新建乡镇服务站93个，建站率达到95%。认真落实计划生育行政执法责任制，以宣传、贯彻计划生育工作“七个不准”规定为主线，继续推进依法行政，进一步提高计划生育行政执法水平。

1995年，四川把计划生育工作作为经济和社会发展的一件大事来抓，省领导在全省各种重要会议上宣传计划生育工作，把人口与计划生育列入《四川省小康标准》，作为检查评选小康示范村、县、市的条件；充实加强省计生领导小组，增加省农业银行、省供销合作社的主要负责人为省计生领导小组成员单位，增补省计生委为省委综合治理委员会成员单位。

1996年，省委书记谢世杰、省长宋宝瑞、省委副书记秦玉琴、副省长张中伟同各市（地、州）党政主要领导、分管领导签署“九五”时期（1996—2000年）人口与计划生育工作目标管理责任书，把控制人口数量作为目标责任的主要内容。通过层层签订人口与计划生育工作目标管理责任书，保证计划生育工作领导到位、责任到位、投入到位，人口控制任务落实到位。

1998年10月，省委、省政府领导在全省计划生育工作电视电话会上强调，基层计划生育工作要切实做到“四有三落实”。即有一个好的领导班子，有一支抓经常工作的队伍，有一条符合实际的好的工作路子，有一套规范化的管理制度；做到计划生育工作人员、任务、报酬三落实，进一步夯实工作基础，不断深化“三为主”，确保人口数量得到有效控制。

1999年，省委组织部根据全省计划生育工作座谈会精神，印发《关于把计划生育工作作为考核各级领导干部的一项重要内容的通知》，强调大力表彰奖励在计划生育工作中有突出贡献的人员，对在抓计划生育工作中做出显著成绩的党政领导干部，要按国家有关规定给予奖励，在同等条件下优先提拔使用。通过考核政策的完善和奖惩措施的落实，进一步强化各级干部抓紧抓好计划生育工作的责任感，为依法完成人口控制任务提供组织保证。

2000年4月，省委召开各市（地、州）党政一把手参加的计划生育工作座谈会，讨论研究计划生育工作，强调党政一把手要亲自抓、负总责。5月，省委、省政府印发《中共四川省委四川省人民政府关于贯彻〈中共中央国务院关于加强人口与计划生育工作稳定低生育水平的决定〉的意见》。要求各级党委、政府要增强领导班子的人口意识和人均观念，坚持党政一把手对计划生育工作亲自抓、负总责，切实做到责任到位，措施到位，投入到位。要建立健全各级计划生育领导小组协调制度和调研制度，继续实行省计划生育领导小组成员单位联系县制度，充分发挥领导小组成员单位的作用。实施内地支持少数民族地区的对口援助措施。省委、省政府每年召开一次人口工作座谈会，每届对市（地、州）党政分管计划生育工作的领导进行1—2次培训。把人口与计划生育工作纳入重大事项督查范围，每年对1—2个市（地、州）进行重点检查、各市（地、州）党委、政府（行署）每年要将本地区的人口与计划生育工作情况向省委、省政府作专题报告。

6月，根据《中共中央国务院关于加强人口与计划生育工作稳定低生育水平的决定》和国家《流动人口计划生育工作管理办法》《四川省计划生育条例》《中共四川省委四川省人民政府关于贯彻〈中共中央国务院关于加强人口与计划生育工作稳定低生育水平的决定〉的意见》的有关规定，省政府决定在全省企事业单位实行法定代表人计划生育工作责任制。

各地坚持和完善人口与计划生育工作目标管理责任制。2002年，根据《中共中央国务院关于加强人口与计划生育工作稳定低生育水平的决定》，对党政领导和计划生育部门分别进行责任考核：在目标任期内，党委和政府要把做好人口与计划生育工作摆到可持续发展战略的首要位置，坚持党政一把手对计划生育工作亲自抓、负总责，切实做到责任到位、措施到位、投入到位。改革考核指标体系和考核办法，实行党政领导和计划生育部门分线考核，把工作重点引导到稳定低生育水平和为群众提供优质服务、提高工作水平上来。把领导干部特别是一把手落实计划生育工作责任制的情况作为衡量政绩和选拔、奖惩的重要内容，任期内逐年考核，离任时进行审核，对工作失职的追究责任。坚持党政一把手亲自抓、负总责，分管领导具体抓，其他成员配合抓的齐抓共管工作机制。坚持计生工作报告制度和例会制度，各级计生主管部门每半年要向党委常委会和政府常务会报告一次计划生育工作，每年要向人大常委会、政协常委会报告一次计划生育工作。市、县计划生育领导小组每季度、乡镇党委政府每月要召开一次人口与计划生育工作专题会议，分析人口与计生形势，研究解决计生工作中的困难和问题，落实阶段目标任务。继续实行党政领导干部和计划生育领导小组成员单位联系县和计划生育后进乡镇、人口大镇制度。

二、人口计生保障体系和工作机制

进入“十五”期间，全省人口与计划生育工作继续严格控制人口增长，保持低生育水平，逐步建立与社会主义市场经济相适应的调控有力、管理有效，政策法规完备的计划生育保障体系和工作机制。

（一）经常工作

省人口计生委通过制定一系列管理规范，推进人口计生经常工作的制度化和规范化，提高人口计生工作的管理水平。

1. 进一步完善人口计生部门依法行政相关制度，坚持在系统内开展行政执法监督检查，强化依法行政、依法管理。省人口计生委与省高级人民法院联合印发《关于办理社会抚养费强制执行案件有关问题的通知》，进一步规范人口计生行政执法工作。

2. 对人口计生目标考核指标设置、考核内容、考核方式和考核结果应用进行规范，增强目标考核导向力。2005 年，对广安市人口计生工作进行封闭式重点检查，对绵阳、自贡、内江、遂宁、广元 5 个市的人口计生目标执行情况进行抽样调查。

3. 完善人口计生统计工作相关制度，规范人口计生统计工作，加强统计监测点工作，提高统计数据质量。

4. 加强人口计生财务工作，严格执行各项规章制度，以制理财。2005 年，全省各级财政投入人口计生事业经费超过人均 10 元，完成既定目标任务。同时，省人口计生委会同省财政厅对成都、达州、阿坝州 3 个市（州）、7 个县（市、区）人口计生经费“十五”期间投入、管理和使用情况进行调查和绩效评估，并就“十一五”期间人口计生经费投入给省委、省政府提出建议意见［到 2010 年全省人口计生工作经费投入达到人均 15 元以上，按照分类指导的原则，确定市（州）投入目标，省、市、县（市、区）按照 3∶3∶4 的比例分级负担，逐年预算，年终纳入市（州）党政综合目标考核。对独生子女父母奖励和农村部分计划生育家庭奖励扶助等法规政策规定的群众直接发放的经费不计入人均投入目标基数，实行项目考核］，为省委、省政府制定“十一五”人口计生投入目标提供科学依据。

（二）基础工作

省人口计生委把工作重心放在基层，进一步打牢打实人口计生工作的底子，为稳定低生育水平奠定坚实基础。

1. 加强计划生育村（居）民自治工作，推进人口计生工作重心从乡镇向村（居）的延伸，使基层人口计生工作逐步走上依法管理与群众自治相结合的新路子。经过严格评估，2005 年省人口计生领导小组对全省 20 个计划生育村（居）民自治先进县（市、区）进行表彰。

2. 继续开展计划生育优质服务先进县（市、区）创建工作，利用国债资金加强基层计生技术服务机构的建设，努力提高人口计生技术服务机构服务能力。2005 年，全省已争取国债资金 1400 万元，地方自筹440万元，新建和改扩建10个县级计生服务站、25个中心乡镇计生服务站。

3. 加强生育文化建设，继续实施“百千万”生育文化建设项目和主要旅游景区、交通要道人口计生公益广告宣传项目，推进计生“五期”教育改革工作，开展“婚育新风进万家”活动，举办首届“四川人口新闻奖”评选活动。全年共新建生育文化小区28个，生育文化中心278个，生育文化大院2174个。在国家“婚育新风进万家”表彰活动中，全省17个县（市、区）、79个乡镇（街道）、53个机关企事业团体和106名个人受到表彰。

4. 加强信息化建设，完成全省21个市（州）及62个县（市、区）的人口计生资源网三级平台建设，为科学管理和优质服务提供信息支持。

（三）重点工作

1. 认真抓好利益导向工作。全力做好农村部分计划生育家庭奖励扶助制度工作，圆满完成奖励扶助对象的调查、登记和审批工作，近1.2亿元奖励扶助金已全部发放到199687名奖励扶助对象手中。各地认真贯彻落实《四川省独生子女父母奖励实施办法》（省政府令185号），全省独生子女父母奖励金基本兑现。2005年，全省各级各部门共帮扶计划生育家庭61760户。积极开展计划生育特困家庭救助扩大试点工作。省人口计生委争取中国人口福利基金会投入资金100万元和省上配套资金100万元，分别在雅安市天全县、雨城区、名山县和眉山市仁寿县扩大试点，效果明显。

2. 加强发展改革工作。积极筹集资金，组织全省各类大专院校、企事业机关和省科研所人口专家学者，开展人口发展战略研究和人口计生热点和难点问题的调查研究，其中《四川人口发展态势》《四川2020年人口承载力》和《四川人口发展战略与全面建设小康社会若干重大关系》3个课题已完成，受到省委、省政府有关领导的一致好评。2005年5月；省政府印发《四川省人口和计划生育综合改革实施意见》（以下简称《意见》）。人口计生“十一五”发展规划草案已经完成报省政府。

3. 加强出生人口性别比升高治理工作。2005年5月，省人口计生领导小组在宜宾市高县召开全省“关爱女孩”行动试点工作会，将原来的6个试点县扩大到20个县，并积极开展“关爱女孩”行动巴蜀行宣传活动，切实解决女孩家庭在生产、生活等方面遇到的实际困难。同时与省卫生厅、省食品药品监督管理局联合开展打击非医学需要的胎儿性别鉴定和选择性别的人工终止妊娠工作，组织力量对各地贯彻落实《意见》和打击“两非”情况进行专项督查。7月，省政府办公厅出台《关于综合治理出生人口性别比升高问题的意见》。

4. 加强流动人口管理服务工作。制定《流动人口违法生育协商处理的暂行规定》，认真落实以现居住地管理为主的流动人口计划生育工作原则，实行流动人口与户籍人口同宣传、同服务、同管理，逐步建立流动人口管理综合治理的工作机制，切实维护流动人口计划生育合法权益。

（四）自身建设

省人口计生委按照省委“举旗帜、抓班子，带队伍、促发展”的要求，把工作重点引导到稳定低生育水平和为群众提供优质服务、提高工作水平上来。

1. 认真组织机关干部深入学习贯彻中共十六届四中、五中全会精神，积极开展干部外出学习考察活动，加大干部培训和对外交流力度，提高人口计生干部全局思维能力、依法行政能力、优质服务能力和综合协调能力。

2. 坚持把作风建设作为提高人口计生干部队伍能力水平的关键因素来抓，认真开展保持共产党员先进性教育、作风教育整顿和政风行风评议等活动，制定《委机关干部外出执行公务的十项规定》，切实解决人口计生干部在思想作风、工作作风、领导作风、学风和干部生活作风等方面的突出问题，以作风的改进推动各项任务的完成，以作风的转变树立良好的形象，务实创新、和谐向上的风气正在形成。

3. 加强内部管理，改善工作条件。加强目标管理工作，落实目标责任，2001—2005 年，省计生委连续 5 年进入省政府目标管理前 30 名、连续两年获得省政府 75 个部门（单位）目标管理第三名的好成绩；高度重视保密工作，出台《失泄密工作预案》《保密要害部门部位工作规则》等 10 个保密工作制度，在全省保密工作检查中，获得全省第一名，得到国家保密委好评；积极筹措资金，对委机关办公楼进行维修，改善办公必需的设备，更新车辆，开办机关食堂，机关面貌焕然一新；有计划地对部分直属单位办公条件、水、电路和消防设施进行改造。

第四章　流动人口管理

第一节　婚育管理

一、管理规定

1991年9月16日，省政府第七十二次常务会议通过《四川省流动人口计划生育管理办法》（以下简称《管理办法》）。《管理办法》首次明确流动人口计划生育管理的对象是指离开户籍地的乡（镇）、城市市区异地暂（寄）住的育龄妇女［机关、团体、企业事业单位职工因工作、学习、休假异地暂（寄）住的除外］。要求各级政府加强对流动人口计划生育管理工作的领导，把流动人口计划生育管理纳入人口与计划生育工作目标责任制，实行综合管理；各级计划生育工作部门主管本行政区域内的流动人口计划生育工作；劳动、公安、工商、交通运输等部门应当协助、配合计划生育工作部门做好流动人口计划生育管理工作。

1993年5月1日起，四川使用国家计生委统一样式的流动人口生育证明。流动人口外出办证前，要与户籍地签订计划生育协议（合同）。

1997年12月29日，省政府根据《中华人民共和国行政处罚法》等法律、法规的规定，对1996年底以前制定的规章进行清理，对1991年10月发布的《四川省流动人口计划生育管理办法》作了修改：第二十三条、第二十八条中“乡（镇）人民政府、城市街道办事处”修改为“县级计划生育主管部门”。第二十四条修改为：“任何单位和个人伪造（含涂改）、出卖（含有偿转让）计划生育情况证明的，由发现地的县级计划生育行政主管部门对责任人处以2000元以下罚款。”进一步明确流动人口计划生育管理主体和主要职责。

1998年，省计生委出台《四川省流动人口婚育证明管理办法》（以下简称《办法》），对婚育证明的发行、办理、查验、管理等环节作出规定，规范婚育证明管理秩序，健全相关管理制度，强化流动人口计划生育管理与服务。《办法》要求，凡同时符合下列条件的公民，外出前须办理国家统一格式的流动人口婚育证明：

1. 离开户籍所在县（市）的行政区域（离开地级以上市的区是否需要办理婚育证明，由各省、自治区、直辖市根据实际情况自行确定）。

2. 拟异地居住30日以上。

3. 年龄在18周岁至49周岁之间；从事务工、经商等活动（探亲、访友、就医、上学、出差等除外）。

2001年6月，省计生委印发《流动人口计划生育工作管理实施意见》（以下简称《意见》），要求各地认真抓好流动人口计划生育管理与服务工作，做到“五个落实”：

1. 承办机构和人员落实。各级要有明确的分管领导，落实承办部门和具体经办人员，并保持人员的相对稳定，指导本部门基层单位落实工作人员，从上到下形成层层有分管领导亲自抓、承办处（科）室和经办人员具体抓的工作格局。

2. 责任目标落实。要将流动人口计划生育管理服务职责任务层层分解落实到每一个基层单位和具体工作人员，纳入上级对下级部门、基层单位对其工作人员的目标考核，确保把流动人口计划生育管理和服务工作落到实处。

3. 规范管理与服务工作落实。在办理、查验流动人口婚育证明，开展查孕、治病等工作中，要严格按《办法》《意见》及省上有关规定执行，严格禁止侵害群众合法权益的行为，竭诚为流动人口的生产、生活和创业创造条件，做好服务。

4. 督查指导落实。各级计生部门要按照《意见》的要求，定期对下级部门特别是基层单位履行流动人口计划生育管理职责情况进行督促检查，及时总结和推广成功经验，发现和解决工作中的问题和困难，突破薄弱环节，推动流动人口计划生育管理服务工作不断上台阶。

5. 考核奖惩落实。各级计生部门每年要对下级部门履行流动人口计划生育管理职责情况进行检查考核，对成绩显著单位和个人进行表彰奖励，对严重不履行职责的单位和个人扣减相应责任目标分值，单位不得评为先进集体，个人不得评为优秀等次。

2002 年 9 月 1 日起，全省统一启用国家计生委统一式样的流动人口育龄妇女计划生育信息通报单、流动人口避孕节育情况报告单、流动人口已婚育龄妇女计划生育信息登记卡。流动人口避孕节育情况报告单由省上统一印制，其余一单一卡，由各市（州）计生委按国家计生委规定式样自行印制。

2004 年 5 月，省人口计生委根据《流动人口计划生育管理和服务工作若干规定》第十八条第二款“违法生育行为发现地不是其户籍所在地的，发现地人口和计划生育部门在作出征收决定之前，应先向当事人户籍所在地人口和计划生育部门通报有关情况，协商确定征收事宜”及第二十四条“违反本规定第十八条的，由上一级人口和计划生育部门责令作出征收决定的行政机关变更或撤销征收决定”等相关规定，制定《关于对流动人口违法生育协商处理的暂行规定》对协商前置、协商主体、协商方式、协商内容、社会抚养费征收方式和征收标准、责任追究等作了具体规定。

2005 年，全省把流动人口信息交换平台建设作为加强流动人口计划生育的一项基础性工作来抓，开展信息交换平台操作培训，编发平台运行情况季度通报 6 期，提高全省流动人口计划生育管理服务工作的动态管理水平。

二、管理形式

（一）双向管理

1994 年，各级政府把流动人口的计划生育管理列为工作重点和难点纳入暂住地和户籍地的目标管理责任制。

1. 政府与有关部门签订责任书。各级政府与计划生育委员会、工商、公安、城建等部门签订流动人口计划生育责任书，明确职责、任务和考核奖励办法，奖惩兑现。

2. 有关部门与所属单位签订责任书，把任务分解到基层，重庆市九龙坡工商局与所属的 9 个工商所签订责任书，对市场实行两级管理，即工商所建立流动人口计划生育管理小组，下设办公室，配一名专职干部全面负责场内的计划生育管理，同时以市场管理干部为主建立片区管理小组，负责对本片区流动人口进行登记、建卡实施管理，层层签订责任书，并将责任纳入岗位考核，年终奖惩兑现。

3. 城镇街道办事处与有流动人口的单位、房主、个体工商户签订责任书，“以块为主”进行管理。

4. 单位与流动人口，房主与房客签订责任书，把责任落实到人头。这样纵横交错的责任制，既体现齐抓共管又实现综合治理。

1997 年 12 月，省政府印发关于修改《四川省流动人口计划生育管理办法》的决定。修订后的《办法》进一步强调流动人口的计划生育工作由其户籍所在地和现居住地人民政府共同管理，以现居住地管理为主的原则。划定异地暂（寄）妇女暂（寄）住期间计划外生育，属于赴异地前已计划外怀孕的，分别纳入户籍地和暂（寄）住地的人口计划生育工作目标责任制的考核指标；属赴异地计划外怀孕的，纳入暂（寄）住地的人口计划生育工作目标责任制考核指标。

1998 年 8 月，国家计生委发布《流动人口计划生育工作管理办法》，规定流动人口的计划生育工作由其户籍所在地和现居住地的地方人民政府共同管理，以现居住地管理为主。流动人口现居住地的地方人民政府负责对流动人口计划生育工作的日常管理，并将流动人口计划生育工作纳入当地计划生育管理。

2000 年后，四川省流动人口计划生育双向管理实行户籍所在地和现居住地共同管理，建立联系，各负其责，以现居住地管理为主。主要做法是：

1. 现居住地负责对流入人口计划生育工作的日常管理，并把流入人口计生工作纳入常住人口计生管理，协助街道办查验婚育证明，建卡立册，与重点对象签订计划生育管理协议书，提供相关服务。每季度协助街道办开展清理清查活动，组织流入已婚育龄妇女进行一次“三查”，搞好优质服务。

2. 现居住地对流入已婚育龄妇女登记建卡后 15 天内，应及时上报街道办，与户籍地建立联系，并做好记录。

3. 现居住地应及时将其妊娠、生育、避孕节育等情况上报街道办或填写纸质信息通报单，以信件形式通报给户籍地。

4. 户籍地的村（居）委会，对外出人员进行登记造册、建卡，乡（镇）人民政府、街道办事处为外出人员办理四川省流动人口计划生育证明，与外流人员签订计划生育合同，定期与暂住地联系了解外出人员的婚育情况。暂住地对流入人口进行登记、造册，建立人头档案，严格查验计划生育证明，提供优生、优育、节育技术服务。

5. 户籍地负责督促外出育龄人口办理婚育证明，逐步实行进村入户办证，与流出已婚育龄妇女重点对象签订计划生育协议书。

6. 户籍地收到流出人口现居住地的信息通报单后，应积极协助，抓好落实，并在 15 个工作日内复信或网上反馈。

7. 户籍地接到通报单或发现流动人口违反计划生育规定的，应积极工作，并依法处理。

2002 年 2 月，省计生委印发《认真落实〈国家计生委关于贯彻流动人口计划生育工作管理办法〉的若干意见》的通知。要求各地认真做好流动人口“双向管理”工作。各级计生部门要按照

《意见》和省上有关规定，加强现居住地和户籍地之间的联系和配合，认真做好流动人口计划生育“双向管理”工作。对现居住地来电、来函查询流动人口有关情况的，户籍地计生部门应及时认真负责地给予答复。对不及时、准确互通流动人口工作信息的，一经查实，省上将根据情况给予通报批评。要规范、统一流动人口计划生育管理有关证、卡。

同年，四川省计生委先后与北京、浙江、上海、福建、广东等地签订流动人口计划生育双向管理协议，明确双方的职责任务和管理形式，健全相关管理制度，强化流动人口计划生育管理与服务。

各地认真做好流动人口“双向管理”工作。1990 年，广安各县（市）以所辖区公所为单位，区与区之间相互签订流动人口计划生育工作协议。广元市规定：流动人口计划生育工作要实行“两地共管，各方配合”的原则；流出人口中的已婚育龄者在外出前，应与常住户籍地计划生育办公室签订计划生育合同，办理流动人口计划生育情况证明；流出人口必须接受流入地的计划生育管理。南充市规定：流出人口中的已婚育龄者应定期将节育措施、怀孕情况等证明材料报常住户籍所在地计划生育办公室；流入人口的计划生育工作，应纳入暂住地有关单位（包括国家机关、人民团体、企事业单位）和基层自治组织的工作责任制。2003 年 3 月 3 日，泸州市计生委印发《关于切实加强流动人口计划生育管理的通知》，要求各县（市、区）根据《人口与计划生育法》《流动人口计划生育工作管理办法》的规定，加强领导，严格办证、验证程序，落实现居住地为主的管理原则。

（二）分类管理

进入“八五”期间，四川根据各地流动人口的构成、从业情况，有效运用科学管理手段，通过对流动人口实行分类管理，实施分类定位管理服务，杜绝流动人口管理漏洞，使流动人口管理工作更科学、明晰、直观，引导他们知晓生育政策、规范生育行为。

1. 大市场计划生育管理。成渝两市部分大市场内，设立孕检室、保健药箱，开办人口学校，定期为育龄妇女妇检，提供优生、优育咨询和节育技术服务，为遏制流动人口中的计划外生育、密切党群、干群关系起到积极作用。

2. 务工人员计划生育管理。务工人员主要包括两部分人，即单位雇请的临时工、合同工和农村外出务工人员。1993 年，成都红光电子股份有限公司有临时工 1500 人，街道办事处配合公司在管理上采取进一次门，见一次人，进行健康检查，签订计划生育协议的办法加强管理，1990—1993 年无一例计划外生育。

3. 亏损、倒闭企业待岗人员计划生育管理。四川企业亏损面大，待岗人员较多，他们离开企业，每月只领 30—50 元的生活费。为了谋生需重新择业，成为新的流动人口。特别是倒闭企业，职工流向社会，致使计划生育工作开展有难度。对这部门人的管理除配合居住地的乡（镇）人民政府、街道办事处管理外，利用发生活费时组织学习，在介绍就业信息的同时，宣传计划生育的政策法规。

4. 拆迁户的计划生育管理。随着城市旧房改建和开发，出现大量的拆迁户。拆迁户的流动一般要持续 3—5 年，在此期间，他们人户分离，投亲靠友，东租西借，自找住处，成为一种特殊的流动人口。1994 年，仅重庆市区涉及拆迁的人口近 20 万人，其中育龄妇女 4 万人，市政府规定谁拆迁谁管理。该市渝海拆迁公司承担 1000 多户，5000 余人的住宅拆迁，街道办事处配合该公司与拆迁户签订分房协议时，把不违反计划生育政策写进协议内容，从而保障拆迁户归入计划生育管理范畴。德阳市把流动人口从经商到生育，从居住到社会治安等管理工作集中到街道，并将街道划分为几个片区，抽出几名精干的工作人员组成“暂住人口管理办公室”。街道与办公室签订承包合同，定人、定任务、定指标。每个人承包一片区，并且与房东签订责任协议书，使每个出租房的单位和个人都成了“不在编的管理人员”。同时，对外来流动人口制定“生育行为准则”。既有主管协调部门，又有具体的分层次管理人员，一环扣一环，使规章制度配套，管理手段层次化。

第二节　综合服务

一、制度建设

1991 年 9 月《四川省流动人口计划生育管理办法》颁布后，各地成立以党政领导挂帅，人口计生、公安、卫生、劳动等 11 个部门组成的流动人口计生工作领导小组，设立流动人口计生服务中心，配备专职工作人员。各乡镇成立流动人口计生服务管理站，配备专兼职工作人员，并且每个村确定一名信息员。将流动人口计生工作经费纳入财政预算，保证必要的工作经费。

1992 年，省计生委制定《流动人口登记制度》《流动人口查验证制度》《流动人口通报协查制度》《流动人口信息共享制度》等，加强和规范流动人口计生服务管理工作。各地把流动人口计生服务管理有关政策纳入村务公开范围，做到政策进村到户，深入人心。充分利用流动人口信息交换平台，动态掌握流出人口在外务工、生育、节育等方面的信息。其主要措施是：

1. 计划生育行政主管部门在为流动人口办、验证和公安等 11 个部门在流入人员验证时，向他们宣传计划生育政策法规和管理规定。计划生育技术服务机构和医疗保健机构密切配合，保证已婚育龄人口享受国家规定的免费计划生育技术服务项目，为流动人口提供经常性的避孕节育技术服务和优生优育服务，每季度为流动人员中的已婚育龄妇女开展专项监测服务，并为其出具证明。

2. 把流动人口计划生育管理与建设文明社区结合起来，把计划生育融入社区教育、社区文化、社区服务之中，充分发挥社区的管理服务功能，使育龄流动人口普遍获得人口知识、计划生育科学知识和性病、艾滋病防治知识教育。

3. 本着节约成本、讲究实效的原则，建立流动人口计划生育服务信息系统，提高服务质量。

4. 充分发挥社区优势和职业中介组织的服务功能。在就医、就业和子女入托、入学等方面，对流动人口的计划生育家庭给予优先、优待。加强对企业、事业单位的检查、监督，督促其依照法律法规和地方政府规章的有关规定，兑现计划生育家庭的奖励优惠政策。

5. 办理婚育证时，严禁收费。任何部门和个人不得以流动人口计划生育管理和服务为名擅自设立收费项目而乱收费。切实加强检查监督，坚决纠正、严肃查处向流动人口乱收费的现象。

6. 不得违反“七个不准”规定，组织流动人口中未婚女青年进行避孕节育检查，不得强行要求流动人口返回户籍地进行避孕节育情况检查。

7. 社会抚养费不得违反“一事不再罚”的原则，不可重复向当事人征收。

8. 在流动人口集中的地方，建立流动人口计划生育协会，充分发挥协会的自我教育、自我管理、自我服务的作用。通过规范化管理和系列化服务，使流动人口进得来、留得住、管得好，为流动人口营造一个良好的生产、生活、生育环境。

二、完善机制

1994年起，市（州）县（市、区）政府每年与各乡镇，各乡镇与辖区内机关、企事业单位分别签订流动人口计划生育、工作服务管理责任书，一级抓一级，层层抓落实。同时将流动人口计划生育纳入各单位年终综合目标考核重要内容。

进入“九五”期间，各地人口计生领导小组每月召开一次联席会议，通报各单位工作情况，落实整改措施，初步形成部门联动工作格局。各地齐抓共管，协作互动，建立“三大机制”，努力完善流动人口计划生育服务管理网络。

德阳市中江县通过建立服务管理机制，落实整改措施，初步形成部门联动工作格局。

1. 公安部门建立流动人口社区管控机制，发挥社区民警情况熟悉的优势，聘其为流动人口协管员，定期向人口计生部门提供常住、暂住人口信息，配合人口计生部门及时处理问题。

2. 教育部门在学校开设“国策知识课”，印发《计生宣传手册》，刻录《青春教育》光盘，开展“青春期性心理、性道德”专题讲座，宣传人口计生知识，学生受教育面达100%。

3. 劳动保障部门开展家政服务、餐饮、保健等多元化农民工技能培训，将计生家庭优先纳入培训对象。据统计，2000年培训农民工9.3万人次、计生家庭5万余人次。

三、服务管理

“八五”和“十五”期间，四川通过多形式、多层次、多渠道宣传，让外出流动人口了解计生政策法规和生殖保健、避孕节育等知识。搞好劳务市场衔接和信息收集，及时提供用工信息，减少人口流动盲目性。各地制作电话“便民服务卡”，发给务工人员，让其“一卡在手外出无忧”。司法、劳动等部门定期开展外出务工人员维权知识培训，为流动人口免费发放《流动人口服务手册》。节假日期间，各地党委、政府主要领导和县政府驻省外办事处负责人到外出务工人员相对集中地方进行慰问。在劳务输出重点地区设立农民工返乡监测点，做好在外务工人员的稳定和转岗就业工作。加大财政投入，免费开展失业返乡农民工转岗技能培训。同时，开展“幸福留守关爱行动”和“一对一”结对帮扶活动。达州、宜宾两市从实际出发，分类指导，循序渐进，积极稳妥。

各地人口计生领导小组坚持定期不定期召开流动人口计生工作例会，研究流动人口管理工作，帮助解决各种问题和困难，每年召开流动人口计生工作会议。在加强计划生育规范化管理的同时，各地建立健全“党委、政府领导决策，宣传部门牵头协调，计生部门搞好服务，相关部门共同实施”的“大联合、大宣传”宣传教育工作体系。整合部门优势，强化结合、融入、渗透，广泛开展普法宣传，与宣传、公安、综治等部门利用“三下乡”活动、“四进社区”宣传、报纸、广播电视、宣传栏、公开栏、宣传资料、宣传标语、法律法规咨询等载体，有针对性地将《中华人民共和国人口与计划生育法》《流动人口计划生育管理办法》《四川省人口与计划生育条例》《流动人口计划生育管理和服务工作若干规定》等与流动人口相关的计生法律法规和生殖保健、避孕节育、艾滋病预防知识作为重要内容，在全区各级干部和群众中开展宣传活动。使“流动人口依法享有生育权利，有依法获得计生科普教育、计划生育技术和生殖保健服务各项权利”等观念逐渐深入人心。

成都市2003年在四川大学建立流动人口管理和服务站，全市5个城区和14个区（市）县以及高新区建立20个流动人口生殖保健服务中心，开展以查孕、查病为内容的生殖保健系列服务；同年，五城区及高新区在社区内设置454个避孕药具免费发放点，并进行“避孕药具一卡通”发放试点，流入成都市的流动人口凭流动人口婚育证明到指定的发放点免费领取避孕药具，保证流动人口生殖保健需要，促进全市流动人口计划生育规范化管理和服务水平不断提高。2004 年 1 月国家《流动人口计划生育管理和服务工作若干规定》实施后，成都市率先在全省将外来流动人口流动人口婚育证明查验和办理纳入市政府政务服务中心，以方便群众；同时落实流动人口计划生育管理责任制、企业法人、房屋出租户主责任制，免费办理短期证明，围绕生育、节育、办证、租房、用工等环节，做好服务管理工作。当年全市外出流动人口办证率为 87.86%，流入人口办证率为 85.98%。2005 年，全市市、县、乡三级按与户籍人口相同的财政投入水平落实流动人口计划生育工作经费预算 1000 万元，聘用流动人口协管员 657 人，市、县、街道、社区四级流动人口计划生育管理服务网络初步形成，成都市户籍人口与外来人口“同管理、同服务、同宣传、同考核”的要求得到较好落实，流动人口计划生育管理和服务工作呈现良好发展态势。全年全市流动人口婚育证明办、验证率分别为 91.2%、87.7%；流入的已婚育龄妇女有 7.8 万人（次）接受“三查一治”服务。12 月，国家人口和计生委刊发成都经验。

绵阳市涪城区建立完善市—区—街道—社区四级联动体系。市、区两级政府目标办将全区流动人口计划生育工作纳入目标考核范围。年终由区政府进行专项考核和奖励。街道对社区进行专项考核和奖惩。建立健全相关职能部门、单位协调运行机制。由计生部门牵头定期进行信息通报，加强部门间的协调配合和检查监督。2004 年 4 月，由区计生部门牵头，协调区综治办、区公安分局等 9 个部门，根据国家、省、市九部（委、厅、局）文件精神，联合印发《关于进一步加强流动人口计划生育工作的通知》，对流动人口计划生育工作中的部门职责做了进一步界定，明确逐步建立和创新政府指导、社会参与、部门配合、属地管理的流动人口计划生育工作机制。

攀枝花市政府召集辖区市级相关部门、街道和社区定期召开流动人口计划生育工作联席会议，总结反馈信息。每年初，由市政府召开有市、区两级相关职能部门负责人和街道、重点乡镇负责人参加的辖区流动人口计生工作会议，总结经验，奖励先进，研究解决问题。

中共宜宾市委、市政府规划 2000 年全市全面开展优质服务工作；2001 年建立健全一套规范的优质服务制度和运行机制，2002 年 70%的乡镇成为优质服务乡镇，80%的县、市、区成为优质服务县（市、区）。达州市对基础工作好，生育率较低的区、市、县，开展以生殖保健为重点的系列服务，淡化生育指标，对乡、镇不再下达人口出生计划，按政策生育，以生育服务证代替准生证；基础工作一般，生育率不稳定的地方，主要是转变观念，在查孕的基础上，增加查病，把查孕与查病、治病结合起来；基础工作较差，控制人口任务较重的地区，主要是思想发动，宣传教育，有条件地开展“知情选择”。

1999 年，眉山市东坡区政府与辖区市、区两级职能部门，区计生局与街道、重点乡镇，街道与社区，社区与辖区企事业单位分层签订流动人口计划生育管理目标责任书。区委办、区政府办印发《关于辖区有关部门履行人口与计划生育工作职责及考核办法的通知》，明确将流动人口计划生育管理作为主要内容之一对辖区有关部门进行考核和奖惩。强化街道、社区的属地管理职责，把流动人口计划生育工作纳入城市社区管理体系和综合服务体系中，强化街道社区的计划生育属地管理职责，初步建立“属地管理、单位负责、居民自治、社区服务”的流动人口计划生育工作新体制。

巴中市建立流动育龄人口动态登记制度，2004 年初，对原流动人口登记制度进行改革和完善，统一制发流动人口登记簿。至 2005 年，全市普遍建立单位—社区—街道三级流动育龄人口台账，保证对流动育龄人口基础信息的及时准确掌握。实行流出育龄妇女“五个一”制度，保证流出育龄妇女每人有一份计划生育服务协议（通过村、居民自治签订），有一份流动人口婚育证明，有一份计生宣传资料，有一种有效的联系方式，落实一项有效避孕措施。

阿坝州开展流动人口计划生育信息交换平台的应用和管理，对流动人口计划生育工作实行服务与管理并举，以服务促管理，形成部门协作、齐抓共管、综合治理的流动人口计划生育工作新机制。2005 年，“流动人口婚育证明”的办证率、验证率分别达 85%和 80%以上。全州流出人口 7797 人，其中，流出已婚育龄妇女 1412 人，办理流动人口婚育证明 1000 人，已婚育龄妇女办证 353 人；流入人口 15227 人，其中，流入已婚育龄妇女 3381 人，生育 40 人。查验流动人口婚育证明 2824 人，验证 1867 人。

凉山州、资阳市将流动人口计划生育工作纳入社会治安综合治理的范畴，计生、公安、工商、劳动、民政、卫生、城建等相关部门相互配合，共同抓住“单位用工、出租房屋、外出办证、持证查验”四个关键环节，形成有效地管理和服务网络。如公安、工商、劳动、建设等部门结合自身业务协助查验流动人口婚育证明，民政部门在婚姻登记时协助开展计生宣传教育。计生、综治、公安、民政、财政、劳动社保、建设、卫生、工商等部门，按照“公平对待、合理引导、完善管理、搞好服务”的原则，结合部门工作实际，把流入人口育龄人群纳入现居住地与常住人口同管理、同服务。各社区把流动育龄人群纳入现居住地社区，使流动人口在宣传培训、生殖保健、政策咨询、药具发放等方面享受“同等待遇”。

各级财政每年把流动人口纳入本地人口总数，按照户籍人口同等投入标准各级财政预算予以保障。市（州）人口计生领导小组坚持开展平时抽查、半年检查、年终考核，市（州）人口计生委加强对基层流动人口计生工作的业务指导和督查力度，党委、政府目标督查办将流动人口计生工作纳入重要内容开展专项督查，增强各级党委、政府和职能部门抓好流动人口计生工作的积极性和主动性。至 2005 年，全省组建留守家庭志愿者服务队 4200 个，定点服务留守人员，化解外出务工人员后顾之忧。

第三节　目标责任管理

一、管理职责

1991 年 9 月省政府颁布的《四川省流动人口计划生育管理办法》对公安、工商、交通、城建、卫生、民政等部门在流动人口计划生育管理中的职责作了明确规定，相关部门结合部门实际，出台部门规范性文件前，主动征求计生部门意见，涉及计划生育方面的条款从有利于计划生育工作出发，对计划生育主管部门出台的文件涉及相关部门的条款从大局出发给予理解和支持。各地从流出地、从业地和居住地着手，制定管理制度，明确工作职责。

1992 年以后，各级政府把流动人口的计划生育管理列为工作重点，纳入暂住地和户籍地的目标管理责任制，作为对计生部门和有关部门整个工作成绩考核的内容之一。具体措施如下：

1. 政府与有关部门签订责任书。如广元市政府与计划生育委员会、工商、公安、城建等部门签订流动人口计划生育责任书，明确职责、任务和考核奖励办法，奖惩兑现。

2. 有关部门与所属单位签订责任书。把任务分解到基层，如重庆市九龙坡工商局与所属的 9 个工商所签订责任书，对市场实行两级管理，即工商所建立流动人口计划生育管理小组，下设办公室，配一名专职干部全面负责场内的计划生育管理，同时以市场管理干部为主建立片区管理小组，负责对本片区流动人口进行登记、建卡实施管理，层层签订责任书，并将责任纳入岗位考核，年终奖惩兑现。

3. 城镇街道办事处与有流动人口的单位、房主、个体工商户签订责任书。“以块为主”进行管理。

4. 单位与流动人口，房主与房客签订责任书，把责任落实到人头。

1998年，国家《流动人口计划生育工作管理办法》颁布实施后，四川采取措施，规范管理，加大“流动人口婚育证明”的办证、验证力度。协调省财政、省物价部门出台婚育证明收费标准及收费管理办法，从源头上堵住乱收费、搭车收费等可能出现的歪口子；省计生委出台《四川省流动人口婚育证明管理办法》，对婚育证明的发行、办理、查验、管理等环节作出规定，规范婚育证明管理秩序。

2000年6月，省政府办公厅印发《关于对有关部门履行流动人口计划生育管理职责纳入目标管理的通知》，要求各级政府加强对流动人口计划生育管理工作的领导，把流动人口计划生育管理纳入人口与计划生育工作的目标责任制，实行综合管理。各级计划生育工作部门主管本行政区域内的流动人口计划生育工作。各地把流动人口计划生育管理纳入社会治安综合治理的管理体制中，实行统一管理和统一收费，在计生委内部建立流动人口计划生育的管理机构，配备专职管理人员，加强对流动人口计划生育的管理与服务。在广泛宣传、清理登记的基础上，以市区、建制镇和城乡接合部为重点，以组织建设和制度建设为主要内容，《流动人口计划生育管理规定》得到落实。形成部门配合，齐抓共管的局面。成都市金牛区把流动人口从经商到生育，从居住到社会治安等管理工作集中到街道，并将街道划分为几个片区，抽出几名工作人员组成暂住人口管理办公室。街道与办公室签订承包合同，定人、定任务、定指标。每人承包一个片区，并与房东签订责任协议书。

2001年，省计生委到乐山、眉山、南充等地对流动人口计划生育管理服务工作进行专题调研，指导各地落实好法定代表人计划生育工作责任制。加强与省级有关部门的协调配合，进一步明确有关部门在流动人口计划生育管理方面的职责，抓好在基层的落实，初步形成齐抓共管、综合施治的格局。

2002年4月，省政府办公厅印发《关于进一步加强流动人口管理的通知》，取消流动人口管理服务收费，并提出四项要求：

1. 各级政府要从有利于城乡经济的交流与发展，有利于农民增收，有利于城市化进程，有利于社会稳定的高度，研究和制定新的管理措施，做到管而不死，活而不乱，流动有序。

2. 加大对流动人口管理工作的投入。流动人口管理服务收费取消后，各级公安机关所需的有关经费一律纳入同级财政预算，专项列支，确保流动人口日常管理工作的正常进行。有关经费的标准由各级政府依照本地上年流动人口的总量和财政收入的实际水平确定。对流动人口管理任务较重，财政又特别困难的地方，省财政将通过加大转移支付力度适当予以补贴。

3. 加强流动人口管理的基础工作。各级政府要关心、支持基层派出所在社区实行的“一区一警”工作，充分发动、依靠街道（社区）力量，抓好辖区流动人口管理。上级公安机关要加强对各地的业务指导，特别是省级公安部门要重点指导省会、大中城市流动人口管理工作，结合户籍管理制度改革，积极探索，推广行之有效的管理新方法。

4. 各部门要加强协调配合。各有关部门要认真履行职责，切实转变工作作风，改进管理方式，为流动人口提供更加优质的服务，切实保护流动人口的合法权益。对出现的新情况、新问题，要协调配合，认真研究解决。

2003—2005 年，各级政府把流动人口的计划生育管理列为工作重点和难点纳入暂住地和户籍地的目标管理责任制，作为对计生部门与有关部门整个工作成绩考核的内容之一。具体办法为：

1. 政府与有关部门签订责任书，明确职责、任务和考核奖励办法，奖惩兑现。

2. 有关部门与所属单位签订责任书，把任务分解到基层。

3. 城镇街道办事处与有流动人口的单位、房主、个体工商户签订责任书，“以块为主”进行管理。

4. 单位与流动人口，房主与房客签订责任书，把责任落实到人。这样纵横交错的责任制，既体现齐抓共管又实现综合治理。

二、组织领导

2000 年 5 月，省政府成立流动人口计划生育工作考评小组，由分管副省长任组长，省公安厅、省劳动厅、省卫生厅、省民政厅、省建委、省计生委、省工商局、省政府目标办负责人为成员。考评小组办公室设在省计生委，负责日常工作。

三、责任目标

（一）公安部门

及时提供本辖区内人员户口包括暂住户口变动情况及外来人员信息。办理婴儿户口登记时，要查验生育计划安排文件和计划生育部门作出的计划外生育处理决定书，并将了解到的计划外生育和非婚生育的情况反馈给计划生育部门。在为外来人员办理暂住证或暂住登记时，要查验流动人口婚育证明，并将无流动人口婚育证明人员名单抄送暂住地乡（镇）、街道计划生育工作部门。

按照《四川省人民政府办公厅关于我省流动人口管理收费的通知》规定，使用专用收据收取流动人口管理服务费，并及时全额上缴。

（二）劳动部门

实行就业证的市、地，对外来人员办理就业证时，核查其流动人口婚育证明。凡没有加盖计划生育查验合格章的，不予办理。根据有关文件精神，妥善解决城镇职工计划生育手术费用。协助管理失业后在劳动保障部门领取失业保险金人员的计划生育工作。指导企业再就业服务中心负责下岗职工计划生育工作。

（三）工商部门

对外来人员办理营业执照时，核查其流动人口婚育证明。凡没有加盖计划生育查验合格印章的不予办理；已取得营业执照的，年度验证时要验其最近一次经查验过的流动人口婚育证明。把市场管理与计划生育管理结合起来，做好固定集贸市场内从业人员的计划生育管理工作。指导个体劳动者协会建立计划生育协会并开展工作。对缴纳工商管理费的个体经营者中的独生子女发放独生子女父母奖励金。

（四）卫生部门

在接受外来人员孕产妇分娩时，检查其生育计划证明文件。对没有生育计划证明文件的，要及时向现居住地的乡（镇）、街道计划生育部门通报。及时查处卫生系统所属医疗、保健机构的计划生育假手术、假证明及胎儿性别鉴定的问题。协同做好外来人员计划生育技术服务工作。

（五）建设部门

及时将房屋出租人申请登记、变更的有关信息提供给公安部门，积极协助计划生育部门查阅房屋租赁登记资料。把计划生育纳入行业管理，指导建筑施工企业做好企业计划生育工作。指导物业管理公司做好商品房住户新生婴儿登记，并协助所在街道办事处和计划生育部门开展计划生育宣传教育及其他服务工作。

（六）民政部门

在办理结婚登记手续时，协助做好人口与计划生育宣传教育工作，及时将婚姻登记情况反馈给计划生育部门。协助计划生育部门查处非婚和早婚怀孕问题。协助管理领取低保生活费的失业人员的计划生育工作。

（七）财政部门

统一流动人口管理服务费收据。按比例及时划拨流动人口管理服务费。加强对流动人口管理服务收费的监督管理。

（八）计划生育部门

主管本辖区的人口与计划生育工作。对实际居住辖区内的所有育龄人员开展计划生育宣传、管理和服务。查验流动人口婚育证明，并加盖计划生育查验合格印章。指导辖区内的所有单位开展计划生育工作，并进行监督、检查和考核、指导，及时查处胎儿性别鉴定等违法行为。协助政府对辖区内有关部门计划生育职责分工落实情况进行监督、检查和考核评估。

四川建立流动人口计划生育综合管理服务机制和目标管理责任制，各级人口和计划生育部门会同公安、民政、劳动和社会保障、建设、卫生、工商等有关部门，充分发挥村（社区）居民自治组织的作用，对流动人口计划生育工作实行综合决策、综合管理，共同做好管理和服务工作。同时，建立和完善流动人口计划生育工作目标考核评估制度。根据现居住地管理为主的原则和户籍地与现居住地的实际情况，分别制定对人口和计划生育部门以及相关部门的流动人口计划生育工作考核评估办法。现居住地重点考核评估对流入人口的计划生育宣传教育和技术服务落实情况、综合治理情况以及对流入人口中已婚育龄妇女有关证件的验证情况和通过流动人口信息交换平台提交信息的情况等。户籍地重点考核评估对流出人口的计划生育宣传教育和避孕节育措施落实情况、奖励措施落实情况以及为流出人口中已婚育龄妇女办理相关证件情况和通过流动人口信息交换平台向现居住地反馈信息情况等。

各地以“三制”强化责任管理。一把手负总责，政府与相关职能部门，街道办事处、重点乡镇与村（居）委会，社区与辖区部门、企事业单位分层分年度签订流动人口计划生育目标管理责任书。重点对公安、民政、工商、劳动社保、建设、卫生、交通、税务等部门的流动人口计划生育工作责任进行强化。将流动人口计划生育纳入重大事项督查范围。每半年组织相关人员对工作情况进行督查，发现问题及时解决。将流动人口计划生育工作纳入本地区经常性管理和服务范围，实行与户籍人口同宣传、同服务、同管理。流动人口已婚育龄妇女是计划生育管理服务的重点，现居住地应为其提供计划生育、生殖保健的宣传咨询和技术服务。

第五章　稳定低生育水平

第一节　政策措施

2000年3月，《中共中央国务院关于加强人口与计划生育工作稳定低生育水平的决定》（以下简称《决定》）下发。中共四川省委、省政府立即部署，全面贯彻。省计划生育领导小组在省长张中伟、副省长李进的主持下，讨论分析全省人口与计划生育工作的形势，为制定四川省贯彻中央《决定》的意见统一思想认识。

一、配套政策措施

（一）2000年5月，省委、省政府印发《关于贯彻〈中共中央国务院关于加强人口与计划生育工作稳定低生育水平的决定〉的意见》（以下简称《意见》）。《意见》分5个部分。第一部分：充分认识全省稳定低生育水平的重要性和艰巨性，确保人口与计划生育工作目标的实现，在分析人口与计划生育工作形势，解决认识问题的基础上，明确目标任务。其中把2000—2010年稳定低生育水平的目标确定为年均人口出生率不超过13‰。第二部分：切实加强计划生育基层基础建设，健全计划生育工作的社区管理和服务体系，对乡镇计生办、服务站的性质、职能、机构、编制、人员以及村计生专干的报酬等作出规定，对落实法定代表人计划生育工作责任制、落实特殊人群的计划生育管理责任制以及把计划生育工作纳入社区管理和服务之中提出明确要求。第三部分：加大综合治理力度，完善人口与计划生育工作的宏观调控体系和相关社会经济政策，进一步明确有关部门的人口与计划生育工作职责和运用社会经济政策综合治理人口问题的主要方面。第四部分：积极推进优质服务，建立宣传教育、科学管理、综合服务相统一的计划生育工作机制，明确计划生育工作自身改革与发展的方向。第五部分：加强领导，切实为人口与计划生育工作提供保障条件，对落实人口与计划生育工作责任制和财物保障条件提出明确要求。

（二）把人口与计划生育工作纳入西部大开发战略。1998年1月，在省委七届七次全委会上，省委、省政府主要领导就在实施西部大开发战略中必须高度重视人口与计划生育工作作了专门强调，全委会通过的省委、省政府《关于抓住西部大开发机遇加快发展的意见》，把人口控制目标列入社会发展目标之中。1999年4月和2000年5月，中共中央关于实施西部大开发战略的决定和关于加强人口与计划生育工作稳定低生育水平的决定相继下发后，省计生委以两个决定精神为指导，经过认真分析论证，及时向省委、省政府呈送关于在西部大开发中必须高度重视人口问题的报告，省长张中伟对此批示给予肯定。

（三）制定“十五”人口与计划生育事业发展规划。1999—2000年，各级政府和发展计划部门在制定国民经济和社会发展“十五”规划时，坚持以中央《决定》为指导，把稳定低生育水平和提高出生人口素质列入社会发展的重要指标，各级计划生育部门在制定“十五”人口与计划生育事业发展规划时，围绕贯彻落实中央《决定》，既突出稳定低生育水平，提高出生人口素质的主要任务，也贯彻了综合治理、优质服务、改革创新的事业发展要求。

（四）2000—2001年，各级政府和有关部门相继出台或正在研究起草一批贯彻落实中央《决定》的配套性文件。省级部门出台的配套文件主要有：省政府关于实行法定代表人计划生育工作责任制的通知；省政府办公厅关于将有关部门履行流动人口计划生育管理职责纳入综合目标考核的通知；省劳动和社会保障厅等部门关于妥善解决职工计划生育手术经费的通知；省计生委关于全面推进计划生育优质服务工作的通知等。研究起草或协调有关部门研究制定的配套文件主要有：省财政厅、省计生委关于“十五”计划生育事业费的投入计划；省计生委关于“十五”计划生育目标管理“双线”考核的办法；省计生委与有关农村工作部门、社会管理部门关于实施有利于计划生育的社会经济政策和社会保障制度的研究等。各地在落实领导责任，落实部门职责，强化综合治理，保证经费投入，加强队伍建设等方面制定了相关的政策措施。

二、计生服务管理

（一）基层计划生育干部管理

2000年4月，省计生委在全省总结推广乐山市沙湾区乡镇计生干部实行竞争上岗、清退临时人员的典型经验，同时严肃查处几起败坏计生部门形象的典型案件并通报全省。同年7月，省计生委召开市（地、州）计生委主任学习会，以“三个代表”重要思想和中央《决定》精神为指导，对计生部门特别是基层计生干部如何适应新形势、树立新观念、塑造新形象进行研讨，提出明确要求。各地把切实加强计划生育干部管理作为贯彻中央《决定》的一件大事来抓，采取清理整顿干部队伍、强化干部管理措施、深入开展宗旨教育、全面开展行风评议等措施，有效地促进计划生育干部文伍的素质提高和作风转变。

（二）基层计划生育经费管理

2001年，省计生委先后在全省总结推广南部县严格计划生育经费管理、杜绝跑冒滴漏，营山县强化内部审计监督、规范部门经济行为的典型经验，向全省通报安岳县乡镇计生办负债问题的调查报告。7月，省计生委把坚决制止计划生育工作中的乱收费和全面开展计划外生育费专项治理作为贯彻中央《决定》的大事来抓。首先在全省统一明文规定计划生育收费项目和收费标准，取缔各种非有权机关批准的收费项目，制定约法几章。按照省委常委会的决定，由省监察厅牵头，省计委、省财政厅、省审计厅共同组织开展计划外生育费专项治理，各地积极开展自查。10月，省计生委组织对制止乱收费和计划外生育费专项治理的检查。

（三）计划生育优质服务

2002年，省计生委把省级优质服务试点县由46个扩大到146个，制定关于全面推进计划生育优质服务工作的意见。提出“向管理要效益，向服务要水平”的基本思路，以规范管理促进服务，以强化服务落实管理，重点抓六个方面：加强干部管理，强化服务意识，为推进优质服务奠定组织基础和思想基础；加强行政执法管理，严格执行“七个不准”的规定，正确执法，文明执法，保护群众的合法权益；加强技术服务管理，结合传达贯彻国家计生委齐齐哈尔会议精神，启动妇女病普查普治、避孕节育措施“知情选择”、出生缺陷干预工程，为群众提供基本的计划生育、生殖保健服务；加强经费管理，杜绝乱收乱支，保护群众的合法权益，为开展优质服务提供财物保障条件；启动川陕、川藏线生育文化建设示范工程，全面推进“婚育新风进万家”活动，为群众提供良好的文化生活服务；继续深化“三结合”，为群众提供良好的生产、生活服务。

三、规划和措施

2001年2月，省计生委印发《关于加强人口与计划生育工作稳定低生育水平的决定》（以下简称《决定》），要求各地计生系统加大改革创新力度，制定符合实际的规划和措施，把《决定》的各项要求落到实处。

（一）从理论与实践的结合上，加强对解决人口问题的理性思考，认真研究事关全局、影响本地发展的重大问题以及新情况、新问题，从实际出发，制定本地区人口与计划生育工作的发展战略和“十五”规划，提出可行措施切实予以落实。加快工作思路和工作方法的转变，逐步建立与社会主义市场经济体制相适应的计划生育工作调控体系和管理机制。

（二）继续坚持“三为主”的工作方针，落实“三为主”规划，并根据形势发展研究确定新的工作目标，不断提高“三为主”工作水平。加强基层工作，开展创建计划生育“合格村”活动，充分发挥基层计划生育协会当“中心户长”的作用，建立健全规章制度，形成以村为主开展计划生育工作的机制。

（三）坚持把计划生育工作的重点放在农村，抓住国家实施西部大开发战略的有利时机，组织力量进行市情、县情调查，提出把人口与计划生育工作与西部大开发紧密结合的对策和措施，推进计划生育“三结合”和计划生育与扶贫开发相结合工作，尽快建立健全基层工作和服务网络，提高工作水平。

（四）加强人口与计划生育工作的法制建设，全面推行行政执法责任制，不断提高基层行政执法水平。认真贯彻“七个不准”的规定，坚决制止和纠正在计划生育工作中损害群众利益的行为和行业不正之风。全面推行计划生育政务公开、村务公开，建立健全基层民主管理与监督制度。

（五）以“婚育新风进万家”等活动为载体，把计划生育宣传教育落实到村、到户、到人。实施计划生育优质服务工程，积极稳妥地推进避孕措施知情选择，为育龄群众提供避孕节育和基本的生殖保健服务。全面提高计划生育工作质量和群众满意度。

（六）不断完善人口与计划生育目标管理责任制，改进考核指标体系和考核办法，增强考核的科学性、实效性，坚持分类指导，发挥正确导向作用。

第二节　工作方略

2001年，四川结合省情，提出稳定低生育水平的“四四五四”工作新思路。即：人口计生工作要强化法治、人本、发展和开放“四个意识”；推进人口计生工作由行政管理向依法管理、由政府要求向群众需求、由单一重视数量控制向全面解决人口问题、由部门管理向综合治理“四个转变”；大力实施计划生育村（居）民自治、优质服务先进县创建、生育文化建设、利益导向和信息化建设“五大工程”；积极开展计划生育工作机制、经费投入体制、用人机制和考核监督机制“四项改革”。“四四五四”工作思路的提出，为稳定低生育水平和构建人口计生工作新机制提供有效载体，受到国家人口计生委主任张维庆的肯定。张维庆指出："四四五四"工作思路完全符合党中央、国务院对人口和计划生育工作的要求，是人口计生工作新机制的四川化和具体化。

一、强化"四个意识"

进入21世纪，四川通过强化各级干部的法治意识、人本意识、发展意识和开放意识，把执政为民的理念化为行动，落到实处，促进低生育水平稳定。

二、推进"四个转变"

"四个转变"即：人口与计划生育工作主体由单一的计划生育部门扩展到具有公共管理资质的有关部门、单位及法人，形成政府主导、部门配合、社会参与、齐抓共管的格局；工作方法由以往以"处罚多生"为主转变到以"奖励少生"为主，引导群众自觉实行计划生育；工作手段由以行政管理为主，上升到以《中华人民共和国人口与计划生育法》《四川省人口与计划生育条例》等法律法规为主对人口进行调控。

三、实施"五大工程"

（一）计划生育村（居）民自治工程

"十五"期间，四川通过实施"计划生育村（居）民自治工程"，调动广大村民参与计划生育的热情，把人口计生工作管理、教育、服务、监督等权力交给群众，理顺干群关系，建立干群互信机制，为稳定低生育水平夯实基础。

（二）生育文化建设工程

2003年7月，省委宣传部、省人口计生委按照省委、省政府提出的"文化强省"战略要求，在全面总结开展"婚育新风进万家"活动经验的基础上，联合印发《关于实施社会主义生育文化建设工程的意见》，提出全省生育文化建设的指导思想、主要内容、目标任务，进行总体规划和部署，分为启动、发展、繁荣三个阶段实施。

1. 建设交通干线生育文化工程。主要是通过增添宣传设施，更新交通沿线的人口计划生育宣传内容、形式，规范大众传媒的人口计生宣传责任等，把新的婚育观念传播到千家万户。在交通干线途经的市（州）和100多个县（市、区）的大力推进下，至2004年底，全省先后建成川陕线、川藏线、九寨环线、成渝线、成乐线、成广线、成南线和西南出海通道等交通干线生育文化工程。

2. 建设重点旅游城市生育文化公益广告宣传工程。至2005年底，全省打造出黄龙、九寨、松潘、理县、广汉三星堆、大英死海、乐山大佛、蜀南竹海等旅游景区的人口与计划生育公益广告宣传阵地。

3. 建设"百、千、万"生育文化工程。即：在交通干线、旅游景区生育文化工程建设的基础上，再精心打造"100个生育文化小区、1000个乡镇生育文化中心、10000个生育文化大院"。2005年，经省、市两级按项目要求对"百、千、万"工程进行初评和复查，全省建成生育文化小区593个，生育文化中心858个，生育文化大院33974个。

4. 启动"五个百万"服务工程。即：通过"三下乡"等活动，深入农村，免费发放100万册《计划生育科普知识五年历书》；免费发放价值100万元的避孕药具；免费放映《新甜蜜的事业》等影片，使观众达100万人次；免费为100万名育龄妇女查孕、查妇科病；上门慰问100万户独生子女家庭。

（三）计划生育优质服务先进县（市、区）创建工程

四川在全省开展以“领导重视好、依法行政好、服务质量好、民主管理好、队伍作风好”为核心内容的计划生育优质服务县（市、区）“市优”“省优”“国优”三级创建活动。2003年，省政府办公厅发出《关于实施创建计划生育优质服务先进县（市、区）工程的通知》，明确各级政府在“创优”中的职责、任务，并将“创优”纳入日常工作，促进全省优质服务创建活动的深入开展。到2005年底，全省有66个县（市、区）获得“省优”称号，占全省县（市、区）建制数的36%，其中13个县（市、区）被授予“国优”县（市、区）称号。有4个少数民族县，在基础条件较差的情况下，人口计生工作达到“省优”标准。

（四）计划生育利益导向工程

其主要内容包括开展计划生育“三结合”、实施农村部分计划生育家庭奖励扶助制度、落实独生子女父母奖励等项目。通过不断创新利益导向思路和方法，让经济社会发展成果优先惠及计划生育家庭，减少或消除群众因实行计划生育带来的后顾之忧，使实行计划生育的群众感受到“政治上有地位、生活上有帮助、经济上有实惠”，促进群众生育观念和生育行为转变，为稳定低生育水平创造条件。

（五）计划生育信息化建设工程

四川从2001年开始，以政府采购方式，为全省乡镇计生办装备计算机，把建设育龄妇女管理信息系统（WIS）作为信息化工程的重点。采取主体依托四川党政网，运用VPN技术，统一规划、统一投入、分级建设的方式，建设覆盖省、市、县、乡四级人口计生部门的广域资源网。到2002年，建成省级局域网；2003年，实现省与市（州）的联网；2005年实现18个市与所辖132个县的联网，同时实现县乡联网的县达100余个。

四、开展“四项改革”

1. 通过改革工作机制，转变职能，更新观念，把依法行政、民主监督、以人为本、综合施治、寓管理于服务的理念落实到新机制建设的各个方面；坚持和完善“县指导、乡服务、村自治、组配合、户落实”的工作运行模式，理顺计划生育纵向和横向关系，促进人口计生工作的健康发展，保持低生育水平稳定。

2. 通过改革干部人事制度，努力形成公平竞争、优胜劣汰、有效激励、严格监督的用人机制，建设一支思想好、作风正、懂业务、会管理的队伍，为稳定低生育水平提供坚实的组织保障和人力资源。

3. 通过改革人口计生财政投入体制，明确人口计生经费投入的公益性、基础性性质，把计划生育事业费纳入公共财政预算，建立以财政投入为主渠道的投入机制，确保法律规定的计划生育奖励优待政策和基层工作人员报酬的落实，为稳定低生育水平提供可靠的财力保障。

4. 通过改革考核监督机制，完善目标管理，用正确的政绩指标激励、引导和考察干部，把干部的主要精力吸引到提高服务能力和服务水平上来，保证在稳定低生育水平工作中为民、利民政策得到贯彻落实。通过“四四五四”新思路在人口计生工作中的全面实施，“十五”期间，全省妇女总和生育率保持在1.5左右，低生育水平得到持续稳定，使四川多年位居全国生育水平较低的“一类地区”。

“十五”期间，四川省低生育水平持续保持总体稳定。2001—2004 年，全省人口出生率由 11.2‰下降到 9.1‰，人口自然增长率由 4.4‰下降到 2.8‰。2004 年，全省人口出生率（9.1‰）比全国平均水平（12.3‰）低 3.2 个千分点，自然增长率（2.8‰）比全国平均水平（6.3‰）低 3.5 个千分点，全省有 27 县（市、区）呈现人口负增长。2005 年，全省出生人口 80 万人左右，出生率、自然增长率稳步下降。至 2005 年末，四川省连续十多年保持全国生育水平较低的类省区位置，也是唯一进入全国一类地区的中西部省区。

第三节　综合改革

一、人口与计生综合改革机制

2001 年 4 月，国家计生委将绵阳市、德阳市列为国家级人口计生综合改革试点区。

2002 年 3 月，省计生委将宜宾市确定为省级人口与计划生育综合改革试点市。

同年 5 月，省计生委印发《关于全面推进人口与计划生育综合改革的意见》，以观念创新、机制创新和方法创新为重点，在全省全面推进计生综合改革工作。

（一）建立完善人口与计划生育工件管理机制

第一，坚持和完善人口与发展综合决策机制，把人口与计划生育工作纳入经济和社会发展的总体规划，推动各有关部门制定和落实有利于人口与计划生育工作的相关政策和配套措施，促进人口与经济社会协调发展。第二，坚持和完善党政一把手亲自抓、负总责的领导机制。明确职责，深化目标管理，严格奖惩措施，切实做到责任到位、措施到位、投入到位。第三，建立和完善在党政领导下，村民委员会组织实施、计生部门配合、群众参与的计划生育村（居）民自治机制，实行群众自我管理、自我教育、自我服务。第四，建立和完善计划生育社区管理机制，强化街道办事处、居委会计划生育工作职责。街道、居委会计划生育工作实行“单位负责，系统配合，社区管理，双向考核”的属地化管理体制，把计划生育工作与社区建设紧密结合起来，融为一体。社区内机关事业、企业单位，实行法定代表人计划生育工作责任制。流动人口管理，以“现居住地管理为主”，与常住人口同宣传、同管理、同服务。第五，改进和完善计划生育考核评估和监督机制。实行党政、计生、相关部门分线考核。党政考核内容包括宏观决策，组织协调，机构队伍建设，经费投入，人口计划执行情况。计生部门主要考核参谋助手作用，计生业务工作，综合工作能力，依法行政，工作作风等。相关部门主要考核对计划生育工作的参与程度，是否制定和完善有利于计划生育的相关政策和配套措施等。考核力求简便易行，减少考核层次、次数和内容，把基层的注意力和工作重点引导到为群众服务和提高工作水平上来。第六，建立和完善用人机制。加快人事制度改革，逐步建立能上能下、能进能出、有效奖励、严格监督、竞争择优、充满活力的用人制度。按照省委要求配齐乡镇计划生育工作人员。对现有在岗不适宜继续从事计划生育工作的人员要予以调整，确保计生工作队伍精干、高效。

（二）建立和完善宣传教育、综合服务、科学管理相统一的工作机制

第一，丰富计划生育宣传教育的内容和方法。努力增加计划生育宣传教育工作的科技含量和文化品位，大力普及计划生育、优生优育和生殖保健科普知识，广泛开展婚育新风进万家活动，职校

推进社区新型生育文化建设；坚持和办好婚育家庭学校，探索创新群众喜闻乐见的宣传形式和方法，为综合改革和人口与计划生育工作创造良好环境。第二，建立和完善计划生育执法责任制和执法过错责任追究制，严格执法程序，规范行政执法行为。认真执行计划生育工作“七个不准”的规定，推进计划生育民主法制建设。第三，改革和简化生育管理程序。基础工作较好的地方，可改由人口计划控制为按生育政策生育。市、县、乡不再层层下达人口计划，市只向县下达年度人口调控总量，一孩生育年度安排由夫妇双方自主决定生育时间。规范和简化二孩及以上生育指标审批程序，凡符合生育二孩及以上政策者，达到间隔后，由本人申请，村核实，乡初审，县计生委审批。审批后育龄夫妇自主选择生育年度。第四，加快办公现代化进程。采取“总体规划，分县推进，逐步联网”的办法，县建工作站，乡建终端站，市、县办公微机化。到2005年，力争70%的市、县、乡建立和完善育龄群众档案、人口统计、政策法规、宣传教育、流动人口管理和计划生育技术服务为主要内容的信息系统。

（三）建立和完善以计划生育技术优质服务为重点的服务机制

第一，建立和完善计划生育技术服务网络。建立以县站为龙头、多站为主体、村服务室为基础的计划生育技术服务体系，不断改善服务条件，增强服务能力，满足群众日益增长的计划生育和生殖健康需要。已建起来的乡、镇计生服务站，要巩固提高，一般不与卫生院合并，有条件需要合并的也要从严掌握。第二，拓宽服务范围。开展生殖保健系列服务，逐步实施避孕节育优质服务、出生缺陷干预和生殖道感染防治三大工程，全面开展以妇科病普查普治为切入点的生殖保健服务，提高妇女健康水平。第三，开展创建以计划生育技术服务为主要内容的优质服务县活动。优质服务县、乡的标准是：计划生育技术服务网络健全，有一支较强的技术服务队伍；开展计划生育技术和生殖保健系列服务；育龄妇女妇科病普查普治率达到80%；80%的乡镇开展避孕措施知情选择，群众满意率达到80%；计划生育率达到95%以上；育龄群众避孕节育、优生优育、生殖健康科普知识知晓率达80%以上；70%的乡、镇服务站经济效益好，收支平衡有节余。

（四）建立和完善计划生育利益导向机制

第一，进一步落实已经出台的对计划生育家庭的各种奖励优惠政策。兑现农村、城镇独生子女父母奖励金和独生子女父母退休时加发5%退休金的政策，落实独生子女“双全”保险及其父母养老保险。第二，改进和完善避孕节育措施经费的管理和使用。符合政策生育后落实避孕措施的费用由国家负担，不能以任何理由转嫁给群众。第三，深化计划生育“三结合”。认真研究、制定和落实向计划生育家庭的倾斜政策，切实做到项目扶持、技术培训、资金帮助和政策优惠，使计划生育户感到政治上光荣，经济上实惠，生活上优越。

（五）建立和完善计划生育保障供给机制

第一，确保市、县计划生育经费的投入。“十五”期末，全省人均财政投入计划生育事业费要超过10元，由省、市、县（含乡级）三级按2∶2∶6的比例分级负担，省级财政人均投入2元，市级财政人均投入2元，县级财政人均投入6元。“三州”和经济条件好的地方，财政投入应高于这个标准。税费改革后，到2005年，各级财政投入计划生育事业费要经过认真测算后确定，市、县要按比例到位。第二，建立新的财政投入体系。在农村统筹费中应认真解决和落实好计划生育经费。基层计划生育工作经常性项目开支应列入财政预算。计划生育社会抚养费要全额用于计划生育事业。社会抚养费和乡统筹用于计划生育事业的费用应能保证计划生育的基本需求。农村税费改革后，要按照中央、省的有关要求，确保计划生育工作必要的经费开支。

2003年，省计生委召开全省人口与计生综合改革工作研讨会，对新机制建设进行深入探讨，提出“整体推进、重点突破、项目管理、严格评估”的综合改革运作思路，省计生委根据试点市县的实际情况，对改革项目实行合同管理。

2005年，省政府办公厅印发《关于全面推进人口和计划生育综合改革的意见》，把推进综合改革，加快建立新机制纳入政府行为。

2001—2005年，四川突出重点工作与综合改革的融合，把握人口计生综合改革中的关键问题，坚持计划生育基本国策不动摇，把人口信息化建设作为统筹解决全省人口问题的突破口和重要抓手，认真贯彻法律法规和优惠政策，加强人口计生公共服务体系建设，研究谋划促进人口计生事业发展项目，坚持和完善目标管理工作责任制。

1. 依法管理切实加强

四川全面贯彻落实《中华人民共和国人口与计划生育法》等法律法规，修改完善《四川省人口与计划生育条例》，出台《四川省社会抚养费征收管理实施办法》《四川省独生子女父母奖励实施办法》等政府规章和《四川省流动人口违法生育异地处理协商暂行规定》等规范性文件，人口计生法规体系不断完善。取消一孩生育审批，取消流动人口婚育证明等行政性收费，严格执行计划生育行政执法“七个不准”和“十禁止”规定，实行计划生育技术服务机构和人员依法准入，严格按照批准的业务范围和服务项目执业，规范计划生育村务、政务公开工作，畅通信访渠道。群众合法权益得到切实维护，对计划生育的满意度不断提高。

2. 村（居）民自治不断完善

各地加强基层民主政治建设，把计划生育纳入村（居）民自治的重要内容，按照民主程序和法律法规规定计划生育村规民约（居民公约），村（居）民在计划生育中的民主权、知情权、参与权、评议权和监督权得到切实尊重和落实，实行计划生育双向承诺服务协议管理和村（居）计生干部群众直选、竞聘上岗，建立和完善议事、公示、承诺、评议等制度，村级计划生育管理和服务工作得到有效落实。“包任务、包经费、与奖惩挂钩”等工作保障制度进一步落实，计划生育协会建设和村级计生服务室、中心学习户、生育文化大院建设不断加强，计划生育基层基础工作更加扎实。村（居）民自治促进计划生育基层基础工作更加扎实。村（居）民自治促进计划生育工作重心下移和政府职能转变，群众计划生育意识日益增强，主动参与计划生育的自觉性逐步提高，干群关系明显改善。至2005年末，全省除“三州”外，村（居）民自治面达95%以上，有20个县（市、区）被评为省级计划生育村（居）民自治先进县（市、区）。

3. 优质服务理念得到提升

全省开展以提高群众满意度为目标的“计划生育优质服务先进县（市、区）创建工程”。一是开展以技术服务为重点的计划生育优质服务。加强计划生育服务体系建设，仅2004年、2005年就投入4173万元计生事业费和1840万元国债资金，用于改善服务条件，增强服务能力。坚持“三查”和随访服务，推进以避孕方法知情选择、出生缺陷干预、生殖道感染干预为重点的生殖健康计划，努力满足广大育龄群众的计划生育/生殖健康服务需求。全省66个县（市、区）达到“省优”，其中13个被评为“国优”。二是全面实施“生育文化建设工程”，全省建立生育文化小区593个、生育文化中心858个、生育文化大院33974个，寓教于乐、寓管理于服务的理念进一步深化。三是积极实施

"人口计生信息化建设工程"，除"三州"外，绝大多数乡镇建成和运用育龄妇女信息管理系统，全省人口计生信息化建设迈出重大步伐。

4. 利益导向机制逐步建立

全省农村部分计划生育家庭奖励扶助制度试点工作全面开展。2005 年，全省有 199687 名对象得到奖励扶助，累计发放奖励扶助资金近 2 亿元。计划生育"三结合"不断深化，省级帮扶部门由 18 个增加到 24 个，累计帮扶计划生育户超过 500 万户。积极落实独生子女父母奖励金。认真执行计划生育家庭有关土地、医疗、社会保障、户籍、就业、教育等优待政策。"关爱女孩"活动在全省逐步推开。攀枝花、雅安、眉山等地分别开展"少生快富"扶贫工程和农村独生子女特殊困难家庭救助试点。计划生育利益导向机制初现端倪。

5. 综合治理格局逐步完善

四川坚持把人口计划生育工作纳入经济社会发展总体规划，坚持党政一把手亲自抓、负总责、把人口和计划生育工作作为领导干部政绩考核和评价地方经济社会发展水平的重要内容，政党定期听取人口计生工作汇报、专题研究人口计生工作渐成制度。人口计生领导小组定期研究解决工作中的重点、难点问题。重新明确和细化领导小组各成员单位在人口和计划生育工作中的职责任务。改革完善党政线、部门线、业务线目标考核体系。各相关部门互相配合，在计划生育"三结合"、流动人口管理服务、计划生育技术服务、"关爱女孩"、综合治理出生人口性别比升高、奖励扶助等方面取得新成效。

二、综合改革试点市

（一）绵阳市

2001 年，绵阳市被国家人口计生委确定为全国人口与计划生育综合改革试点市后，市委、市政府党政一把手及分管领导多次带队到基层开展调研，先后多次召开市委常委会、市政府常务会议、计生领导小组会及相关部门负责人会议，研究问题，制定方案，解决困难。同时，省计生委给予强有力的指导和支持，委党组多次专题听取绵阳市综合改革的汇报，并提出针对性指导意见。

图 4－5　2002 年 4 月，国家计生委主任张维庆（中）在四川省计生委主任王在银（左一）陪同下，检查指导四川计生综合改革工作

2001—2005 年，绵阳市的综合改革历经三个阶段：

启动准备阶段（2001 年初至同年 6 月）：成立领导小组，在调查研究、综合协调的基础上，市委、市政府印发《关于人口与计划生育综合改革意见》，明确综合改革的指导思想、基本原则、主要目标以及内容和任务，提出"一个确保、两个明确、三个重点"的综合改革基本思路，并通过会议、文件、媒体开展广泛宣传，动员全社会广泛参与。

试点示范及实施阶段（2001 年 7 月至 2002 年 7 月）：综合改革的主要内容和任务化整为零，选择有一定工作基础和代表性的县、乡先行试点。2002 年 5 月，在试点示范取得一定经验的基础上，市计生委围绕建立和完善“依法管理、村（居）民自治、优质服务、政策推动、综合治理”工作机制，印发《绵阳市人口与计划生育综合改革推进方案》，建立综合改革项目管理、加强指导督查和分年度进行考核评估制度。同时，对承担重点项目的县给予年终免检的政策，使其放手推进综合改革。

全面推进阶段（2002年8月至2005年12月）。2002年7月29日，市委、市政府召开专题会议，总结分析全市综合改革的形势，针对存在的问题，印发《关于全面推进人口与计划生育综合改革的决定》（以下简称《决定》），确定以完善计划生育村（居）民自治制度为切入点，实行全面推进与重点突破相结合，建立机制与完善提高相结合，创新机制与配套改革相结合的综合改革工作思路。全市各地结合实际，认真贯彻市委《决定》，努力创特色，求突破，带动综合改革全面整体推进。市委、市政府因势利导，先后在全市总结推广盐亭县探索建立财政转移支付计划生育经费“指标到乡，乡用县管，乡镇审查，财政监督，节余留用”管理体制的经验；推广三台县在村委会中建立村计划生育委员会，村计生委主任实行竞聘上岗，乡聘村用，兼职兼薪，动态管理，报酬纳入财政预算管理的村级计划生育干部管理制度的经验；推广北川县建立县、乡技术服务站一体化管理新机制和乡镇服务站由乡办乡管改为县乡共管，以县为主的管理模式的经验；推广江油市开展计划生育优质服务的经验；推广平武县“旅游搭台、计生宣传、资源共享、协调发展”的山区旅游生育文化建设的经验。

2004—2005年，绵阳市以“四四五四”工作思路为指导，以实施“五大工程”为载体，推进人口计生工作新机制的建立。把实施项目管理，推进综合改革新机制的建立，从个别乡镇（街道办事处）扩展到以区市县为单位进行。省人口计生委分别把涪城、盐亭、梓潼、平武、北川列为综合治理、依法管理、村（居）民自治和政策推动省级项目县，把江油作为新机制建设综合示范县（市），把游仙、三台作为依法管理、村（居）民自治市级项目县。通过这些项目的推广和建设，全面推进人口和计划生育工作新机制的建立。

通过综合改革试点，绵阳市生育文化服务、政策法规服务、生殖保健服务、统计信息服务、生产生育服务日益制度化、规范化。采取试点孵化经验、分步实施推广和项目推进的做法，“依法管理、村（居）民自治、优质服务、政策推动、综合治理”的人口计生工作新机制框架基本形成。2005年，绵阳市人口出生率和自然增长率为6.88‰和1.41‰，人口出生数由2000年的40424人降到36493人，下降3931人，同比减少10.8%。梓潼、盐亭、游仙三区（市、县）实现人口零增长。群众对计生工作者在依法行政、宣传教育、技术服务、工作态度、流动人口管理和服务等方面的综合满意率为83.6%。通过综合改革，人口计生工作者的思维方式也发生根本转变，创新精神和创新能力不断增强，善于面对迅速发展变化的新形势、新任务，查找自身工作中存在的问题和差距，大胆地否定自己，敢为人先地创新性开展工作，找准综合改革的突破口，不搞“一刀切”和一个模式。

（二）德阳市

2001年，德阳市被国家人口计生委确定为全国人口与计划生育综合改革试点市，由此开展建立人口计生工作长效机制的深度探索。人口计生部门积极努力，探索构建“依法管理、村（居）民自治、优先服务、政策推动、综合治理”工作新机制，全面提升人口计生工作水平。

1. 全面推进人口与计划生育综合改革，按照分类指导、区别对待、有所侧重、分层推进的原则，积极制定阶段性综合改革的目标和任务，组织实施。健全和完善“统筹协调、科学管理、优质服务、利益导向、群众自治、人财保障”六大机制。在“双创”工作中，以民生为重点，以深化优质服务为关键，着力创建“德阳品牌”——“幸福家园·健康家庭”品牌将人口计生工作融入社会发展大局，融入“统筹城乡综合配套改革”“新农村示范片建设”“灾后重建与振兴”等中心工作。

2. 在全省率先建立10项计划生育行政执法制度，规范8项计划生育行政执法；建立完善“以实现部门管理制度化为目标，人口计生依法行政为主体，人民法院行政诉讼为补充”的行政执法体系；建立“人口计生实名举报制度”，开展“阳光计生行动”，开通“12356”阳光计生服务热线；建立完善人口计生目标管理体系，严格执行管理制度。

3. 各级各部门通力合作，相互支持，形成综合治理格局，促进人口与计划生育工作全面发展。全面实施计划生育利益导向工程，积极探索和制定有利于计划生育的社会经济政策，建立和完善计划生育的利益导向机制。对计划生育家庭实行优先、优惠、优待政策，切实保证计划生育家庭在社会上有地位、经济上有实惠、生活上有保障。启动救助计划生育困难家庭的活动，切实解决计划生育户在生产、生活、生育等方面遇到的实际困难。

4. 全市人口计生部门坚持“三不变”、落实“三为主”、深化“三结合”，推进计划生育综合改革，实现工作思路和工作方法的转变，依法管理、优质服务、村（居）民自治、政策推动、综合治理新的工作机制正在形成。

5. 通过项目管理、重点突破、整体推进的原则，先后在6个县（市、区）开展依法管理、村（居）民自治、优质服务、政策推动、综合治理5个项目试点，并在全市推开。到“十五”期末，各具地方特色的人口计生工作机制轮廓逐步显现，顺利通过省人口计生委的评估验收，全面完成“十五”期间省政府下达的各项目标任务。全市出生人数12.2万人，成为全省唯一一个人口自然增长率连续5年负增长的地级市。

（三）宜宾市

2002年，宜宾市被省计生委确定为省级人口与计划生育综合改革试点市，按照国家、省的总体部署和要求，推进以“依法管理、村（居）民自治、优质服务、政策推动、综合治理”为主要内容的人口与计划生育综合改革试点工作。

1. 开展村（居）民自治。按照积极稳妥，分步推进的原则和“建章立制、民主管理、优质服务”的要求，宜宾市加快建立和完善群众自我教育、自我管理、自我服务和自我监督的人口与计生工作管理新体制步伐，开展计划生育村（居）民自治工作。市统一印制《计划生育村（居）民自治工作规范》，以点带面，点面结合，进行推广，着重强化四大基础性工作：制定落实计划生育村（居）民自治章程（村规民约）；在签订和落实计划生育协议（合同）中，既体现权利和义务的对等，又体现优质服务的要求，保证群众的合法权益；注重村务公开的定时定期，提高工作的透明度；通过实行目标管理、“两包一挂”等，明确村级组织职责，落实村级工作人员、任务和经费。

2. 推进优质服务。建立经费投入制度，确保免费技术服务需要。市人口计生委等五部门联合印发《关于认真贯彻落实〈四川省计划生育免费技术服务经费管理办法〉的通知》，建立各项免费技术服务经费的管理制度，以确保经费的投入到位和专款专用。确立定点服务机构，全面开展优质服务。加强计卫合作，实现资源共享，优势互补。市成立计划生育技术服务指导、鉴定、抢救专家委员会，各级人口计生、卫生部门相互开放服务领域，探索合作新途径。开展创建人口和计划生育优质服务先进县（区）活动。兴文县被评为国家级优质服务先进县，翠屏区、高县、珙县3个县（区）

被评为省级优质服务先进县，其余6个县被评为市级优质服务先进县。

3. 实行政策推动。2003年，市政府一次性安排700万元作为兑现启动资金，用于奖励农村和城镇无业居民及享受低保的独生子女父母。2004年，通过广泛宣传、个人申报、村社审查、张榜公布、乡镇复查、县上审批、录入上报等程序，全市首批符合奖励扶助对象6016人，发放奖励金360.96万元。2005年，全市奖励扶助对象8614人，发放奖励金516.84万元。全市落实“三结合”帮扶资金达6985.8万元，其中财政投入1189.7万元，累计使全市30796户家庭受益。综合治理出生婴儿性别失衡。全市出生人口性别比由2003年的126下降到2005年的117。

第六章　计划生育“三为主”与“三结合”

第一节　计划生育“三为主”

一、推广与发展

（一）1982—1985 年

20 世纪 80 年代初，山东荣成县等地针对计划生育工作中行政命令多、突击活动多、事后补救多的被动局面，按照国家指导与群众自愿相结合的原则，广泛发动群众，依靠群众，引导群众自觉实行计划生育，从实际工作中总结出计划生育以宣传教育为主、避孕为主、经常工作为主的“三为主”工作方法，基层计划生育工作基本实现制度化、经常化，既推动计划生育工作，又改善党群干群关系。荣成县总结的计划生育工作“三为主”经验，引起国家计生委的高度重视。1982 年 10 月 20 日，中共中央办公厅、国务院办公厅转发的《全国计划生育工作会议纪要》肯定了“三为主”的经验，1983 年 5 月，国家计生委在荣成县召开现场会，把“三为主”的工作方针和荣成经验在全国推广。

（二）1986—1995 年

这一时期，“三为主”工作方针的贯彻实施，提高了各地计划生育工作水平，巩固和发展计划生育工作成绩。各地涌现出一大批既有效地控制人口增长，又密切党群关系、干群关系的先进县（市、区）；大、中城市和一部分工作基础较好的农村地区基本达到“三为主”的要求。1991 年 5 月 12 日，《中共中央、国务院关于加强计划生育工作严格控制人口增长的决定》中指出：要继续贯彻以宣传教育为主、避孕为主、经常工作为主的方针，逐步实现经常化、科学化、制度化。1993 年 9 月，在国务院召开的全国计划生育工作“三为主”经验交流会上，国务院表彰包括四川广汉、什邡、南川（今属重庆市）、荥经、江津（今属重庆市）等 49 个全国计划生育工作先进县（市、区），国家计生委同时表彰四川蒲江、峨眉山、巴中、荣县、旺苍等 76 个计划生育工作先进县（市、区）。会议要求认真总结和大力推广各地贯彻执行“三为主”方针取得的经验，表彰先进，动员各级领导和广大干部、计划生育工作者在新形势下更加自觉地坚持“三为主”方针，积极创造新经验，抓紧抓好计划生育工作。

（三）1996—2005 年

这一时期，坚持“三不变”，落实“三为主”，推广“三结合”，实现“两个转变”，达到“一个目标”成为中国计划生育工作发展的基本思路。

1996 年 2 月，国家计生委提出到 20 世纪末和 21 世纪中叶全国人口与计划生育工作分四步走的奋斗目标。该奋斗目标的第一步是：到 2000 年，计划生育工作基本实现“三为主”。《中国计划生育纲要》（1995—2000 年）指出，坚持国家指导与群众自愿相结合，贯彻以宣传教育为主、避孕为主、经常工作为主的计划生育工作方针。1998 年 6 月 16 日，《国家计划生育委员会关于加快实现计划生育工作“三为主”的意见》指出，到 2000 年全国基本实现“三为主”是实现未来人口控制目标的基本保证。2004 年 10 月 7 日，全国抓紧抓好计划生育工作认真落实“三为主”规划电视电话会议要求各级党委、政府要把计划生育工作基本实现“三为主”纳入重要议事日程，作为各级党委、政府人口与计划生育工作目标管理责任制的主要内容，认真考核，奖惩兑现。

二、贯彻与实施

1983 年 3 月 18 日，全省计划生育改革工作会议要求：在计划生育工作中要认真贯彻落实宣传教育与经济限制，以宣传教育为主，以经常工作为主等的“三为主”工作要求。各地要解放思想，改进作风，把“三为主”方针贯彻到整个计划生育工作的始终。

1985 年，全省各地计生委变“孕后型”管理为“孕前型”管理，配合民政、教育、卫生等部门，开展人口与计划生育基础知识教育，组织未婚青年、新婚夫妇和照顾生二孩的育龄夫妇学习人口基础知识、生育政策法规、避孕节育和优生优育知识。同时，普及避孕节育科学知识，推广和应用避孕节育的新技术、新成果、新方法，增强群众的自我保健意识，提高避孕节育的有效率。一些地方还把孕前、孕后的管理和服务同做好妇幼保健、优生优育工作结合起来，指导育龄夫妇有计划地生育孩子，受到群众欢迎。

1986 年，在落实计划生育工作“三为主”中，四川坚持把宣传教育工作放在首位，通过广泛深入的宣传教育，使广大群众真正懂得实行计划生育关系到国家富强、民族繁荣，也关系到个人和家庭的幸福。在人口与计划生育基础知识教育中主要开展三方面的宣传教育：

1. 开展人口国情和基本国策的宣传教育，使广大群众认清本省、本县以至本乡、本村所面临的严峻人口形势，加深对计划生育这一基本国策的理解。

2. 开展爱国主义教育，使广大群众在生育问题上正确处理国家利益和个人利益、长远利益和眼前利益的关系，自觉地为控制人口增长作贡献。

3. 开展人口与计划生育科学知识教育，用科学知识启发和引导群众转变生育观念，提高对计划生育、优生优育的理解和接受能力，帮助广大育龄夫妇掌握科学的避孕节育知识和方法。对在校学生进行人口国情和青春期教育，使公民从青少年开始就树立人口意识和正确的恋爱、婚姻、生育观念。

各地把开展宣传教育与为育龄群众提供生产、生活、生育方面的服务，帮助群众排忧解难结合起来，与普及科学文化知识结合起来，与创建文明村、文明家庭活动结合起来，丰富了宣传教育的内容。德阳市市中区等地把这种教育推广到全民中去，把青少年和老年人也列入教育对象，组织学习相关人口知识，以发挥不同年龄结构人群在计划生育工作中的作用。至 1986 年末，全省通过各种形式的培训班参训人数增加到 373 万人（次），逐步促进人们婚育观念的更新，使一些群众由“要我计划生育”变为“我要计划生育”。

在抓好宣传教育的同时，各地加强计划生育宣传技术专业机构的建设，提高服务质量。继全国（重庆）计划生育服务站经验交流会议之后，本着“巩固提高、充实完善、适当发展”的要求，对 2647 个指导所、指导站、服务站进行充实完善，逐步做到人员、房屋、设备“三配套”，更好地发挥宣传教育、节育优生服务、避孕药具发放、人员培训“四大功能”。同时，依靠科技进步，加强计划生育科研工作，有5项科技成果获得省二、三等科技进步奖，并在全省积极推广输精管直视错穿结扎法、输精管注射黏堵绝育法、宫腔形宫内节育器等科研成果，在部分地区重点试行输精管注射栓绝育法和银夹绝育法，提高避孕节育技术质量。

1987年颁布的《四川省计划生育条例》第三条规定：“计划生育工作，坚持以宣传教育、避孕、经常工作为主的方针”。四川率先把“三为主”纳入地方法规，作为各级各部门在计划生育工作中必须严格遵守的规定。同时，《条例》把优生优育和节育措施专列一章，并具体规定“节育应采取综合措施，以避孕为主，提倡有两个孩子的夫妻一方采取结扎措施”。此后，以“一安二扎”（生育一个孩子的妇女安放宫内节育器、生育两个孩子的夫妻一方采取输精、卵管结扎）为主的避孕服务工作在全省推开。雅安地区推广名山县的季评季奖、季度查孕的经常工作经验。名山县层层建立目标管理，坚持季评季奖，季度查孕，全面完成地区下达的四项管理目标，计划生育率提高到96.3%，跃居全区第一。

是年，全省各地普遍开展形式多样的计划生育大宣传活动，形成具有四川特色的“宣传周”“宣传月”和遍布全省的计划生育标语宣传，使广大干部、群众受到内容丰富的计划生育宣传教育。通过舆论导向，育龄群众踊跃落实避孕措施和晚婚晚育人数大为增加，至1988年末，全省避孕节育率、晚婚率分别达到90.09%、31.47%，比1986年分别提高3.57个和2.55个百分点。

1991年5月12日，《中共中央国务院关于加强计划生育工作严格控制人口增长的决定》要求：要继续贯彻以宣传教育为主、避孕为主、经常工作为主方针，逐步实现经常化、科学化、制度化。要广泛深入持久地进行基本国情和计划生育基本国策的宣传教育，在城乡普及人口和计划生育的基础知识，增强全民的人口意识与人均观念。要在育龄群众中普及避孕节育、优生优育的科学技术知识，向他们提供避孕节育的优质技术服务，做到安全、有效、经济、简便易行。要把宣传教育同解决实际问题结合起来，关心群众，多办实事，以取得群众的理解和支持，把计划生育变成广大群众的自觉行动，做到既有效地控制人口增长，又能密切党群关系、干群关系，维护安定团结的局面。

同月，省委、省政府在贯彻《中共中央国务院关于加强计划生育工作严格控制人口增长的决定》中，从领导、投入、网络建设等方面对落实“三为主”方针作出具体部署。各地按照中央《决定》和省委、省政府要求，从实际出发，加大计划生育经常工作网络建设力度。

1. 多数市、县落实乡（镇）服务机构技术人员工资补助政策，稳定队伍；安排资金购置宣传、医疗设备和用于服务站基本建设，加快技术服务机构“人员、房屋、设备”三配套的建设步伐，使经常开展宣传、避孕、“双查”（检查环情、孕情）的技术服务体系得到较快发展。

2. 90%以上的乡、85%的村建立计划生育协会，群众工作队伍进一步壮大。

3. 在乡、村推行公开招聘、择优录用的用人制度，充实一批政治思想好、热心为群众办事的计划生育专干和服务员。基层工作网络的健全，为落实“三为主”和控制人口过快增长打下坚实的基础。

1993年3月召开的全省计划生育工作会上，省委、省政府主要领导与各市（州）党政一把手签订人口与计划生育目标责任书，使落实“三为主”的责任进一步明确，领导力度进一步加大。

雅安地区在开展创建合格乡、村，先进县、红旗县活动的基础上，贯彻中央关于“既要抓紧又要抓好”的指导方针，坚持“三为主”，引导“三结合”，把基层基础工作延伸到村、组，涌现出一批工作水平和管理层次较高的乡（镇），在全区推广经验，各县（市）积极试点，使村级管理逐步做到组织、网络、阵地、制度、经费“五落实”。

1989—1993 年，甘孜州累计为 18 个县手术服务 6078 例。州（县）技术服务指导（所）站节育手术服务由 1989 年总手术的 56.2%上升到 1993 年的 69.78%。州计生指导所设立药具管理站，改革避孕药具管理体制，建立药具发放点 2876 个，配备药具服务员 3367 人。1984—1987 年州指导所药具培训 18 期，各县培训村服务员 116 期，共 2.674 万人次。建立已婚育龄妇女卡、药具账、药具花名册，摸清使用药具人数。实行专人管理，计划发放，药具渠道通畅，初步形成一条龙服务管理体制。

广元市在做好经常性宣传的同时，加强对干部群众进行人口与计划生育基础知识教育，使广大育龄群众在提高科学文化的基础上加强对现行生育政策的理解，提高实行计划生育的自觉性。1992 年，广元市市中区、苍溪县、旺苍县、剑阁县经省计生委检查认定符合“人口与计划生育基础知识教育普及标准”获得合格证书；1993 年，朝天、元坝、青川三县（区）也相继达标。1998 年，广元市开展“婚育新风进万家活动”，广泛深入地宣传晚婚晚育、少生优生、生男生女一样好、女儿也是传后人、计划生育丈夫有责等科学文明进步的婚育观念，把宣传教育引向深入。

自贡市抓好以避孕为主的技术服务工作，加大计划生育技术服务机构建设力度，为保证安全有效地落实避孕措施创造条件。1991—1999 年，新建乡镇服务站 167 个，建村服务室 2215 个，服务机构固定资产总值达 3015.19 万元；避孕节育技术不断更新，“输精管直视钳穿法”“输卵管抽芯包埋结扎法”“皮下埋植避孕法”全面推广；用 B 超查孕已基本普及，综合节育率年平均保持在 85%以上。

雅安市加强基层基础工作建设，全市共举办“五期”计划生育基础知识教育培训班 1635 期，受教群众 184719 人次，名山县开展宣传教育规范化管理试点，被列入省试点县之一；省、地报刊、电视采用计生稿件 41 篇，计生文艺会演参赛节目《借指标》获省优秀奖；全区投入 80 余万元，新建、改造乡（镇）服务站 34 个，建“一室多用”村活动室 980 个，占村总数的 88%。

达州市计生委把计划生育“三为主”纳入重要议事日程，切实加强领导、组织协调和检查督促。认真研究和解决实现“三为主”过程中出现的困难和问题，从基层网络建设、干部配备、政策导向和经费投入等方面，为计划生育工作基本实现“三为主”提供有力保障。

乐山市把基本实现“三为主”作为各级党委、政府人口与计划生育目标管理责任制的主要内容，同评估一个地区计划生育工作的好坏挂钩，严格考核，奖惩兑现。

资阳市把落实“三为主”方针与推行计划生育“三结合”工作结合起来，使之相互促进、相互融合。“三为主”工作注重实效，把各项有利于计划生育的社会经济政策和脱贫致富帮扶项目、资金等措施落实到村、落实到户，切实帮助他们解决生产、生活和生育中的具体困难，使实行计划生育的家庭在政治上感到光荣；在经济上有实惠，得到实实在在的物质利益；在生活上有保障，消除他们的后顾之忧。

1997 年末，四川按照国家计生委“三为主”考核标准，对全省县级计划生育“三为主”工作进行初步评估，全省基本达到“三为主”标准的县有 89 个，占全省县级总数的 49.2%。

1998 年，省计生委在部分县（区）进行避孕节育知情选择试点，随后在全省逐步推开。各地运用多种方式宣传避孕节育知识和配备避孕药具展示柜等介绍避孕节育方法、器具，使实行计划生育的育龄群众直观选择。同时，加强对技术服务人员的技能培训和职业道德教育，使其熟练掌握多种避孕节育本领（服务人员须准确知晓 5 种以上避孕方法、避孕原理、适应征、禁忌症、并发症诊治，药具使用方法、副作用预防及随访时间等）和保持良好的服务状态。技术服务人员在了解服务对象基本情况的基础上，将适宜的3种以上的避孕节育方法介绍给服务对象，育龄群众根据自己的身体状况选择自身所处的生理时期及该时期比较适宜的避孕方法。

同年10月7日，四川召开全省计划生育“三为主”工作电视电话会，省委、省政府领导到会讲话，对全省贯彻落实计划生育“三为主”方针15年来的情况进行回顾，对至2000年实现“三为主”目标进行规划和部署。要求各地按照“稳定乡办、建好乡站、培训好村干”的思路，把工作重点放在乡、村，建立健全计划生育行政工作网络、技术服务网络和群众工作网络，进一步落实乡、村两级计划生育目标责任制，建立和完善经常性工作的各项管理制度，做到乡、村两级计划生育队伍稳定，人员素质提高，经常性工作保持良好发展态势。省委、省政府决定：基层工作要切实做到“四有三落实”（即有一个好的领导班子，有一支抓经常工作的队伍，有一条符合实际的好的工作路子，有一套规范化的管理制度；做到计划生育工作人员、任务、报酬三落实），进一步打牢“三为主”工作基础；从1998年开始，省财政在计划生育事业补助经费中，每年拨出800万元用于匹配乡、镇计划生育技术装备，列支3000万元用于加强基层计划生育网络建设、队伍建设、制度建设和阵地建设，不断加快“三为主”工作进程，确保到20世纪末全省计划生育工作基本实现“三为主”。

省委、省政府“三为主”电视电话会议后，全省各地狠抓贯彻落实。各级党委、政府从可持续发展的战略高度，研究、部署人口计划生育工作，解决基层在落实“三为主”过程中的实际困难和问题。市、县制定实施“三为主”的办法和一系列加强部门配合，落实人、财、物保障条件的具体措施；建立实施计划生育工作“三为主”领导小组，并把实现计划生育工作“三为主”任务纳入政府工作目标内容进行督促检查；进一步加大财政对计划生育工作投入的力度和落实好计划生育统筹费的提取，使这两项经费成为计划生育经费的主要来源，保证实施“三为主”的日常支出。

2000年10月，省计生委根据省委、省政府计划生育“三为主”工作电视电话会议精神，结合平坝、丘陵、盆周山区和少数民族地区的实际，提出“区别对待、分类指导、全面推进”，在3年内分步实现“三为主”的意见，制定《四川省县级计划生育工作实现“三为主”规划》。其主要内容是：1998年，全省要有145个县（市、区）基本实现“三为主”，达到县（市、区）总数的80%；余下的36个县（市、区）在1999年要有24个基本实现“三为主”，到2000年，全省181个县（市、区）全部实现“三为主”。同时，省计生委印发《四川省计划生育委员会关于加快实现计划生育工作“三为主”的意见的通知》，要求各级计划生育部门要切实加强计划生育系统的思想作风建设、职业道德建设和业务建设，造就一支思想好、作风正、懂业务、会管理的高素质的干部队伍；要求各级计划生育部门要用更多的精力深入基层调查研究，帮助尚未实现计划生育工作“三为主”的地区总结经验教训，找出薄弱环节，分析困难和问题，完善各项规章制度和配套措施，建立起经常性的工作机制，并在经费投入、业务指导、教育培训和技术、设施等方面给予重点支持。同时，要认真总结先进经验，大力表彰和推广先进典型，掀起学先进、赶先进，争创先进单位的热潮；要求各地要把基本实现“三为主”，创建计划生育“合格村”纳入人口与计划生育工作目标管理责任制，坚持按标准认真考核验收，进一步强化计划生育基层基础工作和经常性工作。同年11月，省计生委印发《四川省县级计划生育工作“三为主”考评办法》和《县级计划生育工作基本实现“三为主”标准》，规范“三为主”工作考评。其《标准》共有8条，即：

1. 县、乡（镇）、村有计划生育领导小组，实行计划生育目标管理责任制；大多数村做到人员、任务、报酬落实；县、乡（镇）、村计划生育协会能经常开展活动。

2. 县有计划生育宣传技术指导站或计划生育服务站，乡（镇）有计划生育服务站，80%以上的村有服务室（可与村卫生室合一）并能发挥作用。

3. 县、乡（镇）有人口学校，80%的村有人口分校或宣传阵地，能经常开展活动；县广播电视台、站有人口与计划生育节目；人口与计划生育基础知识教育接受率达80%以上。

4. 严格依法管理，正确执法，文明执法，基本达到“七个不准”的要求；连续3年没有因计划生育工作方法不当引发的事件。

5. 党员、干部带头遵守计划生育。

6. 乡（镇）坚持定期和经常的计划生育服务；计划生育手术并发症发生率在1‰以内。

7. 人均计划生育事业经费的投入达到本省规定的目标；乡统筹中用于计划生育的比例达到本省的规定要求；计划外生育费实行“乡收县管、财政监督”。

8. 计划生育率连续3年在80%以上，或计划生育率逐年提高，3年平均在80%以上；多孩率（政策外多孩率）连续3年在3%以内。

1999年，四川省有143个县（市、区）基本实现计划生育工作“三为主”，占全省县（市、区）总数的79.5%。其中实现“三为主”的县（市、区）67个、基本实现“三为主”的64个、初步实现“三为主”的12个。

2000年，四川各地加强基层基础工作，提高管理水平和服务质量，对落实“三为主”方针提出更高要求；把提高人口素质，为育龄夫妇提供生殖保健服务，建立宣传教育、科学管理、综合服务相统一的工作机制摆到更加突出的位置，逐步实现计划生育工作思路和工作方法的“两个转变”，深入开展创建计划生育合格村活动，按照依法管理、村民自治、优质服务的要求，提高工作水平，最大限度地调动广大群众参与计划生育的热情和积极性，使计划生育工作向更高层次发展。至年末，全省人口自然增长率为5.1‰、综合避孕率94.31%、晚婚率47.23%，几项主要工作指标好于全国同期平均水平。通过检查评估，到2000年底，全省180个县（市、区）计划生育“三为主”工作达标，其中实现“三为主”的县（市、区）112个、基本实现“三为主”的68个，高于国家规划数19.44个百分点。

“十五”期间，《中共中央国务院关于加强人口与计划生育工作稳定低生育水平的决定》下发后，省委、省政府及时提出贯彻意见，要求各地在稳定低生育水平的新时期务必要一以贯之地坚持“三为主”。为保障“三为主”工作在基层落实，省委、省政府作出五项决定：

1. 在机构改革中，乡镇计生办必须保留。

2. 计生办必须配有专职公务员从事计生工作。

3. 乡镇计生服务站与卫生院不具备条件一般不合并，具备条件的要从严掌握。

4. 村计生干部一般由妇女主任兼任，其报酬纳入乡镇财政预算。

5. 按目标管理规定，各级必须保证计生经费投入到位。

随后，省级部门出台一系列有利于计划生育“三为主”深入发展的政策：省委组织部印发《关于把计划生育工作作为考核领导干部的一项重要内容的通知》；省人事厅、省计生委等部门印发《进一步加强计划生育机构队伍建设有关问题的通知》等，为落实“三为主”提供组织保障。是年，省财政拨出专项经费，进行计生信息化建设和实施妇女生殖道感染综合防治工程的设施装备，并和国家共同投资为23个少数民族县和贫困山区县配备计生服务车，为经常上门服务提供方便。四川把贯彻执行“三为主”方针与开展人口与计划生育工作综合改革，创建计划生育优质服务县（市、区）活动，建设生育文化工程以及实施奖励扶持制度等紧密结合起来，使其有机地融入稳定低生育水平的各项工作中而不断深化发展。

成都市为保障“三为主”工作在基层落实，深化避孕节育“知情选择”、生殖保健等服务项目，为稳定低生育水平，提高出生人口素质做出努力。全市孕产妇死亡率由1990年的66.7/10万人下降到2002年的23.74/10万人；婴儿出生缺陷发生率控制在8‰以内。2003年以创优为契机，加强技术服务工作。2004年，推广避孕节育知情选择和“避孕药具免费领取一卡通”，推行“出生缺陷干预工程”，全面开展计划生育技术优质服务。全市全年开展避孕节育/生殖保健服务375万人次，综合节育率达91%，避孕及时率达90%以上；完成为农村育龄妇女进行免费生殖健康普查120万人、免费技术服务面98%以上为民办实事目标任务。2005年，市、县、乡三级计生技术服务网络体系进一步健全，服务能力增强。全年为151万名农村已婚育龄妇女实施免费生殖健康普查。

绵阳市按照《四川省县级计划生育工作“三为主”考评办法》和《县级计划生育工作基本实现“三为主”标准》，依托大众传媒、城镇社区、旅游景区、文化站、“农家乐”等建设多种类型的信息传播阵地，依托卫生、科技等部门建立集生产实用技术、市场信息、生育文化科普知识于一体的宣传咨询服务队，全方位、多层次传播以新型生育文化为重点的科技信息。2004年，全市建设新型宣传阵地150多个，购买、制作入户宣传品60多万份，投入宣传经费近100万元。全市9个县（市、区）建立微机信息管理工作站，232个乡镇（占85%）建立终端站，为计划生育“三为主”深入发展奠定基础。江油市结合被列为“全国婚育新风进万家活动示范项目县”的实际，把生育文化建设与李白故里特有的文化氛围、与农业产业化结构调整、与利用企业、景点、“农家乐”等结合起来，建设10种不同类型的生育文化阵地。全市新建40个生育文化阵地、500个生育文化大院、500个计划生育协会中心户。完善全市42所人口学校和481个村级人口教育分校的基础建设。2002—2005年，市本级投入经费95万多元，强化宣传教育进村入户，规范村级计生宣传阵地。全市481个村、59个社区建立规范的计生宣传栏。其中有410个村、48个社区还新增计生科普瓷砖宣传画。95%以上的家庭拥有计生宣传品2种以上，已婚育龄妇女拥有4种以上的宣传资料。

攀枝花市为保障“三为主”工作在基层落实，规范基层的各项管理制度、执法程序和服务规程，把宣传教育、科学管理和综合服务有机地统一起来。采取有效措施促使村级组织切实担负起计划生育工作的责任，把计划生育纳入村务公开和民主管理的重要内容，开展创建计划生育“合格村”活动，并将这一活动与小康村、文明村建设紧密结合起来。充分发挥基层计划生育协会和其他群众组织的作用，组织动员广大群众开展计划生育的自我教育、自我管理和自我服务，加强民主管理和民主监督。

泸州市把实现“三为主”纳入人口与计划生育工作目标管理责任制，强化计划生育基层基础工作和经常性工作，因地制宜地创新宣传教育载体，建立“按需施教”的运行机制，积极打造“人口文化工程、人口文化计生、人口计生科技赶场、人口计生电影下乡、中小学生青春期健康教育”五大人口文化品牌。突出“参与互动”的宣传方式，树立“人文关怀”的宣传理念，实施大区域生育文明建设，初步形成宣传内容多样化、环境温馨化、手段现代化和方式个性化的局面。

2002年9月，遂宁市召开计划生育工作“三为主”现场会，参观蓬溪县鸣凤镇晒金村、宝梵镇华莲村、赤城镇连珠桥村的婚育文化大院。表彰射洪县、市中区东禅镇、蓬溪县宝梵镇和天福镇、大英县卓筒井镇、市中区复桥镇灵龟村等7个先进集体和10名先进个人。11月，全市各地利用多种宣传媒介，开展《中华人民共和国人口与计划生育法》《流动人口计划生育工作管理条例》《计划生育技术服务管理条例》《社会抚养费征收管理办法》《四川省人口与计划生育条例》宣传咨询活动，层层组织“一法四规”知识竞赛，选出代表参加全省的计划生育法律法规知识竞赛，获得省级优秀奖和组织奖。

阿坝州在落实“三为主”工作中，坚持以避孕为主，加强避孕药具的管理工作，理顺避孕药具的发放渠道，认真贯彻落实国家免费供应夫妻避孕药具的规定，每个村都落实避孕药具发放员，使避孕药具能够及时发放到育龄群众手中。到2000年，全州综合节育率达87.82%，避孕及时率达90.1%，计划外避孕率下降到1.46%，加快孕后补救型向孕前服务型转变的进程，计划生育工作由过去的集中突击性工作转变到经常工作为主。至1999年，有3个县基本实现“三为主”，8个县初步实现“三为主”的标准，汶川县、理县开展计划生育优质服务试点工作。

各地按照《四川省县级计划生育工作“三为主”考评办法》和《县级计划生育工作基本实现“三为主”标准》，充分发挥计生协会等群众组织的自我教育、自我服务、自我管理作用。把各项有利于计划生育的社会经济政策和脱贫致富帮扶项目、资金等措施落实到村、落实到户，切实帮助他们解决生产、生活和生育中的具体困难，真正使实行计划生育的家庭在政治上感到光荣；在经济上有实惠，得到实实在在的物质利益；在生活上有保障，消除他们的后顾之忧。德阳市在万名会员帮带群众致富活动中，各基层协会围绕致富开展“一条龙”服务。什邡县回澜乡鱼桥村协会因地制宜、发动会员群众种植经济效益高的川芎药材，针对无种子、缺技术，担心无销路等问题，村协会统一购买种子，培训技术，直接与药材公司签订合同，解除疑虑，群众种植川芎的积极性大大提高，种植460亩，全村人均增收563元。1991年，什邡县26722户会员和会员联系户人均收入1178元，比全县人均收入高267元。广元市各级计生协会以宣传教育为先导，以活动为载体，以项目为依托，以发展家庭经济为切入点，帮助育龄群众提高社会、经济地位，为计划生育工作的健康发展起到不可替代的作用。在农村，在村级计划生育协会的领导下，按照农民居住区域或者在从事不同经济产业的组织中，本着“便于组织，方便活动”的原则，建立“计划生育协会中心户”，中心户长由会员选举产生，每月不少于一次活动。截至2004年底，全市共有计划生育协会中心户38825户。

至2003年，全省有20个市（地、州）、140个县、4347个乡、32385个村建立计划生育协会，拥有会员170多万人。人口学会、优生协会也根据自身的特点开展工作，团结人口学界、医学界等方面的专家、学者在各个侧面为计划生育工作作出积极贡献。

第二节　计划生育“三结合”

计划生育“三结合”，即计划生育工作与发展农村经济相结合，与农民勤劳致富奔小康相结合，与建设幸福文明家庭相结合。

一、孕育与萌芽

（一）旺苍经验

旺苍县是国家重点扶持的贫困县，1980—1985年计划外生育的923户，其中98.2%是贫困户，一些地方甚至陷入“越生越穷，越穷越生”的恶性循环。从1986年开始，该县杏娅村在坚持计划生育工作“三为主”的基础上，把扶贫和计划生育工作结合起来，形成一套行之有效又被农民群众乐于接受的办法和措施，后来被通俗地称为“先脱贫后生育”。具体做法是：优先安排符合生育政策、家庭人均收入500元、人均有粮500公斤以上，且有两个以上经济开发项目的已婚育龄夫妇生育，没有达到上述其中一项指标的都要暂缓安排生育，等达标后再生育（即“一优一缓”办法）。“一优一缓”办法安排生育计划，不仅人口增长得到控制，也促进了经济发展。在总结该村经验的基础上，在全县推行“扶贫与计划生育相结合”，采取“两优先、两暂缓、两扶持”的措施，运用社会约束和利益导向相结合的机制来调节人们的生育行为，到1991年底全县累计有1850对夫妇通过暂缓安排生育计划，有1790对夫妇达到规定指标，有300多对符合生育政策的夫妇享受到各种发展经济的优惠政策后主动放弃生育二胎的指标，有400多对夫妇落实节育措施。

“两优先”：对符合生育政策要求，当年可生育第一个孩子或第二个孩子的夫妇，上年家庭人均粮食达到400公斤、人均纯收入320元以上、有一个稳定的致富项目的优先安排生育指标，对带头执行计划生育政策的夫妇优先安排扶贫项目、资金。

“两暂缓”：对未达到规定指标要求的夫妇暂缓安排生育计划，对不落实节育措施和违反计划生育政策的夫妇暂缓享受扶贫优惠政策。

“两扶持”：扶持暂缓安排生育户、计划生育贫困户尽快脱贫，扶持已脱贫的计划生育户加快致富。

“两优先、两暂缓、两扶持”的办法，把计划生育政策与农民的致富愿望以及切身利益结合在一起，受到农民群众的欢迎，全省很快推广了旺苍县的这一做法。

1989年3月，国务院总理李鹏在全国计生委主任会议上肯定了旺苍经验。《人民日报》以《旺苍县扶贫与计划生育结合好》为题作了专题报道。

1990年4月，在四川召开的全省贫困地区计划生育工作会议上，国务院开发办领导小组、国家计生委及四川毗邻七省（区）计生委的负责人员专程到会听取旺苍县的经验介绍和参观现场后，对旺苍县扶贫开发与计划生育相结合工作给予肯定。

同年5月，省委、省政府召开全省贫困地区计划生育工作会议，号召推广旺苍等地计划生育工作和扶贫开发相结合的经验。会后，全省各地按照“少生快富奔小康”的思路进行大胆探索，相继开展“万名计生协会会员带帮致富奔小康活动”“绿色养老计划”“优生致富防老工程”“万名独生子女家庭勤劳致富活动”“微观人口经济工程”等一系列各具地方特色的“少生快富”活动。

1995年10月22日，国务院在成都市召开全国计划生育“三结合”经验交流会。会上，旺苍县作了《坚持计划生育与扶贫开发相结合，积极探索人口、经济、社会协调发展的路子》的发言，旺苍县是这次会议唯一发言的一个县。同月，由新华社、《半月谈》杂志社、《中国人口报》、《中国法制报》、《中国妇女报》、《中国青年报》、《中国日报》等新闻媒体组成的“中央新闻采访团”到广元市专题采访计划生育“三结合”工作。

1996年10月，旺苍县县长出席国家计生委、国家扶贫办在贵阳市召开的计划生育与扶贫开发相结合的经验交流会，在会上作了题为《勇于改革，开拓进取，全面实施“三结合”，促计生工作上台阶》的交流发言。会议期间，党和国家领导人江泽民、陈俊生、彭珮云接见全体参会代表并合影留念，中央电视台对旺苍县县长进行单独采访。

（二）垫江经验

垫江县地处川东丘陵地区，人口密度为564人/平方公里，人均耕地仅有0.8亩。由于种种因素的制约，计划生育工作十分被动，1989年计划生育率为69.23%。1991年全省17个计划生育工作困难县会议后，县计生委在澄溪镇、永安镇开展调查研究和试点，针对广大群众渴望致富的要求和在生产、生活中面临的实际困难，开展生产、生活、生育服务，总结出“微观人口经济工程”，县委、县政府批准实施。基本思路是：以计划生育户为主要对象，从政策、资金、技术三个方面进行倾斜，从生产、生活、生育三个方面开展服务，宣传一批，培养一批，扶持一批少生快富的典型，影响、带动、促进利益导向机制的形成。目标是到1995年，使80%的计划生育户人均纯收入达到1000元以上，全县计划生育户人均纯收入到800元以上，高于全县农民人均纯收入200—250元，计划生育率达到98%以上。在实施中注意与发展“三高”农业结合，与发展乡镇企业结合，与组织劳务输出结合，与拓展计生服务结合，与创建示范村结合，与农村精神文明建设结合。垫江的经验初步解决把“微观人口经济工程”纳入当地经济社会发展的总体规划，由县、乡镇各级党委、政府组织实施，体现政府行为；把“微观人口经济工程”作为一项系统工程，由有关部门向计划生育户在生产、生活、生育等方面提供政策、资金、项目、技术等服务，解决计划生育“三结合”的方法、载体和资金问题。

垫江计划生育“三结合”把农村的各项工作作为一盘棋来通盘考虑，全面运筹，整体推进，动员协调和争取各方面的力量，通过一定的组织形式，从关心和帮助解决群众经济发展的实际困难入手，向计划生育户提供优先、优惠、优待的倾斜政策，扶助计划生育户家庭尽快致富，形成“少生能致富、少生能快富”的社会氛围，引导更多的家庭少生快富奔小康，促进农村各项工作紧紧围绕奔小康目标保持快速、健康、协调发展。

二、兴起与形成

1991年，省计生委先后在垫江县、万县市召开会议，总结推广旺苍、垫江在实践中创造的计划生育“三结合”和少生快富文明工程等经验，积极探索计划生育利益导向和社会制约相结合的机制，主动协调各有关部门特别是涉农部门支持农村计划生育“三结合”工作，推动对人口问题进行综合治理，为逐步实现计划生育工作思路和工作方法的两个转变创造条件。各地计生委，特别是政策法规部门认真贯彻成都全国会议和垫江、万县全省会议精神，认真组织调查研究，做好试点，总结推广符合本地实际的新鲜经验，使全省计划生育“三结合”工作从部门行为上升为政府行为。四川以政府行为推行计划生育“三结合”的经验，得到中共中央、国务院以及国家计生委有关领导的肯定。

1992年，省计生委、省农牧厅等省级8个部门发出《关于开展帮助扶持计划生育户率先致富活动的通知》，以“十百千万”工程为主导的全省计划生育“三结合”工作正式启动。以省级8个部门的帮扶活动为先导，全省统一认识、统一部署、统一规划、统一行动。在此期间，省委、省政府先后在巫山县、梁平县召开座谈会解决认识问题，在垫江县召开现场会解决方法问题。省委常委、副省长张中伟提出计划生育“三结合”的共同点是奔小康，结合点是进村入户，各个职能部门紧紧围绕计划生育“三结合”做好生产、生活、生育服务。以政府行为为主要特点的四川计划生育“三结合”在全省全面推开。

1994年10月6日，省委、省政府印发《关于在农村全面开展计划生育“三结合”工作的决定》，确定计划生育“三结合”的目标：使人口与经济协调发展，促进农村经济社会全面进步和人口的有效控制，确保人口计划的完成和农村经济文化建设，加快实现小康步伐；丘陵地区，要抓住国家加强对农业投入和加快商品粮、油、棉、猪基地建设的机遇，通过“三结合”，着力调整农村产业、产品结构，发展“三高”农业、畜牧、水产业和乡镇企业，组织劳务输出，培养造就一批能带领广大农民共同富裕的“少生快富”典型，加快由传统农业向现代农业的转化步伐；盆周山区，要抓住实施《国家“八七”扶贫攻坚计划》和建立牛、羊、果、林、茶基地的机遇，把扶贫与计划生育结合起来，加快计划生育户脱贫致富步伐；少数民族地区，要利用中央对少数民族地区的优惠政策和加速其经济发展的机遇，认真搞好计划生育“三结合”工作试点，探索具有少数民族地区特色的“三结合”路子。

三、推进与发展

1995年2月，省政府把“三结合”工作纳入目标管理并列入省政府七项追踪目标之一，定期检查、定期考核。

1. 省政府在省农牧厅等8个农口部门的责任目标中，增加开展计划生育工作“三结合”，完成帮扶1000户计划生育户率先致富任务，并设置目标分值5分。

2. 制定《四川省人民政府农村工作部门帮扶计划生育户率先致富活动考评办法》，组成由分管副省长为组长、相关部门主要负责人为副组长的考评小组，明确对8个农口部门进行考核及奖惩措施。

3. 确定绵竹县为省政府目标办追踪目标试点县，跟踪调查，加强对“三结合”的督促指导。

4. 省计生委与省妇联联合发出《关于在农村动员实行计划生育的妇女参加“双学双赛”活动的通知》。

同年4月，省政府在全省农村工作部门和服务部门启动“十百千万”工程。即每年每个乡（镇）帮扶10户，每个县（市、区）帮扶100户，每个市（地）和省级部门帮扶1000户，全省帮扶10000户计划生育户率先致富奔小康。各市（地、州）党委、政府按照省委、省政府文件精神和省级八部门意见，对本辖区的计划生育“三结合”工作作出统一规划和部署。各地坚持党政统揽、部门配合，采取项目覆盖、定点联系、帮扶到户、实行“三优”（优先、优惠、优待）的帮扶方式，广泛开展计划生育“三结合”工作，到1995年初，全省落实帮扶对象25万多户。

进入“九五”期间，四川根据不同地区社会经济发展水平和计划生育工作基础的实际，在落实“三结合”帮扶项目时突出因地制宜、分类指导。按照“群众自愿、有利结合、注重效益、保证落实”的原则，宜农则农、宜工则工、宜商则商，不搞一刀切。

1. 在川西平原地区，侧重把“三结合”工作与建设小康示范村、计划生育合格村等结合起来，把计划生育户率先培养成为文明健康生活方式的带头人。

2. 丘陵地区，把“三结合”工作与调整产业结构，实施“粮食高产优质科技示范工程”“高效生态农业科技示范工程”“科技入户工程”“测土配方施肥工程”“农村能源建设工程”、转化农村剩余劳动力等结合起来，帮扶计划生育户率先致富。

3. 盆周山区，抓好计划生育与扶贫开发相结合工作，加强山、水、林、田、路的综合治理，帮助扶持计划生育户改善生产、生活基础条件。

4. 少数民族地区利用中央给少数民族地区的优惠政策和扶持政策加快发展，把计划生育户帮扶成为农村中有知识、有技术和少生快富的带头人。

5. 在城镇，把计划生育工作“三结合”与社区建设结合起来，把帮助解决特殊人群生产经营方面的困难，尤其是下岗职工再就业和生活上的困难作为城镇计划生育“三结合”帮扶工作的重点，为城市计划生育工作再上台阶开创新的路子。

1996年，省委、省政府要求各地找差距、添措施、抓落实，从综合治理人口与发展问题的全局着眼，全面推进“三结合”。

1. 进一步规范和强化政府行为，更广泛地动员和组织涉农部门参与“三结合”工作，加大政策帮扶和科技投入的力度。

2. 实行条块结合的计划生育工作“三结合”目标管理责任制。省政府向省级部门和各市（地、州）下达帮扶任务各部门在1995年1000户的基础上增加20%，各市（地、州）帮扶8万户以上，帮扶重点是贫困地区、计划生育比较困难的地区以及低于当地人均收入水平以下的计划生育户，帮扶目标是被帮扶户当年学会一门以上致富技术、落实一项以上致富项目、年人均增收30%以上。同时，省政府把“三结合”工作纳入重点督查目标跟踪管理，定期汇报，并对雅安、内江等地进行目标抽查。

同年5月，省计生委印发《关于切实抓好计划生育“三结合”工作的通知》，明确计生部门在“三结合”工作中的职责、任务和要求。委领导率机关干部先后赴达川、巴中、广元、宜宾、乐山、涪陵、成都、重庆、泸州、雅安、绵阳、南充、德阳等地调查，帮助指导基层“三结合”工作。

四川农村计划生育“三结合”工作的帮扶形式逐步形成以下五个类型：

1. 依托农业发展项目，建立各类种养殖帮扶基地，把帮扶政策体现在对基地的扶持之中，以提高规模生产能力。

2. 通过各种技术扶持和培训，帮助计划生育户学会1—2门致富技术，并结合本地区域优势选择1—2个致富项目，形成一乡一业、一村一品的特色，增强自我发展的能力。

3. 以“大户带小户”“互助合作组”、各种“产业协会”“种养协会”“公司（企业）+基地+农户”的形式进行帮扶，以提高计划生育户适应市场经济的能力。

4. 通过购销合作组织实施商贸帮扶，被帮扶户只管生产，种苗、产品购销由合作组织负责，降低计划生育户生产成本风险。

5. 实施劳务输出帮扶，帮扶部门优先把计划生育户的剩余劳动力组织起来，分类培训、提高技能、组织输出，帮助致富。

1997年10月，省人大常委会在修订《四川省计划生育条例》时，把计划生育工作“三结合”作为专章列入其中，确立“三结合”的法律地位，纳入依法管理。

同年11月，国家计生委领导在成都市和雅安市名山县，分别主持召开全省省级有关部门和川西片部分县“三结合”座谈会，对四川“三结合”的做法充分肯定。9月，省目标办在绵竹县召开“三结合”试点座谈会，并形成会议纪要印发全省各地。

1998年，全国扶贫开发与计划生育相结合经验交流会在贵阳市召开，四川在会上交流计划生育

“三结合”工作经验，受到中央领导的肯定。是年，四川接待国内、国外计划生育“三结合”工作参观团、考察团300余批次。《中国人口报》《中国侨报》及海外报纸杂志介绍了四川“三结合”工作经验。

1999年，成都市初步建成成片帮扶示范点60余个，并初步显示出规模效应。全市新增帮扶户2539户，联系户9934户，帮带2.8万户，实现由零星帮扶向成片帮扶的转变。2001年，全市形成“党政统揽、部门配合、群众参与”的“三结合”工作机制。帮扶内容、帮扶措施、帮扶方式都有了新的转变。全市共帮扶23758户，新建帮扶基地88个，巩固帮扶基地232个。其中，30个成片帮扶基地的建设纳入市委、市政府为民办实事目标。2002年，全市新增计划生育生产、生活、生育“三结合”帮扶户3775户，新建“三结合”帮扶基地230个（其中30个基地是市政府为农村办实事目标任务）。2003年，全市参与“三结合”工作的部门从8个涉农部门扩展到21个党政部门和群团组织，帮扶对象由独生子女贫困户拓展到实行计划生育的家庭。全市全年帮扶28032户，新建计划生育“三结合”帮扶基地30个，投入帮扶资金98.16万元，人均增收219元。一些地方积极探索计划生育社会保障制度，取得可喜进展。2004年，全市奖励扶助对象14275人，地方财政负担部分全部配套到位，10月底前奖励扶助金全部发到群众手中。计划生育“三结合”同时得以深入推进，累计建立帮扶基地437个，帮扶计划生育家庭29772户，落实帮扶资金773.46万元，并完成重点救助1000户农村计划生育困难家庭的为民办实事目标任务。2005年，成都市计划生育利益导向新架构基本形成，计划生育“三结合”成为其中重点项目之一。当年完成计划生育“三结合”帮扶32447户，其中计生困难家庭帮扶1072户，新建帮扶基地243个，巩固基地306个。

德阳市在人口密度大、工业基础差、经济欠发达、计生工作比较困难的丘陵地区，把帮扶持计划生育户率先致富活动，作为推广“三结合”工作的主要方式。在调查摸底的基础上，把计划生育分成三个层次给予帮扶：

1. 把人均收入高于全市平均水平的作为重点培养对象，使之成为专业户、少生快富示范户。

2. 把人均收入低于平均水平的作为重点扶持对象，改善其生产、生活条件，加快脱贫致富步伐。

3. 把其他的计划生育户作为帮带联系户，帮助他们发展多种经营，组织他们有序的劳务输出，加快奔小康步伐。中江县系经济欠发达的百万人口丘陵大县，曾是全省27个计生工作困难县之一。该县积极推行“三结合”，1994年，已帮助扶持低于当地人均收入水平的13877户计划生育户，仅改水一项就投资80多万元修建微型水利工程，解决1266户独生子女家庭生产和人畜饮水问题；培养少生快富示范户使其人均收入达2000元，其中部门帮扶的年收入在上年基础上增长30%以上，带动其他计生户32353户。该县万福镇结合深丘特点，先后培养出养猪、养蚕、种棉、工商等计划生育专业大户52户，形成“一村经商二村棉、三村水果四村鱼、五村烟叶六村蚕、八村豆腐七村菜”的“一村一品”高效农业新格局。全镇农民人均纯收入从1991年的563元，上升到1994年的930元。该县还积极探索把“三结合”与流动人口计划生育管理相结合的工作方法。帮助外出务工的育龄青年解决在生产、生活中的实际困难，积极组织有序劳务输出。1994—1995年，先后组织80多万人（次）外出务工，带回资金和技术，有1381人回乡兴办企业。外出人员开阔了眼界，更新观念，婚育年龄明显推迟，计划外生育人数逐年减少。经过努力，该县农业出现增产增收的良好势头，成为全国商品粮、猪生产大县，农民人均收入增长速度高于全省平均水平。

南充市计划生育“三结合”工作一改过去主要依靠人、财、物的办法，转向主要依靠送政策、送技术、送规划、送措施，把有限的资金用在对特困计生户的帮扶上，并逐步由救济式帮扶向开发式帮扶转变。在产业开发模式上，以开发“三结合”产业为支柱，创立“公司+农户”的计生“三结合”产业开发模式。在生产服务上，针对农村贫困人口多、贫困原因多的特点，有针对性地开展“三结合”帮扶工作。农忙时期由“三结合”领导小组组织助耕队，帮助计生劳弱户、病灾户抢种抢收；向计生贫困户提供资金及物质上的援助，真正做到“雪中送炭”；结合新农村建设，帮助“三结合”户“三改”（改井、改厨、改厕），全市“三结合”户中85%的家庭实现“三改”。在生育服务上，全市以“五期教育普及滚动化、法制教育制度化、生殖保健系列化、优生优育科学化”为目标，开展优生优育、避孕节育、生殖健康、知情选择等宣传，并坚持出站随访、上门服务、送药具下乡、帮助育龄妇女少生、优生，提高生殖健康水平。1999 年，有 10200 户新增户人均收入比上年增长 35%以上。2000 年，全市各级各部门投入帮扶资金 355. 82 万元，帮扶新增户 3074 户、联系户 4638 户、帮带户 9077 户，新建帮扶基地 96 个，巩固帮扶基地 184 个。

广安市各部门从深化认识、规范运作、科学管理、强化服务等方面加大计划生育“三结合”帮扶工作力度。各级各部门自觉把计生“三结合”工作纳入“一把手”工程，层层落实目标责任，与其他工作一并安排、一并检查、一并考核、一并奖惩。部门发挥各自优势，把制定和落实优惠政策作为帮扶工作重点，在实施农村、农业、农民发展项目中，把政策和项目带到定点联系乡（镇），出现“以项目带帮扶、传授实用技术搞帮扶、以优惠政策落实帮扶”的可喜局面。华蓥市在永兴、禄市两镇依托蔬菜水果基地开展成片帮扶，在双河、阳和、观音溪、溪口、庆华等镇，根据计生帮扶户的地理优势和技术特长相继建起以乡（镇）企业为龙头的帮扶示范片。邻水县在柑子、太和、城北等乡（镇）建成林、果、渔业基地。岳池县在苟角镇建立养鱼基地。仅 2002 年，全市共落实帮扶资金 285. 73 万元，帮扶计划生育“三结合”户 26926 户。其中，新增户 3665 户，联系户 6423 户，帮带户 16838 户。

达州市把推行计划生育“三结合”工作纳入政府工作管理内容，加强领导，作为稳粮、增收、控人口的结合点和着力点，纳入全市经济社会跨越式发展总体规划，同步实施。确立政府揽总、部门配合、群众参与、成片规划、分类指导的“三结合”工作思路。探索出规范化管理、规模化帮扶、产业化开发、一体化推进的计划生育“三结合”工作模式。全市各级成立计划生育“三结合”工作领导小组，明确帮扶目标、任务、标准、措施，把目标、任务分解到地方政府和相关部门，层层签订目标责任书，纳入目标管理，与计生工作、经济工作同安排、同检查、同考核、同奖惩。2002 年，有 12400 户计划生育“三结合”户成为生活质量较高的富裕户，12460 户新增户人均收入比上年增长 30%以上，3820 户联系户达到小康水平。

雅安市深化计生“三结合”帮扶工作，至 2000 年，全市帮扶 16635 户计生户，投入帮扶资金 545. 98 万元，建立帮扶基地 479 个。石棉县加大“三结合”工作考核分值，实行帮扶部门向政府交纳保证金制度；芦山县大川镇将帮扶户纳入“三结合”帮扶基地实行规范帮扶，开展评选“帮扶之星”活动，为每户帮扶户补助 300 元资金；宝兴县把计生手术困难户纳入重点帮扶对象，将全县 23 户手术困难户分解落实给县计生领导小组成员单位，由成员单位按每户 600—1000 元的标准进行重点帮扶，其他新增帮扶户每户由县财政补助 100 元、乡财政配套 100 元。

甘孜州组织技术服务指导队，对口帮扶“三结合”户传授实用技术。在生活服务上，利用农村广播、电影、录像、板报、计生宣传队宣传生产、生育、生活及保健、文化知识，开展生育文化宣传服务。在“三结合”资金投入上，融入风险意识，调动计生“三结合”户和帮扶部门双方积极性，推动产业发展。至2005年，全州共完成新增户11666户，联系户18864户，帮带户57800户，建立“三结合”基地225个，落实帮扶项目45个，帮扶资金1513.57万元。通过“三结合”和“幸福工程”活动的开展，促进生育观念的转变，加快脱贫致富步伐。

2000年10月，国务院在成都召开全国计划生育工作“三结合”经验交流会，国务院副总理姜春云、国务委员兼国家计生委主任彭珮云、30个省（市、自治区）分管领导和中央29个部委的领导到会，省委、省政府和农口有关部门以及地、县、乡的代表分别就如何开展“三结合”工作作了经验介绍，并现场参观中江县、德阳市市中区的“三结合”工作。

2001年8月，省政府批转省计生委、省扶贫办《关于进一步加强扶贫开发与计划生育相结合的报告》，进一步强化扶贫开发与计划生育相结合的具体政策措施。四川扶贫与计划生育相结合工作得到国务院扶贫开发领导小组和国家计生委的肯定，并在全国扶贫开发与计划生育相结合工作经验交流会上介绍经验。

2002年，四川重点抓好帮扶政策的制定、落实和帮扶基地的建设。各部门帮扶政策立足于部门职能、职责，突出行业优势，帮扶基地的建设以社会经济发展项目为基础，以帮扶政策为核心，计划生育“三结合”继续向着由输血式帮扶向开发式帮扶转变，由生产为主的帮扶向生产、生活、生育一体化服务转变，由解决当前困难为主的帮扶向着眼长远解决后顾之忧的帮扶转变，被帮扶户的自我发展能力、自我保障能力逐步增强。至年末，全省各地共帮扶计划生育户33万多户，新建帮扶基地1475个，巩固帮扶基地3690个。

2003年，省委、省政府要求各级各部门要用以人为本的科学发展观为指导，从全省可持续发展的战略高度，深化计划生育“三结合”工作；探索把联系点上的经验扩展为有利于计划生育的社会经济政策，使“三结合”在解决“三农”（农业、农村、农民）问题和推动农村“三个文明”（物质文明、政治文明、精神文明）建设中发挥重要作用；要抓住中央实施西部大开发农村产业结构调整的机遇，把计划生育工作“三结合”作为建设社会主义新农村的重要途径，纳入经济社会发展全局，融合到农村各项工作中，不断拓展帮扶形式，深化帮扶内容，扩大帮扶规模，突出帮扶实效，促进计划生育工作“三结合”持续健康发展；各级党委、政府要积极组织协调各有关部门在做好出台的各项政策和措施有利于计划生育工作开展的同时，积极制定和落实对实行计划生育的家庭的优先、优惠、优待的倾斜政策，逐步建立适应社会主义市场经济条件下的计划生育利益导向机制。

至2005年末，四川“三结合”工作理念不断更新，帮扶方式灵活多样，帮扶目标从短期脱贫转向稳定脱贫、转向奔小康，帮扶规模不断发展壮大，省级帮扶部门由早期的8个增加到34个，市、县级帮扶单位多数已逾40个，有的达60多个。全省建立计划生育“三结合”帮扶基地8500多个，有500多万个计划生育家庭在“三结合”帮扶工作中受益。

2001—2005年四川省各市（州）计划生育工作“三结合”帮扶任务表

表4－1 单位：户

项目		2001年	2002年	2003年	2004年	2005年
成都市	新增户	2100	2500	3000	3600	4300
	联系户	3300	3900	4600	5500	6600
	帮带户	9900	11700	13800	16500	19800
	小计	15300	18100	21400	25600	30700
自贡市	新增户	1400	1680	2000	2400	2088
	联系户	2200	2600	3080	3680	4400
	帮带户	6600	7800	9200	11000	13800
	小计	10200	12080	14280	17080	20288
攀枝花市	新增户	1100	1320	1580	1890	2260
	联系户	1800	2100	2420	2900	3470
	帮带户	5400	6300	7260	8700	10410
	小计	8300	9720	11260	13490	16140
泸州市	新增户	1400	1680	2000	2400	2800
	联系户	2200	2600	3080	3680	4400
	帮带户	6600	7800	9200	11000	13800
	小计	10200	12080	14280	17080	21000
德阳市	新增户	1400	1680	2000	2400	2800
	联系户	2200	2600	3080	3680	4400
	帮带户	6600	7800	9200	11000	13800
	小计	10200	12080	14280	17080	21000
绵阳市	新增户	2100	2500	3000	3600	4300
	联系户	3300	3900	4600	5500	6600
	帮带户	9900	11700	13800	16500	19800
	小计	15300	18100	21400	25600	30700
广元市	新增户	1400	1680	2000	2400	2088
	联系户	2200	2600	3080	3680	4400
	帮带户	6600	7800	9200	11000	13800
	小计	10200	12080	14280	17080	20288
遂宁市	新增户	1400	1680	2000	2400	2088
	联系户	2200	2600	3080	3680	4400
	帮带户	6600	7800	9200	11000	13800
	小计	10200	12080	14280	17080	20288

续表 4－1

项 目		2001 年	2002 年	2003 年	2004 年	2005 年
内江市	新增户	1400	1680	2000	2400	2088
	联系户	2200	2600	3080	3680	4400
	帮带户	6600	7800	9200	11000	13800
	小 计	10200	12080	14280	17080	20288
乐山市	新增户	1400	1680	2000	2400	2088
	联系户	2200	2600	3080	3680	4400
	帮带户	6600	7800	9200	11000	13800
	小 计	10200	12080	14280	17080	20288
南充市	新增户	2100	2500	3000	3600	4300
	联系户	3300	3900	4600	5500	6600
	帮带户	9900	11700	13800	16500	19800
	小 计	15300	18100	21400	25600	30700
宜宾市	新增户	2100	2500	3000	3600	4300
	联系户	3300	3900	4600	5500	6600
	帮带户	9900	11700	13800	16500	19800
	小 计	15300	18100	21400	25600	30700
广安市	新增户	1400	1680	2000	2400	2088
	联系户	2200	2600	3080	3680	4400
	帮带户	6600	7800	9200	11000	13800
	小 计	10200	12080	14280	17080	20288
达州市	新增户	2100	2500	3000	3600	4300
	联系户	3300	3900	4600	5500	6600
	帮带户	9900	11700	13800	16500	19800
	小 计	15300	18100	21400	25600	30700
巴中市	新增户	1400	1680	2000	2400	2088
	联系户	2200	2600	3080	3680	4400
	帮带户	6600	7800	9200	11000	13800
	小 计	10200	12080	14280	17080	20288
雅安市	新增户	1100	1320	1580	1890	2260
	联系户	1800	2100	2420	2900	3470
	帮带户	5400	6300	7260	8700	10410
	小 计	8300	9720	11260	13490	16140
眉山市	新增户	1400	1680	2000	2400	2088
	联系户	2200	2600	3080	3680	4400
	帮带户	6600	7800	9200	11000	13800
	小 计	10200	12080	14280	17080	20288

续表 4－1

项　　目		2001 年	2002 年	2003 年	2004 年	2005 年
资阳市	新增户	1400	1680	2000	2400	2088
	联系户	2200	2600	3080	3680	4400
	帮带户	6600	7800	9200	11000	13800
	小　计	10200	12080	14280	17080	20288
阿坝州	新增户	700	840	1008	1200	1440
	联系户	1000	1200	1440	1720	2060
	帮带户	3000	3600	4320	5180	6210
	小　计	4700	5640	6768	8100	9710
甘孜州	新增户	700	840	1008	1200	1440
	联系户	1000	1200	1440	1720	2060
	帮带户	3000	3600	4320	5180	6210
	小　计	4700	5640	6768	8100	9710
凉山州	新增户	1000	1200	1440	1720	2060
	联系户	1500	1800	2200	2640	3160
	帮带户	4500	5400	6600	7920	9480
	小　计	7000	8400	10240	12280	14700

说明：“新增户”，指在生产、生活等方面还存在一定困难并被纳入帮扶部门当年帮扶的计划生育户；“联系户”，指帮扶年度头两年的新增户，继续纳入帮扶联系的对象；“帮带户”，指享受有关部门和社会团体的优惠政策、项目和信息等方面扶持的计划生育户（上表“帮带户”含各乡、镇每年新建或巩固 1 个帮扶基地，每个基地由项目或政策覆盖的计划生育户不少于 30 户的任务）

第七章　经　费

第一节　投　　入

一、投入渠道

“十五”以前，四川在坚持财政投入为主的前提下，积极合理地组织政策性收入作为计划生育工作经费的补充。随着财政体制和农村税费改革，“十五”期间取消有关计划生育行政性收费，计划生育经费由各级政府纳入财政预算统一安排。

“七五”期间，全省各级财政对计划生育工作经费、药具经费投入，计划生育事业费整体投入平均每年递增10.45%，年人均由1985年的0.61元提高到1990年的0.93元。

“七五”期间四川省财政投入计划生育事业费、药具经费表

表4－2　　单位：万元

年度	事业费	药具经费	年度	事业费	药具经费	年度	事业费	药具经费
1986	6786	598	1988	7327	758	1990	9259	845
1987	6890	758	1989	8063	758			

1990年，国务院印发《关于切实减轻农民负担的通知》，省委、省人大、省政府为落实国务院决定，先后印发《关于落实定项限额、提留，切实减轻农民负担的通知》和《四川省农民负担管理条例》，这些政策和法规把计划生育列为农村双提款开支的重要项目。规定由乡人民政府统一从农民合理负担中提取0.3—0.5个百分点的比例或按农村人口每人每年2—2.5元作为乡、村计划生育工作经费。

1991年，中共中央、国务院作出“八五”期间各级财政用于计划生育事业费的支出要由年人均1元逐步增加到人均2元的决定。省委、省政府根据四川财政状况，决定实行省、市（地、州）、县按2∶2∶6比例分别承担经费投入任务。1991年，各级财政对计划生育事业费的投入增长17%，人均达1.09元。1992年，省级财政投入计划生育事业费2825万元，较1991年增加509万元、增幅达21.95%；市（地、州）级投入1787万元、增幅为19.40%；县级财政投入8056万元、增幅达21.81%。是年，全省人均计划生育事业费达1.31元。1993年，各级财政对计划生育事业费的投入共计1.683亿元（含国家财政下拨的避孕药具经费和事业补助费），较1992年增长16.80%，人均达1.52元。1994年，中央财政补助和省、市、县各级财政投入的计划生育事业费达1.876亿元，比1993年增长26.97%。其中，省级投入增幅为18.08%、市级增幅27.23%、县级增幅32.98%，全省人均投入达 1.93 元。到“八五”期末的 1995 年，计划生育事业费投入人均达 2.23 元，实现中共中央、国务院《关于加强计划生育工作，严格控制人口增长的决定》提出的投入目标。

到 1993 年底，全省有 3944 个乡（镇）落实双提款中的计划生育工作经费，占乡（镇）总数的 66.59%，共提取 7271 万元。

1994 年，全省各级把落实双提款纳入计划生育一级目标，实行纵、横向目标同时考核，当年落实双提款进展明显，有 4130 个乡（镇）完成提款任务，占乡（镇）总数的 73.76%。全省共落实计划生育双提款 9045.2 万元，在一定程度上缓解乡（镇）计划生育工作经费困难局面，改善农村计划生育工作环境。

至 1995 年底，全省有 7 个县（市、区）财政人均投入计划生育事业费达 1.50 元以上。据 1995 年财政年报汇总结果显示：全省 1995 年中央财政补助和省、市、县各级财政投入的计划生育事业费达 25362.8 万元（含重庆市），较 1994 年投入增加 3954 万元，增长 18.47%，人均达 2.23 元，较上年全省人均投入的 1.91 元，增加 0.32 元，增长 16.75%。其中：中央财政投入 2403 万元（含药具经费）比上年国家补助的 2140 万元增加 263 万元，增长 12.29%；省财政投入 4282.7 万元，比上年投入的 4034.5 万元增加 248.2 万元，增长 6.15%，市（地、州）、县（市、区）级财政投入 18677.1 万元，比上年投入的 15234.2 万元增加 3442.9 万元，增长 22.6%。1995 年市、县两级计生事业费人均增加 0.40 元的有内江市（0.81 元）、广安地区（0.76 元）、甘孜州（0.77 元）、南充市（0.64 元）、遂宁市（0.61 元）、达川地区（0.51 元）、凉山州（0.51 元）、泸州市（0.49 元）、攀枝花市（0.48 元）、雅安地区（0.43 元）、德阳市（0.42 元）11 个市（地、州）。从各地投入人均经费分组情况看：达到 2.01 元以上的有 79 个县（市、区），占 36%，达到 1.51—2.00 元的有 67 个县（市、区），占 30.6%，达到 1.01—1.50 元的有 59 个县（市、区），占 26.9%，投入在 0.51—1.00 元的有 13 个县（市、区），占 5.9%，还有 1 个县在 0.50 元以下，占 0.6%。

“八五”期间，全省计划生育基本建设计划投资 3.54 亿元，新建、扩建、改建业务、生活用房 128.49 万平方米。其中：省、地、县、县辖区、乡（镇）各级计划生育基本建设计划投资分别是：2280 万元、420 万元、6400 万元、4900 万元和 21400 万元；各级计划新建、扩建、改建业务、生活用房面积分别是：3.87 万平方米、1.4 万平方米、18.4 万平方米和 85.42 万平方米。根据“分级分担”的原则和国家对计划生育基本建设投资的补助办法：需各级政府计划部门按建设投资总额的 30%安排基建投资，投资额为：10450 万元，年均 2090 万元［中央补助年均 200 万元，省计划部门年均 1000 万元，市（地、州）计划部门年均 100 万元，县（市、区）计划部门年均 790 万元］；需计划生育部门自筹基建投资 24950 万元，年均 4990 万元。

1996 年，省计生委、省财政厅印发《关于“九五”期间计划生育经费投入有关问题的通知》，规定各级投入比例不变，根据各地 1995 年计划生育经费投入基数，对市、县两级各年度经费投入增幅提出年递增 0.32 元和 0.35 元的不同要求，对投入指标进行分解，并纳入各级政府目标管理。

1997 年，由财政牵头对全省社会抚养费进行清理和审计，查明至 1996 年底历年累计征收费用 26.215 亿元，用于计划生育事业 24.047 亿元，占已征费用的 91.73%。2000 年，省委、省政府决定，由省监察厅牵头，与计生、财政、审计部门共同组织人员对 1998 年 1 月至 2000 年 6 月社会抚养费的征收、管理、使用情况进行专项检查，结果显示：在此期间全省征收社会抚养费金额为 101975.6 万元。其中，缴县级财政专户储存 84253.59 万元、缴存乡镇财政专户 3707.73 万元、存入乡镇计生办账户11387.47万元，除有4502.28万元未用于计划生育工作外，其余均作为计划生育经费投入，社会抚养费使用符合政策规定的占95.6%。

“九五”期间四川省各市（地、州）计划生育经费投入指标表

表4-3　　单位：元/人

市（地、州）	1996年	1997年	1998年	1999年	2000年
成都市	2.38	2.70	3.02	3.34	3.66
重庆市	2.18	2.50	2.82	—	—
自贡市	1.81	2.16	2.51	2.86	3.21
攀枝花市	3.68	4.00	4.32	4.64	4.96
泸州市	1.92	2.24	2.56	2.90	3.20
德阳市	2.27	2.59	2.91	3.23	3.55
绵阳市	2.61	2.93	3.25	3.57	3.89
广元市	1.92	2.24	2.56	2.88	3.20
遂宁市	1.98	2.30	2.62	2.94	3.26
内江市	2.13	2.45	2.77	3.09	3.41
乐山市	1.82	2.17	2.52	2.87	3.22
万县市	1.26	1.61	1.96	2.31	2.66
南充市	1.55	1.90	2.25	2.60	2.95
涪陵地区	1.82	2.17	2.52	2.87	3.22
黔江地区	1.43	1.78	2.13	2.48	2.83
宜宾地区	1.88	2.23	2.58	2.93	3.28
广安地区	1.90	2.25	2.57	2.89	3.21
达川地区	1.65	2.00	2.35	2.70	3.05
巴中地区	1.42	1.77	2.12	2.47	2.82
雅安地区	1.95	2.27	2.59	2.91	3.23
阿坝州	1.90	2.24	2.56	2.88	3.20
甘孜州	5.24	5.56	5.88	6.20	6.52
凉山州	2.96	3.28	3.60	3.92	4.24

各市（地、州）按照省定的经费投入任务，根据各县（市、区）的财政投入基础核定出“九五”期间各年度计划生育经费投入额度，并签订目标责任书。各级党委、政府把落实计划生育经费投入作为一项重要任务，优先安排、保证足额到位。1997年，全省各级财政对计划生育事业费投入达2.646亿元，比1996年增加3337.2万元，增长14.43%，人均达3.14元，比1996年的2.61元增加0.53元，增长21%。1998年，省委、省政府在全省计划生育工作座谈会上要求，各级财政要克服困难，努力实现计划生育经费投入目标任务。省、市计生、财政等部门加大对经费投入工作的督

促检查力度，对投入不实的地方进行通报、限期整改，促进经费投入的落实。1998年，全省各级投入计划生育事业费达3.056亿元，比1997年增加4081万元，增长15.42%，人均达3.54元，超额完成中央下达的年度财政投入人均3.20元的任务。1999年，有10个市（地、州）和135个县（市、区）实现当年经费新增长投入目标，市级增长16.26%、县级增长14.88%，全省各级财政投入计划生育事业费达到人均4.09元，超过当年财政投入目标（3.60元）的0.49元。

2000年，全省加强人口与计划生育目标考核，逗硬落实经费投入任务。是年，省级财政投入同比增长7.83%、市级同比增长11.42%，县级财政投入同比增长11.32%。全省各级财政投入计划生育事业费达到人均4.50元，比“九五”预期投入目标任务人均增加0.50元。

“十五”期间，财税体制改革进一步深化，计划生育经费补充渠道被规范，社会抚养费、计生统筹费全部纳入财政预算管理，同时取消流动人口管理费、婚育证明工本费等行政性收费项目。在该期间，计划生育免费技术服务和对农村实行计划生育户奖励扶持，独生子女父母奖励等政策相继出台，这一增一减，计划生育经费需求量大增，财政投入需成倍增长才能维持人口计生工作的正常运转。

2001年，省委、省政府在《关于贯彻〈中共中央国务院关于加强人口与计划生育工作稳定低生育水平的决定〉的意见》中规定，到2005年，全省各级财政投入计生事业费人均要超过10元，除中央补助外，省、市、县（含乡级）按比例分级负担，实行逐年预算，年终考核。各级党委、政府高度重视，统筹安排，“十五”期间财政投入人口计生经费连年递增。2001—2005年，各年度人均投入分别达到5.80元、7.17元、8.12元、9.67元、12.63元。其中：2001年，全省各级财政投入计划生育事业费达到人均5.80元，同比增长29.39%，人均增加1.30元。其中，省级财政投入同比增长6.01%，人均达到0.93元，人均增加0.05元；市（州）级财政投入同比增长19.27%，人均达到0.81元，人均增加0.13元；县级财政投入（含乡镇）同比增长28.93%，人均达到3.32元，人均增加0.74元。全面完成省委、省政府下达的经费投入任务，促进四川人口计生工作稳步发展。

二、补充性投入

2005年，全省各级财政投入人口计生事业经费超过人均10元，完成目标任务。同时，省人口计生委会同省财政厅对成都、达州、阿坝等3个市（州）7个县（市、区）人口计生经费“十五”期间投入、管理和使用情况进行调查和绩效评估，并就“十一五”人口计生经费投入给省委、省政府提出建议意见［到2010年全省人口计生工作经费投入达到人均15元以上，按照分类指导的原则，确定市（州）投入目标，省、市、县（市、区）按照3∶3∶4的比例分级负担，逐年预算，年终纳入市（州）党政综合目标考核。对独生子女父母奖励和农村部分计划生育家庭奖励扶助等法规政策规定的群众直接发放的经费不计入人均投入目标基数，实行项目考核］，为省委、省政府制定“十一五”时期人口计生投入目标提供科学依据。2005年，省人口计生委争取国债资金1400万元，地方自筹440万元，新建和改扩建10个县级计生服务站、25个中心乡镇计生服务站。

各地政府重视计划生育经费投入，绵阳市2004年人均投入从2000年的4.06元增加到10.29元，超额完成“十五”投入计划。同时，为促进全市计划生育经费投入制度的改革和完善，市财政、计生部门印发《绵阳市人口和计划生育事业管理经费使用实施细则》，规定计划生育事业费投入的项目、结构、分级投入目标，规范计划生育事业经费管理制度。并明确经费随着项目走、项目随着事业走、事业随着育龄群众需求走的经费投入方式。2001—2004年，宜宾市县两级财政投入13034万元，2005年市县两级按照人均8元目标纳入财政预算达4184万元。2001—2004年中央、省补助和市级财政投入的经费，用于乡镇、村计划生育经费占80.1%，达到优化支出结构、提高经费使用效益的目的。达州市各级财政分别纳入预算安排，统筹费按上年农民纯收入的0.28%提取得到落实，计划外生育费征、管、用的监督审计力度进一步加强。

第二节　使　　用

“八五”期间，省对中央财政补助和省财政预算投资计划生育事业费的分配原则为：按国家和财政部门的有关规定分配；以工作任务、质量和人口数量、经济状况、地理条件等作参考依据分配；以加强基层基础建设、改善基层工作条件为分配选项。同时，根据各年度人口计划生育工作的重点，适当调整资金投向、优化支出结构，使其有效地保障计划生育重大项目的顺利实施。社会抚养费的使用和管理，由《四川省计划生育条例》授权省人民政府制定具体政策。

1995年，省政府发布的《四川省计划外生育费使用管理办法》第十条规定，计划外生育费全部用于计划生育事业，任何单位、个人不得挪用、挤占、私分，并免征税费。具体使用于：贫困村独生子女父母奖励金的补充；基层计划生育服务网络建设经费的补充；生活特别困难的计划生育受术者手术后常规休养期间生活费的补助；生活特别困难的计划生育受术者、节育并发症患者，在接受手术和治疗时往返路费的补助；经县（市、区）计划生育主管部门批准聘用的乡（镇）人民政府、城市街道办事处计划生育机构临时工作人员工资的补充；计划生育宣传教育、干部培训费用的补充；计划生育手术费的补充；经县（市、区）人民政府批准的用于计划生育事业的其他开支。

2003年3月22日，省政府第十届四次常务会议通过的《四川省社会抚养费征收管理实施办法》规定，征收的社会抚养费用于补充人口与计划生育奖励专项经费，奖励夫妻双方均为农村人口或者城镇享受最低生活保障救助人员中的独生子女父母。其中，20%由市（州）统筹，用于调剂补充计划生育工作先进县（市、区）的人口与计划生育奖励专项经费；80%用于建立县（市、区）人口与计划生育奖励专项经费。“双提款”的使用，本着取之于民、用之于民的原则，主要用于乡村计划生育宣传、孕情监测、独生子女保险、村计划生育服务员报酬等开支。

第三节　管　　理

人口计生经费的管理，主要通过实行财政预算、完善财务管理制度、建立健全监督机制等措施，使资金投入效益得到最大程度发挥，为稳定低生育水平提供经费保障。

一、预算管理

人口计生工作经费主要来自财政渠道，做好财政预算是保证人口计划生育经费投入到位的前提。县以上各级人口计划生育部门按照《中华人民共和国预算法》和财政部门对编制年度预算的有关要求，以及人口计生工作的实际需要，按照“零基预算加项目预算”的方法编制部门和单位预算，把人口计生工作经费纳入政府公共支出预算体系。

二、管理办法

根据人口计生财务工作在各个时期的发展状况，四川及时转发和制定人口计生事业经费管理的各种规定、实施办法和管理制度。

“七五”和“八五”期间，省计生委先后转发财政部、国家计生委《关于计划生育事业费开支范围和加强财务管理的规定》《关于支持和保证计划生育事业费开支问题的通知》《计划生育事业单位预算会计制度》和《计划生育服务站会计制度》。会同省财政等部门印发《四川省计划生育指导所（站）、服务站（室）计划生育手术例平包干收费标准》《关于计划生育事业费一次性补助费的分配和管理办法》《四川省计划生育财务管理考评办法》《省级计划生育事业单位会计工作达标升级考核标准》《会计电算化管理制度》等。通过对以上各种规定、办法的贯彻实施，使计划生育财务管理得到一定程度规范。

“九五”期间，四川根据《中华人民共和国会计法》《会计基础工作规范》《行政单位财务规则》《行政单位会计制度》《事业单位财务规则》《事业单位会计准则（试行）》以及《计划生育事业单位财务制度》《计划生育事业单位会计制度》等法律法规和部门规章的规定，省计生委会同财政等部门制发相关配套文件并逐级贯彻落实。同时，开办计划生育财务专题培训班，组织全省计划生育财会人员学习《中华人民共和国会计法》和上述规定，增强财会人员法律意识、规范会计工作秩序、提高会计信息质量。全省各级计划生育行政主管部门和事业单位，按照财务管理的有关规定，建立和完善财务目标管理责任制、财务人员岗位责任制、预算编报制度、会计核算制度、支出审批制度、财务年报会审等制度，使计划生育财务管理进一步规范。

“十五”期间，全省先后出台《四川省计划生育免费技术服务经费管理办法》《四川省计划生育免费技术服务例平包干结算标准》《四川省计划生育事业专项补助经费使用管理办法》《病残儿医学鉴定收费标准》《四川省农村部分计划生育家庭奖励扶助制度专项资金财务管理办法》《四川省独生子女父母奖励专项经费管理办法（试行）》等。

通过一系列管理制度的贯彻落实，保证免费技术服务、奖励扶助等经费的及时到位，使实行计划生育的群众得到政策规定的服务和扶助，密切了党群、干群关系。

三、监督机制

四川通过财务检查、专题调查、内部审计、建章立制等途径进行财务监督，强化财务管理。

（一）法律监督

按照《四川省计划生育条例》规定，从 1987 开始，在省人大的统一安排下由计生、财政、审计、监察、农委等部门，成立计划生育财务检查领导小组，负责全省计划生育财务检查工作。市（州）、县（市、区）也成立相应机构负责对地区计划生育财务工作检查。各级除一年一度的常规检查外，还不定期组织力量、集中时间进行财务大检查。检查内容涉及计划生育经费到位情况、支出范围、资金预算、财务制度、会计制度、社会抚养费管理等方面是否合法，通过财务检查，实行法律监督。

（二）行政监督

省、市、县三级财政、审计、监察部门按照《四川省行政执法规定》和《四川省行政执法监督检查规定》对计划生育事业费的使用、管理，专项资金支出渠道，社会抚养费、双提款使用范围等按监督管理程序进行行政监督，促进计划生育财务规范管理。

（三）部门监督

省计生委根据《中华人民共和国审计法》和审计署《关于内部审计工作的规定》建立健全四川计划生育财务内部审计制度，对下级计划生育部门的药具经费支出结构，专项资金专款专用，社会抚养费“乡收县管”“收支两条线”，事业费用于基层比例，往来款项去向等进行审计。市、县人口计生部门按照省计生委内审口径分别对辖区内下属计划生育机构的财务管理进行定期监督审计。另一方面，四川通过专题调查强化财务监督。全省先后开展社会抚养费收、管、用情况调查；计划生育经费投入与管理调查；避孕药具经费管理使用情况调查；安岳县乡镇计生办负债情况调查；广安、泸州两市计划生育经费投入情况调查；成都、宜宾、内江、资阳等市县计划生育经费需求情况调查；巴中市计划生育财务专题调查；雅安市计划生育经费投入及服务站装备情况调查；农村税费改革试点县计划生育经费投入落实情况调查；农村免费避孕节育技术服务经费落实情况等专项调查。通过内审和专题调查，达到掌握情况、改进管理、健全制度、纠正行风和促进投入。

（四）群众监督

在乡、村两级把社会抚养费的收取对象、缴款金额、支出项目和双提款使用范围等进行公示，接受群众监督。

在经费管理上，成都、德阳、内江、宜宾等市实行事业费与工作质量挂钩的办法，以计划生育率的高低对应事业费的高低划拨经费。县对乡的超生费提成，采取累计递增的办法，以此激励先进，警戒后进。成都市针对一些地方在超生费管理上出现的混乱状况，组织人员在龙泉驿区、青白江区进行调查研究和试点，在此基础上制定《成都市计划生育超生子女费管理意见》。计划生育经费投入也有增加。1990 年，市级投入计划生育事业费 201.4 万元，比 1989 年增加 63.22 万元，增长 45.8%。各县（市、区）财政拨款 450 万元，比上年增加 131 万元，增长 41%。全市人均事业经费 0.71 元。2002 年，计划生育财力保障得到落实。按照省、市“十五”期间计生经费投入的目标要求，市级财政人均达到 1.28 元，县级（含乡级）财政投入人均达到 4.17 元，乡镇转移支付及自有财力投入的计生经费人均达到 2 元左右，依法征收的社会抚养费严格按照“乡收县管、财政监督”和“收支两条线”的规定进行管理和使用。2004 年，成都市市、县、乡三级全年投入计划生育经费 1.41 亿元，保证开展计划生育工作的需要。

第五篇　群众自治

20世纪90年代初，四川开始探索村（居）民自治工作。通过开展创建“计划生育合格村”活动，改革管理体制，使计划生育工作重点下移，建立“经费到村、任务到村、服务到人、奖惩到人”的机制。初步形成“政府主导、依法自治、民主管理、维权自律”的计划生育村（居）民自治机制和“县指导、乡负责、村为主、组落实”的工作格局。切实维护和保障广大群众的合法权益，促进人口计生工作和谐健康发展。

第一章 村（居）民自治

第一节 探索与试点

一、广安经验

广安针对计划生育工作重点在农村、难点在基层的实际，各县（市、区）积极推进计划生育村（居）民自治工作，开展计划生育村（居）民自治合格村创建活动。

（一）基本做法

1. 宣传动员。1993年，地区各级计生部门利用一切宣传设施，向广大群众深入宣传开展计划生育村民自治的目的、意义、方法、步骤及村民自治的服务内容，争取群众的理解和支持并积极参与。

2. 村级组织建设。1994年，广安着眼选好配强村党支部和村委会，把德才兼备的选拔到村级班子中，配齐村级计划生育专职干部。1995年，全区各级调整充实村（居）计生专干队伍，推行村（居）干部包任务、包经费、待遇与工作实绩挂钩的“两包一挂”经验，实现人员、任务、报酬“三落实”，保证村（居）计生工作有人抓、有人管。

3. 开展试点。1998年，新修订的《中华人民共和国村民委员会组织法》颁布实施，全区选择5个乡19个村开展试点，通过召开党员干部会、村民大会，激励基层干部和群众参与计划生育工作。2000年后，各地全面开展婚育新风进万家活动，组织开展“三下乡”活动，积极建设新型生育文化，促进群众婚育观念的转变。

4. 目标管理。1994年，层层签订《计划生育目标管理责任书》，在广泛争取村民代表及群众意见的基础上，依据《中华人民共和国人口与计划生育法》和国家有关政策法规的规定，及时制定出权利与义务平等的相关管理制度。逗硬执行目标管理奖惩责任制，把计划生育工作真正摆到与经济工作同等重要的位置，与农村经济工作一起规划、一起落实、一起检查、一起考核。1997年，地区计生委强化村级计划生育工作目标管理责任制，对村级计生指导员进行培训，坚持季查月清、安扎补救、登记上卡。

5. 建设和完善“两包一挂”（包任务、包经费，与村计生干部报酬挂钩）工作机制。各乡镇制定“两包一挂”管理办法，认真落实“包任务、包经费、包奖惩”的管理机制，进一步明确村干部在计划生育工作中的职责和任务。

6. 制定章程。1999年，各村讨论制定《计划生育村民自治》章程，建立完善计划生育村务公开制度，签订规范的服务协议或合同。明确基层干部的职责、任务和奖惩措施，规范村民实行计划生育的权利和义务，基本解决村级计生无人管事、无钱办事、无章办事、无章理事的问题。

7. 改革管理体制。变以“条管”为主改为以“块管”为主，实行计划生育人、财、物由乡（镇）党政主管，市、县（市、区）计生委履行监督、指导、考核、服务四大职能，加强乡（镇）的职能职责。推行计划生育村民自治，坚持“经费到村、任务到村、服务到人、奖惩到人”的机制。

（二）主要成效

1. 服务管理体系基本形成。通过计划生育村民自治与农村经济工作一起规划、一起落实、一起检查、一起考核，变以“条管”为主改为以“块管”为主，建立健全村（居）自治网络，实现计划生育人、财、物由乡（镇）党政主管，市、县（市、区）计生委履行监督、指导、考核、服务四大职能。形成村（居）委、计生专干、计生协“三位一体”的计划生育服务管理体系。

2. 执法责任制逐步完善。审查执法主体，规范执法程序，统一执法文书，遏制执法中的随意性，依法管理水平不断提高，群众信访有所减少。计划生育统计职能逐渐加强，统计信息的开发利用率日益提高。整顿基层协会组织，健全工作制度和活动制度，增强计生协会的活力。

3. 孕前服务和管理统一实施。各县（市）计生委组织计划生育技术服务队伍，进村入户，向群众提供避孕药具，传授避孕方法，定期开展检查，全区计生技术服务工作实现“双查”不出村、安环不出乡、补救不出县。1996 年，地区计生委为全区 70 多万育龄妇女建立村级“已婚育龄妇女登记卡”和“已婚育龄妇女普查登记表”，实施中，地、县（市）、乡（镇）、村四级干部配合，进村入户核实填写，做到情况与卡册、报表一致。

4. 村民自治面不断扩大。通过制定《计划生育村民自治》章程，乡（镇）健全和完善《计划生育“两包一挂”管理办法》，明确基层干部的职责、任务和奖惩措施，规范村民实行计划生育的权利和义务，基本解决村级计生无人管事、无钱办事、无章办事的问题，全市村级计划生育管理初步走上民主化、法制化、科学化轨道，1999 年村民自治试点面扩大为 15 个乡（镇）27 个村（居）。至 2001 年，村民自治的面达 60%，比上年扩大 1 倍以上。

5. “三三四三”计生新机制基本形成。随着计划生育村民自治与农村经济工作的深化和推进，“三三四三”新机制体系框架已基本形成。即综合治理、政策推动、依法管理三大调控机制；村民自治、社区居民自治和企事业单位法人代表负责三项管理服务机制；生育文化服务、计划生育/生殖健康服务、信息化管理服务和督查考核四大工作机制；党委政府一把手负总责、亲自抓责任制度，人口计划生育经费公共财政投入制度，充满活力的干部人事制度三大保障机制。

2001 年 6 月，省委、省政府在广安市召开全省计划生育村（居）民自治工作现场会。省委常委、副省长陈文光对广安市计划生育村（居）民自治工作给予高度评价，并向全省推介广安经验。

二、威远试点

2003 年，省计生委把计划生育村民自治工作作为全省计划生育五大重点工程的“一号工程”来抓。选择威远县等 10 个县进行试点，在实践中研究和探索计划生育村民自治工作。

（一）基本做法

1. 实行“三包一挂”责任制。乡（镇）政府与村委会签订责任书，把政府在村级落实的计划生育工作任务、工作目标和经费包给村“两委”，并将其工作业绩与奖励挂钩。村级计划生育工作经费按每位村民不少于 1 元的标准测算，由乡镇在县下拨转移支付资金中安排。

2. 制定《计划生育村规民约》，签订《计划生育服务协议书》，明确权利和义务。全县各村的《村规民约》和协议一般经历两次大的修改，其内容“由重管理、重制约、重处罚向注重服务、注重维权、注重奖励”方面转变，村民与村干部的关系由不平等变得比较平等。《村规民约》和协议的制定，严格采取“三上三下”的民主集中程序，深入宣传，广泛发动，充分发扬民主，并按“三个不签”（不与本人或其父母见面不签，本人及其父母不同意不签，不与本人或其父母解释的不签）的要求，村委会与村民签订《协议》。

3. 履行服务承诺，接受群众监督。乡（镇）和村合理分工，紧密配合，开展计划生育优质服务，寓管理于服务之中。乡（镇）级重点实施“避孕措施知情选择七步走”“免费服务八承诺”；村级主要按照《村规民约》和协议规定开展“九上门服务”：为新婚夫妇送生育政策上门，送优生优育优教知识上门，走访孕妇上门，看望产妇上门，送避孕药具和避孕知识上门，术后慰问上门，送“流动人口婚育证明”上门，救助计生困难户上门，送优惠政策和帮扶措施上门。对协议的约定，无论是村干部还是育龄群众，只要违约都要承担违约责任。对违约处理、“三结合”帮扶对象确认、奖励扶助对象确认等计划生育事宜，均由村民代表计划生育议事会讨论核实，坚持村务公开，民主评议。凡是群众普遍关心的计划生育情况一律公开，每年组织村民代表对村委会的计划生育工作进行认真评议。同时，以中心户、生育文化大院或茶园为载体，开展多种形式的群众性计划生育活动。在深入开展计划生育村民自治工作中，乡、村干部的责任意识和服务意识明显增强，群众的维权意识和自律觉悟明显提高。各村落实生育政策的水平提高或在较高水平上稳定，干群关系明显改善。

4. 做好优质服务。重点抓好定期免费妇检、上门随访、流动人口办（验）证等服务工作，提高群众对计划生育工作的满意度。1994 年起，各县（市）计生委组织计划生育技术服务队伍进村入户，向群众提供避孕药具，传授避孕方法，定期开展检查。

（二）主要成效

通过试点，威远县探索出一条计生质量高、经费投入少、群众满意、干部主动的新路子。乡（镇）政府把在村级落实计划生育政策的工作任务包给村“两委”的同时，提供相应的工作经费，使村级计生工作有了做实做好的基本保障。

1. 群众对计划生育工作的满意度提高。随着依法管理、村（居）民自治、优质服务、政策推动、综合治理新机制的逐步建立，尤其是村（居）民自治制度的规范和全面推进，广大群众不仅享受到计划生育奖励、帮扶和生殖保健优质服务的实惠，而且在计划生育方面的知情权、参与权、监督权、评议权和生育安排自主权得到进一步落实。在村计生委主任“公推公选，竞争上岗”和奖励扶助对象确认工作中，群众参与的积极性高涨。

2. 建立一支“想服务、能服务、会服务”的村计划生育干部队伍。威远县从制度上探索建立健全与计划生育村（居）民自治制度相适应的村级计划生育工作机构及人事制度，有效解决村计生干部“身份不明不愿干”“素质不高不会干”“待遇偏低没劲干”等问题。全县新上岗的计生委主任，结构优化，文化程度普遍提高，女性占 70%以上，平均年龄降到 33 岁，比过去降低 9 岁，综合素质和政治经济待遇普遍提高。

3. 促进全县计划生育管理服务工作重心的下移，扭转基层部分地方计划生育工作的被动局面。2003—2005 年，全县符合政策生育率稳定在 95%以上；妇女总和生育率由“四普”的 1.573 降到 2004 年 1.03；已婚育龄妇女中一孩妇女比例达 70%以上。

4. 全县计划生育出现“三个转变”：一是政府在计划生育工作中的公共管理、公共服务意识强化，政策措施由政府要求向群众需求转变；二是村（居）民在计划生育中的主人地位和“四权”得到体现，管理服务由“人治”向“法治”转变；三是群众参与、纵横联动、综合服务的新格局基本形成，工作思路和方法由制约型向“以人为本”的综合服务型转变。

第二节　实施成效

省计生委认真总结，及时推广广安、威远经验，计划生育村民自治工作在全省各地全面展开。

一、完善职能职责

进入“十五”期间，各地把实行计划生育村民自治作为稳定低生育水平的重要举措，配备村级计生工作班子，实行计划生育人、财、物由乡（镇）党政主管，市、县（市、区）计生委履行监督、指导、考核、服务四大职能，加强乡（镇）的职能职责。

广元市在计划生育村民自治中，严格贯穿两条主线：一条是以各个组织组成的“组织线”，一条是以各项章程制度组成的“制度线”。“组织线”由村党支部、村委会、村计生专干、计生协、“中心户”学习小组和计划生育村民自治群众代表组成“计划生育村民自治协调小组”。组织村民选举产生计划生育村民自治群众代表，定期不定期召开计划生育村民自治群众代表会议，代表全体村民研究讨论村内的计划生育工作，对计划生育有关问题提出意见，做好决定。“制度线”就是有计划生育自治章程、协议、村规民约，计划生育议事制度，计划生育村务公开公示制度，各项优先优惠政策等。

成都市调整充实村级计划生育领导小组、计划生育委员会、计划生育协会、计划生育专职干部，建设好村计划生育活动室。由村党支部、村委会、村计生专干、计生协、“中心户”学习小组和计划生育村民自治群众代表组成“计划生育村民自治协调小组”。组织村民选举产生计划生育村民自治群众代表，定期不定期召开计划生育村民自治群众代表会议，代表全体村民研究讨论村内计划生育工作，对计划生育有关问题提出意见，做好决定。泸州市抓难点，明确村级计划生育组织机构、职位和人员编制，解决村计划生育工作“有人干事”的问题。在村委会中建立村计生委组织，设村计生委主任职位，全面推行村计划生育干部“公推公选、竞争上岗、乡聘村用、县管档案、兼职兼薪、激励管理”制度；建立市县乡镇村责、权、利统一的对村计生工作实行动态管理的激励机制。

2001年，绵阳市开始推行计划生育村（居）民自治，至2005年，村（居）民自治面达100%，全市各村初步建立充分发挥群众“三自”作用的村计划生育工作机制，实现计划生育管理主体的转变、职能的转变、方式的转变、村民参与度的转变，形成“章程揽全局、协议管到底，公议解难题，监督作保障，服务争满意”的工作格局。江油市在村委会中建立村计划生育委员会，村计划生育干部实行竞争上岗，村及村计生干部的工作优劣由村民评判，村计生干部的报酬实行绩效挂钩、动态管理，

图5－1　2001年6月23日，成都市青白江区村民代表商议计划生育村民自治工作

纳入财政预算。确定公开选拔、竞争上岗、民主选人，聘用管理制度。至“十五”期末，全市481个村全面推行村计生委主任竞聘工作，村级计生干部文化素质普遍提高，高中、中专文化程度的村计生委主任比例达85.23%，年龄大幅降低，25—38岁的村计生委主任比例达90.12%，村计生委主任实行兼职兼薪，较好解决村计生干部报酬与职责不匹配以及业务水平普遍偏低的问题。

2003年，南充市在村委会中建立村计生委组织，设村计生委主任职位，全面推行村计划生育干部“公推公选、竞争上岗、乡聘村用、县管档案、兼职兼薪、激励管理”制度，建立市、县（市、区）乡（镇）村责权利统一的对村计生工作实行动态管理的激励机制，为全市计划生育村民自治的深入开展提供组织和人才保障。资阳市按照“县指导、乡负责、村为主、户落实、民自治”的工作机制，以“依法建制、民主管理、自我约束、便于操作”的原则，充分发挥群众在自我教育中唱主角，在自我管理中当骨干，在自我服务中挑重担的作用。

巴中市结合村情实际，理顺乡镇政府和村（居）民委员会之间的责权关系，提高群众的权利意识和参与意识。在乡镇政府的指导下，在示范村召开村“两委”会、村民小组长会，协会理事会、群众大会，广泛征求意见，制定示范村《计划生育群众自治章程》《村规民约》《计划生育管理与服务合同》，建立《计划生育民主决策制度》《民主管理制度》《民主监督制度》《民主评议制度》《村务公开制度》。建立健全民主决策、民主监督和评议机制，为做好计划生育基层群众自治工作提供保障。

泸州市设立计划生育村务公开栏、意见箱等，定期公开村民的婚育、节育、优先优惠政策落实，自觉接受协会会员的监督，确保计生政策、计生事务的公正透明。把民主评议计划生育工作作为维护群众合法权益的有效途径，采取向村民会议报告工作、走访座谈、问卷调查等方式，对村专职干部计划生育履职、计划生育法律法规和优惠政策落实、计划生育事务公开等进行民主评议，扩大群众的知情权。全面落实村委会、村计划生育协会、村民代表联名提议、村两委商议、村民代表会决议，决议公开、实施结果公开的“三议两公开”民主决策制度，提高决策的科学化和民主化。

二、坚持三项原则

党组织领导和上级指导原则。各级党组织发挥战斗堡垒作用，团结带领群众做好各项计划生育村民自治工作。既尊重群众的意愿和创造精神，又对一些不规范的行为加以正确引导，保证计划生育村民自治工作健康有序进行。巴中市各区（县）依靠基层组织，发挥村党支部、村委会、村计生协会的作用，制定计划生育规章制度，实行计划生育协议管理，逐步建立完善“任务到村、经费到村、服务到人、奖惩到人”的村级工作机制。

利益导向机制原则。注重完善利益导向机制，加大政策调节力度，以调动村民参与和支持计划生育村民自治工作的积极性。制定的制度、采取的措施、开展的活动、有关的承诺都注重向计划生育户，特别是独生子女户、二女户倾斜。内江市按照“以村为主、村民自治”的要求，推进农村计划生育管理体制及工作机制改革和调整，深入探索农村群众“自我教育、自我管理、自我服务、自我监督”和以“村民自治”为基础，“乡级负责”为保证的农村计划生育工作新路子。2002年，全市所有县（市、区）和高新区有204个乡镇、2083个行政村初步建立村民自治工作机制，自治面达40.5%。同时，按照“属地管理、单位负责、居民自治、社区服务”的要求，推进城市社区计划生育管理体制及服务机制的改革和调整，把计划生育的管理和服务全面融入社区建设之中，积极引导居民实行计划生育自治。2003年，全市581个社区的居委会中，人口与计划生育进入社区的575个，进入面98%。

以人为本原则。各地以育龄妇女为中心，凡是出台的政策、制度、措施，开展的活动，首先考虑群众高兴不高兴，满意不满意，接受不接受。看所制定的每一项规定，看所做的每一件事情，所开展的每一项活动是否能够经受住历史的检验。

三、抓好四大环节

在村民自治中，各地认真抓好民主管理的四大环节：

民主选举。每三年一次的村委会换届选举，都严格程序，民主选举。计划生育村民自治的群众代表必须经过民主程序推选产生，实行无记名投票，公开选票，公布结果，真正把有威望、有文化、敢于为群众讲话，为村民办事的人选为计划生育村民自治群众代表。

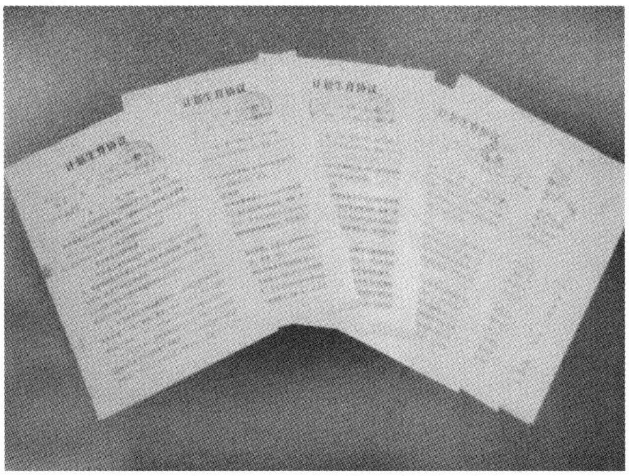

图5－2 眉山市东坡区广济乡五一村计划生育协议原件

民主管理。村规民约经村民大会讨论通过，把村民在计划生育方面的权利义务具体化、制度化，提倡什么，反对什么，都写清楚，由全体村民共同自觉遵守，促进村民自我教育、自我管理和自我服务。同样，计划生育村民自治群众代表会议也把代表的权利义务写清楚，便于群众代表行使职权，使他们能够代表广大村民充分发挥民主管理的作用。南充市计生委按照“职责分明、明晰事权、责权统一”的要求，转换工作职能，理顺管理和服务关系，实行“分级定职”，明确市、区、乡、村和社区的计划生育工作职能，推行民主管理，把不应该由各级政府和计划生育部门承担和无力承担的职能下放或交给群众自我管理，明确政府、计划生育部门和社会组织、个人在计划生育工作中的位置和责任。

民主决策。凡是涉及计划生育的问题，都经过村民充分协商。村民（户长）会议规范，人数要达一半以上，不能搞一言堂，按照多数人意见办。

民主监督。严格实行计划生育村务公开、公示制度，公示栏放在便于群众观看的地方，公示内容要真实、详细，便于群众监督。村委会要定期向村民代表大会或计划生育村民自治群众代表会议报告计划生育方面的工作和情况。

四、实施“五动”工程

在推进人口计划生育工作重心下移工作过程中，各地实施“五动”工程，为计划生育村民自治搭建大舞台。

典型带动。树立典型，以点带面，实行典型引导，按照“抓两头带中间”的工作方法，开展创建自治“合格村”“示范村”活动，特别是在抓后进方面，着重解决阵地建设和队伍建设问题，在抓好优质服务基础上，创建计生村民自治先进村、乡、县。

部门联动。协调组织、宣传、民政等有关部门把计划生育村民自治合格村建设纳入加强基层党组织建设、精神文明建设和基层政权建设的重要内容，制定计划措施，重点支持。

政策推动。相关部门整合各种资源各项优先优惠政策时，对农村计划生育困难户提供保障救济，向计划生育村民自治合格村、示范村倾斜。

改革促动。各乡（镇）对各村的计划生育专干选配实行改革，按照“年龄不超过45周岁，女性，初中以上文化程度，有较好的群众基础，热爱计生工作”的条件，公开招聘，落实好报酬待遇，提高村专干的管理能力，承担起村民自治中的日常工作，更好地发挥作用。

奖励拉动。通过评估验收，对计划生育村民自治工作扎实、成效显著的村委会予以表彰奖励，使计划生育村民自治工作更好更协调地发展。

五、村级计生干部队伍建设

各地探索建立健全与计划生育村（居）民自治制度相适应的村级计划生育工作机构及人事制度，有效解决村计生干部“身份不明不愿干”“素质不高不会干”“待遇偏低没劲干”等问题。到2004年底，德阳全市新上岗的计生委主任，结构优化，文化程度普遍提高，女性占70%以上，平均年龄降到33岁，比2000年降低9岁，综合素质和政治经济待遇普遍提高。绵阳江油市大堰乡2003年7月以村为单位分别召开有村民代表参加的村计生委主任竞聘大会，通过现场演讲、答辩和干部、群众代表评分，对合格者当场发给聘书，全乡新聘任14名村计生委主任。他们的平均年龄33岁，比原来的42岁下降9岁，中专、高中、初中6人，中共党员6人。江油市双河镇全镇13个村全面展开该项工作，对竞争上岗的村计生委主任实行兼职、兼责、兼薪，工资待遇普遍提高，月平均工资由原来的50元增加到165元，最高达255元，最低105元。中共南充市委、市政府制定《关于改进和加强村级计划生育干部队伍建设的意见》，建立起与计划生育村民自治制度相配套的村级计划生育管理组织及选人用人制度。2004年以后，全市开展村计生委主任竞聘上岗工作，在此次市县两级评估的1185份问卷调查中，认为该村计生委主任是竞聘上岗和群众选举的占94.6%。通过建立乡对村“两包、一挂”（包任务、包经费，与工作奖惩挂钩）计划生育目标管理制度和“以奖代补”“三级”配套制度，落实计划生育村民自治工作经费。

图5－3　2002年6月9日，绵阳市安县宝林镇桂林村举行村计生委主任竞聘公选大会

第三节　决策与监督

一、建立责、权、利结合机制

2002年，省人口计生委按照“依法管理、村民自治、优质服务、政策推动、综合治理”的要求，在全省推行广安、威远等地计划生育村民自治的经验同时，提出全省计划生育村民自治工作“建章立制，以制治村，民主管理，优质服务”的总思路，并推行包任务、包经费和奖惩挂钩的“两包一挂”的具体做法。至年末，全省多数地方初步建立“有章理事、有钱办事、有人管事”和群众

自我教育、自我管理、自我服务、自我监督的村级计划生育工作新机制。以村为主、村民自治的工作机制，调动村级计划生育工作积极性，发挥村级计生协会的重要作用。

全省各地在建立计划生育村民自治制度中，把解决村级在计划生育中的管事权和有钱办自治之事作为推行计划生育村民自治制度的关键进行突破。通过建章立约，明确村民委员会在计划生育村民自治中的权力与责任。2001 年，成都市确定计划生育村民自治工作“建章立制、以制治村、民主管理、优质服务”的总体思路，制发全市计划生育村民自治实施方案，并开始进行试点工作。至年底，全市多数地方初步建立群众自我教育、自我管理、自我监督的村级计划生育工作新机制。在五城区和高新区进行城市社区计划生育改革试点，探索城市计划生育管理和服务的体制、机制、对象、内容和方式，并率先在市级部门中提出城市社区计划生育工作建设方案。广安市出台有关加强基层基础工作的文件，从体制建立、人员保证、政策落实等方面推进计划生育基层基础工作的开展。

眉山市把计生村民自治作为工作重心下移的主要落脚点，切实做好调查研究，弄清进展情况，针对薄弱环节，采取措施，彻底纠正走过场的问题，在有章理事、有钱办事、有人管事三大环节上狠下功夫，加大对村民自治的督促检查，把村民自治的各项工作落到实处。

图 5－4　眉山市洪雅县洪川镇曲沿村村务公开栏

2001 年，阿坝州制定《关于全面推行计划生育依法管理、村民自治工作的实施意见》，在部分县选择计划生育工作基础好，村级班子坚强有力，群众执行计划生育自觉性高的社区（村）开展村（居）民自治试点，并在试点基础上，边总结、边推广、边落实。到 2005 年，全州有 1390 个村（居），实现村（居）民自治的有 1166 个，村自管理率达 83%。与服务对象签约率达 90%以上，签约人对协议内容的认同率达 90%以上，群众对计划生育村（居）民自治相关内容知晓率达 90%以上。

资阳市按照“在推行中完善，在完善中提高”的思路，针对计划生育村（居）民自治中存在的突出问题，制定《完善计划生育村民自治制度的实施意见》，重点从三个方面完善“自治”制度，促进自治水平提高。

乐山市在建立计划生育村民自治制度中，把解决村级在计划生育中的管事权和有钱办自治之事作为推行计划生育村民自治制度的关键进行突破。通过建章立约，明确村民委员会在计划生育村民自治中的权力与责任。市委、市政府制定《关于改进和加强村级计划生育干部队伍建设的意见》，建立与计划生育村民自治制度相配套的村级计划生育管理组织及选人用人制度。2004 年以后，全市开展村计生委主任竞聘上岗工作，在当年市县两级评估的 1185 份问卷调查中，认为本村计生委主任是竞聘上岗和群众选举的占 94.6%。

宜宾市加快建立和完善群众自我教育、自我管理、自我服务和自我监督的人口与计生工作管理新体制。市统一印制《计划生育村（居）民自治工作规范》，以点带面，点面结合，进行推广，着重强化四大基础性工作。

1. 在制定落实计划生育村（居）民自治章程（村规民约）中，既体现政策法规的要求，又充分反映群众的需求，确保计划生育村（居）民自治章程的合法性和民主性。

2. 在签订和落实计划生育协议（合同）中，既体现权利和义务的对等，又体现优质服务的要求，保证群众的合法权益，调动其参与人口计划生育各项管理与服务的积极性和自觉性。

3. 注重村务公开的定时定期，提高工作的透明度，维护村（居）民对人口计生工作的决策知情权、民主参与权和民主监督权。

4. 通过实行目标管理、"两包一挂"等，明确村级组织职责，落实村级工作人员、任务和经费（市政府从2002年开始，每年从市级财政投入的人口计划生育经费中安排专项经费每个村300元，每个社区1000元用于村居人口计划生育专干报酬补贴），调动村级自治组织抓人口计生工作的积极性。同时，理顺体制，转换职能，完善"县指导、乡服务、村负责、组配合、户落实、民自治"的计划生育村（居）民自治运行机制，促进人口和计生工作重心的全部下移。2005年，全市3233个村（社区）均开展计划生育村民自治工作。

攀枝花市对实行计划生育村民自治的村每年由市、县补助工作经费500元，对被命名为计划生育村民自治红旗村、先进村的，由市、县分别奖补一定的工作经费。2002—2005年，市、县投入计划生育村民自治经费达900多万元。

二、把握"五个环节"

在计划生育村民自治中，各地严格把握"五个环节"：

1. 组织干部群众学习宣传计划生育法规政策，增强村（居）民的主人翁观念和自治意识、增强村民委员会抓紧抓好计划生育工作的法定责任感。

2. 自治"民约"协议一般经过"三上三下"，由村民反复讨论修改，并经村（居）民大会或代表会表决，村（居）民"四民主"权力初步得到体现。

3. 建立简明扼要，综合性、操作性强，包括计划生育协会工作的村民自治工作制度，精简、规范村级计划生育账、卡、册、单和上墙图表，使村级将过去的"两账""八册""十大制度"改为"一账"（台账）、"两单"（人口变化报告单、育龄群众需求报告单）、"一版"（上墙的综合性告知内容）。

4. 落实自治监督，完善村（居）计划生育公开制度，实施村民自治的村都将计划生育村民自治的相关内容及其实施结果和计划生育管理、服务流程及乡镇政府和村委会的承诺公诸村民，并建立有计划生育村（居）民代表议事制度和人大代表视察评议制度。

5. 加强村计划生育协会组织建设，实行计划生育村民自治与计划生育协会两位一体的"自治"体制，加大"自治"实施力度，增强"自治"活力。

各地在把握"五个环节"的同时，对依法开展"村（居）民自治"工作进行规范，对"违法自治"问题进行重点清理，要求废除自治章程、民约、协议中不合法的和有损群众利益的"管、卡、压"的规定，全面清理生硬的宣传标语，代之以亲和力强的宣传内容和形式。规范和公开生育服务证、再生育审批、流动人口婚育证明、独生子女光荣证的办证服务程序和计划生育生殖保健服务承诺制度、计划生育村务公开的内容和形式，切实维护群众实现计划生育的知情权和隐私权。

三、抓住"三个重点"

全省各地按照"在推行中完善，在完善中提高"的思路，针对计划生育村（居）民自治中存在的突出问题，制定《完善计划生育村民自治制度的实施意见》，抓住"三个重点"，促进自治水平提高。

1. 在保持计划生育村民自治制度内容合法的基础上，完善村民自治章程中的计划生育部分和计划生育村规民约及服务协议，剔除不符合现行法律规定的措施。纠正在民约、协议中违法设置的收取押金、保证金、滞纳金。

2. 提高“四知道”的措施基本完善。乡镇、街道办事处一般都知道为计划生育村民自治提供工作指导、政策和财力支持、培训村干部等职责；村“两委”知道在“自治”中的职权、责任和任务目标，广大村民尤其是育龄群众知道在“自治”中的权利、义务和服务协议的基本内容，党委、政府和干部群众都要知道计划生育村民自治的意义和目的。

3. 体现“自治”民主权的措施基本建立，实行计划生育村民自治的村一般建有3—5人组成的自治监督组，并制定有对申请再生育对象进行评议、宣传资料发放、群众意见收集反馈、评议“自治”工作等制度，群众参与“自治”的权力基本体现到具体活动中。

第四节　奖励与扶持

一、推进村（居）民自治激励机制

全省各地在推行计划生育村民自治中，引导县、乡对计划生育村民自治的指导和支持，推进村（居）民自治激励机制的建立。

成都市采取分级评审的办法，在村（居）开展争创计划生育村民自治合格村、先进村、红旗村活动。经2003年年终初评，全市3816个村（居）中进入计划生育村民自治合格村（居）2406个、先进村（居）948个、红旗村（居）100个。市上对100个红旗村（居）给予每村500元的奖励。

自贡市坚持建立并不断完善激励村级深化自治工作，引导县、乡加强对计划生育村民自治的指导和支持，全市在两个层面上开展“推进计划生育村民自治先进单位”评审活动。“创先评审”活动的开展，对理顺政府指导、服务与村级组织自治的关系、村级组织与村民自治的关系，使计划生育村民自治从形式到内容逐步成为完全意义上的“自治”发挥重要作用。

绵阳市把“村（居）自治”作为综合改革建立“五大”机制的基础性工程，纳入各级政府综合目标管理和计生部门业务目标管理的重点内容。2004年市政府专门发文建立创建计划生育村（居）民自治红旗村、先进村、合格村“三村”分级评选验收的动态管理制度，乡镇每年评选一次合格村；区、县在合格村的基础上，每两年评选一次先进村；市在先进村的基础上，每三年评选一次红旗村。市、县、乡镇分别命名表彰和奖励。命名表彰后，每年复查一次，对复查不合格的，取消其资格。通过建立乡对村“两包一挂”（包任务、包经费，与工作奖惩挂钩）计划生育目标管理制度和“以奖代补”“三级”配套制度，落实计划生育村民自治工作经费。对实行计划生育村民自治的村每年由市、县补助工作经费500元，对被命名为计划生育村民自治红旗村、先进村的，由市、县分别奖补一定的工作经费。2002—2005年，市、县投入计划生育村民自治经费达900多万元。

遂宁市落实“包任务、包经费、挂奖惩”的计划生育“两包一挂”责任制和村、组干部计划生育工作责任制，村、组干部的计划生育工作积极性，群众接受“三查”、落实节育措施、寄回孕情证明的自觉性，干群之间的亲和力，计划生育部门的服务功能均明显增强，计划生育基层基础工作得到加强。

市政府在县（市、区）和乡镇中开展创建推进计划生育村民自治模范单位评审活动。2004 年 7 月，市政府印发《计划生育村（居）民自治先进单位评审方案》，2005 年市政府表彰命名计划生育村（居）民自治红旗村 450 个。"创先评审"活动的开展，对理顺政府指导、服务与村级组织自治的关系、村级组织与村民自治的关系，使计划生育村民自治从形式到内容逐步成为完全意义上的"自治"发挥重要作用。

巴中市建立市、县每年直接补助计划生育村（居）自治工作经费 500 元制度，对村计生干部的报酬纳入财政预算，实行与工作绩效挂钩、动态管理的制度，为村（居）自治工作提供经费保障。

眉山市建立村计划生育干部三级培训制度。市县两级联合，通过"请上来、走下去"的方法，市计生委每年负责对全市每个乡镇的"村（居）自治"红旗村的计生委主任进行培训，区、县计生局每年负责对辖区内的先进村计生委主任进行培训，乡镇负责对合格村计生委主任进行培训，通过他们的示范和带动作用，促进当地"村（居）自治"工作的进一步深入发展。

到 2002 年，全省计划生育村民自治工作开展面达 70%。2003 年，四川省计划生育领导小组印发《关于实施计划生育村（居）民自治工程的意见》，把计划生育村民自治工作列为专项工程、划出专项资金，大力推进。各地按照意见的精神，深化计划生育村（居）民自治工作。各级将工作重心下移，发动群众广泛参与，帮助、指导基层在制定计划生育村民自治章程和服务协议时坚持合法性、民主性、针对性和互约性，确保章程和服务协议符合有关法律法规和有利于计划生育基本国策的落实。是年，全省计划生育村民自治工作开展面达 90%，初步形成"'两委'（村党支部委员会、村委会）负总责，协会唱主角，家庭为中心，群众当主人"的村级计划生育管理新格局。

2004 年 12 月，省人口和计划生育委员会、省民政厅、省计划生育协会印发《关于加强和完善计划生育民主管理和民主监督全面推进计划生育村（居）民自治的意见》，为计划生育村（居）民自治工作提出新要求。

二、发挥"五个作用"

（一）乡镇作用

实行计划生育村民自治后，各乡镇发挥好指导、协调、监督的作用，保障工作经费。在保证村民自治工作能够健康有序运行、保证计划生育工作能够落到实处的基础上，让村级自己处理好自己的事情，村级解决不好、处理不了的事情，乡镇应当及时提供帮助。

（二）村党支部作用

村支部按照法律要求，组织、支持和保障本村的计划生育村民自治工作。即做好组织发动，开展宣传教育，选好计生干部，落实计生职责，加强领导监督。

（三）村委会作用

村民委员会承担起建章立制，建立组织、开展活动的牵头和组织协调作用。制定村规民约，召开村民大会，建立议事组织，定期开展活动。

（四）村计生领导小组作用

村计划生育领导小组作为实行计划生育村民自治的执行机构，认真履行职责，做好签约工作，为村民提供优质服务，对违约者及时追究其责任。

（五）村计划生育协会作用

各地发挥组织网络健全、人才多和会员的模范带头作用。团结、引导和带领广大群众按照自我教育、自我管理、自我服务的要求，积极参与计划生育村民自治，自觉履行村规民约，自觉实行计划生育。

至2005年，全省村（居）民自治不断完善。各地加强基层民主政治建设，把计划生育纳入村（居）民自治的重要内容，按照民主程序和法律法规规定计划生育村规民约（居民公约），村（居）民在计划生育中的民主权、知情权、参与权、评议权和监督权得到切实尊重和落实，实行计划生育双向承诺服务协议管理和村（居）计生干部群众直选、竞聘上岗，建立和完善议事、公示、承诺、评议等制度，村级计划生育管理和服务工作得到有效落实。“包任务、包经费、与奖惩挂钩”等工作保障制度进一步落实，计划生育协会建设和村级计生服务室、中心学习户、生育文化大院建设不断加强，计划生育基层基础工作更加扎实。村（居）民自治促进了计划生育基层基础工作更加扎实。村（居）民自治促进计划生育工作重心下移和政府职能转变，群众计划生育意识日益增强，主动参与计划生育的自觉性逐步提高，干群关系明显改善。

第二章 社团工作

第一节 四川省计划生育协会

一、组织建设

四川省计划生育协会（以下简称省计生协会）按照把“协会建在村上”的指导思想，坚持“面向基层，注重实效，好中求快，巩固提高”的组织发展方针，把发展重点放在基层。1989 年，全省有 20 个市（地、州）、140 个县（市、区）、4347 个乡（镇）、32385 个村（居委会）建立计生协会组织，有会员 170 多万人。其后，各地把协会作为基层计划生育“三个网络”建设的重要方面来抓，各级协会组织迅速发展，到 2005 年底，全省建立基层协会组织近 7 万个，发展会员及志愿者 760 多万名，在全省基本形成群体规模大、人才集中、上下贯通、左右联系、工作方法灵活多样、贴近民众的计划生育群团网络。

二、宣传服务

省计生协会始终把宣传教育、搞好服务、开展经常活动作为主线贯穿在整个协会工作过程中，使宣传寓于服务之中，服务通过活动体现，活动使宣传更加丰富多彩。全省各级协会，充分利用协会网络优势，在“世界人口日”“5·29”全国计生协会会员活动日、春节等重大节假日期间，积极开展形式多样、内容丰富的宣传服务活动。从 2003 年开始实施“预防艾滋病知识宣传”项目。是年，省计生协做出五年规划，分期分批地在全省各县级协会实施预防艾滋病知识宣传项目。通过宣传，到项目结束时使协会会员预防艾滋病知识的知晓率在城市达 90%，农村达 75%。各级协会组织通过图片展示、影视宣传、街头咨询等形式，对协会会员和广大育龄群众宣传预防艾滋病基本知识，使其正确认识艾滋病，关注、关爱艾滋病感染人群，警示人们“远离毒品、珍爱生命”，倡导科学文明、健康有益的生活方式。通过近两年的项目实施，各项目点会员预防艾滋病知识知晓率得到明显提高。2005 年，47 个“预防艾滋病知识宣传”项目点工作均健康有序地开展。

三、幸福工程

1996 年，由省计生协会牵头，开始在四川实施以救助贫困母亲为主要内容的“幸福工程”。四川省计生协会获得幸福工程全国组委会“优秀工作奖”，被省委、省政府授予“定点帮扶贫困县先进单位”荣誉称号，被省政府表彰为“两基”工作先进集体，连续多年被省科协评为协会工作先进集体。2004 年起，省计生协会、幸福工程四川省组委会联合成都红十字心血管病医院（成都德瑞心血管病医院），在全省开展“免费、减费救助贫困母亲家庭先心病患儿爱心行动”（简称“春雨行动”），仅2005年，由成都德瑞集团就补贴手术费420万元，为800例实行计划生育的贫困母亲心脏病患者及其家庭的先心病患儿、心脏病患者免费（减费）做了手术。在实施“春雨行动”的两年间，有上万名患者接受检查，近千人得到手术治疗。

四、生殖健康服务

省计生协会承担国际计生联和中国计生协下达的“生殖健康培训咨询服务”“青少年健康教育”“青春健康”“维护妇女合法权益”等项目。省计生协以项目为依托，累计举办生殖健康等项目培训班30多期；培训项目师资、项目管理人员、项目骨干1500多人，带动全省生殖健康项目和其他项目的开展。在“青少年健康教育”项目实施过程中，项目点的计生协会联合教育、卫生等部门，对青少年进行生殖健康知识宣传、心理健康咨询和生活技能培训，增强青少年生殖健康自我保健意识，营造良好的性道德环境，得到政府有关部门的关注，促进生殖健康、避孕节育等人口计生工作的开展。

五、互动交流

省计生协会坚持交流，营造出优势互补的良好局面。除坚持接受中国计生协会指导，坚持与各兄弟省、市互相学习交流外，同时坚持在省内寻求优势互补的良好形式。1999年起，川中川北县级协会片区协作会每年定期举行。2005年，协作会已由当初的几个县发展到包括川中、川西、川东、川北10多个市（州）、数十个县（市、区）参与的经验交流会，各地各具特色的经验、方法推动全省计生协会工作的开展，营造出优势互补的良好局面。

“七五”和“十五”期间，全省各级计生协会履行“带头、宣传、服务、监督、交流”五项职能，围绕经济建设中心，以服务群众为宗旨，紧扣人口与计划生育主题，发挥群众团体网络优势、群众优势和监督职能，以基层乡村（居）为工作重点，发挥会员的带头表率作用，实行自我教育、自我管理和自我服务。各级计生协会积极参与村（居）民自治、社区建设，为群众提供人口与计划生育、生殖健康、避孕节育、优生优育等生产、生活、生育方面的服务，发挥党和政府联系群众的桥梁纽带作用。

2002年12月，四川省计划生育协会成立20周年，省委副书记陶武先代表省委、省政府到会祝贺并讲话。充分肯定四川省计划生育协会为四川人口计划指标的完成，稳定低生育水平所作的贡献。

第二节　四川省人口学会

一、人口学基础理论研究

2000年6月，四川省人口学会与国家计生委宣教司、省计生委联合在广安市举办邓小平人口理论研讨会，全国人口学界的知名专家和各省（市、自治区）派代表参加会议并提交论文，从不同角度对邓小平人口思想及其实践进行探讨交流。四川人口学会会员撰写的《邓小平人口思想与实践》等30篇论文，总结四川省人口计生工作的实践经验，探讨解决人口问题的思路和措施。国家计生委副主任杨魁孚出席会议并称赞四川省邓小平人口思想的学习、宣传和研究走在全国前列，为全国开展邓小平人口思想研究提供典范。人口学基础理论研究是人口科学研究的重要组成部分，由四川省人口学会会员编著的《人口手册》《当代人口学学科体系研究》《非线性人口学导论》《人口统计学》

等专著，以及一批人口学基础理论研究的论文，受到学术界的好评。《人口手册》已数次再版，成为广大人口和计划生育工作者的常用工具书。

二、人口与经济社会资源环境关系研究

省人口学会会员完成的《四川最大人口容量与适度人口规模的系统研究报告》，通过建立系统动力学的数学模型，对四川省的最大人口容量和适度人口规模进行科学测算，成为四川在人口与经济社会资源环境关系研究前期具有代表性的力作。在中共中央、国务院决定实施西部大开发战略，省委、省政府提出实施追赶型、跨越式发展战略后，四川人口学界围绕该主题，推出《西部大开发战略中的人口环境分析》等研究成果。在中共中央发出全面建设小康社会的动员令后，四川人口学界围绕该主题，开展《四川的小康生活与人口控制研究》。

三、人口发展战略研究

省人口学会积极参与和配合省人口计生委组织开展的人口发展战略研究，由学会会员为主体承担的首批3项研究课题已经顺利结题，得到省委、省政府的肯定，为制定四川国民经济和社会发展“十一五”规划纲要提供重要参考依据。其中《四川人口发展态势研究》主要着眼于人口数量问题，通过建立符合四川实际的人口预测数学模型，揭示四川中长期人口发展的变动态势及其主要特征；《四川资源环境与人口承载力研究》主要着眼于人口与资源、环境的关系问题，通过建立四川资源、环境与人口承载力的评价指标体系，从定性与定量方面研究四川资源、环境与人口承载力的关系及其协调发展的途径；《四川人口发展与全面建设小康社会重大关系研究》主要着眼于人口与经济、社会的关系问题，基于为全面建设小康社会创造良好人口环境，就人口发展中的几个突出问题与全面建设小康社会之间的关系进行系统研究。在人口计生工作的主要任务从严格控制人口增长转变到稳定低生育水平、统筹解决人口问题以后，不仅要关注人口数量问题，而且要更加关注人口质量、结构、分布问题。由人口学会会员担纲撰写的《跨世纪的中国人口——四川卷》《人口与经济社会发展实证研究》等，在这些方面进行卓有成效地研究。同时，学会会员积极参与《四川省人口分布、集聚与人口管理政策研究》为确定四川主体功能区提供重要参考建议。

四、人口计生工作实践研究

1996年10月，省人口学会与省计生委在绵竹市举办计划生育“三结合”理论研讨会，邀请全国人口学界知名专家和省内主要人口研究机构、基层人口计生工作者对四川计划生育“三结合”工作进行理论研讨，产生《计划生育“三结合”与可持续发展研究》等一批高质量的论文，对促进全省计划生育“三结合”工作的深入发展产生积极影响。2000年《中共中央国务院关于加强人口与计划生育工作稳定低生育水平的决定》发布后，省人口学会及时组织部分专家、学者认真学习、深入研讨，结合实际、建言献策，这些建议被充分吸纳到省委、省政府的贯彻意见中。由学会会员为主承担的《中国人口与计划生育立法研究》《四川21世纪人口发展态势与生育政策研究》等，为推进人口计生工作与时俱进、改革创新，提供强大的理论支撑和智力支持。

五、民族人口问题研究

由省人口学会会员主编的《彝族人口》《羌族人口》《西藏藏族人口》，以及《我国西部民族地区可持续发展问题研究》《中国少数民族人口与计划生育管理研究》等，填补民族人口课题研究的空

白，系统地研究和发掘民族地区人口与发展的新思维、新对策。

六、学术交流

2000 年 9 月，省人口学会邀请全国人口学界知名专家到四川进行计划生育“三结合”工作专题考察活动，不仅对促进四川计划生育“三结合”工作的深入发展产生重要影响，也是省人口学会组织的一次全国人口学界的学术交流。在请进来的同时，四川人口学界积极走出去，广泛参加或主持中国人口学会及一些人口研究机构组织的学术交流活动，如国际人口科学联盟大会、中国人口科学学术讨论会、21 世纪首届中国人口科学论坛、国际人口与发展论坛、21 世纪人口资源环境可持续发展国际研讨会、西部人口发展论坛等，对树立四川人口学界形象和培养年轻人口学者，收到良好效果。

七、优秀成果评选

省人口学会从成立到 1991 年的 10 年间，被评为优秀成果和其他质量较高的论著有 140 项，其中专著 17 本、论文 100 篇、研究报告 14 篇，科普读物 4 本、工具书 5 本；学会成员中因取得重要成果或工作先进受到全国性表彰的有 13 人，受到全省性表彰的有 25 人。“八五”和“十五”期间，学会先后开展 3 次优秀科研成果评奖工作，在会员和团体会员的科研成果中，共评选出一等奖 6 项、二等奖 12 项、三等奖 23 项。其中获一等奖的是：《人口迁移与流动概念及调查指标设置探讨》（马本昌）、《关于欠发达地区人口控制的思考》（吴忠观等）、《西部农业发达地区劳动力不充分就业问题初探》（何景熙）、《人口与计划生育立法难点透析》（陈明立）、《与时俱进，改革创新，努力开创人口与计划生育工作新局面》（王在银）、《21 世纪中国人口问题透析》（刘家强）。同时向四川省第七至第十二次哲学社会科学优秀成果评选推荐成果，其中《非线性人口学导论》（王放、李厚强）、《中国藏族人口》（何景熙、程贤敏）、《探索充分就业之路——成都平原农村人力资源开发研究》（何景熙、张果、冯天丽、罗蓉）、《四川省人口发展战略研究》（省人口计生委）4 项成果获得二等奖；《跨世纪的中国人口——四川卷》（省统计局）、《人口科学辞典》（吴忠观）、《四川最大人口容量和适度人口规模的系统研究报告》（谢明道、孙霖、何景熙、李贤彬、陈勇）、《人口统计学》（李永胜、俞德贻、马本昌、黄小花、肖立见）、《中国贫困人口研究》（王卓）、《中国新贫困人口及其社会保障体系构建的思考》（刘家强等）6 项成果获得三等奖，另有多项成果获优秀奖。省人口学会积极向第二至第四届中国人口科学优秀成果评选机构推荐作品，四川的《中国新贫困人口及其社会保障体系构建的思考》（刘家强等）、《人口经济学新论》（西南财经大学）获得一等奖；《中国城市化——道路、模式与战略选择》（刘家强）、《当代中国人口科学体系》（吴忠观、李永胜、刘家强）、《不充分就业及其社会影响》（何景熙）3 项成果获得二等奖；《人口与计划生育立法研究》（陈明立）获得三等奖，13 项成果获得优秀奖。此外，有一批由四川人口学会会员参与研究的成果获得各级“五个一工程”奖和科技进步奖。

八、吸收、举荐人才

省人口科学研究队伍不断扩大，人员素质稳步提高。

（一）原有的人口学专家经验更加丰富，研究水平更加提高；另一方面是一批中青年人口学者脱颖而出，挑起四川人口科学研究的大梁。

（二）一大批青年人口学者加入到人口科学研究的行列，为四川人口学会增添新鲜血液。

九、人口计生宣传教育

省人口学会组织学会成员参加创办各种计划生育杂志、报刊，担任顾问、主编、编辑以及经常的撰稿人进行人口计生知识宣传；有的参加党政及计生委统一组织的计划生育宣传与人口基础知识教育；有的编写有关人口知识的科普读物和宣传资料；有的协助计划生育行政部门举办干部培训班普及人口知识；还有的利用纪念会、报告会和座谈会等机会进行计划生育和人口知识宣传。

第六篇　国际合作与交流

1978年以后，四川开始与国际组织和相关国家（地区）进行学术交流、项目援助、人员互访等。1982年，四川被国家列为首批人口计生国际合作项目执行计划实施省（区），通过婚育保健、节育技术、生殖健康、妇女病防治、遗传咨询、孕产期保健、新法接生、人口统计等方面的交流与合作，为国际民间交流提供新的合作平台，促进四川人口计生事业的发展。

第一章 国际合作

第一节 合作组织

一、联合国人口活动基金会

联合国人口活动基金会所提供援助的项目大体分为：基本人口数据、人口动态、人口政策、家庭计划、发展计划、通信和教育。人口基金会的业务范围主要包括计划生育、人口普查、人口抽样或重点调查、人口研究、人口政策的制定、人口问题和经济发展的关系等方面的研究。从 1980 年开始，中国政府首批执行联合国人口基金会援助项目包括四川省承担的任务。其后，四川人口计划生育的多数援助项目由该机构提供。

1986 年，联合国人口活动基金会第二周期无偿援助四川用于控制人口增长项目有 4 个：四川省计划生育科研所的 CPR185/P16 项目；成都宣传教育分中心的 CPR185/P34 项目；四川人口情报中心的 CPR185/P36 项目；成都计划生育妇幼保健培训中心的 CPR185/P08 项目，项目预算执行 10.80 万美元，接受专家来访和办训练班 5 批 14 人次。

4 个研究课题中，除 1 个课题因标本收集困难和技术问题而修改外，3 个课题按计划执行，其中 2 个课题通过省级鉴定，CPR185/P36 项目编辑出版《世界人口动态》12 期，并派员参加亚太地区和全球人口情报网学术讨论会，制定四川人口情报培训中心三年发展规划。CPR185/P08 项目举办女性生育调节和男性生育调节 2 个培训班、49 人次。CPR185/P34 项目摄制电视剧 4 部，电视小品 2 部，电视专题片 11 部，科教片 1 部，电视新闻 12 则，电视译制片 3 集；编辑印发 60 多万字的宣传品。电视剧《她们和战争》获得广播电影电视部颁发的“飞天”奖、“金鹰”奖。年内举办“家庭·生活·人口美术书法”联合巡回展览，播放试听节目 40 场。

1998—1999 年，联合国人口基金会资助在巴中市、仪陇县实施生殖健康/计划生育项目。

（一）巴中市项目执行情况

1. 项目培训

至 1999 年末，巴中市共开展项目培训 20 次，培训干部和技术人员 2000 余人次，培训群众 1.64 万人次。

2. 生殖健康/计划生育服务

（1）开展定期健康普查服务，查治常见妇科疾病、生殖道感染、性传播疾病，进行儿童生长发育监测。

（2）提供避孕节育知识的知情选择服务，向群众介绍避孕机理、妇女生理心理特点、月经生理以及各种避孕节育方法的适应症、禁忌症、副反应等方面的知识，让群众根据身体状况和意愿选择适宜的避孕节育措施。

（3）提供孕产期保健服务，向对象人群传授有关怀孕、分娩、优育、母乳喂养等知识，进行产前健康监测和产后访视，对妊娠过程中出现的问题及时诊治。

（4）开展不育不孕症的诊治服务，通过调查，建立不育不孕患者档案，为其提供诊治咨询意见。

（5）开展避孕药具发放服务，各乡镇、村、街道设立避孕药具发放点，满足育龄群众对避孕药具的需求，并对避孕药具的使用人群进行跟踪访视，确定避孕措施有效率。通过以上服务，提高人群的生殖健康水平，减少非意愿性妊娠的发生。

3. 启动育龄妇女信息管理系统

市、县两级于1999年底完成育龄妇女信息的调查、数据输入、校对工作，并于2000年1月开始进行数据变更，育龄妇女信息微机管理系统开始正常运转。

4. 推广实施项目内容巴中市已将项目的实施推广到全市76个乡镇。

（二）仪陇县项目执行情况

1. 项目启动

1998年9月起在复兴、三蛟等4个乡镇启动项目，1999年6月起在马路等39个乡镇推广，至1999年末，仪陇县的项目试点扩大到44个乡镇。

2. 项目宣传

在县广播站、有线电视台开设生殖健康/计划生育栏目；制作《避孕节育措施知情选择指南》6万册、《公开信》6万册，生殖保健知识小资料30万份，下发国家计生委制作的录像带36560盒、VCD光盘3656盘、《公开信》22万份、培训教材160套、宣传包1000个；利用各级人口学校培训育龄群众10余万人次。

3. 人员培训

先后举办项目管理人员培训班5期，对乡镇政府领导、计生干部、服务站站长、卫生院院长、村计生员进行培训；省、县两级先后举办技术服务人员培训班10期，对县计生指导站、妇幼保健院和乡镇计生服务站、卫生院的技术服务人员进行全面培训；各乡镇分别举办乡村两级妇幼保健员培训班80期，培训人员690人次。

4. 技术服务

依托各级计生技术服务机构、妇幼保健和卫生机构，重点加强新婚咨询、孕产期保健、妇科病和性病防治、避孕节育知情选择等服务。为育龄群众提供咨询服务6万余人次；新法接生率达95%，高危孕妇住院分娩率达99%；对全县5万名妇女进行生殖健康检查，发现有生殖道感染的占15%，性病37例，已对80%的生殖道感染者和全部性病患者进行治疗；自愿选择各种避孕方法48927人。

5. 取消生育配额指标

全县69个乡镇已分期分批取消下达到人头的生育配额指标。

二、联合国人口委员会

1983年1月，中国正式成为联合国人口委员会的成员。1984年8月，在墨西哥城举行联合国人口会议，分管四川省计划生育工作的省委常委、秘书长黄启璪作为中国代表团的成员之一出席会议；黄启璪在参会期间利用各种机会，介绍四川实行计划生育、控制人口过快增长取得的成就和经验，还分别给各国代表赠送四川省人口宣传教育中心制作的精美纸扇，给到会代表留下深刻的印象。1994年3月，中国和其他国家政府首脑齐聚开罗市参加该组织举办的世界人口与发展大会，在其通过的《行动纲领》中承诺所有国家不迟于2015年通过初级保健制度为所有适龄人群提供生殖保健服务。其后，生殖健康服务成为计划生育技术服务的一项重要内容。2001年2月，省政府办公厅在批转《省计生委关于开展生殖保健服务工作意见的通知》中强调：各级政府要加强对生殖保健服务工作的领导并纳入县、乡政府工作目标；把开展生殖保健服务，作为稳定低生育水平的一项重要措施来抓；人口和计划生育部门要按照有关职责负责生殖保健的技术服务；各有关部门在其职责范围内积极做好生殖保健服务，为开展生殖保健服务创造条件。同时，省政府下达今后一个时期全省生殖保健工作的目标任务（到2005年，生殖保健服务纳入县、乡镇政府工作目标达到100%，五期教育面大于90%，育龄妇女生殖健康知识普及率大于80%，育龄妇女生殖健康监测率大于80%，育龄妇女常见生殖道感染患病率小于50%，节育手术并发症发生率小于0.75‰，遗传病咨询面大于80%）。通过2005年末对相关指标的统计和抽样调查，确认四川实现该时段生殖保健预期目标，为兑现国际承诺作出努力。

三、联合国亚洲及太平洋经济社会委员会人口司

20世纪80年代起，四川省人口计生委的部分直属单位就与联合国亚太经济社会人口司建立业务联系，参加亚太地区的人口活动，先后派出有关人员参加人口司举办的专家研讨会和人员培训，派出专业人员到其他国家大学进修。四川先后接待来访的亚太经济社会人口司的官员、专家和学者多批。随着四川在人口和计划生育领域与各国的双边合作不断加强和发展，非官方的民间团体、组织间的友好合作也日益增加。四川与日本、泰国、印度、孟加拉国、印度尼西亚、马来西亚、巴基斯坦、菲律宾、新加坡、斯里兰卡等亚太地区国家普遍建立合作与交流。联合国人口基金在四川的多期合作项目实施过程中，亚太经济社会人口司起到积极的促进作用。

四、世界卫生组织

1972年5月10日，第25届世界卫生大会通过决议，恢复中国在世界卫生组织的合法席位。此后，中国出席该组织历届大会和地区委员会会议，被选为执委会委员，并与该组织签订关于卫生技术合作备忘录和基本协议。1981年该组织在北京设立驻华代表处。从20世纪80年代开始，世卫组织与四川省人口和计划生育科学研究所、四川生殖卫生学院等单位就激素避孕、生育调节等课题进行长期的合作与研究。

五、国际计划生育联合会

1981年11月，中国计划生育协会被国际计生联合会接纳为准会员，1983年成为正式会员，1986年加入国际计生联亚太地区组织。四川省计划生育协会是国际计生联合会和中国计划生育协会确定的各项目工作试点区。

第二节　合作效应

1986—2005年，四川人口计生系统在实施国际合作与交流中，为国际组织培训计生技术人员、

承担技术项目、提供项目示范样本等。同时也获得一定的技术和资金支持，接受国际援助的主要有省人口计生委部分直属单位和一些县（市）计生机构。

一、四川省人口宣传教育中心

1979年11月，中国政府与联合国人口基金谈判合作项目，决定在中国建立一个现代化的计划生育宣传教育网，项目编号为CPR/80/PO4。根据项目文件，除建立北京中心、上海分中心外，在成都建立计划生育宣传教育分中心（今四川省人口宣传教育中心）。1980年3月，成都计划生育宣传教育分中心成立，属中国政府接受联合国人口基金援助项目，主要为四川和西南地区计划生育宣传教育服务。1980年以后，四川省人口宣传教育中心连续十余年接受国际项目援助，在省配套资金的支持下购置先进的计划生育宣传教育设备，增强宣教功能。经过发展，现拥有一流的电视前、后期制作设施，有多功能、具有现场切换和多讯道现场转播、冷光源照明的专业大演播厅（大摄影棚）和2个多功能小演播厅（小摄影棚）；拥有1套全数码音频工作站和16轨广播级调音台及各种音效设施的专业广播、配音录音棚；拥有7套非线性编辑和1套BTAR系列电视编辑系统、1套全数字字幕机、1台主持人提词器；拥有含7台全数字式摄像机在内的10套摄录一体机；拥有10组件的团体竞赛抢答器、采访车等专用设备；拥有“苹果”系列文图工作站和数台平面设计电脑系统；建立模拟电视、数字电视、网络电视三大电视人口专题宣传平台；建立多媒体卫星跨媒体宣传平台和转播影院；能承担各种电视剧、专题片、综艺节目的前后期制作和节目包装。宣教中心设施的完善，为四川和西南地区的人口计划生育宣传提供良好服务。在项目实施过程中，四川省人口宣传教育中心不仅为国际组织提供高质量的项目现场，同时还接待来访、考察、讲学的联合国官员、专家及美国、日本、瑞典等外宾120余人次。2005年8月，四川省人口和计划生育宣传教育中心作为联合国人口基金P-04项目、P-17项目执行单位，按照联合国人口活动基金会和国家及省人口计生委的要求，承担援助设备、设施的接收和使用指导，负责对西南各省（区）的基层计划生育宣传干部进行项目培训及对四川省项目受援县（市、区）人口计生局统一配发项目设备并指导使用。

二、四川省人口和计划生育科学研究所

从20世纪80年代开始，四川省人口和计划生育科学研究所（以下简称科研所）接受联合国人口基金、世界卫生组织（WHO）、福特基金等机构的援助，通过人员培训、引进设备，使其不断提高科技人员素质，改善科研条件。在先后承担的247项科研课题中有57项课题得到国际组织资助。1988年5月，科研所被世界卫生组织任命为西南地区唯一的世界卫生组织（WHO）人类生殖研究合作中心，同时也是世界卫生组织的多国多中心课题合作及单项课题合作者。1990年4月，由国际上有关领域著名科学家和管理专家组成的世界卫生组织资源委员会，对科研所的项目工作给予较高评价：“该所工作进展比开始提供援助时预计快得多的步伐值得庆幸。各研究小组活跃于与四川计划生育工作直接有关的研究领域，并正在获得对国家和省政府有价值的研究结果。”科研所发挥自身优势，参与国内、国外的多项专题研究，科研成果丰硕，《使用米非司酮和米索前列醇为月经延迟妇女催经的多中心临床研究》等97项课题获得各级中国政府奖励；《由人体体表角质生长物测定体内甾体激素及其衍生物含量的检测方法》等3项研究成果获得专利。这些科研产品为更新避孕节育方法、保护育龄人群健康提供有力的技术支持。

三、四川生殖卫生学院

1979年12月，中国政府与联合国人口基金组织签订的技术合作项目协议而建立的全国计划生育技术干部培训基地——成都计划生育妇幼保健专业人员培训中心（后在国内的名称是成都计划生育技术干部培训中心，现为四川生殖卫生学院）。1980年3月6日，四川省政府正式组建成都计划生育妇幼保健专业人员培训中心，为全国县级以上计划生育技术指导和妇幼保健医师提供进修培训。机构级别为地师级单位，由省计划生育委员会（领导小组）领导。1981年后，联合国人口基金、世界卫生组织等对学院的设备、资金援助总额为500多万美元。1998年12月，四川生殖卫生学院被中国政府认定为联合国人口基金/中国生殖健康南南合作项目以及人口与发展南南合作伙伴组织的培训中心。至2000年，已发展成为一所集教学、科研、临床、开发于一体，特色突出并具有一定影响力的高等院校。生殖卫生学院不仅是四川省和全国计划生育干部培训基地，同时也是联合国人口基金南南合作生殖健康培训中心、人口与发展伙伴组织培训中心、世界卫生组织人类生殖研究合作中心。学院立足四川、面向全国、走向世界，为全国基层计划生育战线培养技术人才和管理人员2.3万多人；受联合国人口基金（UNFPA）、世界卫生组织（WHO）和美国自愿手术绝育协会（AVSC）等机构的委托，学院举办多期国际培训班，为蒙古、朝鲜、伊朗、越南、巴基斯坦、泰国、印度、孟加拉国、菲律宾、马来西亚、美国等20多个国家培训高级妇幼保健与计划生育专门人员300多人；接待30多批国际组织和美国、日本、印度、孟加拉国等国家和政府机构以及非政府机构的考察团、外国驻成都外交机构官员、外国记者到学院访问、考察或交流；学院的男性节育技术专家李顺强教授发明的“直视钳穿法输精管结扎术”经世界卫生组织（WHO）推荐，在50多个国家和地区推广应用。由于学院在为发展中国家培训计划生育技术人员等工作中成绩显著，2000年受到联合国人口活动基金会赞扬。

四、四川人口情报中心

1983年，联合国人口活动基金会驻华办事处同意，由国家计生委和原中国6大行政区所在省市协商，于1984年组建成6个中国人口情报资料分中心，四川人口情报中心即属6个资料分中心之一。1984年5月，四川省人口情报中心成立，是联合国人口基金P16项目受援项目，直属省计划生育管理干部学院。参与人口情报工作的国际合作，人口和计划生育系统、人口情报网络成员单位的情报交流与合作研究，完成中国人口情报中心和联合国人口基金援助项目所规定的工作任务。四川人口情报中心是四川及西南地区人口情报网络和四川省人口经济情报网络牵头单位，是中国人口情报网络成员单位，也是亚太地区人口情报网络和世界人口情报网络的二级成员。1985年，四川人口情报中心开始接受联合国人口基金援助，受援资金主要用于人员培训、学术交流、购置图书及设备。经过国际支持和地方投资，四川人口情报中心已具备一定规模，既是四川及西南地区人口情报网络和四川省人口经济情报网络牵头单位，又是中国人口情报网络成员单位、亚太地区人口情报网络和世界人口情报网络的二级成员。四川人口情报中心与上述机构密切合作，及时收集、整理、传递人口计生信息，为政府决策提供重要依据。

五、四川省计划生育协会

省计生协会先后接受国际计生联给予的设备项目和现金项目，以及援助的汽车、复印机、传真机、B超、录像机、照相机、电影机、电视机等上百种物资。1989年10月，国际计生联亚太地区在成都召开临床节育技术研讨会，有10多个国家的代表参加。会上四川计生协介绍了经验，有关专家成功地进行节育手术示范操作表演，受到与会代表的一致赞扬。省计生协会先后承办联合国人口活动基金会、国际计划生育联合会、其他国家和地区非政府组织援助的“青春健康”“生殖保健”“妇女发展”“艾滋病防治宣传咨询”等项目的实施与服务，推进省计生协会同国际民间人口计生组织的交流与合作，发展同中国香港、澳门特别行政区和中国台湾地区有关组织的民间交往和联系。

六、县（市）级项目单位

（一）与瑞典在统计信息方面进行合作试点

1988年3月，国家计划生育委员会发出《关于与瑞典在统计信息方面进行合作试点的通知》，四川决定在乐山市洪雅县进行试点。7月，国家计生委在成都举办合作项目第一期培训班，辽宁、安徽、四川三省及试点县30人参加学习。培训后，洪雅县即对试点工作进行部署，将抽中的84个样本点的区乡计划生育专职干部34人及调查员（以后的观察员）共118人进行培训、开展宣传和入户调查，以乡为单位集中进行调查卡片的质量检查、汇总调查结果并录入计算机。同年10月，以瑞典国家统计局国际咨询部主任托马斯为首的项目执行情况考察组一行3人，到洪雅县检查统计信息调查卡片、计算机录入和到点上访问调查员和育龄群众，对试点工作效率与质量表示满意，随后延长项目合作时间。通过这一合作探索，为建立微观数据库与常用的统计报表、统计分析的指标体系软件系统，包括常用的人口统计分析指标，育龄妇女的婚姻、生育、节育和全省生育政策等方面的系统软件开发打下基础。

（二）CPR/90/P17项目

1990年，联合国人口活动基金会在四川巴中、南部、资阳、合江等5个县和峨眉山市实施代号为CPR/90/P17项目。项目周期为5年，由人口基金会为每个项目单位投入4000美元，地方政府配套2.2万元人民币，购置宣教设备、培训宣教人员。通过项目实施，扶持一批县级计划生育宣传技术指导站，强化其宣传功能，把指导站建成计划生育宣传示范单位，借以带动农村计划生育宣传教育工作的深入开展。随后，三台等5个县被纳入第二批P17项目实施单位；1992年，广汉、石柱（今属重庆市）、宜宾、名山、梁平（今重庆市梁平区）、旺苍6个县（市）被确定为第三批P17项目实施单位。经过滚动式发展和示范单位的带动、辐射，在四川基层逐渐形成以贴近群众生活、进村入户为主的计划生育宣传教育方式。1998年，经推荐，美国福特基金等组织把剑阁县列为“男性参与”项目实施县，对男性参与计划生育问题进行探索和研究。

（三）联合国人口基金生殖健康/计划生育项目（CPR/98/P01）

2000年3月13—19日，联合国人口活动基金会驻华代表处副代表佐崎纯子（MSJunko Sazaki）、志愿者凯丽·奥尔森和翻译徐进一行3人，对四川省仪陇县、巴中市实施的联合国人口基金生殖健康/计划生育项目（CPR/98/P01）进行考察。先后听取仪陇县副县长彭宾就该项目执行情况的报告，考察了县项目办公室、马路乡计生服务站、犀角村的项目活动；16日主要考察仪陇县生殖健康/计划生育项目，先后听取仪陇县副县长鲜经纬就该项目执行情况的报告，考察复兴区计生服务站、县计生指导站、妇幼保健院、三蛟镇计生服务站、昆山村计生服务室、卫生站，当晚赴巴中市；17日考察巴中市生殖健康/计划生育项目，先后听取巴中市副市长黄吉翠就该项目执行情况的报告，考察了市计生指导站、市妇幼保健院、白云乡计生服务站、卫生院、双凤乡鼓楼村开展生殖健康普查和计划生育宣传活动的情况、梁永镇卫生院、计生服务站。美国驻成都总领事馆经济领事吴志祥参加该次考察活动。

第二章　国际交流

第一节　来　　访

1986年，全省共接待到四川访问、考察、评审、讲学的外宾24批、108人，其中：国家计生委下达接待任务12批、28人；省外事办公室下达接待任务2批、34人；有关部门商请接待10批、46人。到四川参观、访问或了解计划生育情况，帮助举办培训班的有联合国人口活动基金会访评组、人口基金驻华代表处、美国全国广播公司摄影小组、人口基金驻京项目官员、日本索尼公司设备专家、美国驻中国香港领事馆、世界卫生组织、尼泊尔计生协会、日本项目评审团、中国日报社的外籍专家、泰国计划生育宣传教育考察团、英国伦敦大学、巴基斯坦人口福利局和计划生育协会宣传教育参观团、巴基斯坦驻华使馆、世界卫生组织人类生殖特别规划司、世界卫生组织西太区办事处、日本视听觉指导协会节目制作部、美国爱摩锐大学卫生统计系等国家和国际组织的代表共108人。

1987年，省计生委接待来自美国、日本、英国、瑞典、联邦德国、丹麦、荷兰、意大利、埃及、尼日利亚、联合国人口基金会等10多个国家和地区的外宾17批、69人。

1988年8月，美国旧金山《逍遥时代》周刊前编辑，现自由撰稿人罗勃·沃特斯到四川采访调查计划生育工作认为："四川是中国人口最多的省份，计划生育工作开展得很好。中国要想富强起来，就必须控制人口的增长。因此，我理解中国的计划生育工作。"11月25—27日，人口与发展南南合作伙伴组织执行主席西拉一行4人由国家计生委外事司司长丛军陪同到四川，就人口控制与优生优育等方面工作进行考察。省计生委介绍全省计划生育工作情况。四川生殖卫生学院介绍李顺强教授首创的直视钳穿法男性节育手术的原理和方法。双方就加强节育技术交流人员培训基地建设等问题进行探讨和协商，并签订合作意向书。西拉一行还参观郫县农村计划生育工作。同年，在四川参观、考察计划生育和监督估价项目工作的有世界卫生组织人类生殖特别规划司、美国国会参议院拨款委员会外事小组委员会、美国国际开发署国会关系处、人口基金亚洲处、联合国人口基金、尼日利亚计生联、尼日利亚电视台、世界卫生组织、世界卫生组织汉堡大学、新加坡国立大学医院妇产科系、联合国人口基金项目机构、联合国人口活动基金CPR/85/P36项目执行机构亚太组、美国康奈尔大学国际人口研究中心、日本大学人口研究所亚洲人口开发协会、亚洲经济研究所经济协力调查研究室、世界卫生组织人类生殖处、瑞典国家统计局国际咨询部等国家和地区的代表、官员和专家，共87人。

1989年，省计生委接待来访、考察、讲学、评审的外宾7批40人，其中：国家计生委下达接待的5批、36人；省外事办公室下达接待的2批、4人。澳大利亚墨尔本亨利王子医院、世界卫生组织、世界卫生组织人类生殖培训研究司、联合国人口基金、联合国基金驻华代表处、美国密苏里大学生殖科学中心、蒙古医学院、蒙古妇女委员会、联合国人口基金二周期项目专家审评组、印度计划生育协会等国家的代表和国际组织的代表40人到四川考察，了解计划生育和评审合作项目。

9月28日至10月3日，联合国人口基金总部专家李祯及联合国人口基金驻华代表处高级官员贾文生到成都计划生育宣教分中心及郫县、广汉市考察并了解基层计划生育宣传工作部门的宣传效益后充分肯定四川的工作，对“人口与计划生育基础知识教育”表示满意，对广汉市正在试点的独生子女“两全”保险，（指对独生子女具有储蓄与保险两种作用的保险）也很感兴趣，并希望帮助贫穷农户快些富起来。

1990年4月16—17日，省计生委接待部分外国驻华使馆的大使、参赞、一秘和联合国人口基金高级官员一行11人，对四川计划生育和受联合国人口基金援助项目单位进行参观访问。省计生委领导和各项目单位的负责人员向使团的全体成员介绍四川省开展计划生育工作以来的概况、人口政策和目标、计划生育政策，组织机构，基层服务，工作方法和开展计划生育以来取得的成绩，以及项目的执行情况，参观四川省计划生育管理干部学院、四川省计划生育科研所、四川省人口情报中心、成都计划生育宣教分中心、成都市计划生育宣传技术指导所。

1994—1995年，世界卫生组织人类生殖特别规划司、国际计生联吉隆坡地区办事处、联合国人口基金、孟加拉国、英国、新加坡、美国驻成都总领事馆等国家组织代表、国际组织代表和联合国志愿人员共27人，到四川计划生育科研、教学部门和基层单位了解援助项目实施情况和对计划生育“三结合”等工作进行考察、调研。

1996—2000年，孟加拉国、国际计生联、尼泊尔、人口与发展南南合作组织、韩国、朝鲜、印度尼西亚、美国驻成都总领事馆、印度等国家和国际组织代表39人到四川考察、访问。泰国、越南、柬埔寨、老挝、蒙古、马尔代夫等10国选派学员40人，到四川生殖卫生学院进修、学习。1997年6月，韩国家族计划协会管理部部长朴平吉、事业部部长申东振一行5人，参观、考察德阳、乐山等地的计划生育协会工作后，对四川依靠群众、实行群众自我管理计划生育表现出极大兴趣，认为中国计划生育协会的工作经验很值得推广、借鉴。1998年10月24日，联合国人口基金会驻华总代表贝慕德到省生殖卫生学院参加“直视钳穿法”节育技术国际培训班开学典礼。11月2日，省计生委主任谢明道会晤美国驻成都总领事馆经济领事吴志祥。12月14—18日，联合国人口基金官员米尔斯和国家计生委官员到巴中市、仪陇县考察生殖健康/计划生育项目实施情况。2000年6月19—23日，美国人口学者和中国人口信息研究中心负责人到四川兴文县进行“人口流动对农村妇女生殖健康的影响”的预调查。美国人口学者听取兴文县县长秦立均就该县开展计划生育优质服务的情况介绍，考察县计生指导站和中城镇计生服务站、中城镇土地坎村。在村里先与村支书、村委会主任、村计生专干进行座谈，主要了解居民居住情况、外出打工情况等；然后到农户家里，对2名曾经外出打工的育龄妇女进行访谈，参观该镇村计生服务室。

2000年3月和2001年4月，联合国人口基金会驻华代表处副代表佐崎纯子、志愿者凯利．奥尔森女士，美国驻成都总领事馆经济领事吴志祥和联合国人口基金项目官员白悦格、项目助理任亚楠等先后到仪陇县、巴中市巴州区考察，对四川贫困地区的计划生育宣传工作和生殖健康服务取得的成绩表示赞赏。

2004年7月，美国人口学会总裁福诺斯一行6人，到峨眉山市等地参观、访问，目睹四川人口计划生育工作开展优质服务和实施利益导向后的变化，认为中国计划生育工作已进入一个以服务为主的新的发展时期。

2001—2005 年，联合国人口基金、埃及、美国、日本、越南、朝鲜等国家、国际组织和海外中华妇女学会代表 23 人到四川参观、考察计划生育工作。在此期间，印度、老挝、菲律宾、基里巴斯等国家派出学员 30 人到四川接受计划生育技术培训。

1986—2005 年，四川人口计生系统接待参观、访问或了解项目实施情况的外宾共有 101 批（次）、356 人（未含到四川进修、学习的外籍人员）。在人口与计划生育领域开展的学术及业务交流国际中，有不少国际组织、国家和地区的官员、专家、学者、新闻界人士到四川考察、讲学、访问。

第二节　出　　访

四川人口计生系统出国考察、访问、学习的国家和地区遍及全世界的五大洲，既有美国、英国、日本、澳大利亚等发达国家，也有印度、埃及、巴基斯坦、伊朗、突尼斯等发展中国家。在出访的人员中，一部分是参加有关人口、计划生育国际性学术会议或教学的专家、学者，另外一些是进行考察、访问和学习的各级计划生育工作人员。四川人口计划生育系统不断派员出访、考察、培训、进修、参加国际会议，不仅宣传了四川的计划生育成就，扩大了四川的国际影响，还增进彼此之间的相互了解，加深友谊，交流经验，争取外援，为开展宣传教育、技术服务，稳定低生育水平提供有利条件。

1986—2005 年，四川人口计生系统出国参加各种活动的共有 112 批（次）、261 人（未含出国进修、留学人员）。其中，1986—1990 年，16 批（次）、16 人；1991—1995 年，9 批（次）、12 人；1996—2000 年，63 批（次）、82 人；2001—2005 年，24 批（次）、151 人。

“七五”和“八五”期间，四川人口计生系统出国人员基本上是每批 1 人，且以省直属单位的人口计生专家、学者为主，大多是参加有关人口、计划生育的国际性会议。1991—1993 年，未派员出访。

“九五”期间，随着国家改革开放力度的加大，四川人口计生系统出国考察、访问的人数逐年增加。在此期间，共派出 63 批（次）、82 人参加有关人口、计划生育的国际活动，其出访批（次）占近 20 年的 56.73%、人数占 31.53%。

“十五”期间，为适应对外开放和加强人口计生工作与国际交流合作的管理，按照省委、省政府要求，2002 年 10 月，省计生委党组印发《关于规范出国（境）管理工作的通知》，对全省人口计生系统出国组团、政审和提交考察报告等事宜作出规定。要求各级人口计生部门规范出国（境）管理，从严把关：

1. 对出国（境）党员干部进行理想信念、爱国主义、民族精神、外事纪律、安全保密等方面的教育。把教育与管理结合起来，坚持和完善出国（境）人员行前集中培训、谈话提醒等行之有效的做法和制度。

2. 因公出国（境）的党员干部，应在回国（境）后 15 天内，将所持因公出国（境）证件交由发证机关指定的部门统一保管或注销。对拒不执行规定的，吊销其所持证件。党员干部申领因私护照后，以及每次因私出国（境）前，要向所在单位组织人事部门报告并登记。

3. 及时了解和掌握出国（境）人员的思想动态，发现苗头性问题，提前采取措施，严格按照中共中央办公厅《关于因公出国人员审查的规定》（中办发〔1991〕8号）和《关于因公出国人员审查的补充规定》（中办发〔1993〕23号）规定的批准权限进行审批。县（处）级以上党员干部因公出国（境）的审批，要严格执行《关于加强党政机关县（处）级以上领导干部出国（境）管理工作的意见》（中办发〔1999〕23号）的有关规定。

4. 健全制度，规范党员干部在因公出国（境）期间的行为。

各级计生部门按照《通知》精神，严格遵守外事办理程序，事先提交出国计划，统一由省人口计生委组团出访。各地把握出访机遇，注重出访效果，调整出国考察人员结构，把承担有国际项目的县、乡基层工作人员纳入其中，使其开阔眼界、更好地完成项目实施任务。在此期间，四川组团出国学习、考察人员达151人，占1986—2005年出访总人数的58.07%。

第七篇　组织机构

四川省人口和计划生育组织机构经过不断发展，基本形成从省到乡较为健全的行政管理网络、事业服务网络和群众社团网络。各级机构的建立、完善，为全省人口计生工作的顺利开展提供重要的组织保障。

第一章　领导与行政机构

第一节　四川省人口和计划生育领导小组

1963年10月，四川省计划生育领导小组成立，主要是党委、政府为加强领导和协调各有关部门齐抓共管，动员社会各方面关心、支持计划生育工作。1971年，改设相当于领导小组职能的四川省革委计划生育委员会。1975年3月，省委撤销四川省革委计划生育委员会，成立省革委计划生育领导小组。

1983年，省委在转发《四川省计划生育改革工作会议纪要》中要求各市（地、州）、县（市、区）、区、公社以及农村的生产大队层层建立、健全计划生育领导小组。

1988年3月12日，省政府调整四川省计划生育领导小组成员。副省长刘昌杰任组长，省计生委主任钟戡任副组长，成员15人。

1991年，根据中共中央、国务院《关于加强计划生育工作，严格控制人口增长的决定》精神，省委、省政府调整四川省计划生育领导小组，省长张皓若任组长。同时，要求各地充实和加强计划生育领导小组，由党委或政府的一把手任组长。

1994年10月22日，省委、省政府同意，增补省农牧厅厅长文正经、省林业厅副厅长杨传邦、省水电厅副厅长余国成、省乡镇企业局局长黄永光、省畜牧食品办副主任罗毅、省农业机械管理局副局长母世杰、省扶贫开发办主任颜继禄7人为省计划生育领导小组成员。

1995年，省委、省政府增加省农业银行、省供销合作社的主要负责人为省计划生育领导小组成员，增补省计生委为省委综合治理委员会成员。

1998年5月7日，省委、省政府调整省计划生育领导小组成员。省委副书记、省长宋宝瑞任组长，省委副书记、副省长张中伟，省人大常委会副主任钮小明，副省长李进，省政协副主席陈昌智，省计生委主任谢明道任副组长，成员30人。8月18日，省委、省政府增补省政府副秘书长陈信远为省计划生育领导小组副组长。

2000年5月，省委、省政府印发《贯彻〈中共中央国务院关于加强人口与计划生育工作稳定低生育水平的决定〉的意见》，要求：建立健全各级计划生育领导小组协调制度和调研制度，继续实行省计划生育领导小组成员单位联系县制度，充分发挥领导小组成员单位的作用。

2001年4月29日，省委、省政府调整省计划生育领导小组成员。省委副书记、省长张中伟任组长，省委副书记陶武先，省委常委、副省长陈文光，省人大常委会副主任钮小明，省政协副主席曾平江，省委副秘书长刘发生，省计生委主任谢明道任副组长，成员34人。

2004年，四川省计划生育领导小组更名为四川省人口和计划生育领导小组。10月，省委、省政府印发《中共四川省委办公厅、四川省人民政府办公厅关于印发〈四川省人口和计划生育领导小组成员职责〉和〈四川省人口和计划生育领导小组成员名单〉的通知》，重新调整充实全省人口和计划生育领导小组成员单位，明确成员单位职责。领导小组由省长张中伟任组长，并将若干项人口计生工作纳入34个成员单位工作职责，建立人口计生齐抓共管的工作机制。12月，省委印发《关于印发〈四川省市（州）党政领导班子政绩考核指标体系及评价办法（试行）〉的通知》，将人口计生工作完成情况纳入市（州）党政领导班子政绩考核范畴。

第二节 四川省人口和计划生育委员会

1971年5月，四川省革命委员会（以下简称“省革委会”）批准成立四川省计划生育委员会，下设办公室，列入省卫生局编制。

1979年3月，省革委会批准，省计划生育办公室从省卫生部门划出，成为省革委会直接领导的办事机构，按厅（局）级待遇，编制25名，内设秘书处、组织处和宣传教育处。1980年8月，省政府转发国务院批准的四川省计划生育办公室主任任职通知，配副主任3名，确定为厅（局）级办事机构，定编25名，下设办公室、组织处和宣传教育处。

1983年1月，中共四川省委批准，四川省计划生育办公室更名为四川省计划生育局，编制42名，下设办公室、政治处、宣传教育处、计划财务处、科技药具处、政策研究室和机关党委。4月，中共四川省委批准，四川省计划生育局更名为四川省计划生育委员会（以下简称省计生委），编制45名，增设纪检组、报刊编辑室。7月，省计生委办公地址由成都市汪家拐街34号迁至人民南路4段15号。

1988年8月，省机构编制委员会批准，撤销政治处，设立人事处。9月5日，直属机关公共事务管理处成立，统一管理省计生系统各直属机关、事业单位公共事务。10月，政策研究室更名为政策法规处。1989年4月，设立监察审计处。

1990年，省计生委增加36名事业编制。委机关撤销政治处、政策研究室和报刊编辑室，下设办公室、政策法规处、人事处、宣传教育处、计划财务处、科技药具处、监察审计处、纪检组和机关党委。是年起，与省卫生厅实行“一会四联合”制度，即每半年召开一次有两个部门领导和有关处室负责人参加的联席会；联合组织、检查、考核；联合召开业务技术会议；联合举办学习班；联合组织技术职称考试和发证工作，协助计生部门解决计生技术服务人员技术职称评定问题。

1993年5月，设立规划统计处。7月，计划财务处更名为财务处。7月28日，省计生委办公地址由成都市人民南路4段15号迁至倪家桥南街1号（今成都市倪家桥路6号）。

1994年3月，成立群众工作处。1996年1月，省政府批准，省机构编制委员会给省计生委下达行政编制77名，设立9个职能部门：办公室、人事处（挂离退休人员工作处牌子）、政策法规处、规划统计处、宣传教育处、科学技术处、财务药具处、监察审计处（与纪检组合署办公）和直属机关党委。

1995年1月29日，省政府印发《四川省计生委职能配置、内设机构和人员编制方案》，确定省计生委的主要职责：贯彻落实党和国家的计划生育方针、政策和指示；组织实施、督促检查计划生育的法规、政策的贯彻执行；加强政策调研，为省委、省政府制定政策和措施提供决策依据及参考意见；根据国家下达的人口计划，编制全省人口计划和长远人口规划，并督促检查，贯彻落实；指导全省计划生育宣传教育工作，会同报刊、广播、电视、文化等部门，开展人口与计划生育基础知识教育和优生优育宣传和咨询；管理全省计划生育科研工作，实施科研课题的评审、鉴定和科研成果的推广应用，做好避孕药具的管理供应和服务工作；负责培训计划生育管理和技术干部；负责管理和监督用好计划生育事业费、计划外生育费；承办有关计划生育和人口方面的外事工作。

1996 年 1 月 29 日，省政府办公厅印发《四川省人民政府办公厅关于印发〈四川省计划生育委员会职能配置、内设机构和人员编制方案〉的通知》。省计生委是省政府主管计划生育工作的职能部门，主要任务是全面贯彻中共中央、国务院有关计划生育工作的方针、政策，加强计划生育工作的管理及做好有关人口工作的规划协调、指导、监督、宣传和服务工作。本着转换职能、理顺关系、精兵简政、提高效率的原则，确定四川省计划生育委员会职能配置、内设机构和人员编制方案。按照“政事分开”的原则，省计生委将计生干部培训的具体实施、计划生育文图音像宣传品的制作、避孕药具的采购、供应交由委直属事业单位承担。下放直属单位中层干部的管理权限。

调整后的省计划生育委员会的主要职责是：

1. 贯彻执行党和国家有关计划生育工作的方针、政策和《四川省计划生育条例》，协调有关部门制定全省人口与计划生育工作的政策、规定，推动有关部门对人口与计划生育实行综合治理。

2. 会同有关部门编制全省人口发展中、长期规划和年度计划，制定全省计划生育事业的发展计划并对执行情况进行检查与评估；负责计划生育的统计工作，参与全省人口统计数据的分析研究。

3. 组织有关人口问题的综合性、前瞻性研究，协同省科委制订计划生育科学研究总体规划并组织有关部门实施，组织计划生育科研成果评审、鉴定、转化和推广应用。

4. 负责计划生育技术服务工作的综合管理，检查和指导全省计划生育各级服务网络的建设和管理，编制计划生育药具供应计划，指导、监督避孕药具的供应与管理，协同有关部门做好优生工作。

5. 组织开展有关人口和计划生育的宣传教育工作，管理省计划生育和有关人口工作的国际交流与合作。

6. 编制省级财政拨付的计划生育事业经费和基本建设投资的预、决算，安排有关基本建设项目投资计划和拟定分配方案；管理直属单位财务和国有资产。

7. 指导全省计划生育系统干部队伍建设，规划计划生育专业教育和干部培训工作；管理直属单位。

8. 指导计划生育有关社会团体的工作；指导全省计划生育系统精神文明建设和党风廉政建设。

9. 承办省政府交办的其他事项。

根据上述职责，省计生委设立 8 个处（室），即办公室、人事处（挂离退休人员工作处牌子）、政策法规处、规划统计处、宣传教育处、科学技术处、财务药具处、监察审计处（与纪检组合署办公），并设有直属机关党委。行政编制 77 名，单列行政编制 1 名，离退休工作人员行政编制 2 名，后勤服务人员事业编制 7 名。

2000 年 7 月 7 日，经省政府批准，省政府办公厅印发《四川省计划生育委员会职能配置、内设机构和人员编制规定》。省计划生育委员会是主管计划生育工作的省政府组成部门。此次改革将组织计划生育科研成果和节育新技术的转化与推广应用、计划生育抽样调查的有关工作交给事业单位或社会中介组织承担。

调整后的省计划生育委员会的主要职责是：

1. 贯彻执行党和国家有关计划生育工作的方针、政策和法律、法规；拟定全省人口与计划生育工作的政策、规定；协助有关部门制定相关的社会经济政策，推动人口与计划生育工作的综合治理；负责制定全省计划生育“三结合”及流动人口计划生育管理工作的规划并组织实施。

2. 根据国家下达的人口控制目标，拟定全省人口与计划生育中、长期规划、年度计划及计划生育事业发展计划；制定人口与计划生育目标管理责任制体系，并实施考核与评估；负责计划生育统计工作，组织实施全省人口与计划生育重点检查，参与全省人口统计数据的分析研究。

3. 组织有关人口与计划生育重大问题的综合性、前瞻性研究；制定并实施人口与计划生育科学研究的总体规划；组织计划生育科研项目评审工作。

4. 制定人口与计划生育宣传教育工作的规划，组织开展全民性人口与计划生育宣传教育工作；负责全省计划生育和有关人口工作的国际交流与合作，管理计划生育国际援助项目。

5. 综合管理计划生育技术服务工作；指导全省计划生育服务网络的建设和管理；围绕生育、节育、不育制定计划生育技术和生殖保健服务的规划与规范；配合卫生等部门做好提高出生人口素质工作；对计划生育技术和药具发放进行指导及监督。

6. 对直属单位财务和国有资产进行监督管理；负责对全省计划生育经费管理工作的监督、指导。

7. 制定全省计划生育系统干部队伍建设和教育培训规划并组织实施。

8. 指导有关人口与计划生育社会团体的工作；指导全省计划生育系统行业作风建设工作。

9. 承办省政府交办的其他事项。

省计划生育委员会设立 7 个职能处（室），即：办公室、政策法规处、规划统计处、宣传教育处、科学技术处、财务处、人事处，并设有机关党委。委机关行政编制 55 名，其中，主任 1 名，副主任 3 名（含非党员干部 1 名）；机关党委书记按照省委规定配备；处级领导职数 19 名（含机关党委专职副书记或办事机构负责人）。单列管理的行政编制 1 名。

8 月，省机构编制委员会同意省计生委人事处挂离退休人员工作处牌子，核定编制 2 名，主要负责委机关离退休人员的管理、服务工作，指导委直属单位离退休人员管理工作。9 月，机关服务中心成立，事业编制 7 名。

2004 年 2 月 17 日，四川省计划生育委员会更名为四川省人口和计划生育委员会（以下简称“省人口计生委”）；在原有职能基础上新增 6 项工作任务：人口战略发展研究；人口发展规划和政策制定；协调相关部门做好出生人口性别比治理；促进生殖健康产业发展；组织实施农村部分计划生育家庭奖励扶助工作；配合有关部门做好计划生育困难家庭救助工作。调整后的主要职责是：

1. 贯彻执行党和国家有关人口和计划生育工作的方针、政策和法律、法规；拟定全省人口和计划生育工作的政策、规定；协助有关部门制定相关的社会经济政策，推动人口和计划生育工作的综合治理；协调有关部门做好出生人口性别比治理工作；负责制定全省计划生育“三结合”及流动人口计划生育管理工作的规划并组织实施。

2. 根据国家下达的人口控制目标，拟定全省人口和计划生育中、长期发展规划、年度计划及人口和计划生育事业发展规划和政策；制定人口和计划生育目标管理责任制体系，并实施考核与评估；

负责人口和计划生育统计工作，组织实施全省人口和计划生育重点检查，参与全省人口统计数据的分析研究。

3. 组织人口规模、素质、结构及其发展趋势等人口和计划生育重大问题的战略性、前瞻性研究，为制定经济和社会发展计划提供人口依据，促进人口与经济社会协调发展和可持续发展；制定并实施人口和计划生育科学研究的总体规划；组织人口和计划生育科研项目的评审工作。

4. 制定人口和计划生育宣传教育工作的规划，组织开展全民性人口和计划生育宣传教育工作；负责全省有关人口和计划生育的国际交流与合作，管理人口和计划生育国际援助项目。

5. 综合管理计划生育技术服务工作；指导全省计划生育服务网络的建设和管理；围绕生育、节育、不育制定计划生育技术和生殖保健服务的规划与规范，促进生殖健康产业发展；配合卫生等部门做好提高出生人口素质工作；对计划生育技术和药具发放进行指导和监督。

6. 对直属单位财务和国有资产进行监督管理；负责全省人口和计划生育经费管理工作的监督、指导。

7. 制定全省人口和计划生育系统干部队伍建设与教育培训规划并组织实施。

8. 指导有关人口和计划生育社会团体的工作；指导全省人口和计划生育系统行业作风建设工作。

9. 组织实施农村部分计划生育家庭奖励扶助工作；配合有关部门做好计划生育困难家庭救助工作。

10. 承办省政府交办的其他事项。

6月，省机构编制委员会下达省人口计生委职责、内设机构和人员编制，确定在原设处（室）的基础上增设研究室，规划统计处更名为发展规划处，党的纪检组和机关党委按照规定设置。调整后共设8个职能处（室）和2个党的办事机构，增加行政编制3名、处级领导职数2名，行政编制61名，其中处级领导职数21名。

第三节　基层行政机构

一、市（州）、县（市、区）人口计划生育机构

1986年，全省有11个省辖市（成都市、重庆市、自贡市、渡口市、泸州市、德阳市、绵阳市、广元市、遂宁市、内江市和乐山市），6个地区（万县地区、涪陵地区、宜宾地区、南充地区、达县地区和雅安地区），3个自治州（阿坝藏族羌族自治州、甘孜藏族自治州和凉山彝族自治州）和182个县（市、区）建立计划生育行政管理机构。全省有计划生育干部21289人，其中：大专文化程度占6.7%，中专文化程度占22.4%。其后，由于行政区划调整和更名，计划生育机构也随之变动。

1993年，国务院机构改革方案保留县以上各级计划生育委员会。全省在撤区并乡建镇和机构改革中，省委、省政府领导多次强调要稳定计划生育机构，稳定计划生育队伍。省机构编制委员会下达省地县三级计生委编制，保留乡（镇）、街道办事处计生办。除民族地区外每个乡（镇）均建起计生行政管理机构。

1995年末，德阳市及所辖5个县（市、区）在全省率先更名为人口和计划生育委员会，其余市

（州）及所辖县（市、区）计划生育行政管理机构仍用原名。此前，市（州）、县（市、区）两级机构均称“计划生育委员会”，前面冠地域名。

2001 年，县（市、区）计划生育行政管理机构曾一度更名为“计划生育局”。

2004 年 11 月，省委、省政府印发《中共四川省委办公厅、四川省人民政府办公厅关于市（州）、县（市、区）政府机构改革的意见》，要求各市（州）、县（市、区）把计划生育行政机构更名为人口和计划生育委员会（局），以推进人口和计划生育工作的综合协调，加强人口发展战略研究。

至 2005 年末，全省 21 个市（州）及所辖 181 个县（市、区）计划生育行政管理机构统称为人口和计划生育委员会（局）。其内设机构大都有办公室、政策法规、规划统计、宣传教育、科学技术、财务、人事等科（股）室，部分地区设流动人口计划生育管理科（股）。

市（州）、县（市、区）人口和计划生育委员会（局）的主要职责：贯彻执行党和国家有关人口和计划生育工作的方针、政策和法律、法规；拟定全辖区人口和计划生育工作的政策、规定；协助有关部门制定相关的社会经济政策，推动人口和计划生育工作的综合治理；协助有关部门做好出生性别比治理工作；负责制定计划生育“三结合”及流动人口计划生育管理工作的规划并组织实施；根据上级下达的人口控制目标，拟定本地人口和计划生育中、长期发展规划、年度计划及人口和计划生育事业发展规划；制定人口和计划生育目标管理责任制体系，并实施考核与评估；负责人口和计划生育统计工作，组织实施人口和计划生育重点检查，参与人口统计数据的分析研究；组织人口规模、素质、结构及发展趋势等人口和计划生育重大问题的战略性、前瞻性研究，为制定经济与社会发展计划提供人口依据，促进人口与经济社会协调发展和可持续发展；组织人口和计划生育科研项目的申报工作；制定人口和计划生育宣传教育工作的规划，组织开展全民性人口和计划生育宣传教育工作；负责人口和计划生育工作对外交流与合作；综合管理计划生育技术服务工作；指导辖区内计划生育服务网络的建设和管理；围绕生育、节育、不育制定计划生育技术和生殖保健服务的规划和规范；配合卫生等部门做好提高出生人口素质工作；对计划生育技术和药具发放进行指导和监督；对直属单位财务和国有资产进行监督管理；监督、指导辖区内人口和计划生育经费管理工作；制定本地人口和计划生育系统干部队伍建设和教育培训规划并组织实施；指导有关人口和计划生育社会团体的工作；指导辖区内人口和计划生育政风、行风建设工作；组织实施独生子女父母奖励和农村部分计划生育家庭奖励扶助工作，配合有关部门做好计划生育困难家庭救助工作。

二、区、乡（镇、街道办事处）计划生育行政机构

县辖区计划生育办公室　1978 年前，四川区、乡（公社、镇、街道办事处）计划生育工作由当地党委、政府负责，统抓统管，无专职计划生育工作人员和机构。

1979 年起，区、乡开始配备专职计划生育工作人员，并组建区计划生育办公室，属县级政府派出机关——区公所的办事部门，主要任务是：贯彻落实党和国家的计划生育方针政策、法律、法规以及上级有关指示决定；负责对辖区内各乡（镇）计生办的业务指导；负责管理区计划生育宣传技术服务站，组织落实避孕节育措施和药具发放；负责开展计划生育宣传教育和县、乡之间计划生育信息上传下达；负责落实上级下达的人口计划并检查乡（镇）执行情况；负责区内计划生育经费管理和处理群众来信来访。

至 1986 年末，全省有区计划生育办公室 1178 个。1990 年末，全省多数村（居）民委员会有

1名副村长（副主任）分管计生工作，一些村还有1名专职计生干部。1992年，区、乡机构改革，试行撤区并乡建镇，区计划生育办公室减至348个。2002年，仍保留32个区计划生育办公室建制。2003年，全省所有县辖区和区计划生育办公室被撤销。

乡（镇、街道办事处）计划生育办公室 1983年起，全省在乡一级陆续建立计划生育办公室，为当地政府主抓计划生育工作的职能部门，其主要任务是：贯彻执行党和国家的人口计划生育方针、政策、法律、法规以及上级有关指示、决定；坚持“宣传教育为主，避孕为主，经常性工作为主”的工作方针，使计划生育工作实现经常化、科学化、法制化；根据政策规定编制人口计划，实施上级下达的人口计划并检查执行情况；组织避孕节育技术服务，避孕药具发放、管理和计划生育手术并发症及病残儿医学鉴定的申报工作；及时、准确地掌握人口自然变动情况和育龄妇女婚育、节育情况，并申报各项统计数据；建立、健全财务制度，合理使用计划生育经费；落实村、组计划生育专兼职工作人员的培训工作；负责流动人口计划生育管理；协助民政等部门做好晚婚、晚育工作；指导、检查村级计划生育工作，总结、交流工作经验；落实计划生育奖励和限制政策，推进计划生育“三结合”，做好利益导向工作；做好群众来信来访和相关咨询服务工作。

至1986年末，全省有乡（镇、街道办事处）计划生育办公室8973个。

1992年和1995年，乡、镇机构改革，乡计划生育办公室数量有所变动。2000年，全省有乡级计划生育办公室5450个。2005年末，全省有乡级计划生育办公室4783个，其中乡2679个、镇1865个、街道办事处239个。

第二章　事业单位

第一节　省级事业单位

一、四川省人口和计划生育科学研究所

1978 年 10 月，四川省计划生育科学研究所成立，由省计生委直管，下设办公室、业务科、设备科和研究室。主要职责是开展计划生育基础科学和临床应用科学研究，指导全省各级计划生育技术服务和培训各级科技人员。

1984 年，省编委批准定编 180 名，后调整为 155 名。1985 年 12 月，省委组织部、省机构编制委员会同意省计划生育科学研究所为县级事业单位。

1988 年 5 月，省计划生育科学研究所被世界卫生组织任命为中国西南地区世界卫生组织人类生殖研究合作中心。

1989 年 10 月，四川省计划生育技术指导所成立，与省计划生育科研所实行“一套班子、两块牌子”，内设办公室、科技科、财务科、图书资料室、应用基础部、临床研究部、流行病学及社会医学部、生殖医学门诊部、设备技术部和技术指导部等部门。研究范围涉及生殖健康社会科学、生殖流行病学、生化、生理、免疫、内分泌病理和药理、药化、植化、毒理、组胚遗传、临床男性、女性等 10 多个学科和专业，同时设有测试计算室。

1992 年，科技体制改革，将原 10 多个研究室、管理科室和门诊部调整组合成 6 个部：管理部、应用研究部、科技开发部、临床部、流行病学及生殖健康研究部、测试计算中心，形成以部为活动中心、科研课题组为基础、后勤服务为保障的运行格局。

1999 年 4 月，四川省计划生育科学研究所划归四川生殖卫生学院代管。

2004 年 5 月，四川省计划生育科学研究所更名为四川省人口和计划生育科学研究所（保留“四川省生殖健康研究中心”牌子），内设研究部门有免疫、病理、生理、生化、内分泌、组胚遗传、药物、计划生育临床、测试计算、遗传流行病学及生殖健康研究室、生殖医学专科门诊。管理和辅助部门设有行政办公室、科研科、技术指导科、财务科、设备科、图书情报室。主要职责是开展计划生育应用技术和应用前景的基础研究；科技成果的开发、新技术的引进和推广应用；承担全省计划生育技术指导所（站）业务指导。其研究领域包括男、女性抗生育技术及相关应用基础、不孕/不育与辅助生育技术；生殖流行病学与计划生育社会科学；青少年性与生殖健康；生殖道感染干预以及男性生育调节的社科流调研究。

5 月 19 日，省机构编制委员会同意从省人口和计划生育科学研究所事业编制中划转 2 名给省计

划生育药品器械管理站。编制划转后，省人口和计划生育科学研究所实有事业编制 152 名。

至 2005 年末，省人口和计划生育科学研究所有事业编制 153 名，实有 95 人。办公地点在成都市人民南路四段 15 号。

二、四川生殖卫生学院

1981 年 12 月 5 日，国家计生委印发《关于三个中心名称及管理体制的规定》，将成都计划生育妇幼保健专业人员培训中心更名为成都计划生育技术干部培训中心，系国家计生委与四川省联合创办的事业单位，实行双重领导，机构级别为行署级单位。

1984 年 6 月 19 日，国家计生委印发《关于成都计划生育技术干部培训中心体制的通知》，将成都计划生育技术干部培训中心交由四川省管理。9 月 11 日，四川省人民政府将成都计划生育技术干部培训中心与四川省计划生育服务中心合并组建为四川省计划生育培训服务中心。

1985 年 4 月 6 日，省政府决定筹建四川省计划生育管理干部学院，与四川省计划生育培训服务中心实行“一套班子、两块牌子”，学院规模 800 人。人员编制在培训服务中心现有编制数内解决。

1986 年 1 月 31 日，国家计生委在《关于将四川省计划生育管理干部学院列为全国计划生育干部培训基地之一的报告》中明确：建立四川省计划生育管理干部学院十分必要，应“作为全国计划生育干部培训基地之一，以担负西南及少数民族地区计划生育干部培训任务”“学院规模为 1000 人”。3 月 18 日，国家教委印发《关于成人高等学校有关备案问题的通知》，批准四川省计划生育管理干部学院试办。是年秋，学院开始招收计划生育管理专业大专生。同时，国家计生委正式将学院列为全国计划生育干部培训基地之一。

1988 年 10 月 15 日，国家计生委同意四川省计划生育管理干部学院增设计生技术专业。11 月 24 日，省教委同意计生技术专业从 1989 年秋季开始招生，学制为全脱产三年。

1989 年 2 月 19 日，省教委同意省计划生育管理干部学院举办中专学历教育，开设计划生育管理、计划生育技术两个专业，学制分别为全脱产学习两年半和三年；招收具有初中毕业文化程度、符合成人中专报考条件的计划生育在职人员。4 月 6 日，省计生委在《计划生育中专工作会议纪要》中决定：计划生育干部的中专学历教育，由省计划生育管理干部学院及其所属的重庆、绵阳中专部承担；重庆、绵阳 2 个中专部日常工作由当地计生委领导，学院负责业务指导和统管招生、发放文凭的工作。

1992 年 4 月，省机构编制委员会同意四川省计划生育管理干部学院增挂“四川省男性节育技术培训中心”的牌子，承担男性节育技术方面的国内外培训任务和科学研究工作。实行“两块牌子、一套班子”，不增加人员编制。

1993 年 4 月 3 日，省政府同意四川省计划生育管理干部学院更名为四川生殖卫生学院，对内仍使用四川省计划生育管理干部学院的名称。

1995 年 12 月，省计生委同意生殖医学门诊部更名为四川省生殖健康研究中心附属医院。

1998 年 12 月，省计生委将四川人口情报中心委托四川生殖卫生学院代管，对外保留四川人口情报中心的机构编制和牌子，其任务、经费渠道、财产归属不变。

1999 年 4 月，四川省计划生育科学研究所划归四川生殖卫生学院代管，仍保留其名称、法人资格、机构级别和性质。2000 年 5 月，省机构编制委员会同意将四川省计划生育后勤服务中心由省计生委管理变更为四川生殖卫生学院管理，并更名为四川生殖卫生学院后勤中心。

至2005年末，四川生殖卫生学院设置计划生育医学、计划生育管理、医学检验、临床医学、药剂学、医学影像学、医学营销等普通高职专业和成人专科专业23个（普通招生专业9个）。党政管理机构14个，教学单位3个（医学系、管理系、基础部），科研、情报、刊物机构4个，教学辅助机构2个，直属附属医院1所（编制床位100张），建立校外办学班、点13个。学院占地58亩，建筑面积64822平方米，固定资产5202万元。图书馆藏书6.9万册。学院有教职工465人（其中在职307人）。有专业技术人员194人，其中，教授15人，副教授54人；拥有一批国内外知名的专家教授，其中，享受政府特殊津贴的专家18人，国务院有突出贡献的专家1人，四川省政府突出贡献的专家3人。学院具备招收在校生3000人的办学规模，先后为国内外培养计划生育宣传技术骨干2.30万多人。

三、四川省人口和计划生育宣传教育中心

1984年8月，成都市计划生育宣传指导所成立，属县级事业单位。1990年，更名为成都市计划生育宣传教育中心。

1991年5月，成都计划生育宣传教育分中心划归四川主管，并更名为四川省计划生育宣传教育中心。编制127名，为县团级单位，内设办公室、文图编辑部、影视制作部、发行部和彩色印刷厂。主要职责是：负责编印、制作计划生育内容的电视片、电影片、录音磁带、图片、宣传画、文字资料；对基层计划生育宣传教育人员和设备操作人员进行培训，承担计划生育系统部分视听设备器械的维修等。

2004年5月，省机构编制委员会同意四川省计划生育宣传教育中心更名为四川省人口和计划生育宣传教育中心（保留四川人口和计划生育影视制作中心牌子），为县团级事业单位。

2005年8月，省机构编制委员会核准省人口和计划生育宣传教育中心编制121名。至年末，内设办公室、广播电视制作部、文图编创部、设备技术部、联络部、信息部、目标评估部、财务资产科和彩色印刷厂。主要任务是：执行政府公共宣传服务事务，利用广播、电视、网络和文图等多种媒体传播人口和计划生育信息；制作人口和计划生育宣传品；开展计划生育社会宣传活动；培训基层计划生育宣传骨干，为基层提供公共文化宣传服务。

四、家庭与生活报社

1980年4月，《四川省计划生育报》创办，由省计生委主办。1985年7月1日，更名为《家庭与生活报》，开始向全国公开发行。

1986年4月，家庭与生活报社正式成立，编制10名，下设3个编辑室，为省计生委直属县团级事业单位。主要职责是：以报纸为媒体，宣传党和国家的计划生育方针、政策；及时报道中央、省委、省政府对计划生育工作的指示、决策和全省计划生育工作的经验、动态；传播避孕节育、优生、优育、优教、恋爱婚姻、家庭生活和妇幼保健等科学知识；开展生殖健康科普知识宣传，与广大育龄群众共同探讨建立幸福文明家庭、构建和谐社会等问题。

1991年，报社试行“自收自支”。在内部分配上，调整结构，实行工效挂钩，初步建立“按贡献计酬的分配机制”。到1994年5月，《家庭与生活报》已发行22万份，先后被评为全国性群众喜爱、经常阅读的人口·家庭·生活类十佳报纸和四星级报纸。

1995年1月起，《家庭与生活报》每周增出1期，由原4开4版周报改为周二刊。1999年1月起，经省新闻出版局同意，《家庭与生活报》（计生版）改为4开8版。

2000年5月，省新闻出版局同意《家庭与生活报》的主管、主办单位由省计生委变更为四川日报报业集团。随后，家庭与生活报社办公地点由省计生委机关大院迁至成都市东胜街2号。

五、四川人口情报中心

1987年5月，省政府同意四川省人口情报中心划归省计生委领导，仍为县级事业单位。编制25名，下设情报研究室、业务办公室（含计算机室、胶印室、财务室）、图书资料室和期刊编辑室。主要职责是：立足四川省面向西南地区和国内外收集、整理、编辑人口与计划生育情报资料，完成中国人口情报中心委托的工作任务，实施与联合国人口基金会合作项目计划。

1992年5月21日，省机构编制委员会同意，四川省人口情报中心更名为四川人口情报中心。至7月，共接收外援资金25万美元，主要用于设备购置、人员培训。自接受P16项目第二、第三周期外援资金后，经有关专家论证，先后主办《世界人口动态》（月刊）、《四川人口信息》（双月刊）、《人口文摘》（月刊）3个内部刊物。

1998年12月，四川人口情报中心划归四川生殖卫生学院代管。主要职责与任务是：立足四川面向西南地区，围绕人口与计划生育战略目标的实施与计生中心工作的实际需要，收集、整理、分析、研究国内外、省内外人口与计划生育领域的情报资料；开展课题研究。以人口政策、流动人口、少数民族、人口老龄化、城市化等实际人口问题为重点，开展人口与发展问题研究、应用人口研究和前瞻性研究，进行可行性论证，分析预测可能出现的形势与问题，为决策部门与管理部门提供有价值的研究报告及情报咨询；传播人口情报。通过编辑、出版、发行情报刊物，提供人口情报研究成果，传递最新人口信息，报道人口研究动态及计划生育情况，为政府决策提供参考、借鉴与可行性依据，为专家、学者、科研人员和计划生育工作者提供有效的信息服务；建立四川人口情报资料数据库、图书资料检索数据库、四川省人口数据库；建立四川省地、市、县（区）三级人口情报信息网络，组建四川省人口经济情报网络工作委员会，加强与社会团体、有关机构的横向联系，发挥各网络单位馆藏资源的优势，分享情报成果，共享情报资源，促进人口情报工作的开展；接受中国人口情报中心的业务指导和项目协调，参与人口情报工作的国际合作，参与人口和计划生育系统、人口情报网络成员单位的情报交流与合作研究，完成中国人口情报中心和联合国人口基金援助项目所规定的工作任务。

至2005年末，四川人口情报中心人员编制22名，有职工19人，其中，女性14人；研究生1人，大学本科9人，大学专科6人。专业技术人员11人，其中高级技术职称2人、中级技术职称6人、初级技术职称2人。办公地点在成都市人民南路四段17号。

六、四川省人口和计划生育培训服务中心

1984年，国家计生委和四川省计生委商定在峨眉县建立四川省峨眉计划生育培训服务中心。

1989年8月，四川省峨眉计划生育培训服务中心正式成立，为省计生委领导的副县级事业单位，独立核算、自收自支、自负盈亏，内设办公室、培训接待科、总务科。主要任务是负责承担国家计生委和省计生委下达的短期培训、接待任务。按照培训200人的规模核定事业编制15名，所需人员主要从峨眉山市的机关、事业单位中选调。

2004年5月，四川省峨眉计划生育培训服务中心更名为四川省人口和计划生育培训服务中心。

七、人口杂志社

1985年，四川、云南、贵州和广西4个省（自治区）计生委联办的《人口杂志》创刊。

1987年5月，《人口杂志》获得全国优生协作组颁发的“优生科普优秀作品”奖状和荣誉证书，被定为北京图书馆及全国主要人口期刊收藏刊物、文献索引刊物之一。9月5日，经四川省新闻出版局审核，公开发行。16开本，48页，双月刊，国内统一刊号为CN51-1025。11月，人口杂志社成立，为县团级事业单位，编制5名。

1989年，人口杂志社改由四川省计生委主管，仍属县团级事业单位，编制5名。主要职责是：宣传马克思主义人口理论、人口思想，传播人口科学知识；介绍人口与计划生育动态，交流计划生育工作经验；报道人口学术进展，指导人口研究。

1990年，全国压缩整顿报刊，《人口杂志》转为四川省内部发行。1991年7月，四川省新闻出版局上报国家新闻出版署，《人口杂志》转为全国公开发行。1994年，省计生委将人口杂志社交由四川生殖卫生学院代管。1997年，人口杂志社合并到四川省人口宣传教育中心。

八、四川省计划生育药品器械管理中心

1986年12月，四川省计划生育药品器械管理站成立，为财政全额拨款事业单位，归省计划生育管理干部学院领导。

1987年5月，省政府同意将省计划生育药品器械管理站划归省计生委领导，编制9名不变，从学院现有编制中划出。

1988年10月，省机构编制委员会同意成立成都计划生育药具供应站，为省计生委的二级（处级）自收自支事业机构，与四川省计划生育药品器械管理站实行“一套班子、两块牌子”，核定事业编制10名，实行企业管理，独立核算。主要任务是负责收购、调拨、储存成都地区（华西医科大学制药厂）生产的避孕药具，并发往全国各地。

1996年，四川省计划生育药品器械管理站与成都计划生育药具供应站被登记为一个法人单位，确定为差额拨款，系“两块牌子、一套班子”，下设办公室、计划储运科和业务科，核定编制19名。

2004年5月10日，省机构编制委员会同意四川省计划生育药品器械管理站更名为四川省计划生育药品器械管理中心，保留成都计划生育药具供应站牌子。其职责是：受省人口计生委委托，承担全省药具管理工作，参与全省药具事业发展规划的制定，协助拟定有关规章制度、药具经费和计划分配方案；负责免费供应药具的管理与服务；对下级药具管理与服务进行监督和指导；培训全省药具管理人员，健全发放网络；促进和推动生殖健康产业发展，负责全省药具社会营销工作计划的具体实施。供应站主要承担免费供应药具的区域配送任务。

5月19日，省机构编制委员会同意从省计划生育科学研究所事业编制中划转2名给省计划生育药品器械管理中心。编制划转后，省计划生育药品器械管理中心事业编制19名，其中核定收支、定额补助事业编制10名，核定收支、经费自筹事业编制9名。

九、四川省人口和计划生育信息中心

1988年，四川省计划生育信息中心成立，属省计生委内设机构。1997年，升格为省计生委直属独立建制事业单位。2004年5月，更名为四川省人口和计划生育信息中心。工作职责是：协助省人口计生委完成全省计划生育信息化建设任务；负责人口计生系统省级计算机网络建设及日常管理、

维护；负责本系统计算机网络的总体设计和建设指导；负责本系统计算机应用程序软件的开发、应用；负责本系统计算机业务骨干的培训；负责本系统业务数据库的建设和技术维护；负责各种调查数据的收集和分析。

十、四川省人口和计划生育委员会机关服务中心

2000年9月，省机构编制委员会同意，四川省计划生育委员会机关服务中心成立，为省计生委领导的事业单位，核定事业编制7名，其中主任1名（正县级）、副主任1名（副县级）。人员经费实行核定收支、定额补助的预算管理办法。其职责是：承担机关的车辆、通信、文印等服务保障工作；承担机关委托管理的部分行政事务性工作；承担机关交付使用的国有资产管理工作，使经营性资产保值增值。

2004年5月，更名为四川省人口和计划生育委员会机关服务中心。

十一、四川省流动人口计划生育管理中心

2002年5月成立，为省计生委直属事业单位，核定事业编制5名，主要职责是：开展流动人口计划生育工作调研，协调跨省市流动人口计划生育管理和服务事宜；指导各市（州）流动人口计划生育管理。

十二、四川生殖卫生学院后勤中心

1989年1月，省机构编制委员会同意，设立四川省计划生育后勤服务部，为省计生委领导的机关附属机构，属财政全额拨款单位，承担省直计生系统的水电维护、房屋修缮、绿化卫生、安全保卫、治安消防及对外公益性事务工作的管理与服务工作。

1992年5月18日，更名为四川省计划生育后勤服务中心，下设办公室、保卫科、基建维修科、膳食科等。

省计生委机关搬迁后，四川省计划生育后勤服务中心主要为四川生殖卫生学院服务。2000年5月，省机构编制委员会同意将四川省计划生育后勤服务中心由省计生委管理变更为四川生殖卫生学院管理，并更名为四川生殖卫生学院后勤中心，下设办公室、治安室、校园服务部、物业管理部、产业开发部、汽车队、学生公寓管理中心、四川成都迅达商品配送公司等。

2005年末，中心人员编制29名。办公地点在成都市人民南路四段15号。

十三、《中国人口报》四川记者站

1989年3月24日，省新闻出版局同意，建立《中国人口报》四川记者站，选派兼职驻站记者7名。

1990年，按照中共中央宣传部和新闻出版署《关于对报（刊）社记者站进行清理整顿和重新登记的通知》，经过整顿，《中国人口报》四川记者站重新聘用2名特约记者，其余驻站记者改为特约通讯员，仍挂靠在省计生委。

十四、重庆计划生育职工中等专业学校

1992年1月，省计生委同意在四川省计划生育管理干部学院重庆中专部的基础上，建立重庆计划生育职工中等专业学校，隶属重庆市领导。学校建立后，除担负重庆市培训任务外，继续担负省

计生委原分配给重庆市的川东南9个地区的中专招生任务及其他培训任务。1997年3月重庆直辖后，划归重庆市计生委管辖。

第二节　基层事业单位

全省市、县、乡级计划生育事业单位包括计划生育技术服务机构和避孕药具管理机构，早期分别称为计划生育宣传技术指导所（指导站、服务站）。

2002年，根据省计生委《贯彻实施计划生育技术服务管理条例及其配套文件有关问题的通知》，全省市级技术服务机构更名为计划生育指导所，县、乡机构统称为计划生育服务站。除技术服务机构以外，市（州）有独立建制的计划生育药品器械管理站。11月，省计生委主任办公会议研究决定允许市（州）计划生育技术指导所冠生殖健康服务中心第二名称。

至2005年末，全省市、县、乡级技术服务机构3104个，有技术服务人员10271人。

市（州）计划生育指导所的职责是：开展人口计划生育宣传教育，促进避孕节育和优生优育科学知识的普及；指导、帮助基层提高计划生育手术质量；推广节育和优生新技术、新经验；开展避孕节育优质服务，解决县、区计划生育服务站存在的疑难技术问题；培训计划生育技术服务人员；开展优生、遗传咨询，减少出生缺陷；开展生殖道感染防治，减少性病蔓延，巩固避孕效果；开展生殖健康服务和不孕不育的咨询指导与治疗；参与计划生育手术并发症和独生子女病残儿医学鉴定。

县级计划生育服务站的主要职责是：开展计划生育宣传教育，推广应用节育和优生新技术、新经验；负责避孕药具的管理和发放；培训和提高基层计划生育专业人员的技术水平，解决乡级技术服务机构疑难技术问题；负责计划生育手术并发症鉴定和病残儿鉴定初筛；开展优生遗传咨询，减少出生缺陷；开展生殖道感染防治，减少性病蔓延，巩固避孕效果；开展避孕节育优质服务；指导基层技术服务网络的业务建设。

乡级计划生育服务站的主要职责是：巡回乡村，服务上门，宣传和组织群众自觉实行计划生育；定期开展查孕、查病等服务；开展执业许可的避孕节育技术服务活动；负责避孕药具发放和效果随访；指导村计划生育服务员开展工作。乡（镇）中心服务站除履行上述职责外，还承担对辖区内的乡服务站进行技术辅导，承担执业许可的临床类计划生育技术服务；开展生殖保健服务；参与计划生育手术并发症和病残儿鉴定初诊工作。

市（州）计划生育药品器械管理站，为行政支持类事业单位。基本职责是：受市（州）人口计生委委托，承担辖区内药具管理工作，参与市（州）药具事业发展规划制定和药具计划分配方案的编制，做好药具管理与服务工作的规章制度的实施和药具经费使用与管理；负责免费供应药具的管理、调拨；对县、乡、村药具管理与服务进行指导及药具管理与服务人员的培训；促进和推动生殖健康产业发展，负责辖区内药具社会营销工作计划的具体实施。

第三章　协会组织

第一节　省级协会组织

一、四川省计划生育协会

1982年12月26日，中共四川省委、省政府批准，四川省计划生育协会成立，是中国计划生育协会的地方组织，为计划生育服务的全省性群众团体，具有法人资格，机构级别为县处级，编制10名。

1994年，省机构编制委员会同意，省计划生育协会与省计生委群众工作处实行“一套班子、两块牌子”的管理办法，协会工作人员属行政编制。

1995年4月，中共四川省委同意，调整第三届计划生育协会理事会成员。秦玉琴、张中伟任名誉会长，刘昌杰任会长，谢明道等任副会长。

1997年，省计划生育协会定性为财政全额拨款的公益性事业单位。

2002年7月，增补罗惠泉、文人勇为省计划生育协会副会长。

二、四川省人口学会

1981年3月30日，省民政厅批准成立，并在省民政部门登记注册，是一个具有法人资格、全省性的学术团体。业务主管部门是省计生委。其宗旨是：组织和团结全省人口科学工作者积极从事人口学研究、宣传与教育，开展人口与计划生育学术交流，为建立具有中国特色人口学学科体系和繁荣人口科学贡献力量，为社会主义现代化建设事业服务。

1991年末，四川省人口学会有会员363人，团体会员31个。重庆、自贡、乐山、内江、绵阳、泸州、广元、遂宁8个市和宜宾、达县、雅安3个地区以及宜宾地区的8个县（市）与内江市的5个县（区）成立人口学会。有的县（区）在计生协会内成立人口理论组。

至2005年末，四川省人口学会在册团体会员31个、个人会员256人。

三、四川省优生协会

1988年11月24日，四川省优生协会成立，是一个具有法人资格的优生科学技术工作者的学术性群众团体。其宗旨是：团结广大优生科学技术工作者，为促进全省优生科学技术的发展，为提高人口素质，把中国建设成为“四个现代化”的社会主义强国而努力。主要任务是：开展优生宣传，普及优生科学知识，组织编辑有关优生的通俗读物，出版学术刊物；举办优生科研及临床学术交流活动，组织优生咨询工作；加强同国内优生学术团体和优生科学技术工作者的联系与协作；推广优生科技成果，不断提高优生工作质量；开展国际优生科技学术交流活动，促进国内优生工作的发展；

向有关部门反映对优生工作的意见和建议。

到 1991 年末，省优生协会发展 150 多名个人会员、16 个团体会员。重庆、雅安、涪陵、江津、广汉等市（地）、县及四川化工总厂先后成立优生协会，并面向社会进行技术培训，开展优生遗传咨询服务和优生学术交流及优生科普宣传等活动。

2000 年 5 月 25 日，省卫生厅同意四川省优生协会归口到省卫生厅主管，具体挂靠在四川省妇幼保健院，并在省卫生厅民间组织管理领导小组的直接管理下，按照协会章程开展活动。省卫生厅民间组织管理领导小组办公室设在省医疗卫生技术咨询所。2001 年 6 月，省民间组织管理局同意，正式将四川省优生协会主管单位由省计生委变更为省卫生厅。

四、四川省人口经济情报协会

1990 年 3 月，四川省人口经济情报网络工作委员会成立，主要在全省开展推动计划生育以及人口经济情报的收集、整理、研究和传递工作。1992 年 2 月，更名为四川省人口经济情报协会。

五、四川省人口国际交流协会

2002 年 7 月 20 日，省民政厅同意，成立四川省人口国际交流协会，为全省非营利性社会组织，业务主管单位为省计生委，首批吸收会员单位 27 个、会员 42 人，办公地点设在成都市倪家桥路 6 号。

其宗旨是：为适应“西部大开发”的需要，积极推动四川人口与计划生育界同世界各国、各地区的交流与合作，促进计划生育工作队伍的教育培训向前瞻性、国际化发展，实现新时期人口与计划生育工作目标和任务，增进各国和各地区人民之间的了解和友谊。业务范围：促进和组织四川与国际间的人口学术交流活动；组织各种有关人口发展、文化和科技出国交流项目（长期 1 年、短期 15—30 天）；接洽、邀请、组织国外非政府组织人士、外籍专家和学者到四川开展人口管理及生殖健康/计划生育培训，并为其提供教学、生活等方面的保障和帮助；组织团组和个人前往欧洲、美国、日本、澳大利亚等国家和地区学习、考察；从事接受并安排国外基金项目在四川的服务；组织国内学习、培训、考察，接受国外基金选派四川人口界的人员出国学习；为本系统职工子女出国留学提供服务，为赴国外人口研究机构深造或作短期访问提供服务。

六、四川省人口和计划生育科学技术交流协会

2004 年 12 月 19 日成立，由四川省人口和计划生育领域的管理机构、技术服务机构及相关专家、学者、知名人士自愿组成，并开展人口计生科学技术交流的非营利性社会团体，业务主管部门是省人口计生委。主要工作任务是：促进和组织全省计划生育系统内的技术人员开展业务交流和技术培训；负责联络、沟通各相关行政部门企事业单位、行业和产业支持计划生育技术服务；邀请、接洽国内外人口和计划生育技术专家、学者到四川开展人口和计划生育科学技术、生殖健康培训、教学，并为其提供教学、生活等方面的保障和帮助；组织各级计生科技管理人员、服务人员与其他省（市）计划生育技术服务系统间学习、考察；面向社会开展人口和计划生育科学技术交流、学术探讨和人才推荐与交流；促进计划生育科研成果推广及应用，组织计划生育科技成果评价和推广；完成国外基金在四川的人口与计划生育科研项目任务；积极促进开展计划生育科学技术的国际合作与交流；办理国家行政部门委托的其他工作。

第二节 基层协会组织

1982年12月，省计划生育协会成立后，采取试点方式，建立县以上协会组织，全省发展会员3万多名。

至1986年末，全省计划生育协会会员41386名。是年起，全省各地按照把“协会建在村上”的指导思想，坚持“面向基层，注重实效，好中求快，巩固提高”的组织发展方针，把发展协会组织的重点放在基层。

1987年，全省有16个市（地、州）建立计生协会，占总数的80%；建立县（区）级协会84个，乡（镇）协会1085个，村协会4318个，发展会员50多万人。建立会员之家2610个，会员联系户104147户。一些厂矿企事业单位也建立协会。各级协会建立后，配合计划生育部门，采取多种方式，动员社会力量，开展宣传教育、技术咨询、优生优育、干部培训、调查研究等活动，为控制全省人口增长，提高人口素质作出贡献。

至1991年末，全省建立计划生育协会74954个，其中，地级协会21个，县级协会187个，县辖区级协会914个，乡级协会7467个，村级协会63120个，企事业单位协会3245个，会员发展到408.64万人。会员之家由1990年的1.5万个发展到8万多个，增加4.3倍。会员联系户超过600多万户，同比增加50%。全省各级协会有专（兼）职干部364970人，同比增加55.2%。其后，各地把协会作为基层计划生育“三个网络”建设的重要方面来抓，各级协会组织迅速发展。

1992年初，省长张皓若批准，省计生委、省机构编制委员会、省财政厅、省民政厅、省计划生育协会联合行文，对市（地、州）、县（市、区）计生协会办事机构实行“两块牌子、一套班子”，对外是计生协会办事机构，对内又是计生委的科、室（股）。

1993年末，全省建立村以上各级计生协会71824个，占乡村总数的90%，会员发展到558万人，占总人口的5%，建立会员之家15万个。

至2005年末，全省建立基层协会组织近7万个，发展会员及志愿者760多万名，在全省形成群体规模大、人才集中、上下贯通、左右联系、工作方法灵活多样、贴近民众的计划生育群团网络。

在省计生协会的组织、指导下，全省各级计生协会履行“带头、宣传、服务、监督、交流”5项职能，围绕经济建设中心，以服务群众为宗旨，紧扣人口与计划生育主题，发挥群众团体网络优势、群众优势和监督职能，以基层乡村（居）为工作重点，发挥会员的带头表率作用，实行自我教育、自我管理和自我服务。各级计生协会积极参与村（居）民自治、社区建设，为群众提供人口与计划生育、生殖健康、避孕节育、优生优育等生产、生活、生育方面的服务，发挥党和政府联系群众的桥梁纽带作用，为人口计划生育工作作出积极贡献。

图7－1 2004年12月，宜宾市成立人口理论研究所

四川省志·人口和计划生育志

附　　录

一、领导名录

（一）1986—2005 年四川省人口和计划生育领导小组组长、副组长表

附表-1

组　长	副　组　长	成员数（人）	任职时间
刘纯夫	罗通达、韩邦彦、江泽宇	15	1986—1987 年
刘昌杰	徐世群、罗通达、韩邦彦、江泽宇	16	1987—1990 年
张皓若	徐世群、刘昌杰、钟　戡	19	1990—1992 年
肖　秧	秦玉琼、张中伟、康振黄、刘昌杰、谢明道	23	1992—1998 年
宋宝瑞	张中伟、钮小明、李　进、陈昌智、谢明道	25	1998—2000 年
张中伟	杨崇汇、陈文光、钮小明、李　进、曾平江、陈信远、谢明道	29	2000—2003 年
张中伟	陶武先、钮小明、陈文光、刘少先、刘发生、王在银	33	2003—2004 年
张中伟	钮小明、陈文光、杨海清、王在银、黄启国、唐建军	34	2005 年—

（二）中共四川省人口和计划生育委员会历任党组书记、副书记表

附表-2

机构名称	职　务	姓　名	任职起止时间
中共四川省计划生育委员会党组	书　记	江泽宇	1983 年 1 月至 1988 年 2 月
		钟　戡	1988 年 2 月至 1993 年 2 月
		谢明道	1993 年 2 月至 2003 年 1 月
		王在银	2003 年 1 月至 2004 年 2 月
	副书记	谢明道	1989 年 12 月至 1993 年 2 月
		文远鹏	1993 年 9 月至 2004 年 2 月
中共四川省人口和计划生育委员会党组	书　记	王在银	2004 年 2 月至 2005 年 12 月
	副书记	文远鹏	2004 年 2 月至 2005 年 11 月
四川省计划生育委员会纪检组	组　长	文远鹏	1992 年 3 月至 1993 年 2 月
四川省计划生育委员会机关党委	书　记	王爱义	1993 年 2 月至 1995 年 9 月
		杨崇本	1995 年 5 月至 2002 年 10 月

（三）四川省人口和计划生育委员会历任行政领导表

附表－3

机构名称	职 务	姓 名	任职起止时间
四川省计划生育委员会	主 任	江泽宇	1983 年 4 月至 1988 年 2 月
		钟 戡	1988 年 2 月至 1993 年 2 月
		谢明道	1993 年 2 月至 2003 年 3 月
		王在银	2003 年 3 月至 2004 年 2 月
	副主任	邱 林	1981 年 8 月至 1983 年 4 月
		万长文	1980 年 1 月至 1988 年 9 月
		姜 漪	1982 年 4 月至 1988 年 2 月
		左秉衡	1983 年 4 月至 1993 年 2 月
		谢明道	1987 年 9 月至 1993 年 2 月
		陈殿卿	1988 年 2 月至 1993 年 2 月
		陈正年	1990 年 12 月至 1996 年 1 月
		文远鹏	1993 年 3 月至 2004 年 2 月
		孙 霖	1993 年 3 月至 2003 年 3 月
		王爱义	1993 年 12 月至 2000 年 5 月
		何天谷	1996 年 1 月至 2004 年 3 月
		文家碧	2002 年 6 月至 2004 年 3 月
	巡视员（正厅级）	万长文	1988 年 9 月至 1990 年 12 月
	巡视员（副厅级）	谢天裕	1988 年 10 月至 1993 年 12 月
	巡视员	杨崇本	2002 年 11 月至 2003 年 12 月
	助理巡视员	罗惠泉	1996 年 9 月至 2002 年 7 月
		方德政	2002 年 11 月至 2004 年 2 月
四川省人口和计划生育委员会	主 任	王在银	2004 年 2 月至 2005 年 12 月
	副主任	文远鹏	2004 年 3 月至 2005 年 10 月
		何天谷	2004 年 3 月至 2005 年 12 月
		文家碧	2004 年 3 月至 2005 年 12 月
	巡视员	文远鹏	2005 年 11—12 月
		方德政	2004 年 2 月至 2005 年 12 月

二、荣誉表彰

（一）1986—2005年四川省计生系统获国家部委表彰表

附表-4

<table>
<tr><th>荣誉称号</th><th>四川省获奖单位（个人）</th><th>表彰时间</th><th>表彰部门</th></tr>
<tr><td>全国计划生育先进集体</td><td>攀枝花市仁和区计划生育宣传技术指导站</td><td>1986年3月</td><td>国家计生委</td></tr>
<tr><td>全国计划生育先进个人</td><td>罗兴菊、陈世菊、刘月春</td><td>1986年3月</td><td>国家计生委</td></tr>
<tr><td>全国计划生育工作先进县</td><td>大竹县</td><td>1986年</td><td>国家计生委</td></tr>
<tr><td rowspan="2">全国计划生育红旗单位称号</td><td>什邡县</td><td rowspan="2">1986年</td><td rowspan="2">国务院</td></tr>
<tr><td>许明珍</td></tr>
<tr><td>全国计划生育先进服务站</td><td>巴中县、盐亭县、德阳市市中区、射洪县、温江县、江北县、江津县</td><td>1988年10月</td><td>国家计生委</td></tr>
<tr><td>全国计划生育先进集体</td><td>梓潼县计生局</td><td>1990年11月</td><td>国家计生委、人事部</td></tr>
<tr><td>全国计划生育工作先进集体</td><td>合江县石龙乡、中共广汉市委员会、梓潼县人民政府、重庆市市中区南纪门街道办事处、旺苍县、新津县、荣县计划生育委员会、南川县计划生育委员会、巴中县计划生育委员会</td><td rowspan="3">1990年11月</td><td rowspan="3">国家计生委、人事部</td></tr>
<tr><td>全国计划生育系统劳动模范</td><td>李品先、陶奇波、毛崇麟</td></tr>
<tr><td>全国优秀计划生育工作者</td><td>刘惠琼、张爱良、周广华、彭维德、朱永花、周建中、黄汝霞、熊福明、牟淑芬、刘祥芳、陈郁文、毛　宏、马成会、吉各次哈、李成先、钟明友、曾德芳、曾明君、陈义钊</td></tr>
<tr><td>全国计划生育工作先进单位</td><td>蒲江县、峨眉山市、巴中县、荣　县、旺苍县</td><td>1993年7月</td><td>国家计生委</td></tr>
<tr><td>全国优秀计划生育工作者</td><td>陈　勇、郝治聪、严　旭、唐大业、李祝权、文在仁、熊建兰、杨林森、徐明修、龙虎君、扎　拥、袁吉林、吉克乌作、刘崇理、罗　彤、徐　虹、王兴忠、陈　伟、刘　谨</td><td rowspan="2">1994年10月</td><td rowspan="2">国家计生委</td></tr>
<tr><td>全国计划生育工作先进集体</td><td>重庆市江北区、广元市计生委、内江市计生委、阆中市计生委、成都市龙泉驿区计生委、四川省石油管理局、巴中市财政局、南川市人事局</td></tr>
</table>

续附表-4

荣誉称号	四川省获奖单位（个人）	表彰时间	表彰部门
全国计划生育系统劳动模范和先进工作者	杨再思、谢贤琴、万福枝、汪世蓉	1994 年	国家计生委
计划生育科学技术先进集体（个人）	省计划生育科学研究所、重庆市计划生育研究所、巴中市计划生育指导站、永川市计划生育宣传技术指导站、南部县计划生育宣传技术指导站、石棉县计划生育宣传技术指导站、射洪县计划生育宣传技术指导站、苍溪县元坝镇计划生服务站、成都市计划生育技术指导所、梓潼县计划生育宣传技术指导站、乐山市五通桥区计划生育宣传技术指导所、江安县桐梓镇计划生育技术服务站、隆昌县计划生育宣传技术指导站、成都市卫生局妇幼处	1996 年 2 月	国家计生委
	韩字研、王智彪、安　劬、李运星、罗　琳、张思霖、张国芬、雷贞武、黄秀群、刘　峰、黄明孔、张宏清、夏素蓉、李志诚、李家平、王光德、邱存珍、陶晓珠、冯雪琴、王德翠、徐庆嘉、万永健、伍晓玲、陈光才、罗登华		
计划生育科技先进集体	梓潼县计生局	1996 年 3 月	国家计生委
全国计划生育优秀工作者	熊绍玉、陈联实、龚固林、白秀瑛、李德育、尹天华、蒲义芳、扎　拥、雷绍云、王克忠、王泽英、苏承高、刘华才、张怀明、张忠慧、周仁贵、张　明、李　涛、谯述勇、尹春贵、曾清元、王琼瑛、罗布基、李翠英、庄　京、王　新、梁智芸、周玉华	1998 年 10 月	国家计生委
全国计划生育系统先进集体	成都市计划生育技术指导所、汉源县九襄镇计划生育指导站、会理县计生局、乐至县计生委、乐山市市中区计生局、旺苍县计生委、梓潼县计生局、德阳市人口与计生委、泸县计生委、荣县计划生育宣传指导站	1998 年 11 月	人事部、国家计生委
全国计生“三结合”先进集体	梓潼县计生局	1998 年 11 月	人事部、国家计生委
全国计划生育先进工作者	张怀明	1999 年	国家计生委
全国少数民族计划生育工作先进集体（先进个人）	马尔康县计划生育委员会、康定县姑咱镇人民政府	2000 年 8 月	国家计生委、国家民族事务委员会
	杨长林、巫达吉、梁跃红、娜　太、龚　洛		
全国乡（镇）、街道优秀计划生育工作者	陈玉友	2000 年 9 月	国家计生委
全国优秀计划生育中心户组长	刘　启	2000 年 9 月	国家计生委
全国婚育新风进万家活动先进个人	谢元祥	2000 年	国家计生委
全国婚育新风进万家活动先进县（市、区）	大竹县、旺苍县、苍溪县	2001 年 10 月	中共中央宣传部、国家计生委
先进集体	苍溪县卫生局	2002 年 9 月	人事部、国家计生委
先进个人	袁每繁		

续附表-4

荣誉称号	四川省获奖单位（个人）	表彰时间	表彰部门
全国计划生育系统先进集体	成都市计生委、德阳市人口与计生委、绵阳市计生委、乐山市计生委、资阳市计生委、苍溪县计生局、阆中市计生委、兴文县计生局、自贡市计生指导所、平昌县板庙乡计生办	2002 年 9 月	人事部、国家计生委
全国计划生育系统先进工作者	邹崇霞（女）、陈少田		
全国计划生育系统优秀工作者	何承玉（女）、江一方、徐碧君（女）、罗荣洪、王懿红（女）、黄吉昌、杜金华（女）、曾明泉、杨先祥、张辉儒、聂德蓉（女）、王国华、武先周、袁每繁、蒋育文、向以敏、崔正香（女）、拥　珍（女）、李华富、王文新、张孝湖、李发禄、谢开庆、周正德、阮学琼（女）、霍沛丹（女）	2002 年 9 月	国家计生委
全国人口和计划生育系统防治非典型肺炎工作先进集体（个人）	四川生殖卫生学院、成都市计生委、泸县计生局、广元市计生委、乐山市计划生育宣传技术指导所、达州市通川区计生委	2003 年 7 月	国家人口计生委
	黄龙蓉（女）、许廷琼（女）、李文忠、邓　波、高华琼（女）、邓长贵、宋含金、张国尚、崔　华（女）、俄玛特（女）、武先周、高仕强、张礼平、李　媛（女）、张登科、郑远良、腾　勇、王福贤、周　雪（女）、吴　跃		
全国人口和计划生育法制建设先进集体（个人）	广安市计生委、成都市温江区计生局、蓬溪县计生委、中江县计生局、雷波县计生局	2003 年 8 月	国家人口计生委
	康朝晖、胡界忠、唐君美、李华慧、刘正刚、赵国洲、李运海、刘永康、龚友明、李培聪、郭水先、王晋祥、彭国伟、尚尔基、唐亚琼、朱方纯		
全国人口和计划生育科技工作先进集体（个人）	成都市计生委、攀枝花市仁和区计生局、绵阳市计生委、兴文县计生局、成都市新都区计生指导站、荣县计生指导站、泸州市计生指导所、德阳市旌阳区计生指导站、绵阳市游仙区魏城镇计生服务站、苍溪县五龙办事处计生服务站、隆昌县计生指导站、乐山市五通桥区计生指导站、南部县计生指导站、南江县正直镇计生服务站、大竹县月华乡计生服务站、汉源县计生指导站、洪雅县计生指导站、资阳市雁江区计生指导站		
	毛　佳、陈孝路、陈永祥、潘元禄、冯泳给、游富荣、杨秀兰、陈　伟、缪继先、杨晓华、刘福洲、李向安、陈明星、王　芳、刘润容、余治超、王治贵、贺瑞玲、闫　萍、陈代玲、余永琼、李金荣、王晓琴、黄明才、周素梅、魏智福、楚中慧、艾　燕、王云华、张　琴、符朝华、曾嘉烈、康厚香、李庆琼、胡　蓉、谢双银、黄发芝、黄　勇、杨　丹、黄　萍、卿上义、刘正远、雷贞武、曹　力		
“非典”期间农村地区跨省人口流动情况调查登记工作先进集体	梓潼县计生局	2003 年 8 月	国家人口计生委

续附表-4

荣誉称号	四川省获奖单位（个人）	表彰时间	表彰部门
全国人口和计划生育科技工作先进集体	攀枝花市仁和区	2003年9月	国家人口计生委
全国先进计划生育协会	梓潼县许州镇百顷村计生协会	2003年12月	中国计划生育协会
全国人口计生系统作风建设先进单位（先进个人）	成都市金牛区计生局、攀枝花市仁和区计生局、什邡县计生局、安县计生局、苍溪县计生局、夹江县计生局、屏山县计生局、万源市计生委、眉山市计生委、资阳市计生委、黑水县计生局 张小朋、刘大鹏、梁　莉、杨永清、刘惠兰、杨晓林、马晓凤、黄富明、梅世林、涂南秋、陈立恒、李　刚、徐廷荣、毛庆贵、李少生、罗春发、张洪光、周桢维、周兴建、张辉儒、王珍敏、杨文高、孝亚非、叶云华、邓净城、刘开志、谢双银、唐光云	2004年12月	国家人口计生委
中国计划生育协会先进拓展项目点	大竹县计生协会	2004年12月	中国计划生育协会
全国计划生育优质服务先进县（市、区）	都江堰市、攀枝花市仁和区、江油市、乐山市市中区、华蓥市、大英县	2004年12月	国家人口计生委
全国婚育新风进万家活动先进县、市、区	攀枝花市仁和区	2005年11月	中共中央宣传部、中央文明委办公室、国家人口计生委等10个国家部委
2001—2005年全国婚育新风进万家先进个人	郑福莲	2005年	国家人口计生委、中共中央宣传部等10个国家部委
全国人口和计划生育系统先进集体	郫县计生局、自贡市自流井区人口计生局、攀枝花市东区弄弄坪街道办事处计生办、合江县实录乡计生办、罗江县人口计生局、盐亭县人口计生局、广元市市中区人口计生局、遂宁市船山区人口计生委、威远县人口计生委、马边县人口计生局、大竹县人口计生委、青神县人口计生委、乐至县人口计生局、壤塘县人口计生委	2006年11月	人事部、国家人口计生委

续附表-4

荣誉称号	四川省获奖单位（个人）	表彰时间	表彰部门
全国人口和计划生育系统先进工作者	黄　萍（女）、韩春华、虞贵兴、纪登碧（女）、刁维江、邢恩旺、王　森、陈定全、张开友、孙　旭、温　体、李文忠、杜建雄、常荣祥、陈　德、范天孝、任本华、何　伟、郝爱华（女）、刘秀云（女）、何　勤（女）、刘开志、许惠明（女）、李雷鸣、廖詹蓉（女）、李述明	2006年11月	国家人口计生委

（二）1986—2005年四川省计生系统获省级表彰先进集体表

附表-5

荣誉称号	获奖单位	表彰时间	表彰部门
1985年计划生育工作一等奖	渡口市仁和区	1986年3月	四川省人民政府
计生工作先进集体	梓潼县计生局	1991年1月	四川省人民政府
全省思想政治工作先进集体	省计生委宣传处	2000年	中共四川省委
四川省省级部门计划生育“三结合”帮扶工作先进单位	省农工办、省计生委、省农业厅、省畜牧局、省扶贫办、省林业厅、省水利厅、省科技厅、省妇联	2001年	四川省人民政府办公厅
全省计划生育双轨管理工作先进集体	大竹县	2003年9月	四川省人民政府、四川省军区
四川省计划生育优质服务先进县（市、区）	大竹县	2004年4月	四川省人民政府
省级计划生育优质服务先进县（市、区）	成都市龙泉驿区、成华区、青羊区、锦江区、武侯区、大邑县、自贡市自流井区、贡井区、攀枝花市东区、绵竹市、绵阳市涪城区、游仙区、北川县、广元市市中区、苍溪县、射洪县、资中县、威远县、乐山市沙湾区、五通桥区、珙县、高县、南部县、达州市通川区、万源市、达县、通江县、荥经县、名山县、洪雅县、眉山市东坡区、乐至县、简阳市、西昌市	2004年	四川省人民政府办公厅
四川省省级部门计划生育“三结合”帮扶工作先进单位”	省农工委、省人口计生委、省教育厅、省科技厅、省民政厅、省劳动和社会保障厅、省水利厅、省农业厅、省林业厅、省卫生厅、省农机局、省畜牧食品局、省乡镇企业局、省扶贫开发办、省妇联、省科协、省供销社	2005年1月	四川省人民政府办公厅

（三）1986—2005年四川省人口计生委获省级以上表彰的先进集体表

附表-6

荣　誉　称　号	表　彰　部　门	表彰时间
全国计生工作先进单位	中宣部、国家计生委	1991年
四川馆组织奖	“中国社会发展成就展览”组委会	1994年
第二届中国人口文化奖“飞龙杯”组织奖	国家计生委等六部委	1994年
省级机关“七一”美术、书法、摄影展览组织工作奖	中共四川省委组织部等五部门	1994年
1993年度全省农业抗灾夺丰收工作成绩显著	中共四川省委、四川省人民政府	1994年
政研会工作奖	中国职工思想政治工作研究会	1996年
1995年度全省农业抗灾夺丰收工作成绩显著	中共四川省委、四川省人民政府	1996年
“八五”期间计划生育工作先进集体	四川省人民政府	1996年
第六届中国人口文化奖“鹏城杯”组织奖	国家计生委等六部委	1998年
庆祝建国50周年全国计生系统文艺调演“天利合杯”金奖	国家计生委	1999年
全国各族农村妇女“双学双比”竞赛活动先进单位	全国各族农村妇女“双学双比”竞赛活动领导小组	1999年
第七届中国人口文化奖“羊城杯”组织奖	全国妇联、文化部	1999年
全省思想政治工作先进集体	中共四川省委	2000年
第六届大学生运动会优秀组织奖	四川省人民政府	2000年
第八届中国人口文化奖“广厦杯”组织奖	国家计生委等七部委	2000年
“为了美好的明天”知识竞赛活动组织奖	国土资源部、国家计生委、国家环保总局	2000年
四川省扶贫攻坚先进单位	中共四川省委、四川省人民政府	2001年
四川省省级部门计划生育“三结合”帮扶工作先进单位	四川省人民政府	2001年
四川省第五次全国人口普查先进集体	四川省人民政府、国务院人口普查办	2001年
首届中国计划生育生殖健康新技术、新产品博览会最佳组织奖	国家计生委	2001年
第九届中国人口文化奖“三鱼杯”组织奖	国家计生委、文化部、广电总局等七部（委、局）	2001年
第五次全国人口普查先进集体	国务院第五次全国人口普查小组	2002年
《人口与计划生育法》知识竞赛优秀奖	国家计生委、司法部	2002年
第十届中国人口文化奖“康乐宝杯”组织奖	国家计生委、文化部等部（委、局）	2002年
2001年度单位目标考核通报表扬	中共四川省委、四川省人民政府	2002年
全国计划生育职工计划生育思想政治工作研究课题组织奖	全国计生工作思想政治研究会	2002年

续附表-6

荣 誉 称 号	表 彰 部 门	表彰时间
计划生育系统书法比赛组织奖	国家计生委等三部委	2002 年
第八届中国人口新闻奖评选活动组织奖	国家计生委、中华全国新联工作协会	2002 年
2003 年度全国计划生育管理活动组织奖	国家计生委	2003 年
第十一届中国人口文化奖“东华杯”组织奖	国家计生委等七部委	2003 年
第九届中国人口新闻奖评选活动组织奖	国家计生委、中国记协	2003 年
全省计划生育军地双轨管理工作先进单位	四川省人民政府、四川省军区	2003 年
第十二届中国人口文化奖组织奖	国家计生委等七部委	2004 年
中国计划生育生殖健康新技术、新产品博览会最佳组织奖	国家计生委	2004 年
2004 年度全国计划生育管理小组活动组织奖	国家计生委	2004 年
2004 年度全国计划生育质量管理小组先进单位	国家计生委	2004 年
2003 年度单位目标考核通报表扬	中共四川省委、四川省人民政府	2004 年
目标先进单位	中共四川省委、四川省人民政府	2004 年
全国婚育新风进万家活动“五好作品”评选组织奖	国家计生委	2005 年
2001—2003 年四川省省级部门计划生育“三结合”帮扶工作先进单位	四川省人民政府	2005 年

（四）四川省“八五”期间计划生育工作先进集体、先进个人表

附表-7

市（地、州）	先 进 集 体	先 进 个 人
成都市	成都市、锦江区、青羊区、金牛区、武侯区、成华区、龙泉驿区、青白江区、温江县、郫县、新都县、彭州市、大邑县、邛崃市、蒲江县、新津县、成都市农牧局、成都红光实业股份有限公司、四川化工集团有限责任公司计划生育协会、双流县白沙乡计划生育协会	何琼英（女）、唐秋华（女）、潘万香（女）、赵道全、李俊春、宋永贵、吴学茹（女）、刘福荣、尹秀琼何（女）、周发礼、黄正新、李素英（女）、罗琴凤（女）、刘青莲（女）、汤忠闩、王惠英（女）、晏文汉、刘惠容（女）、吕春山、王光绪、杨云锡
重庆市	渝中区、北碚区、九龙坡区、沙坪坝区、江北区、江津市、璧山县、重庆市计划生育委员会、重庆市计划生育科研所、长寿县渡舟镇、万盛区万东镇、合川市大石镇、铜梁县旧县镇、永川市大安镇、大渡口区计划生育委员会、渝北区计划生育委员会、荣昌县计划生育委员会、永川市计划生育委员会、南岸区计划生育委员会、綦江县计划生育宣传技术指导站、大足县龙水镇计划生育服务站、长安汽车有限责任公司、重庆第一建筑（集团）公司、大足县计划生育协会	郑盛锡（女）、张有为（女）、廖晖（女）、陈善治（女）、陈德伟、肖坤华（女）、章吕秋（女）、陈应寿、邹才宏、唐启贵、龚碧英（女）、王运方、梅灵先（女）、杨贤明、刘绪炳、何小华、庞孝荣（女）、李中富、周业兰（女）、陈世英（女）、薛定华、李作民（女）

续附表-7

市（地、州）	先 进 集 体	先 进 个 人
自贡市	荣县、荣县章佳乡、沿滩区沿滩镇、自流井区计划生育委员会、荣县计划生育委员会、贡井区长土镇三台村、东方锅炉厂、大安区计划生育协会	王明志、朱德仁、林淑清（女）、龚惠琼（女）、蒲光才、龚联柱
攀枝花市	仁和区、米易县、攀枝花市计划生育委员会、攀枝花钢铁（集团）公司、攀枝花矿务局总医院、中国第十九冶金建设公司计划生育协会	曾妍妍（女）、吴国成、朱炳乾、吴永发、王克忠
泸州市	泸县、合江县、江阳区泰安镇、龙马潭区石洞镇、纳溪区花果镇、古蔺县玉田乡蒿枝湾村、叙永县马岭镇龙江村、泸州化工厂、合江县自怀乡显龙村计划生育协会	梅兴岗、黄培希、王树芳（女）、王泽英（女）、张字平、严耕良（女）、胡祖江
德阳市	德阳市、市中区、绵竹市、广汉市、什邡市、德阳市财政局、中江县古店乡、东方电机股份有限公司、东方电机厂、中国第二重型机械集团公司计划生育协会、市中区孝感镇孝感村计划生育协会	刘　哲、李显武、李川、程继茹（女）、李克俊（女）、吴秀琼（女）、谢伦清（女）、袁先贵
绵阳市	游仙区、梓潼县、盐亭县、涪城区、绵阳市计划生育委员会、江油市财政局、北川县畜牧局、三台县永明镇、安县河清镇计划生育服务站、长城特殊钢（集团）有限责任公司、梓潼县仙峰乡南沟村计划生育协会	赵光周、蒋加武、聂兆和、何　彦（女）、贺继山、樊小如、强世成、胡显国、何光志
广元市	广元市、旺苍县、苍溪县、市中区、朝天区、剑阁县禾丰乡、中国核工业公司八二一厂、旺苍县计划生育协会	樊怀京、李茂森、朱永花（女）、刘立生、王荣生、张怀明、田　坪
遂宁市	蓬溪县玉峰镇、蓬溪县计划生育委员会、射洪县宝堂村、市中区东禅镇计划生育办公室、射洪县计划生育协会	赵全玲（女）、蒋光学、米光碧（女）、向世林、张维善
内江市	内江市、乐至县、隆昌县、简阳市、资阳市、威远县、内江市财政局、安岳县毛家镇、市中区玉溪街道办事处、东兴区太安乡、资中县计划生育宣传技术指导站、四川内燃机厂、资阳市计划生育协会	罗马介先、周成良、葛碧君（女）、魏仁岱、魏银河、刘扬贵、曾清元、曾恕明、张厚国、唐松柏、梁群芳（女）
乐山市	市中区、眉山县、沐川县、中共乐山市委政研室、仁寿县万寿乡、井研县纯复乡、沙湾区踏水乡、犍为县金石井镇、青神县计划生育委员会、峨眉山市计划生育委员会、夹江县计划生育委员会、彭山县计划生育委员会、洪雅县计划生育宣传技术指导站、马边县石梁乡永宁村、四川长征制药股份有限公司、五通桥区计划生育协会	雷有成、张茂成、傅伯全、孟光安、汪学标、黄兴邦、肖友清（女）、李月明（女）、王成舟、王长松、葛胜友、张明（女）、梁华武、曾碧辉（女）
万县市	龙宝区、巫山县、万县市计划生育委员会、奉节县兴隆区、龙宝区龙宝镇、忠县计划生育委员会、梁平县计划生育委员会、天城区财政局、梁平县梁山镇计划生育办公室、奉节县朱衣区计划生育宣传技术服务站、开县计划生育协会	罗继瑜、周伯清、邓礼怀、谭国民、谭常元、李安君、吴伦芳（女）、贺梅祥、唐洪生、薛晓华、杨世秀（女）
南充市	阆中市、南充市计划生育委员会、高坪区龙门镇、嘉陵区吉安镇、蓬安县兴旺镇、顺庆区计划生育局、南部县计划生育宣传技术指导站、四川石油管理局南充炼油厂、西充县晋城镇计划生育协会	余长春、赵正铭、刘家厚、马仁锐、刘正岱、朱永惠（女）、王秀国、陈仁波、贾兴荣　　、
涪陵市	涪陵市、南川市、垫江县、武隆县鸭江计划生育中心服务站、李渡区李渡镇、枳城区酒店乡八一村、丰都县计划生育协会	陈联实、盛朝藩、夏德高、田茂学、胡子容（女）、郑小林、张昌顺
黔江地区	石柱土家族自治县、彭水县保家区、酉阳县龚滩区、黔江县工农乡、秀山县兰桥乡、秀山县龙凤乡计划生育协会	田应学、金锡玖、谭生海、方久富、黄美坤

续附表-7

市（地、州）	先进集体	先进个人
宜宾地区	兴文县、珙县巡场镇、长宁县梅硐镇、宜宾市宗场乡、宜宾县计划生育局、宜宾县观音镇计划生育办公室、高县来复镇计划生育办公室、国营八一二厂、宜宾市计划生育协会	刘心明、李　涛、徐祖良、谢明金、缪学春（女）、殷宗富（女）、熊勋堂
广安地区	华蓥市、广安县护安镇、岳池县苟角镇、武胜县计划生育宣传技术指导站、邻水县柑子镇计划生育服务站、广安县计划生育协会	贾德元、毛社民、魏俊成、陆明生
达川地区	达川市、达川地区计划生育委员会、宣汉县鲲池区、渠县静边区、开江县拔妙乡、大竹县计划生育委员会、达县计划生育局、万源市罗文镇火石梁村、达川地区计划生育协会	陈治权、杨佳鹏（女）、李　平、周开珉（女）、董志明（女）、张布琼（女）、曾庆柏、伍启怀
巴中地区	巴中市、南江县、巴中地区林业局、平昌县云台区板庙乡、通江县大兴乡贾家梁村、巴中地区计划生育协会	彭天锡、杨希莲（女）、欧正纪、杜自刚、肖润芳（女）
雅安地区	雅安地区、雅安市、名山县、荥经县、石棉县、石棉县计划生育宣传技术指导站、雅安市八步乡李家村计划生育协会	杨克洪、田玉华、任福莲（女）、姜树芬（女）、高全华、潘本权
阿坝州	阿坝州、马尔康县、茂县、汶川县映秀镇、若尔盖县巴西乡、茂县土门乡洋坪村、理县沙坝乡邱地村、阿坝州计划生育协会	阿扎拉、陈平安、曹朝绅、陈云珍（女）、雍昌祥、徐明秀（女）、王晓英（女）
甘孜州	甘孜州、甘孜州财政局、九龙县汤古乡、道孚县协德乡、乡城县林业局、康定县计划生育委员会、理塘县计划生育委员会、甘孜县计划生育委员会、丹巴县计划生育宣传技术指导站、新龙县老龄委计划生育协会	四郎扎西、贾热、张登科、王春英（女）、徐忠萍（女）、李雪梅（女）、侯香琴（女）、刘　静（女）、简咏梅（女）、降巴吉村
凉山州	西昌市、宁南县、会理县鹿厂镇、喜德县热柯依达乡、德昌县大湾乡、会东县计划生育委员会、木里县计划生育委员会、会理县中厂乡毛菇坝村、美姑县洛俄依甘乡波沃村、普格县普基镇下坝村、雷波县计划生育协会	张中由、杨文泉、禄云富、李文珍（女）、且沙你日、赵宗明、阿的木依、潘文英（女）、叶明聪、戢光贤、周良筠（女）
省级部门（系统）	省纪委、省监察厅、省委办公厅、省委组织部、省委宣传部、省人大教科文卫办公室、省政协人口问题研究组、省计委机关、省科委机关、省教委机关、省财政厅工会、省公安厅机关、省民政厅机关、省人事厅机关、省农业厅、省林业厅、省水利电力厅、省乡镇企业管理局、省扶贫开发办公室、省畜牧食品局、省广播电视厅机关、省人民政府法制局、中共四川省直属机关工作委员会、省妇女联合会、省政府办公厅目标办、省政府办公厅二处、省统计局人口与就业统计处、农业银行四川省分行机关、农工民主党四川省委、宜宾地区妇幼保健院、德阳市农机局、成都市医药公司中兴药房、成都铁路局、铁道部第二工程局机关片区、省第三建筑工程公司、四川日报社计生委、《四川农村日报》、四川人民广播电台、四川电视台、四川石油管理局计划生育协会	李明生（女）、裴庆昆（女）、荣秀英（女）、赵大珍（女）、吴大容（女）、孙志美（女）、黄世华（女）、罗弄玉（女）、潘钦余（女）、陈志华、彭春华（女）、周玉华（女）、黄发书（女）、魏　灵（女）、余万志、程国英、罗　琳（女）、张秋水（女）
驻川部队	中国人民解放军56223部队、中国人民解放军39934部队、中国人民解放军成都军分区、中国人民武警四川省总队	庄　京、谭英华、杨直刚、何茂全

说明：1996年12月5日，四川省人民政府表彰

（五）四川省“九五”期间计划生育工作先进集体、先进个人表

附表-8

市（州）	先 进 集 体	先进个人
成都市	龙泉驿区人民政府、新都县新繁镇人民政府、成都市计划生育干部培训部	周素琼（女）、甘素芳（女）、黄汝霞（女）
绵阳市	绵阳市财政局、江油市人民政府、盐亭县人民政府	曾明泉、申继赋、陈仕禄
自贡市	自流井区计划生育委员会	谭 耘、张至英（女）
攀枝花市	仁和区人民政府	唐君美（女）
泸州市	光马谭区人民政府、合江县人民政府	宋群英（女）、王正力
德阳市	广汉市人民政府、什邡市人民政府、旌阳区人民政府	席世惠（女）、张宏清、尹华明
广元市	旺苍县人民政府、苍溪县人民政府	张丕忠、李开地、刘文龙
遂宁市	射洪县计划生育委员会	宋德忠、刘德福
内江市	隆昌县人民政府、东兴区太安乡人民政府	张绍成、唐 洪
乐山市	峨眉山市人民政府、夹江县人民政府	黄蓉仙（女）、张大常、李国志
南充市	南部县计划生育委员会、顺庆区新建镇牌坊湾村	杨明富、张竞成
宜宾市	兴文县万寿镇人民政府、四川省宜宾五粮液集团有限公司	唐益林、侯中惠（女）
广安市	华蓥市人民政府	刘建国
达州市	通川区人民政府、大竹县蒲包乡人民政府	黎玉镜、李成菊（女）
巴中市	巴州区计划生育委员会	张正奉、王洪飞
雅安市	荥经县人民政府	郝爱华（女）、王光烈
眉山市	东坡区人民政府、洪雅县人民政府	黄书跃（女）、王 燕（女）
资阳市	简阳市人民政府、乐至县安阳镇人民政府	谢乃文、彭光化
甘孜州	炉霍县人民政府	张登科
阿坝州	壤塘县计划生育委员会	廖遗恒（藏族）
凉山州	西昌市人民政府、宁南县人民政府	安明贵（彝族）
省级部门（系统）	省委组织部办公室、省委宣传部宣传处、省委农村工作领导小组办公室综合处、省扶贫开发办项目处、省财政厅教科文处、省农业厅粮油处、省林业厅绿化造林处、省统计局人口与社会科技处、省畜牧食品局办公室、省妇联城乡工作部、成都铁路局计划生育办公室	施劲松、邓学维（女）、宁宗礼、石朝芳（女）、赖大芝（女）
驻川部队	成都军区计划生育领导小组办公室、解放军第四五二医院、四川省军区计划生育领导小组办公室、武警四川省总队计划生育领导小组办公室	—

说明：2001年3月28日，四川省人民政府表彰

（六）四川省“十五”期间人口和计划生育工作先进集体、先进个人表

附表－9

市（州）	先进集体	先进个人
成都市	成都市人口和计划生育委员会、成都市财政局、青羊区人民政府、大邑县人口和计划生育局	刘惠兰（女）、张淑君（女）、汪　琪（女）、唐章雪（女）
自贡市	荣县人民政府	苟　平（女）
攀枝花市	攀枝花市人口和计划生育委员会、仁和区人民政府	严文猛、胡海英（女）
泸州市	纳溪区人口和计划生育局	梅世林
德阳市	旌阳区人口和计划生育局、什邡市人民政府、绵竹市人民政府	董玉玲（女）
绵阳市	北川羌族自治县人民政府、涪城区人民政府、梓潼县人民政府	彭建邦、赵纯武、马丽霞（女）
广元市	广元市人口和计划生育委员会、苍溪县人民政府	马文献、胡　平
遂宁市	中共大英县委	余壮志、熊云全
内江市	内江市人口和计划生育委员会、中共隆昌县委	倪习才、张绍成
乐山市	乐山市人口和计划生育委员会、五通桥区杨柳镇人民政府、峨眉山市人民政府	邓学琼（女）、陈忠义、魏学莲（女）
南充市	阆中市人民政府	赵正国、蒋育文
宜宾市	宜宾市人口和计划生育委员会、珙县人民政府	王　萍（女）、梁绍华
广安市	华蓥市人民政府	欧太元、舒祖文
达州市	达州市人口和计划生育委员会、大竹县计划生育局	颜　默、喻修建
巴中市	通江县人口和计划生育委员会	王珍敏（女）
雅安市	中共石棉县委	万　虹、马艳萍（女）
眉山市	眉山市人口和计划生育委员会、东坡区人民政府	李亚非（女）、王泽文
资阳市	乐至县人民政府、简阳市简城镇党委	崔贤国、付知杰
阿坝州	阿坝州财政局	雷　琪（藏族）
甘孜州	得荣县人口和计划生育委员会	谢双银（藏族）
凉山州	西昌市人民政府	鲁　蓉（女，彝族）、甘正友（藏族）
省级部门（系统）	省委组织部办公室、省委宣传部宣传处、省人大教科文卫委员会办公室、省政协办公厅人口资源环境处、省扶贫开发办公室计划处、省政府督办室、省人才交流中心、省财政厅教科文处、省民政厅救灾救济处、绵阳市游仙区人民武装部、武警四川省总队后勤部卫生处、成都军区78006部队、四川石油管理局计划生育委员会	罗弄玉（女）、牟锦毅、刘照坤、杨品华、郑昭阳、白　建（女）、胡松君（女）、成虹（女）、徐　鲁（女）

说明：2006年4月28日，中共四川省委、四川省人民政府表彰

（七）人口奖

中华人口奖 1993年，“中华人口奖”设立，每3年举办1届，为中国人口领域的最高奖项。该奖为常设的个人终身荣誉奖，分设荣誉奖、工作奖和科学奖，对在中国人口与计划生育事业及相关社会科学和自然科学领域内作出杰出贡献的社会各界人士进行表彰和物质奖励。第二届开始设立“贡献奖”，表彰有关企业对人口事业的鼎力支持。第三届增设“国际合作荣誉奖”。

在已举办的四届中，四川每届都有“中华人口奖”获得者。他们分别是：第一届，叶文志（中共广汉市委书记）获得“工作奖”；第二届，李顺强（四川生殖卫生学院院长、教授）获得“科学奖”；第三届，张中伟（四川省人民政府省长）获得“工作奖”；第四届，谢明道（四川省计划生育委员会主任）获得“工作奖”。

四川人口奖 1998年11月，四川省政府设立“四川人口奖”，并成立第一届四川人口奖遴选委员会，副省长李进任主任，省计生委主任谢明道、省委组织部副部长郑朝福任副组长；成立第一届四川人口奖组织工作委员会，省计生委主任谢明道任主任，省委组织部副部长郑朝福、省人事厅副厅长陈其金、省计生委副主任文远鹏、省计生协会常务副会长钟戡任副主任。第一届四川人口奖主办单位：省委组织部、省计生委、省人事厅、省计划生育协会。协办单位：省委宣传部、省科委、省教委、省卫生厅、省公安厅、省统计局、省妇联、四川日报社和四川电视台。

四川人口奖为常设的个人终身荣誉奖，分设荣誉奖、工作奖和科学奖，对在四川人口计生事业及相关社会科学和自然科学领域内作出杰出贡献的社会各界人士进行表彰和奖励。四川人口奖每两年举办1届，每届评选出5人。

1999年4月15日，第一届四川人口奖遴选结果在成都揭晓。经各地、各单位提名推荐、资格审定、初选、复选、终审投票表决的遴选程序，妇产科专家刘云波获得四川人口奖“荣誉奖”；中共德阳市委书记亓九才、中共峨眉山市委书记陈伯伦、绵阳市计生委常务副主任顾体良获得“工作奖”；西南财经大学教授吴忠观获得“科学奖”。

2004年3月，第二届四川人口奖遴选结果公布，并在全省计划生育工作会上进行表彰、奖励。省人大常委会副主任康振黄获得“荣誉奖”；甘孜州副州长王定清、绵阳市计生委主任刘华才、攀枝花市仁和区区长张国民获得“工作奖”；“科学奖”空缺。

三、大　事　记

1986 年

2 月　中共四川省委、四川省人民政府决定：从开发山区资金中，每年抽出 200 万元，解决村一级和少数民族地区乡一级计划生育服务员及专职干部的配备经费，并从 1987 年开始列入预算。

3 月 18 日　国家教委批准试办四川省计划生育管理干部学院。

3 月　四川省召开全省计划生育基层工作会议，中共四川省委书记杨汝岱针对农村要求放宽生二胎的呼声和计划外生育增多的实际情况，强调要稳定现行生育政策，采取措施控制人口增长。

6 月　中共四川省委、四川省人民政府主持召开生育政策论证会、讨论会，统一认识，稳定政策；要求各地在总结“六五”人口规划执行情况的基础上从实际出发，做好工作，严格控制人口增长。

8 月　中共四川省委召开全省计划生育工作会议。随后，中共四川省委、四川省人民政府印发《关于认真贯彻中发〔1986〕13 号文件，进一步做好计划生育工作的意见》，特别强调要稳定生育政策，严格控制人口增长。

9 月下旬　四川省计划生育委员会印发《中共四川省委致全省共产党员、共青团员的公开信》，号召一对夫妇只生育一个孩子。

11 月　四川省计划生育委员会在重庆、德阳、自贡 3 个市分片进行计划生育宣讲比赛，优胜者组成 3 个宣讲团进行巡回宣讲。

12 月 22 日　中共四川省委、四川省人民政府就全省当前计划生育工作形势、人口目标和稳定现行生育政策以及加强计划生育工作的几点建议向中共中央、国务院作了报告。

12 月　中共四川省委在研究经济发展战略的同时讨论人口问题，认为对人口问题是“控”而不是“放”，决定采取有效措施，保证计划生育工作的顺利进行。

是年　四川省计划生育领导小组成员调整，刘纯夫任组长，罗通达、韩邦彦、江泽宇任副组长。

是年起　四川省计划生育委员会把全省 21 个市（地、州）划分为两个片，分别由成都市、重庆市计划生育技术指导所牵头组成川西片、川东片计划生育部门节育技术协作组。

1987 年

2 月 12—16 日　中共四川省委、四川省人民政府在德阳市广汉县召开全省计划生育工作会。

2月26日 中共四川省委副书记、四川省人民政府省长蒋民宽就全省计划生育工作形势和任务，向全省人民发表电视、广播讲话。

2月 四川省统计局公报：1986年全省人口出生率回升到20.5‰，是近10年来最高的一年，比年度计划多生31万人。

5月 中共四川省委办公厅转发四川省计划生育委员会《关于当前计划生育工作情况和意见的报告》。

同月 四川省人民政府同意四川省人口情报中心由四川省计划生育管理干部学院划归四川省计划生育委员会领导，仍为县（团）级事业单位。

同月 四川省人民政府同意将四川省计划生育药品器械管理站划归四川省计划生育委员会领导。

6月30日 四川省人民政府转发四川省计划生育委员会、四川省司法厅、四川省民政厅、四川省妇联等7个部门《关于禁止早婚早育和非婚同居生育几项措施的报告》。

6月 四川省人民政府办公厅转发四川省计划生育领导小组《关于在全省开展计划生育大宣传，大检查，大落实活动的通知》，中共四川省委、四川省人民政府召开电话会议，部署该活动。

7月2日 四川省第六届人民代表大会常务委员会第二十六次会议通过《四川省计划生育条例》，4日正式颁布实施。6日，中共四川省委办公厅、四川省人民政府办公厅印发《关于认真贯彻执行〈四川省计划生育条例〉的通知》。

7月9日 四川省计划生育领导小组邀请省党政军和有关部门负责人，人口、计生、卫生、妇幼保健方面的专家、学者以及基层工作者80多人，举行“世界50亿人口日”座谈会。

7月11日 四川省人民政府省长蒋民宽应中央电视台邀请，在“世界50亿人口日”就四川控制人口增长问题发表电视讲话。

8月 四川省计划生育委员会印发《四川省计划生育宣传技术指导所、指导站、服务站工作条例》。

9月 中共四川省委、四川省人大常委会、四川省人民政府、四川省政协和中共四川省纪委领导分别到全省19个市（地、州）、64个县检查计划生育工作。

11月 全省计划生育工作经验交流会在成都市召开，学习贯彻中共十三大报告中关于计划生育工作的重要指示，总结交流基层、基础工作经验。

12月27日 《人民日报》头版头条报道：四川抓紧计划生育工作，人口过快增长得到控制。当天《人民日报》（海外版）也报道：四川积极控制人口增长，计划生育工作正在进入法制轨道。

1988年

2月4—10日 全省计划生育宣传教育工作会议在德阳市召开，提出开展人口与计划生育系列教育。

3月12日 四川省人民政府调整四川省计划生育领导小组成员。四川省人民政府副省长刘昌杰任组长，四川省计划生育委员会主任钟戡任副组长。

4月 四川省计划生育委员会与乐山市计划生育委员会在乐山市洪雅县进行人口与计划生育基础知识教育试点，以建立“婚姻家庭学校”的形式进行基础知识教育。

5 月 四川省计划生育科学研究所被世界卫生组织任命为中国西南地区世界卫生组织人类生殖研究合作中心。

7 月 1 日 全省开展生育节育抽样调查。

7 月 2 日 四川省人大科教文卫委员会、四川省计划生育委员会召开“亚洲 30 亿人口日”座谈会。

7 月 30 日 中共四川省委、四川省人民政府在成都市召开四川省计划生育新闻发布会，中央驻川、省、市新闻单位的记者出席发布会。

7—8 月 全省开展纪念《四川省计划生育条例》颁发实施 1 周年的“大宣传、大检查、大落实”活动，统一生育政策，纠正乱开口子的作法。

8 月 9—12 日 中共四川省委、四川省人民政府召开全省计划生育工作会议，中共四川省委副书记顾金池、中共四川省委常委黄启璪到会并讲话。

10 月 21—24 日 四川省计划生育委员会与中共四川省委宣传部、四川省卫生厅、四川省电视台在成都市联合召开四川省计划生育宣传评估会。参评的文艺节目和宣传品 430 多件（个）。

11 月 7 日 在《四川日报》发起评选“中共十一届三中全会以来四川 10 件大事”的活动中，《四川省计划生育条例》入选，得票数位居第六。

11 月 10 日 四川省人民政府印发《关于实行计划生育工作目标管理责任制的通知》。

1989 年

1 月 全省各地在试点的基础上，普遍开展人口与计划生育基础知识教育。

3 月 25—29 日 四川省计划生育委员会在达县地区巴中县召开近百万人口大县的计划生育工作经验交流会议，全省市（地、州）计生委主任和 32 个近百万人口的大县计生委主任参加会议。

4 月 12 日 四川省计划生育委员会、中国人民保险公司四川省分公司、中国人寿保险四川省分公司印发《关于开办“独生子女两全保险”和“独生子女父母养老金保险”的通知》，以及《独生子女两全保险试行办法》《个人养老金保险试行办法》，要求各地动员参加保险。

4 月 14 日 四川省党政及有关部门负责人召开全国“11 亿人口日”座谈会。

4 月 四川电视台和四川人民广播电台分别开办《家庭与生活》电视栏目和广播栏目。

6 月 6 日 四川省计划生育委员会印发《关于在计划生育工作中实行“两公开一监督”的实施意见》。

7 月 4 日 《四川省计划生育条例》实施两周年之际，四川省人大常委会、四川省政协组织有关人员到遂宁、德阳、雅安等市（地）检查条例贯彻执行情况。

7 月 13—17 日 四川省人民政府批准，由四川省计划生育领导小组和四川省贫困地区经济开发领导小组在南川县召开全省贫困地区计划生育工作经验交流会。

10 月 30 日至 11 月 2 日 全省流动人口计划生育管理工作会议在重庆市召开，会议总结交流经验，讨论修改《四川省流动人口计划生育管理暂行办法》，研究部署全省流动人口计划生育管理工作。

11 月 25 日 中共四川省委宣传部与四川省计划生育委员会召开计划生育宣传教育工作会议。

1990 年

1 月 5 日 中共四川省委组织部、中共四川省委宣传部、四川省计划生育委员会印发《关于在各级党校、干校开设人口课的通知》，并确定开展人口理论教育的对象。

3 月 21—23 日 全省计划生育工作会议在成都市召开，会议要求当年全省人口出生率控制在18‰以内，人口自然增长率控制在 11.5‰以内。

4 月 2 日 中共四川省委宣传部、共青团四川省委、四川省计划生育委员会发文，要求各地开展纪念《中共中央关于控制我国人口增长问题致全体共产党员、共青团员的公开信》（以下简称《公开信》）发表 19 周年的宣传活动。

6 月 18—20 日 四川省计划生育委员会、四川省卫生厅召开全省第二届计划生育技术经验交流会议，表彰和奖励 43 个先进单位、43 名先进个人。

6 月 21 日 全省计划生育县一级宣传技术指导站规范化管理现场会在成都市新都县召开。

7 月 1 日 第四次人口普查结果，全省总人口 107218310 人，占全国人口的 9.46%，男性 55545645 人，女性 51672665 人，性别比 107，人口密度 189 人/平方公里，0—14 岁少年人口系数 23.18%，65 岁以上老年人口系数 5.71%，16—64 岁劳动人口系数 68.66%，劳动人口总负担系数 42.07%，育龄妇女占总人口的 28.67%。

7 月 2 日 中共四川省委宣传部、共青团四川省委、四川省计划生育委员会评选出的叶文志（中共广汉市委书记）、王晓华（南川县半河乡副乡长）、王大强（安岳县石羊镇团委书记）出席在北京市召开的全国贯彻《公开信》先进代表座谈会，受到中共中央总书记江泽民等中央领导接见。

7 月 18 日 中共四川省委、四川省人民政府印发《关于进一步加强计划生育工作的报告》，并决定中共四川省委常委徐世群任省计划生育领导小组副组长。

9 月 7—12 日 全省少数民族计划生育政策法规执行研讨会在阿坝州茂县召开，会议通过《四川省少数民族计划生育政策法规执行研讨会纪要》。

9 月 23 日 全省召开宣传贯彻《公开信》先进代表座谈会，向全省共产党员、共青团员发出带头实行计划生育的倡议书。

是年 7 月和 12 月四川省人大常委会组织 2 次计划生育大检查，各级人大、政协也相继开展自查本地区计划生育工作。

是年 四川省计划生育委员会与《四川农村报》编辑部举办“农村人口与计划生育知识竞赛活动”，200 多万人参赛。

1991 年

1 月 17 日 中共四川省委办公厅、四川省人民政府办公厅转发中共四川省委宣传部、四川省计划生育委员会《关于加强人口与计划生育基础知识宣传教育的意见》，对平坝丘陵地区、盆周山区按不同类型的地区提出不同的量化指标，便于目标管理考核。

4月24—27日 全省基层计划生育宣传教育工作会召开，总结1990年计划生育宣传教育工作，分析“八五”人口形势，提出计划生育宣传教育的任务。

5月4日 四川省计划生育委员会向中共四川省委、四川省人民政府上报《关于加强基层计划生育网络建设的建议》。

5月7日 中共四川省委常委会听取中共四川省计划生育委员会党组关于中共中央、国务院计划生育工作座谈会及全国计生委主任会议的情况汇报及贯彻落实的措施和建议。

5月10日 中共四川省委宣传部、四川省计划生育委员会召开四川省计划生育新闻发布会，通报全省“七五”人口计划执行情况、“八五”人口形势及今后工作任务和对策，并回答记者提问。

5月20日 中共四川省委办公厅向中共中央办公厅上报《关于传达贯彻中共中央、国务院计划生育工作座谈会精神情况的报告》。

6月29日至7月2日 全省召开计划生育工作先进集体、先进个人表彰大会，出席会议代表300多名，表彰258个先进集体、142名先进个人。中共四川省委书记杨汝岱、四川省人民政府省长张皓若和国家计划生育委员会主任彭珮云出席会议并讲话。

6月 中共四川省委办公厅、四川省人民政府办公厅批转中共四川省委宣传部、四川省计划生育委员会《关于加强人口与计划生育基础知识宣传教育的意见》，把人口基础知识教育纳入各级党委、政府的议事日程。

7月16日 四川省计划生育委员会印发《关于迅速掀起宣传贯彻〈中共中央国务院关于加强计划生育工作严格控制人口增长决定〉热潮的意见》及宣传提纲。

10月1日起 全省按照国家统一规定开展独生子女病残儿医学鉴定工作。

11月5—9日 国家计划生育委员会和财政部在四川省峨眉山市召开全国计划生育财务工作会议。

是年 四川省计划生育领导小组成员调整，张皓若任组长，徐世群、刘昌杰、钟戡任副组长。

是年 中共四川省委宣传部、四川省计划生育委员会首次举办“四川人口新闻奖”评选活动，评选出人口计生好新闻50篇、好新闻作品编辑20名。

是年起 全省少数民族地区计划生育基础知识教育试点，主要进行婚前教育。

1992年

1月4日 四川省计划生育委员会宣传、贯彻《中华人民共和国收养法》。

1月29日 四川省教委、四川省编委同意，建立重庆计划生育职工中等专业学校。

2月25日 四川省计划生育委员会举行计划生育新闻发布会，四川省计划生育委员会主任钟戡回答中外记者提问并讲话。

4月26日 四川省计划生育委员会转发德阳市关于开展人口与计划生育基础知识教育普及验收的通知，推广德阳市计划生育委员会普及、验收人口与计划生育基础知识教育的经验。

5月18日 四川省计划生育委员会编制《四川省人口与计划生育工作十年规划和第八个五年计划》。

7月9日 四川省计划生育委员会制定《四川省避孕药具工作管理规范》。

10月23日 四川省计划生育委员会印发《四川省计划生育“红旗县”“合格乡”的标准及考核验收办法》，明确“红旗县”“合格乡”的标准。

1993年

3月2日 四川省计划生育领导小组成员调整，肖秧任组长，秦玉琴、张中伟、康振黄、刘昌杰、谢明道任副组长。

3月21日 四川省计划生育领导小组会议召开，传达贯彻中共中央、国务院计划生育座谈会和全国计划生育工作会精神。

3—4月 四川省计划生育委员会从省、市、县三级计划生育委员会抽调360多名计生干部，分10个小组，对全省10个申报计划生育“红旗县”的县（市、区）进行验收。

4月3日 四川省人民政府同意四川省计划生育管理干部学院更名为四川生殖卫生学院，对内仍使用四川省计划生育管理干部学院的名称。

4月13日 全省计划生育工作会议召开，传达贯彻中共中央、国务院计划生育座谈会和全国计划生育工作会精神。

6月5—7日 国务委员兼国家计划生育委员会主任彭珮云在四川省人民政府副省长张中伟陪同下，考察洪雅县、名山县基层计划生育和卫生工作。

7月2日 四川省计划生育委员会贯彻中共中央、国务院批示，采取措施解决计生工作涉及农民负担问题。

1994年

3月22日 中共中央、国务院在北京市召开计划生育座谈会。中共中央总书记江泽民、国务院总理李鹏、国务委员兼国家计划生育委员会主任彭珮云等领导作重要讲话，中共四川省委书记谢世杰在会上发言。

3月29日 全省计划生育工作会议召开，传达中共中央第四次计生工作座谈会和全国计生工作会议精神。

4月11日 四川省计划生育委员会印发关于在全省统一订立、实施《四川省计划生育服务协议》的通知。

6月29日 四川省市（地、州）计生委主任会议召开，贯彻“盐城会议”精神，强调在市场经济条件下计划生育工作必须走“三结合”（生产、生活、生育三结合）之路。

7月8日 四川省计划生育委员会、四川省财政厅、四川省卫生厅、四川省医药管理局、四川省工商行政管理局、四川省税务局和四川省物价局印发《四川省避孕药具零售管理办法》。

7月10日 四川省计划生育委员会开展《四川省流动人口计划生育管理办法》执法检查。

8月3日 四川省计划生育委员会贯彻落实“盐城会议”精神，在农村全面开展计划生育“三结合”工作。

8月24日 四川省计划生育委员会、四川省农牧厅等八委（厅、局）在农村开展帮助扶持计划生育户率先致富活动。

10月20日 四川省人民政府批准四川省计划生育委员会关于调整四川省“九五”期间人口计划的意见及2010年人口规划。

12月5日 全省计划生育“三结合”工作经验交流会在涪陵地区垫江县召开，推广江苏省盐城市“三结合”经验。

12月8日 四川省计划生育委员会印发《四川省计生行政执法工作程序》。

12月30日 四川省高级人民法院、四川省高级人民检察院转发最高人民法院、最高人民检察院《关于依法严惩破坏计生犯罪活动的通知》。

1995年

1月29日 四川省人民政府印发《四川省计划生育委员会职能配置、内设机构和人员编制方案》，设置8个处室和直属机关党委。

2月15日 中共四川省委宣传部、四川省计划生育委员会和四川省统计局在成都市召开“中国12亿人口日”报告会。

3月 中共四川省委组织部、中共四川省委宣传部、共青团四川省委、四川省计划生育委员会印发《关于在领导干部中开展人口理论学习的通知》，要求各地把人口理论列为各级党委中心学习组的学习内容。

5月17—25日 藏族人口与计划生育问题研讨会议在四川省召开。会议就藏族人口发展的历史现状、藏族计划生育工作现状等进行研讨。

10月22—26日 全国计划生育工作“三结合”经验交流会在成都市召开，中共中央书记处书记、国务院副总理姜春云，国务委员兼国家计划生育委员会主任彭珮云分别讲话。会议总结交流各地开展计划生育工作“三结合”的经验。

10月 中央记者团专程到德阳市、旺苍县、大足县等市（县）采访，把四川“三结合”经验推广全国。

11月13—15日 四川省市（地、州）计生委主任会议召开，传达贯彻全国计划生育工作“三结合”经验交流会精神，研究全省开展“三结合”工作的措施。

是年 中共四川省纪委、四川省监察厅印发《关于共产党员和国家机关工作人员违反计划生育政策法规纪律处分规定》。

1996年

2月6日 全省计划生育工作座谈会召开，中共四川省委书记谢世杰、四川省人民政府省长宋宝瑞到会并讲话。

3月7—9日 四川省市（地、州）计划生育技术指导所所长工作座谈会在成都市召开。全省18

个市（地、州）计划生育指导所所长共20余人参加会议。

4月28日 全省计划生育工作会议召开，传达中共中央第六次计划生育工作座谈会和全国计划生育工作会精神。

6月20日至8月20日 全省开展避孕药具经费财务检查，重点检查避孕药具经费的分配、使用、管理和财经纪律、财务制度的执行情况。

6月24日 四川省人民政府印发《四川省1996—2000年人口与计划生育事业发展计划》。

6月26—28日 四川省计划生育委员会召开全省少数民族地区计划生育宣传教育工作座谈会，总结交流“八五”期间民族地区计划生育宣传教育工作，明确“九五”期间民族地区计划生育宣传教育任务。

11月11日 四川省计划生育委员会印发《四川省计划生育技术服务机构管理标准（试行）》，标准分基本标准和分级标准。

11月14日 四川省举行“幸福工程”新闻发布会暨捐赠仪式。

11月27日 四川省计划生育委员会印发《关于扩大部分县级计生指导站开展生殖保健系列服务试点工作的通知》，明确生殖保健系列服务试点站名单。

11月 中共四川省委组织部、中共四川省委宣传部、共青团四川省委、四川省计划生育委员会对自贡、泸州、宜宾等市、县开展人口理论学习情况进行检查。

同月 四川省计划生育委员会组建四川省计划生育科技专家委员会。

12月23—24日 中共四川省委、四川省人民政府在成都市召开全省“八五”期间计划生育工作先进集体、先进个人暨计划生育“三结合”经验交流会。会议表彰272个计划生育先进集体、228名计划生育先进个人。

12月24—26日 四川省计划生育委员会在成都市召开全省首次计划生育科技大会，会议回顾总结“八五”期间全省计生科技工作取得的主要成绩和经验，传达贯彻全国计生科技大会精神。

1997年

1月10—24日 中共四川省委宣传部、四川省计划生育委员会等十部委开展文化、科技、卫生“三下乡”活动。

3月17日 全省计划生育领导小组会议召开，传达贯彻中共中央、国务院计划生育座谈会和全国计划生育工作会精神。

4月4日 四川省计划生育委员会、四川省计划生育协会、中国人寿保险公司四川分公司第一次召开全省计划生育系列保险代理工作会议。

4月13日 全省计划生育工作会议召开，传达贯彻中共中央、国务院计划生育座谈会和全国计划生育工作会精神。

5月6日 四川省人民政府同意成立四川省计划生育技术鉴定组和四川省独生子女病残儿童鉴定组。

6月 四川省计划生育委员会印发《关于印发〈四川省计划生育系统精神文明建设“九五”规划纲要〉的通知》，提出全省计生系统精神文明建设的目标和措施。

7月8日 全省各市（地、州）主任学习会在广安市召开，主要学习邓小平人口理论。

9月16—18日 全省计划生育宣传教育工作会议在巴中市召开。会议传达全国计生宣传教育工作会议精神，总结交流“八五”期间全省计生宣教工作的成绩和经验，研究部署“九五”和今后一个时期宣传教育工作。

10月5日 四川省人民政府第八十一次常务会议讨论同意《四川省计划生育条例修正案（草案）》，并提请省人大常委会审议。10月17日四川省八届人大常委会第二十九次会议通过。

11月30日 全省城市计划生育工作经验交流会召开，总结城市计划生育工作的经验，分析城市计划生育工作面临的新困难和新问题。

1998年

1月20日 中共四川省委办公厅、四川省人民政府办公厅召开全省计划生育和环境保护工作座谈会。中共四川省委书记谢世杰、四川省人民政府省长宋宝瑞等到会并讲话。

4月21日 四川省计划生育委员会印发《四川省计划生育优质服务试点实施意见》，明确优质服务试点基本内容。

5月7日 四川省计划生育领导小组成员调整。宋宝瑞任组长，张中伟、钮小明、李进、陈昌智、谢明道任副组长。

5月起 全省统一更换、核发“计划生育技术服务许可证”和“计划生育手术施术合格证”，到年底前结束。

7月29日至8月4日 四川省人民政府举办市（地、州）分管领导计划生育学习研讨班。

10月7—12日 国家计划生育委员会组织6个检查组，采取随机抽样、直接进村入户的方式对四川省农村基层计划生育工作进行检查。

10月9日 四川省人民政府办公厅对连续3年完成计划生育工作“三结合”帮扶任务，成绩显著的四川省计划生育委员会、四川省农业厅和四川省林业厅等8个部门被授予“四川省省级部门计划生育‘三结合’帮扶工作先进单位”称号。

11月17—26日 全省首届“人口·家庭·生活”美术、摄影展在成都市劳动人民文化宫举办。

11月 四川省人民政府同意设立四川人口奖，该奖为常设的个人终身荣誉奖，分设荣誉奖、工作奖、科学奖。每两年评选1次，每次评选5名。

12月21—25日 四川省人民政府办公厅、四川省人大教科文卫委、四川省法制局、四川省计划生育委员会和四川省卫生厅等组成调查组，对成都市新都县、自贡市荣县、内江市市中区3个县（区）和6个乡镇，就贯彻落实《中华人民共和国母婴保健法》进行专题调查。

1999年

1月28日 中共四川省委组织部把计划生育工作作为考核各级领导干部的一项主要内容。

2月7日 中共四川省委办公厅、四川省人民政府办公厅召开全省计划生育和环境保护工作座谈会，中共四川省委书记谢世杰、四川省人民政府省长宋宝瑞到会并讲话。

5月27—28日 四川省计划生育委员会在南充市营山县召开全省婚育新风进万家活动现场会，安排部署全省开展婚育新风进万家活动。

6月18日 四川省人民政府办公厅印发《关于进一步加强母婴保健工作提高出生人口素质的通知》，提出母婴保健事业发展的指导思想和奋斗目标。

6月28—30日 四川省计划生育委员会召开全省计划生育科技工作大会，四川省人民政府副省长李进、四川省计划生育委员会主任谢明道出席会议并讲话。

7月28—30日 四川省计划生育委员会在资阳地区乐至县召开全省计生系统行风建设工作会议，驻国家计划生育委员会监察局、中共四川省纪委纠风室领导到会指导。

8月下旬至9月上旬 四川省政协副主席曾平江率省政协人口资源环境委员会调查组对渠县、大竹县、通江县、巴中市4个县（市）的9个乡镇、11个村社进行调查。

9月7日 四川省人民政府《政府工作通报》第71期刊登国家计划生育委员会领导赞扬四川省领导重视和支持计划生育财力保障与财务管理工作，四川省计划生育财政投入从全国第二十四位上升到第九位。

10月12日 四川省人民政府和成都市人民政府在成都市锦城艺术宫举办纪念“世界60亿人口日”千人人口形势报告会。

10月26日 经专家评审、四川省计划生育委员会审定，评出1999年度四川省计划生育科技进步奖。其中一等奖1项、二等奖1项、三等奖5项。

12月17日 四川省计划生育委员会在成都市双流县召开川陕、川藏线生育文化建设研讨会，推出川陕、川藏线生育文化建设示范工程。

是年 四川省计划生育委员会、四川省广播电视厅、四川电视台、四川人民广播电台举办全省“人口·家庭·生活”广播、电视节目展评活动，评出奖项23项。

是年 四川省计划生育委员会与四川省卫生厅在“三州”的7个乡开展乡中心卫生院与服务站共建试点。

2000年

1月26日 中共四川省委办公厅、四川省人民政府办公厅召开全省人口、资源、环境工作座谈会。各市（地、州）党政主要领导和省直有关部门负责人参加会议。

1月28日 四川省计划生育委员会印发《四川省流动人口婚育证明管理办法》。

3月 中共四川省委、四川省人民政府印发《关于贯彻〈中共中央国务院关于加强人口与计划生育工作稳定低生育水平的决定〉的意见》，召开全省计生工作会议。

4月10日 四川省计划生育委员会印发《关于进一步加强计划生育技术服务机构等级评审工作的通知》，开展计划生育技术服务机构的等级评审工作。

5月11日 四川省人大常委会副主任卢铁成、四川省人民政府副省长李进率四川省计划生育委员会主任谢明道等一行数人到国家计划生育委员会，汇报四川贯彻落实中央8号文件，抓住“西部大开发”的机遇加快发展的工作思路及相关建议和请求。

5月27日 中共四川省委、四川省人民政府印发关于贯彻《中共中央国务院关于加强人口与计划生育工作稳定低生育水平的决定》的意见，提出稳定低生育水平是今后一个时期全省人口与计划生育工作的主要任务。

6月2—3日 中共四川省委办公厅、四川省人民政府办公厅召开全省计划生育工作会议。各市（地、州）党政分管领导及省级有关部门和新闻单位参加会议。

6月8日 四川省人民政府对各市（地、州）人民政府、各地区行政公署、省级各部门印发实行法定代表人计划生育工作责任制的通知，确定法定代表人的计划生育工作责任、工作任务、工作目标和保障措施。

同日 四川省人民政府办公厅对各市（地、州）人民政府、各地区行政公署、省直有关部门下发对有关部门履行流动人口计划生育管理职责纳入目标管理的通知。

6月14—15日 四川省计划生育委员会与国家计划生育委员会宣教司在广安市召开“全国学习邓小平人口思想研讨会”。

7月1日起 全省优质服务试点县（市、区）的试点乡（镇、街道）启用由四川省计划生育委员会统一印制的“生育服务通知单”和“出生婴儿入户通知单”。

7月7日 四川省人民政府办公厅印发四川省计划生育委员会职能配置、内设机构和人员编制规定。

7月10日 四川省计划生育委员会组织机关70人参加省市举行的“讲文明树新风，共建文明社区”活动启动仪式。

8月4日 四川省计划生育委员会批准成都市、广汉市等12个计划生育宣传技术服务机构为甲级计划生育宣传技术指导所（站）。

9月上旬 四川省政协人口资源环境委员会组织委员，并邀请部分专家到宜宾市、德阳市调研计划生育优质服务工作。

9月22—28日 全省城乡开展纪念《中共中央关于控制我国人口增长问题致全体共产党员、共青团员的公开信》发表20周年宣传周活动。

11月1日 四川省人民政府省长办公会议听取四川省计划生育委员会关于计划生育工作的情况汇报，同意四川省计划生育委员会提出的7条建议，并议定3项事项。

是年 中共四川省委宣传部、四川省计划生育委员会、四川省文化厅、四川省精神文明建设办公室印发《川陕、川藏线生育文化建设工程的实施意见》，决定在川陕、川藏公（铁）路沿线的成都、绵阳、德阳、广元、雅安、甘孜等市（州）的41个县（市、区）、100多个乡镇先期启动交通干线生育文化建设工程。

2001年

2月2日 四川省人民政府办公厅批转四川省计划生育委员会《关于开展生殖保健服务工作的意见》，要求各市（州）、县（市、区）、乡（镇）将该项工作纳入政府工作目标。

2月12日 中共四川省委、四川省人民政府召开人口资源环境工作座谈会。四川省人民政府省长张中伟出席座谈会并讲话。四川省人民政府副省长李进在会上通报全省人口与计划生育工作情况。

3月1日 四川省人民政府召开纪念中共中央、国务院《关于加强人口与计划生育工作稳定低生育水平的决定》发表1周年座谈会。

3月31日 中共四川省委、四川省人民政府在成都市召开全省计划生育工作暨“九五”计划生育工作先进集体、先进个人表彰大会，表彰全省“九五”计划生育工作先进集体、先进个人和1998—2000年省级部门计划生育“三结合”帮扶工作成绩显著单位，签订“十五”人口与计划生育目标管理责任书。

3月末至4月初 中共四川省委宣传部、四川省计划生育委员会、四川省文化厅、四川省精神文明建设办公室组成检查评估组，对遂宁、内江、宜宾、自贡和乐山等市进行抽查。

4月29日 中共四川省委、四川省人民政府调整四川省计划生育领导小组成员。张中伟任组长，陶武先、陈文光、钮小明、曾平江、刘发生、谢明道任副组长。

6月5—6日 四川省计划生育委员会在德阳市召开全省生殖保健服务现场会暨科技工作会，总结交流开展生殖保健服务的经验，部署在全省推行以妇科病普查普治为重点的生殖保健服务工作。

6月12—13日 四川省计划生育委员会在广安市召开全省计划生育村民自治工作现场会，总结交流广安市等地开展计划生育村民自治的经验，部署在全省开展计划生育村民自治工作。

7月11—14日 首届中国计划生育、生殖健康新技术、新产品博览会在北京市举行，四川省计划生育委员会获得最佳组织奖。

8月 中共四川省委宣传部牵头，组织10余家新闻单位的20多名记者到基层采风，系统报道全省婚育新风进万家活动取得的阶段性成果和典型人物。

10月 在中共中央宣传部、国家计划生育委员会召开的全国婚育新风进万家活动表彰会上，四川省作经验介绍。

12月9—11日 四川省军区和四川省计划生育委员会在南充市南部县召开计划生育军地双轨管理现场会。

是年 中共四川省委宣传部、四川省精神文明建设办公室、四川省计划生育委员会、四川省教育厅、四川省民政厅、四川省文化厅、四川省广播电影电视局、四川省总工会、共青团四川省委和四川省妇联10个部门发出《关于全面贯彻中宣部等十部委〈关于广泛深入开展婚育新风进万家活动的意见〉的通知》。

是年起 四川把“关注男性健康”宣传纳入“三下乡”活动中。

2002年

2月19日 四川省计划生育委员会、四川省财政厅、四川省卫生厅等部门相继制定《四川省计划生育免费技术服务经费管理办法》《四川省免费技术服务定点机构管理暂行办法》等规范性文件。

4月9日 中共四川省委、四川省人民政府在成都市召开全省人口资源环境工作座谈会，各市（州）党政一把手、计划生育委员会主任参加会议。

4月10—11日 四川省人民政府在成都市召开全省计划生育工作会议，各市（州）分管计划生育工作的副市（州）长、计划生育委员会主任参加会议。

4月 四川省人事厅、四川省计划生育委员会印发《关于加强基层计划生育队伍建设有关问题的意见》。

7月18—19日 中共四川省委宣传部、四川省计划生育委员会在绵阳市召开全省婚育新风进万家活动表彰会。

7月20日 四川省人口国际交流协会成立。

8月8日 四川省计划生育委员会出台《关于全面推进人口与计划生育综合改革的决定》，提出以建立“依法管理、村（居）民自治、优质服务、政策推动、综合治理”的人口与计划生育管理体制和工作机制为方向，全面推进人口与计划生育综合改革。

9月10日 四川省计划生育委员会、四川省财政厅和四川省卫生厅印发《四川省计划生育免费技术服务定点机构管理暂行办法》。

9月26日 四川省第九届人民代表大会常务委员会第三十一次会议修订通过《四川省人口与计划生育条例》，自10月1日起施行。

9月 四川省计划生育技术服务机构执业许可评审组对省、市18个计划生育技术服务机构进行现场评审。

11月26—27日 四川省人口与计划生育法律法规知识竞赛在成都市举行，20个市（州）代表队参赛。

12月2—5日 四川省人民政府在绵阳市举办全省市（州）计划生育工作分管领导培训班，各市（州）分管计划生育工作的副市（州）长、计划生育委员会主任参加培训。

12月26日 四川省计划生育协会在成都市举行大会，纪念协会成立20周年。

2003年

3月 四川省计划生育委员会在绵阳市平武县召开九寨环线、成渝线生育文化建设现场会，专题研讨民族地区生育文化建设问题。

4月25—26日 四川省人民政府在成都市召开全省计划生育工作会议，各市（州）分管计划生育工作的副市（州）长，各市（州）、县（市、区）计生委主任参加。

5月 四川省人事厅、四川省财政厅、四川省计划生育委员会、四川省劳动厅印发《关于四川省人口与计划生育条例有关问题的通知》。

6月1日 四川省人民政府省长张中伟签令发布的《四川省社会抚养费征收管理实施办法》正式实施。

6月27日 四川省计划生育委员会、四川省卫生厅印发《关于共同做好基层计划生育和卫生服务工作的意见》。

7月18日 四川省计划生育委员会召集在成都市的中央和省20多家媒体记者，召开新闻发布会，通报全省计生系统行风建设情况。

7月 中共四川省委宣传部、四川省计划生育委员会印发《关于实施社会主义生育文化建设工程的意见》，提出全省生育文化建设的指导思想、主要内容、目标任务，进行总体规划和部署。

10月31日 四川省人民政府省长张中伟在成都市主持召开计划生育领导小组会议，专题研究当前人口和计划生育工作亟待解决的问题。

12 月 10—12 日 国家人口计划生育委员会在成都市召开全国人口与计划生育工作形势分析会。

2004 年

2 月 17 日 四川省计划生育委员会更名为四川省人口和计划生育委员会，并新增 6 项工作任务。

3 月 8 日 中共四川省委宣传部等 4 个部门在成都市举行“迪康——关爱女孩行动”启动仪式。

5 月 10 日 四川省计划生育药品器械管理站更名为四川省计划生育药品器械管理中心，保留成都计划生育药具供应站牌子。

5 月 17—18 日 四川省人民政府在成都市召开全省人口和计划生育工作会议，各市（州）分管人口计生工作的副市（州）长，各市（州）、县（市、区）计生委主任参加会议。会上举行计划生育优质服务“手牵手”活动启动仪式。

6 月 15—16 日 全省生育文化建设工作会在内江市隆昌县召开。中共四川省委宣传部副部长殷建中、四川省人口和计划生育委员会主任王在银等就全省新型生育文化建设工作讲话。

9 月 15 日 全省召开“四川省农村部分计划生育家庭奖励扶助制度试点工作”电视电话会。

9 月 22 日 四川省暨成都市农村部分计划生育家庭奖励扶助金首发仪式在成都市双流县举行。全省各市（州）相继举行农村部分计划生育家庭奖励扶助金首发式，全省有 128138 人获得奖励扶助金。

9 月 四川省人民政府办公厅转发《四川省人口计生委、四川省财政厅关于开展农村部分计划生育家庭实行奖励扶助制度试点工作实施意见的通知》。

10 月 11 日 四川省人民政府颁布第 185 号令《四川省独生子女父母奖励实施办法》。

10 月 四川省人口和计划生育领导小组成员单位重新调整。四川省人民政府省长张中伟任组长。

11 月 中共四川省委、四川省人民政府印发《中共四川省委办公厅、四川省人民政府办公厅关于市（州）、县（市、区）政府机构改革的意见》，要求各市（州）、县（区）将计划生育行政机构更名为人口和计划生育委员会（局）。

12 月 19 日 四川省人口和计划生育科学技术交流协会成立。

是年 四川省人口和计划生育委员会主动取消“五期”教育培训收费。

是年 四川实施“国家级、省级风景区和重点旅游城市生育文化公益宣传画、标语建设项目”。

是年 四川省人口计划生育委员会在全省统一实施“百千万”生育文化建设工程。

2005 年

1 月 26 日 四川省人口和计划生育工作会议在成都市召开，中共四川省委副书记陶武先在会上讲话，四川省人民政府副省长陈文光总结 2004 年的工作，部署 2005 年的工作。

4 月 14—15 日 四川省政协副主席刘绍先等一行在四川省人口和计划生育委员会主任王在银陪同下，到阿坝州理县、汶川县及部分乡镇，调研“十五”期间计生经费投人、管理、绩效评估情况及存在的问题。

4 月 30 日 四川省人口和计划生育委员会印发《关于进一步加强计划生育服务管理的通知》，加强技术服务质量管理。

4—5 月 四川省人口和计划生育委员会组织实施首次四川育龄人群生育意愿抽样调查。调查采取分层、整群、随机抽样方法确定成都市、泸州市、广元市、南充市、达州市、眉山市、甘孜州、凉山州 8 个市（州）、17 个县（市、区）、55 个乡镇、120 多个村为样本点，调查常住人口样本量 14452 人，流动人口样本量 2390 人。

5 月 24 日 四川省人口和计划生育领导小组在宜宾市高县召开全省关爱女孩行动试点工作会议。

5 月 25 日至 6 月 10 日 四川省人口和计划生育委员会组织开展禁止非医学需要的胎儿性别鉴定和选择性别的人工终止妊娠专项督查工作。

5—8 月 四川省人口和计划生育委员会、中共四川省委宣传部举办“四川人口新闻奖”评选活动，有 100 余个新闻单位、300 多名采编人员参加评选活动。4 个党委宣传部门、10 个人口计生部门获组织奖，12 名记者、编辑的 78 件作品分获一、二、三等奖和优秀奖。

6 月 3 日 四川省暨成都市“关爱女孩巴蜀行”活动启动仪式在成都市举行。

6 月 9 日至 7 月 9 日 全省开展“计划生育流动服务车宣传服务万里行活动”。

8 月中旬 “四川人口发展态势”“四川 2020 年人口承载力”和“四川人口发展战略与全面建设小康社会若干重大关系”等重要课题完成，为中共四川省委、四川省人民政府制定国民经济和社会发展“十一五”规划及有关行业规划提供科学依据。

8 月 11 日 四川省人口和计划生育领导小组印发《关于积极推进人口和计划生育知识“五期教育”改革创新的意见》，推进人口“五期教育”改革，创新人口计生宣传教育模式。

8 月 16 日 中共四川省委副书记、四川省人民政府省长张中伟主持召开四川省人民政府第 69 次常务会议，听取四川省人口和计划生育委员会关于全省人口计生工作的情况汇报。

10 月 24—28 日 四川省人大常委会副主任钮小明一行，在四川省人口和计划生育委员会党组书记、主任王在银陪同下，检查巴中、南充两市计划生育执法情况。

11 月 10 日 全国婚育新风进万家活动经验交流暨总结表彰大会召开，四川有 149 个先进集体、106 名先进个人受到中共中央宣传部、国家人口和计划生育委员会等 10 个部委的表彰。

11 月 11 日 四川省人口和计划生育委员会印发《关于深化改革加强计划生育药具工作的意见》。

11 月 17 日 四川省人口和计划生育委员会向四川省政协作人口计生工作专题汇报。四川省政协副主席杨海清等参加汇报会。

11 月 29—30 日 全省人口计生药具改革暨服务站工作会议在自贡市荣县召开。会议总结全省药具管理与服务工作，研究部署全省计生药具和服务站建设及管理工作。

12 月 21—23 日 全省人口计生新机制建设工作会议在攀枝花市召开。

四、文献辑存

中共四川省委　四川省人民政府
贯彻《中共中央、国务院关于加强计划生育工作，严格控制人口增长的决定》的通知

（川委发〔1991〕33号　1991年8月9日）

各市、地、州、县委，各市、州、县人民政府，省级各部门：

《中共中央、国务院关于加强计划生育工作，严格控制人口增长的决定》（中发〔1991〕9号），是在我国控制人口增长的关键时期发出的一个重要的指导性文件。它深刻地阐明了控制人口增长在我国经济和社会发展全局中的重大战略意义，进一步明确了计划生育工作的奋斗目标和方针、政策，具有重大的现实意义和历史意义。为了认真贯彻中央的《决定》，现结合我省实际，提出如下意见。

一、进一步提高认识，切实加强对计划生育工作的领导

“七五”期间，我省在控制人口增长方面做了大量工作，取得了很大成绩。全省年均自然增长率控制在12‰，比全国平均水平低三点五个千分点；与京、津、沪、浙江和东北三省同属于生育水平最低的“一类地区”。但我省面临的人口形势仍然十分严峻，控制人口增长的任务相当艰巨。一九九〇年末，全省人口总数已达一亿零八百一十三万四千人。“八五”期间，处于二十至二十九岁生育旺盛期的妇女人数，将由“七五”期间年均九百八十二万一千人增加到年均一千三百零六万二千人，平均每年增加三百二十四万一千人，增长33%。这样的年龄结构，即便按现行生育政策和当前的控制水平，今后五年间，全省平均每年将出生二百万人以上，除去死亡人口，每年将净增一百四十万人左右。沉重的人口负担，给我省经济建设、社会发展、生态环境和人民生活的改善带来很大的压力和困难，如果我们不能有效地控制人口增长，势必直接影响我省社会主义现代化建设第二步战略目标的实现，同时还会给子孙后代留下严重的后患。由此可见，计划生育已经到了刻不容缓、非抓紧不可的地步。为此，各级领导务必要有清醒的认识，必须引起高度重视，切实加强领导，绝不可掉以轻心。

省委、省政府决定，今后每年不少于两次专题研究计划生育工作；市、地、州党委和政府（行署）每半年，县（市、区）党委和政府每季度至少研究一次；区、乡党委和政府应根据工作中出现的情况和问题，随时进行研究。

党政一把手必须亲自抓计划生育工作，并且要负总责。省委决定，由省委副书记、省长张皓若

任省计划生育领导小组组长，省委常委、秘书长徐世群，副省长刘昌杰任副组长；邀请省人大、省政协、省纪委有关负责同志参加领导小组会议及计划生育方面的重要会议和活动。各地都要充实和加强计划生育工作领导小组，对现有的领导小组该调整的要调整，该加强的要加强，并落实人员，明确职责分工，充分发挥领导小组统筹、协调的作用。要完善人口与计划生育目标管理责任制，实行由上一级党政一把手与分管领导和下一级党政一把手与分管领导共同负责，从省到乡层层签订人口目标管理责任书，并把控制人口增长的效果作为考核各级党政一把手政绩的一项重要依据。对因工作失误而未完成人口计划的，党政一把手要负总责。

二、坚决贯彻执行现行计划生育政策，建立健全依法管理计划生育的工作秩序

《四川省计划生育条例》作为地方性法规，具有法律效力，必须坚定不移地贯彻执行。各地要以《条例》为准绳，依法管理计划生育工作，严禁乱开口子、乱批生育指标。要认真研究和解决生育政策与实际行为脱节的问题，采取有效措施，坚决把群众的生育行为统一到《条例》上来。共产党员、共青团员、革命军人、国家干部特别是各级领导干部要带头遵守和执行《四川省计划生育条例》。

要抓紧制定与计划生育法规相配套的措施。省政府计划今年拟定《关于执行〈四川省计划生育条例〉的若干规定》和《四川省流动人口计划生育管理暂行办法》。各地也应结合本地实际制定类似的配套措施把《条例》具体化，以便各级干部群众更好地执行。要大力推广计划生育合同公证管理，扶贫与计划相结合，开展独生子女两全保险及其父母养老保险。加强计划生育执法机构和队伍的建设，理顺基层计划生育执法程序。各地要按照国发〔1990〕2号和川府发〔1990〕20号文件要求，抓好计生人员对《行政诉讼法》的学习和培训工作，增强依法行政的观念和能力。

三、增加投入，为计划生育工作提供必要的资金和物质保障

为了落实中央提出的在“八五”期间各级财政用于计划生育的事业费要由现在的年人均一元逐步增加到人均二元的要求，省委、省政府决定：今年全省计划生育事业费在去年人均九角三分的基础上，增加二角，达到人均一元一角三分。增加的金额由省、市（地、州）和县（市、区）财政按2∶2∶6的比例分担。同时，积极向中央争取部分资金。农村集体经济的提留，也要安排一定数额用于计划生育事业。要切实加强超生子女费的管理，实行乡收、县管、财政监督管理体制，全部用于计划生育事业。在保证手术、服务费用和人头经费的前提下，可安排小量计划生育事业费用于县、区、乡技术服务站（室）的基本建设。

四、进一步加快县、乡、村计划生育服务网络的建设

各地要按照党的十三届七中全会和中共中央、国务院《决定》的精神；加快县、乡、村计划生育服务网络建设的步伐。一是逐步补齐区乡（镇）计划生育专干缺额，挤占了的指标和编制，要退回。二是计划生育专干不能平级调动，提拔调动的，要征求县计生委的意见后再办理。并要先进后出，同时不能把指标和工资基金带走。三是学习和推广巴中县对区、乡计划生育专干公开招考、择优录用、签订合同、实行保险制度的经验。四是村一级要注意选配政治思想好、热心为群众办事的人担任计划生育指导员或服务员，并合理解决好他们的报酬。

要大力加强县、区、乡计划生育宣传技术服务站（室）的建设，尽快把已经规划的服务站

（室）建起来，并逐步做到“人员、设备、房屋”三配套。已建起的站（室）要充分发挥服务功能，搞好手术、术后随访和妇幼保健工作。同时，理顺技术服务机构的管理体制。鉴于区、乡技术服务站（室）主要是为基层服务，而目前又是实行自负盈亏、经费十分困难的状况，省上决定，对每个区、乡技术服务站（室）按平均二人计算，进行工资补助，具体标准为中专毕业医士定级标准工资的60%，其经费在计划生育事业费中开支，财政予以列支。

计划生育协会是协助政府动员广大群众参与计划生育工作的一种好的组织形式，要进一步发展壮大，重点建设好乡、村两级协会。今年内要把县计生协会和90%以上的乡（镇）、85%的村计生协会建立起来，各级党委和政府要给予积极支持。从事计生协会工作的专职干部，其编制和人员从各级计生委调剂划拨，乡、村基层协会可聘请退休老同志担任。要使协会更好地发挥组织群众自我教育、自我管理、自我服务的作用。

实行计划生育是一项庞大的社会工程。全社会各个方面都应重视和支持这项工作。各有关部门和工会、共青团、妇联等群众团体，都要根据各自承担的任务，制定切实可行的措施，齐抓共管，共同做好计划生育工作。宣传、新闻等部门和单位，要广泛深入地做好计划生育宣传工作。各级党校、干校、团校及各类高、中等学校，都要把人口和计划生育的教育作为一项教学内容。全体共产党员和全省人民，必须立即动员起来，发扬艰苦奋斗，开拓进取，团结协作的精神，坚定不移地贯彻计划生育基本国策，为实现“八五”人口计划和十年人口规划而努力奋斗。

中共四川省委　四川省人民政府
关于在农村全面开展计划生育“三结合”工作的决定

（川委发〔1994〕24号　1994年10月6日）

计划生育是我国的一项基本国策。实行计划生育以来，我省人口控制成效显著，促进了全省经济社会的发展。在建立社会主义市场经济体制的新形势下，全省各地不断探索综合解决人口问题的路子，引入利益导向和社会约束相结合的计划生育运作机制，在推行计划生育过程中，把生产、生活和生育有机地结合起来（以下简称“三结合”），为育龄群众提供生产、生活、生育服务，取得了可喜成绩。为了在全省农村全面开展计划生育“三结合”工作，进一步促进农村经济和计划生育工作持续、稳定、健康发展，特作如下决定。

一、进一步统一对计划生育“三结合”工作的认识

计划生育“三结合”是党的基本路线和计划生育基本国策在宏观上、微观上的有机结合，是坚持以经济建设为中心，从严控制人口过快增长，进一步加快农村以及全省经济发展的客观要求。人口问题本质上是发展问题。四川是一个人口大省，也是一个农业大省，本世纪要从温饱过渡到小康，

最基本的指标是全社会人均占有粮食和农村人均纯收入。如果不严格控制人口增长，粮食的增产和收入的增加都将被过快增长的人口所抵消。要实现奔小康战略目标，就必须牢固树立人均观念，切实抓紧抓好稳粮、增收、控人口。我省农业人口占80%以上，计划生育工作的重点和难点都在农村。农村人口能否得到有效控制，农民能否达到小康水平，对全省实现小康至关重要。因此，在农村把生产、生活和生育三者有机结合起来，为育龄群众提供全方位优质服务，帮助扶持计划生育户率先脱贫致富，使人口与经济不仅在宏观上而且在微观上协调统一，尤为重要。它不仅符合我省基本省情，服从、服务于经济建设这个中心，而且顺乎民意，体现了我党全心全意为人民服务的宗旨。各级党委、政府必须充分认识开展计划生育“三结合”工作的重大意义，扎扎实实地把这项工作抓紧抓好。

二、计划生育“三结合”的目标和重点

计划生育“三结合”的目标是：使人口与经济协调发展，促进农村经济社会全面进步和人口的有效控制，确保人口计划的完成和农村经济文化建设，加快实现小康步伐；丘陵地区，要抓住国家加强对农业投入和加快商品粮、油、棉、猪基地建设的机遇，通过“三结合”，着力调整农村产业、产品结构，发展“三高”农业、畜牧、水产业和乡镇企业，组织劳务输出，培养造就一批能带领广大农民共同富裕的“少生快富”典型，加快由传统农业向现代化农业的转化步伐；盆周山区，要抓住实施《国家八七扶贫攻坚计划》和建立牛、羊、果、林、茶基地的机遇，把扶贫与计划生育结合起来，加快计划生育户脱贫致富步伐；少数民族地区，要利用中央对少数民族地区的优惠政策和加速其经济发展的机遇，认真搞好计划生育“三结合”工作试点，探索具有少数民族地区特色的“三结合”路子。

三、切实加强计划生育“三结合”工作的领导

计划生育“三结合”工作是一项社会系统工程。各级党委、政府要把“三结合”工作作为农村工作的重要任务，列入本地经济社会发展规划，并在资金、项目和政策上向计划生育户倾斜。党政一把手要亲自抓、负总责，并明确分管计划生育工作和分管农村工作的领导具体抓。各地计划生育领导小组要新增农村工作部门的负责人参加，在领导小组内要确定专人负责“三结合”工作的政策衔接、组织协调、指导实施和考核评估等工作。

各级各部门一定要从全省实现小康的战略高度来认识人口问题，用人均指标指导和考核各项工作。凡需出台的各项政策、规定和措施都应注意与现行计划生育政策和法规相衔接。计划生育部门要坚持“三为主”方针，认真贯彻《四川省计划生育条例》，在保证提供优质生育服务的同时，积极向群众提供生产、生活服务，并搞好“三结合”的联系、协调和考核、评比工作，为各部门开展“三结合”工作育“三结合”工作作为农村工作的重要内容，把它同妇女“双学双赛”、青年勤劳致富等活动结合起来。要充分发挥计划生育协会联系面广的优势，紧紧围绕控制人口目标，发动会员帮助和带动计划生育户勤劳致富。

中共四川省委 四川省人民政府 关于贯彻《中共中央国务院关于加强人口与计划生育工作稳定低生育水平的决定》的意见

（川委发〔2000〕25号 2000年5月27日）

各市、地、州、县委，各市、州、县人民政府，各地区行政公署，省级各部门：

《中共中央国务院关于加强人口与计划生育工作稳定低生育水平的决定》（中发〔2000〕8号，以下简称《决定》），是在我国人口与计划生育事业进入新的发展时期，党中央、国务院对人口与计划生育工作作出的重大决策，是指导我国人口与计划生育工作的纲领性文件。认真学习、宣传、贯彻《决定》，对于稳定我省的低生育水平，为实施西部大开发创造良好的人口环境，促进人口与经济、社会、资源、环境的协调发展和可持续发展，具有重大的意义。现结合我省实际，提出如下贯彻意见。

一、充分认识我省稳定低生育水平的重要性和艰巨性，确保人口与计划生育工作目标的实现

经过长期坚持不懈的努力，我省计划生育工作取得了显著的成绩，人口过快增长的势头得到了有效控制，妇女总和生育率已下降到更替水平以下，初步实现了人口生产类型从高出生率、低死亡率、高自然增长率向低出生率、低死亡率、低自然增长率的转变。实行计划生育以来，全省少生3200多万人，为促进我省经济发展、社会进步和人民生活的改善以及稳定全国人口作出了积极贡献。

稳定低生育水平，是今后一个时期我省人口与计划生育工作的主要任务。目前我省的低生育水平是在生产力水平较低、社会保障制度尚不健全、群众的生育意愿与现行生育政策还有较大差距的条件下，主要通过行政手段实现的，存在着很强的生育反弹压力。我省不仅拥有庞大的育龄人群，而且拥有庞大的一孩妇女人群，存在着很大的生育反弹空间。随着独生子女人群进入结婚生育期，按照我省现行生育政策，独生子与独生女结婚可以生育两个孩子，由此将出现生育率的回升。同时，我省人口与计划生育工作的调控体系、管理机制与社会主义市场经济体制还不相适应，工作方法、服务质量与群众的需求还不相适应。还有相当一部分同志对人口多这个最基本、最重要的省情认识不足，对可持续发展战略中人口问题是关键认识不足，对在社会主义市场经济条件下人口与计划生育工作的长期性、艰巨性和复杂性认识不足。因此，稳定我省低生育水平的任务十分繁重而艰巨。

人口过多，人口与经济、社会、资源、环境的矛盾尖锐，是我省的基本省情，也是制约我省经济和社会发展的关键因素。由于庞大的人口基数和人口增长的惯性作用，我省人口仍将持续增长，在实现稳定低生育水平的前提下，预计要到2025年左右才能实现零增长。未来10年，我省还将面临育龄人口的高峰、劳动就业年龄人口的高峰、老龄人口的高峰，人口形势依然十分严峻。因此，必须高度重视人口增长对实现我省西部大开发战略目标的影响。要实施追赶型、跨越式发展战略，把我省建设成为西部经济强省和长江上游的生态屏障，必须处理好发展经济与控制人口的关系，既要加快经济发展，不断增加经济总量，又要高度重视控制人口，不断提高人均占有水平，真正做到

经济要上去，人口数量要下来，人的素质要提高。

今后10年，我省人口与计划生育工作的目标是：到2010年末，全省总人口控制在9100万以内，年均人口出生率不超过13‰，出生人口素质明显提高，育龄群众享有基本的生殖保健服务，基本形成适应社会主义市场经济体制的计划生育工作机制。各级党委、政府必须从经济社会发展的全局和可持续发展的战略高度认识和解决人口问题，以对党和国家、对人民群众、对子孙后代高度负责的精神，坚持不懈地把人口与计划生育工作抓紧抓好，确保未来人口与计划生育工作目标的实现。

二、切实加强计划生育基层基础建设，健全计划生育工作的社区管理和服务体系

我省计划生育工作的重点在农村，难点在流动人口等特殊人群，关键在乡（镇、街道）、村（居委会）两级。切实加强计划生育基层基础建设，健全计划生育工作的社区管理和服务体系尤为重要。

乡（镇、街道）计划生育办公室是基层计划生育工作的行政执法机构，要认真履行基层计划生育管理的职责，切实提高依法行政和科学管理水平。要保持乡（镇、街道）计划生育工作机构单设，不得合并和撤销，其工作人员应是国家公务员，纳入行政编制。乡（镇）计划生育办公室的编制标准是：一类乡（镇）3人，二类乡（镇）2人，三类乡（镇）1人；街道计划生育办公室参照此标准，可考虑流动人口量确定编制。基层计划生育干部提拔、调动应事先征求县级计划生育主管部门的意见，缺编人员由人事部门会同计生部门安排指标选配符合条件的人员随缺随补。

乡（镇）计划生育宣传技术服务站是基层开展计划生育服务工作的重要依托，要不断改善服务条件，增强服务能力，完善服务规范，提高服务水平。从我省实际出发，除城区、人口特少的乡和三州外，都应建立乡（镇）计划生育宣传技术服务站。计划生育技术服务机构是公益性事业单位，其工作人员必须是计划生育或卫生专业技术人员，纳入事业编制。计划生育技术服务机构是重要的卫生资源，要积极支持有条件的计划生育技术服务机构依法拓宽服务领域，发展生殖健康产业，提高社会效益和经济效益。

村计划生育专干是做好农村计划生育工作极为重要的力量，要切实选配、培训好村计划生育专职干部，落实好他们的报酬，一般应不低于村支书的80%。

要建立和落实法定代表人计划生育工作责任制。各种所有制形式的企业、事业单位、社会组织都要依据有关法律法规，承担管理计划生育的责任，落实计划生育工作的人员、经费和措施以及计划生育的奖励优待政策。

要建立和落实对特殊人群的计划生育管理责任制。对流动人口，要建立流入地和流出地共同负责、以流入地管理为主的流动人口计划生育管理体制。有关部门要切实履行职责，围绕办证、租房、用工等环节，加强对流动人口计划生育工作的综合管理。对下岗职工，有关单位要相互衔接，把为他们提供生活、就业与生育服务结合起来。

要把计划生育工作纳入社区管理和服务之中。在农村，要把计划生育工作作为村级组织建设和“小康村”“文明村”“文明家庭”建设的重要内容，开展创建计划生育合格村活动，积极推进计划生育村民自治，实行计划生育村务公开、民于管理与民主监督。在城镇，要把计划生育工作纳入社区管理、社区服务以及创建“安全文明小区”活动之中，推行属地化管理，强化街道办事处、居民委员会的计划生育管理职责，形成“单位负责、条条保证、以块为主”的计划生育管理体制，并利用社区服务中心等机构和社区公用设施，开展计划生育服务。

三、加大综合治理力度，完善人口与计划生育工作的宏观调控体系和相关社会经济政策

人口与计划生育工作是一项社会系统工程，各级党委、政府要协调有关部门和动员全社会的力量，通过建立完备的调控体系和良好的政策环境，对人口与计划生育工作实行综合治理。要进一步明确各有关部门的人口与计划生育工作职责，真正形成党政负责、部门配合、群众参与、齐抓共管的格局。纪检监察、组织、宣传、民委和计划、教育、科技、公安、司法、民政、财税、人事、劳动保障、建设、国土资源、农业、文化、卫生、广播电视、工商、统计等部门要结合各自职能，把参与计划生育宣传、管理和服务作为应尽之责，增强工作的自觉性和主动性。有关部门在起草法规、制定规章及社会经济政策时，要统筹考虑，相互协调，做到有利于计划生育工作。凡不利于计划生育工作的应及时修改、废止。今后涉及计划生育工作的应征求计划生育部门的意见。把有关部门履行计划生育工作“三结合”帮扶和流动人口计划生育管理职责纳入政府综合目标管理。工会、共青团、妇联和计划生育协会等群众团体要在组织群众实行自我教育、自我管理、自我服务方面发挥积极作用。计划生育部门要充分发挥职能作用，协助党委和政府组织、协调、督促、推动人口与计划生育政策的落实。

要制定和实施有利于计划生育的社会经济政策，建立计划生育的利益导向机制。各级政府及涉农等部门要不断深化“三结合”，采取小额贷款、项目优先、科技扶持、政策优惠等措施，向实行计划生育的家庭倾斜，促进各种生产要素与计划生育户的优化组合，帮助实行计划生育的家庭增加收入，提高社会经济地位。继续坚持扶贫开发与计划生育工作相结合，扶贫开发的项目选择和资金安排，都要把实行计划生育的贫困户作为优先和重点扶持对象。要落实对实行计划生育家庭的奖励和优待政策，切实兑现独生子女父母奖励金和城市独生子女父母退休加发5%的退休金。

要积极发展社会保障事业，建立有利于计划生育的社会保障制度。在城镇，要大力发展养老保险、基本医疗保险、生育保险、独生子女医疗和教育保险以及社会福利等社会保障事业，妥善解决城镇职工实行计划生育的费用。在农村，要坚持政府支持和农民自愿的原则，积极探索建立计划生育户特别是独生子女户和两女户的养老保障制度。要制定有利于计划生育的社会救助政策，对实行计划生育的贫困户给予生活保障补助。

四、积极推进优质服务，建立宣传教育、科学管理、综合服务相统一的计划生育工作机制

计划生育工作必须坚持以人为本，尊重群众作为计划生育主人的地位，为群众提供优质的服务，不断提高群众的满意程度。

要加强人口与计划生育的宣传教育，促进群众婚育观念的转变。人口与计划生育宣传教育是党的宣传工作的重要组成部分，要利用各种传媒，采用多种方式，加强人口与计划生育的公益性宣传，在全社会形成有利于计划生育的良好氛围，大力普及避孕节育、优生优育、生殖保健的科学知识。各级党校、干校、团校都要开设人口理论课，中学以上学校都要开设人口讲座及生理卫生、青春期教育课程。要深入开展“婚育新风进万家”活动，引导广大群众树立晚婚晚育、少生优生、生男生女都一样等科学、文明、进步的婚育观，努力建设社会主义新型生育文化。

要提高依法行政水平，切实保障群众在实行计划生育中的合法权益。各级干部要增强法制观念、

群众观念和服务观念，转变计划生育工作思路，克服简单粗暴、强迫命令的工作方法，努力实现寓管理于服务之中。要完善计划生育行政执法责任制，严格执法，文明执法，切实保障群众的人身权、财产权和其他合法权益。要严格执行计划生育的各项收费标准，禁止乱收费，减轻群众负担。

要大力推进以技术服务为重点的计划生育优质服务，不断提高群众的生殖健康水平。要充分利用各级计划生育技术服务机构和各种现有卫生资源，围绕生育、节育、不育，做好计划生育技术服务、生殖保健服务、母婴保健服务和提高出生人口素质的工作。计划生育技术服务机构要坚持“面向基层、深入乡村、方便群众、服务上门”的工作方针，指导育龄群众选择以长效避孕措施为主的安全、有效、适宜的避孕方法。要加强计划生育领域的科学研究和技术创新工作，重视避孕节育、优生优育、生殖保健新技术、新产品的开发和推广，并加强计划生育技术、避孕药具和生殖保健用品市场的管理，保护群众的身心健康。

五、加强领导，切实为人口与计划生育工作提供保障条件

加强领导是做好人口与计划生育工作的根本保证。各级党委、政府要增强领导班子的人口意识和人均观念，坚持党政一把手对计划生育工作亲自抓、负总责，切实做到责任到位，措施到位，投入到位。要建立健全各级计划生育领导小组协调制度和调研制度，继续实行省计划生育领导小组成员单位联系县制度，充分发挥领导小组成员单位的作用。实施内地支持少数民族地区的对口援助措施。省委、省政府每年召开一次人口工作座谈会，每届对市、地、州党政分管计划生育工作的领导进行1—2次培训。把人口与计划生育工作纳入重大事项督查范围，每年对1—2个市、地、州进行重点检查、各市、地、州党委、政府（行署）每年要将本地区的人口与计划生育工作情况向省委、省政府作专题报告。

坚持和完善人口与计划生育工作目标管理责任制。要改革考核指标体系和考核办法，实行党政领导和计划生育部门分线考核，把工作重点引导到稳定低生育水平和为群众提供优质服务、提高工作水平上来。把领导干部特别是一把手落实计划生育工作责任制的情况作为衡量政绩和选拔、奖惩的重要内容，任期内逐年考核，离任时进行审核，对工作失职的要追究责任。每两年评选一次“四川人口奖”，每三年评选一次计划生育系统先进集体和先进个人。

切实加强计划生育工作队伍建设。要按照思想好、作风正、懂业务、会管理、善于做群众工作的要求，选配、整顿、教育、培训好计划生育工作队伍，提高他们的政治、业务素质和职业道德、行业作风水准。要从政治上、工作上、生活上关心爱护计划生育工作者，激发他们的工作积极性。要落实基层计划生育工作人员的岗位补贴，逐步为基层计划生育作人员建立人身意外伤害保险。要解决好计划生育技术服务人员的职称问题，在各级卫生专业技术职务评审委员会中设立计划生育专业评审组，负责对计划生育技术人员的职称评审工作。要十分重视各级计生委领导班子建设，特别是要选配好一把手，市（地、州）、县（市、区）两级计生委领导班子中至少应有一名具有医学专业知识的成员。

确保人口与计划生育工作的经费投入。要逐步提高人口与计划生育经费投入的总体水平，计划生育事业费增长幅度应高于财政收入的增长幅度。到2005年，全省人均财政投入计划生育事业费要超过10元，除中央补助外，由省、市、县（含乡级）三级按2∶2∶6的比例分级负担，实行逐年预算，年终考核。对少数民族地区给予适当倾斜。要切实加强计划生育事业费管理，严格执行国家规定的开支范围和标准。要认真贯彻执行“收支两条线”管理的规定，管好用好计划外生育费和社会

抚养费，任何单位和个人不得截流、挪用、挤占，确保全部用于计划生育事业。要加强对计划生育经费的审计监督，对违反财经纪律的行为必须严肃查处。

广大党员、干部要带头实行计划生育，做落实计划生育基本国策的表率。干部计划外生育的，一律给予政纪处分，不能担任领导干部；党员计划外生育的，一律给予党纪处分。各级党委、政府和各部门要认真学习贯彻《决定》精神，结合本地区、本部门实际，创造性地做好人口与计划生育工作，为稳定低生育水平，实现我省人口与经济、社会、资源、环境的协调发展和可持续发展作出新的贡献。

四川省人口与计划生育条例

（2002年9月26日，四川省第九届人民代表大会常务委员会第三十一次会议修订通过《四川省计划生育条例》，条例名称修改为《四川省人口与计划生育条例》）

第一章 总 则

第一条 根据《中华人民共和国人口与计划生育法》，结合四川省实际，制定本条例。

第二条 本条例适用于本省行政区域内的国家机关、社会团体、企业事业单位、群众性自治组织和公民以及户籍在本省而离开本省行政区域的公民。

第三条 实行计划生育是国家的基本国策，是每个公民和全社会的共同责任。

公民有生育的权利，也有依法实行计划生育的义务，实行计划生育的合法权益受法律保护。夫妻双方在实行计划生育中有共同的责任。

地方各级人民政府及其工作人员在推行计划生育工作中应当严格依法行政，文明执法，不得侵犯公民的合法权益。计划生育行政部门及其工作人员依法执行公务受法律保护。

第四条 计划生育工作，坚持以宣传教育、避孕、经常性工作为主的方针，辅以必要的行政、经济措施，引导公民自觉实行计划生育。

计划生育工作，依靠科学技术进步，建立健全奖励和社会保障制度，并与发展经济、帮助公民勤劳致富、建设文明幸福家庭相结合，建立政府组织、有关部门具体实施的工作机制，为实行计划生育的家庭开展生产、生活、生育服务。

第五条 地方各级人民政府领导本行政区域内的人口与计划生育工作，负责实施本条例，将人口计划纳入本地区国民经济和社会发展计划，实行由本级人民政府主要领导负责的人口与计划生育目标管理责任制。

第六条 地方各级人民政府应当按照国家有关规定安排落实人口与计划生育工作经费，确保人口与计划生育工作的需要。

省、市人民政府建立健全对人口与计划生育工作先进地区在经费上予以激励的机制；对贫困地区、少数民族地区的计划生育工作在经费上予以重点扶持。

鼓励社会团体、企业事业单位和个人为人口与计划生育工作提供捐助。

任何单位和个人不得截留、克扣、挪用人口与计划生育工作经费、奖励专项经费和社会抚养费。

第七条 对人口与计划生育工作取得显著成绩的组织和个人，由地方各级人民政府或者有关部门给予表彰和奖励。

对本条例贯彻实施不力的地区或者单位，由同级或者上级人民政府给予批评、教育，责令其限期改进。

第二章 人口与计划生育管理

第八条 县级以上计划生育行政部门主管本行政区域内的人口与计划生育工作，同级发展和改革、财政、工商、公安、卫生、民政、劳动和社会保障、税务、建设、交通、统计、教育等行政部门应当在各自的职责范围内，做好有关的人口与计划生育工作。

乡（镇）人民政府、街道办事处负责本辖区内的人口与计划生育工作，贯彻落实上级人民政府人口与计划生育实施方案，其计划生育工作机构具体负责本辖区内的人口与计划生育管理和服务工作。

村民委员会、居民委员会应当依法做好计划生育工作，将人口与计划生育纳入自治的内容。村民委员会、居民委员会应当有负责人口与计划生育工作的人员。

第九条 国家机关、部队、社会团体实行人口与计划生育工作责任制，企业事业单位实行人口与计划生育工作法定代表人责任制，落实计划生育机构或者专职、兼职人员，做好人口与计划生育宣传教育和经常性服务工作，保障实行计划生育职工的合法权益。

各级计划生育协会应当充分发挥其在计划生育工作中的自我教育、自我管理、自我服务作用。

工会、共产主义青年团、妇女联合会及个体劳动者协会等社会团体应当根据其职责和特点，支持和配合政府做好人口与计划生育工作。

第十条 计划生育、教育、科技、文化、卫生、民政、新闻出版、广播电视等部门应当组织开展人口与计划生育宣传教育。

大众传媒负有开展人口与计划生育的社会公益性宣传的义务。

学校应当在学生中，以符合受教育者特征的适当方式，有计划地开展生理卫生教育、青春期教育或者性健康教育。

第十一条 流动人口计划生育工作以现居住地人民政府管理为主，户籍所在地人民政府应当予以协助。具体管理办法按照国家和省有关规定执行。

第十二条 计划生育、公安、劳动和社会保障、民政、教育、人事、统计、卫生等行政部门应当互相提供有关人口数据，实行人口信息资源共享。

第三章 生育调节

第十三条 稳定现行生育政策，提倡和鼓励公民晚婚、晚育，做到少生、优生、优育。提倡和鼓励一对夫妻生育一个子女。

男女双方按法定婚龄各推迟3周岁以上初婚的为晚婚，已婚妇女24周岁以上生育第一个子女的为晚育。

不得违反法律和本条例规定生育。

夫妻将子女送给他人收养的，不得以此为理由再生育。

第十四条　符合下列条件之一的夫妻，可以申请生育第二个子女：

（一）第一个子女为病残儿，不能成长为正常劳动力但医学上认为可再生育的；

（二）独生子与独生女结婚的；

（三）农村人口中男到独生女家结婚落户的；

（四）农村人口中夫妻一方为烈士的独生子女的；

（五）农村人口中夫妻一方为二等甲级以上的伤残军人的；

（六）农村人口中夫妻一方因公致残，相当于二等甲级以上的伤残军人的；

（七）农村人口中几个亲兄弟只有一个有生育能力的；

（八）农村人口中夫妻一方两代以上都是独生子女的；

（九）盆周山区县和经设区的市批准的盆地内的山区乡（不含其行政区域内的平坝、丘陵、河谷地带）的农村人口中，缺乏劳动力的独生女户；

（十）盆周山区县的边远高寒大山区的农村人口中的独生子女户；

（十一）婚后患不育症，依《中华人民共和国收养法》收养一个子女后怀孕的。

第十五条　符合下列条件之一的夫妻，可以申请再生育一个子女：

（一）因丧偶再婚的，再婚前丧偶一方子女不超过两个，另一方无子女的；

（二）因离婚再婚的，再婚前一方只有一个子女，另一方无子女的。前款所称无子女，是指未生育、未收养和生育或者收养后子女死亡的。

第十六条　少数民族也应当实行计划生育。具体办法由民族自治州、自治县的人民代表大会根据本条例的原则和当地实际情况制定，报省人民代表大会常务委员会批准后施行。

第十七条　在四川定居的港、澳、台同胞，归国华侨，以及夫妻一方为港、澳、台同胞，归国华侨，外国公民的生育，按国家有关规定执行。

第十八条　适用本条例第十四条第（一）项规定，要求再生育一个子女的，必须由设区的市级以上计划生育技术指导组组织进行病残儿医学鉴定。其他任何单位、个人出具的鉴定不能作为依据。

第十九条　将户籍由其他地区迁入本条例第十四条第（九）项、第（十）项规定地区居住时间不满两年的，不得依据本条例第十四条　第（九）项、第（十）项规定申请再生育。女方户籍在本条例第十四条第（九）项、第（十）项规定的地区，因婚姻关系在其他地区居住两年以上的，不得依据本条例第十四条第（九）项、第（十）项规定申请再生育。

第二十条　夫妻生育第一个子女的，应当在怀孕三个月内到女方单位所在地或者户籍所在地乡（镇）人民政府、街道办事处领取生育服务证，凭证享受免费的计划生育技术服务；女方单位所在地或者户籍所在地乡（镇）人民政府、街道办事处应当及时发给生育服务证，做好生殖保健服务。

第二十一条　夫妻申请再生育的，经女方单位所在地或者户籍所在地村民委员会、居民委员会核实，乡（镇）人民政府、街道办事处审查，报县级计划生育行政部门批准。乡（镇）人民政府、街道办事处应当从收到申请材料之日起30日内审查完毕，并报送县级计划生育行政部门，县级计划生育行政部门应当从收到报送材料之日起60日内（需作独生子女病残儿鉴定者鉴定期间除外），发出是否批准生育的书面通知，批准生育的发给生育证。逾期没有送达书面通知的，视为批准。

符合本条例第十四条规定申请再生育子女的，除女方年龄在30周岁以上者外，应当有4年的间隔时间。

第四章　计划生育技术服务

第二十二条　计划生育技术服务实行国家指导与个人自愿相结合的原则。

公民享有避孕方法的知情选择权。计划生育技术服务机构和从事计划生育技术服务的医疗、保健机构应当指导公民选择安全、有效、适宜的避孕节育措施。实施避孕节育手术，应当保证受术者的安全。

育龄夫妻应当自觉落实计划生育避孕节育措施，接受计划生育技术指导。提倡和鼓励已生育子女的夫妻选择长效措施为主的避孕方法。非意愿妊娠或者不符合法定生育条件妊娠的，应当及时采取补救措施。

经婚前医学检查，诊断为患有医学上认为不宜生育的严重遗传性疾病的，应当采用长效避孕措施或者施行绝育手术。

第二十三条　保障育龄夫妻享有获得避孕、节育指导等计划生育技术服务的权利。计划生育技术服务机构或者指定的从事计划生育技术服务的医疗、保健机构或者村民委员会可与农村人口中的育龄夫妻签订计划生育服务协议，明确双方的权利、义务和违约责任。

第二十四条　实行计划生育的育龄夫妻免费使用国家发放的避孕药具，免费享受孕情检查、放取宫内节育器、人工终止妊娠术、绝育手术和计划生育手术并发症的诊断、治疗等基本项目的计划生育技术服务。

前款规定所需经费，农村人口由各级财政按国家和省的规定列入财政预算解决；城镇人口按国家和省的有关规定在生育保险或者医疗保险统筹基金中报销。未参加生育、医疗保险的，由所在单位或者地方财政负担。

第二十五条　计划生育技术服务网络，由计划生育技术服务机构和从事计划生育技术服务的医疗、保健机构组成，并纳入区域卫生规划。

计划生育技术服务应当由计划生育技术服务机构和经批准从事计划生育技术服务的医疗、保健机构提供。

第二十六条　计划生育技术服务机构是指依照《计划生育技术服务管理条例》规定取得执业许可，从事计划生育技术服务的非营利的公益性全额拨款事业单位。计划生育技术服务机构开展计划生育技术服务，必须依照国家规定取得设区的市级以上计划生育行政部门核发的《计划生育技术服务机构执业许可证》。《计划生育技术服务机构执业许可证》上应当注明获准开展的计划生育技术服务项目。

医疗、保健机构开展计划生育技术服务，应当依照有关的设置标准，由县级以上卫生行政部门审查批准，在其《医疗机构执业许可证》上注明获准开展的计划生育技术服务项目，并向同级计划生育行政部门通报。

个体医疗机构不得从事计划生育手术。

第二十七条　计划生育技术服务机构中从事计划生育技术服务的临床服务人员，应当依法取得执业资格和申请注册，并在经批准从事计划生育技术服务的机构中执业。

第二十八条　严禁利用超声技术和其他技术手段进行非医学需要的胎儿性别鉴定；严禁非医学需要的选择性别的人工终止妊娠。

因生育病残儿经鉴定获准再生育者，需要进行胎儿性别鉴定或者选择性别的人工终止妊娠的，应当经省计划生育行政部门核实，并到指定的机构接受鉴定或者手术。

第二十九条　施行绝育手术后，因子女死亡、再婚等特殊情况允许再生育的，凭所在单位证明，经县级计划生育行政部门批准，在指定的计划生育技术服务机构或者医疗、保健机构施行吻合手术。

第三十条　经县级以上计划生育手术并发症鉴定组鉴定为并发症的，在治疗期间，国家机关、社会团体、企业事业单位在职人员视为出勤，工资、奖金照发；农村人口由基层人民政府给予适当优待。

第三十一条　计划生育技术服务机构开展计划生育技术服务之外的其他诊疗业务，应当依照《医疗机构管理条例》的规定申请办理《医疗机构执业许可证》。

第五章　奖励与社会保障

第三十二条　实行晚婚的，除国家规定的婚假外增加婚假 20 天；已婚妇女晚育的，除国家规定的产假外增加产假 30 天，给予男方护理假 15 天。婚假、产假、护理假视为出勤，工资、奖金照发。

农村人口中晚婚、晚育的，基层人民政府可予以适当奖励。

第三十三条　持有生育服务证、只有一个未满 18 周岁子女的夫妻，已采取节育措施，自愿不再生育的，由夫妻双方申请，所在单位、村民委员会、居民委员会核实，乡（镇）人民政府、街道办事处发给《独生子女父母光荣证》。

夫妻只有一个依法收养的未满 18 周岁的子女、自愿不再生育的，可以领取《独生子女父母光荣证》。

《独生子女父母光荣证》一式两份，夫妻双方各持一份。

第三十四条　符合法律法规规定生育的子女如系双胞胎或者多胞胎的，不享受对独生子女父母的奖励和优待。

第三十五条　县级以上人民政府建立人口与计划生育奖励专项经费。奖励专项经费由政府拨款、社会抚养费、社会捐助等组成，用于奖励夫妻双方均为农村人口和城镇享受最低生活保障救济人员中的独生子女父母，专款专用，不得挪作他用。奖励专项经费的具体管理办法由省人民政府制定。

第三十六条　凡取得《独生子女父母光荣证》者享受以下奖励和优待：

（一）根据当地或者单位的经济条件，每月发给独生子女父母奖励金总和为 5 元至 10 元，从取得《独生子女父母光荣证》之月起发至子女 18 周岁止。奖励金由父母所在单位各负担 50%。国家机关、社会团体、事业单位在职人员的奖励金按有关规定开支；各类企业职工、城镇个体工商户及其他经济组织人员的奖励金在经营成本中列支；一方是国家机关、社会团体、企业事业单位在职人员，另一方为城镇享受最低生活保障救济人员或者农村人口的，由在职一方所在单位全额发给；夫妻双方均为农村人口和城镇享受最低生活保障救济人员的奖励金在人口与计划生育奖励专项经费中列支。

（二）农村独生子女家庭可多划一人宅基地。

（三）机关、社会团体、事业单位职工中的独生子女父母，退休时加发5%的退休金（但加发后的比例不得超过100%）；企业职工中的独生子女父母退休时，根据有关规定增发养老金。

第三十七条 地方各级人民政府对农村实行计划生育的家庭发展经济，给予资金、技术、培训等方面的支持、优惠；对实行计划生育的贫困家庭，在扶贫贷款、以工代赈、扶贫项目和社会救济等方面给予优先照顾。

第三十八条 独生子女父母婚姻变化后未再生育和未收养子女的一方或者双方，凭原《独生子女父母光荣证》继续享受有关奖励和优待。

第三十九条 取得《独生子女父母光荣证》后经过批准再生育的，应当在领取生育证时退回《独生子女父母光荣证》，并从批准次月起，停止享受有关的奖励和优待。

第四十条 地方各级人民政府应当建立健全基本养老保险、基本医疗保险、生育保险和社会福利等社会保障制度，促进计划生育。

第六章 法律责任

第四十一条 有下列行为之一的，按照《中华人民共和国人口与计划生育法》的有关规定处理：

（一）非法为他人施行计划生育手术的；

（二）利用超声技术和其他技术手段为他人进行非医学需要的胎儿性别鉴定或者选择性别的人工终止妊娠的；

（三）实施假节育手术、进行假医学鉴定、出具假计划生育证明的；

（四）伪造、变造、买卖计划生育证明的；

（五）侵犯公民人身权、财产权和其他合法权益的；

（六）滥用职权、玩忽职守、徇私舞弊的；

（七）索取、收受贿赂的；

（八）截留、克扣、挪用、贪污计划生育经费、奖励专项经费或者社会抚养费的；

（九）虚报、瞒报、伪造、篡改或者拒报人口与计划生育统计数据的；

（十）不履行协助计划生育管理义务的。

第四十二条 不符合法律和本条例规定生育子女的，按照以下规定计征社会抚养费：

（一）不符合本条例第十四条、第十五条规定再生育第一个子女的，按计征基数的6倍至8倍征收；

（二）未履行婚姻登记手续生育第一个子女的，按计征基数的3倍至4倍征收；符合婚姻登记条件，在生育后3个月内补办婚姻登记手续的，免征社会抚养费；

（三）有配偶者与他人生育第一个子女的，按计征基数的9倍至10倍征收；

（四）符合再生育的规定条件和间隔时间但未经批准生育的，按计征基数的1倍征收；符合再生育的规定条件但未到间隔时间生育的，按计征基数的2倍征收；

（五）不符合本条例规定再生育第二个以上子女的，逐胎加倍征收社会抚养费。

社会抚养费的计征基数分别以子女出生上一年或者发现违法生育行为上一年农村人口所在县统计部门公布的人均纯收入或者城镇人口所在市统计部门公布的人均可支配收入为标准；收入超过当地平均水平的，超过部分按1倍至2倍征收。

不符合本条例规定生育子女，一方是农村人口，另一方是城镇人口的，以城镇人口所在市上一年人均可支配收入为标准计征社会抚养费。

不符合法律和本条例规定生育子女的，除按以上规定征收社会抚养费外，是国家工作人员的，还应当给予行政处分；其他人员还应当由其所在单位或者组织给予纪律处分。

第四十三条 收养他人子女期满六个月未依法办理收养手续又没有正当理由的，或者以不正当手段取得生育证生育的，依照第四十二条的规定处理。

第四十四条 社会抚养费的征收，由县级计划生育行政部门作出书面征收决定；县级计划生育行政部门可以委托乡（镇）人民政府、街道办事处作出征收社会抚养费的书面决定。

第四十五条 社会抚养费的征收决定自送达当事人之日起生效。当事人应当自收到征收决定之日起30日内一次性缴纳社会抚养费。

当事人一次性缴纳社会抚养费确有困难的，可以依法申请分期缴纳。

未在规定的期限内足额缴纳应当缴纳的社会抚养费的，自欠缴之日起每月加收欠缴社会抚养费2‰的滞纳金；仍不缴纳的，由作出征收决定的计划生育行政部门依法申请人民法院强制执行。

第四十六条 领取《独生子女父母光荣证》后又违反法律法规规定生育子女的，除按本条例第四十二条、第四十三条规定处理外，还应当取消对独生子女父母的奖励和优待，退回已领取的《独生子女父母光荣证》和独生子女父母奖励金。不退证者，由发证机关宣布所持《独生子女父母光荣证》作废；应当退回的独生子女父母奖励金纳入社会抚养费一并征收。

第四十七条 以不正当手段取得计划生育证明的，由县级以上计划生育行政部门宣布其证明无效；出具证明的单位有过错的，对直接负责的主管人员和其他直接责任人员依法给予行政处分。

第四十八条 违反本条例第二十一条第一款的规定，造成当事人违反法律法规规定生育的，应当追究计划生育工作机构负责人或者经办人员的行政责任。

第四十九条 有下列行为之一，构成违反治安管理行为的，由公安机关按照《中华人民共和国治安管理处罚条例》处理；情节严重，构成犯罪的，由司法机关依法追究刑事责任：

（一）拒绝、阻碍计划生育工作人员依法执行公务的；

（二）侮辱、诽谤、殴打执行计划生育公务的人员的；

（三）扰乱计划生育部门的工作秩序，致使工作不能正常进行的。

第五十条 当事人对按本条例作出的计划生育处罚决定以及其他具体行政行为不服的，可以依法申请行政复议或者提起行政诉讼。

第七章 附 则

第五十一条 省人民政府根据国务院《社会抚养费征收管理办法》和本条例有关规定制定社会抚养费的征收、使用和管理办法。

第五十二条 本条例自2002年10月1日起施行。

四川省社会抚养费征收管理实施办法

（四川省人民政府令第170号　2003年4月27日）

第一条　为了规范社会抚养费的征收管理，维护计划生育基本国策，保护公民的合法权益，根据国务院《社会抚养费征收管理办法》《四川省人口与计划生育条例》等有关法律法规的规定，制定本实施办法。

第二条　四川省行政区域内社会抚养费的征收、管理，必须遵守本实施办法。

第三条　公民有下列情形之一的，应当依法缴纳社会抚养费：

（一）不符合《四川省人口与计划生育条例》规定条件生育子女的。

（二）收养他人子女期满6个月未依法办理收养手续又没有正当理由的。

（三）以不正当手段取得生育证生育的。

第四条　社会抚养费由县级人民政府在《四川省人口与计划生育条例》规定的幅度内确定本行政区域内的征收标准。任何单位和个人不得违反法律、法规的规定增设与计划生育有关的收费项目，不得减免社会抚养费。

第五条　社会抚养费的征收，由县级人民政府计划生育行政部门作出书面征收决定；县级人民政府计划生育行政部门可以委托乡（镇）人民政府或者街道办事处作出书面征收决定。

第六条　应当缴纳社会抚养费的对象是流动人口的，按照下列规定办理：

（一）当事人的生育行为发生在其现居住地的，由现居住地县级人民政府计划生育行政部门按照现居住地的征收标准作出征收决定。

（二）当事人的生育行为发生在其户籍所在地的，由户籍所在地县级人民政府计划生育行政部门按照户籍所在地的征收标准作出征收决定。

（三）当事人的生育行为发生时，其现居住地或者户籍所在地县级人民政府计划生育行政部门均未发现的，此后由首先发现其生育行为的县级人民政府计划生育行政部门按照当地的征收标准作出征收决定。

当事人在一地已经被征收社会抚养费的，在另一地不因同一事实再次被征收社会抚养费。

第七条　社会抚养费的征收决定，自送达当事人之日起生效。当事人应当自收到征收决定之日起30日内一次性缴纳社会抚养费。

当事人一次性缴纳社会抚养费确有实际困难的，应当自收到征收决定之日起30日内通过乡（镇）人民政府、街道办事处或者直接向作出征收决定的县级人民政府计划生育行政部门提出分期缴纳的书面申请，载明具体缴款计划，并提供所在单位、村民委员会、居民委员会和乡（镇）人民政府、街道办事处出具的有关本人履行能力的证明材料。县级人民政府计划生育行政部门应当自当事人递交申请之日起30日内核实有关情况并作出批准或者不批准分期缴纳的决定，书面通知当事人。经批准分期缴纳的，分期缴纳的期限最长不超过3年。

第八条 当事人未在规定的期限内缴纳社会抚养费的，自欠缴之日起每月加收欠缴社会抚养费2‰的滞纳金；仍不缴纳的，由作出征收决定的计划生育行政部门依法申请人民法院强制执行。

第九条 征收社会抚养费采取以下一种或者数种方式：

（一）由县级人民政府计划生育行政部门组织征收。

（二）由乡（镇）人民政府或者街道办事处组织征收。

（三）由当事人直接到指定金融机构缴纳。

（四）由当事人所在单位代收代缴。

县级人民政府根据本地实际情况，规定具体的征收缴纳方式。

第十条 当事人所在单位、村民委员会、居民委员会及有关管理部门、用人单位应当依法配合做好社会抚养费的征收工作。

第十一条 征收社会抚养费和滞纳金，必须向当事人出具由省人民政府财政部门统一印制的专用收据。

第十二条 当事人对征收决定不服的，可以依法申请行政复议或者提起行政诉讼。行政复议或者行政诉讼期间，征收决定不停止执行；但是，行政复议法、行政诉讼法另有规定的除外。

第十三条 社会抚养费按规定纳入县级财政预算管理，收入全部缴入县级金库。组织征收社会抚养费的县级人民政府计划生育行政部门，乡（镇）人民政府、街道办事处以及代收代缴的单位应当将收到的社会抚养费直接缴入县级金库。对已实行银行代收管理的地方，按照银行代收的有关规定执行。

第十四条 征收的社会抚养费用于补充人口与计划生育奖励专项经费，奖励夫妻双方均为农村人口或者城镇享受低保救助人员中的独生子女父母。其中20%由市（州）统筹，用于调剂补充计划生育工作先进县（市、区）的人口与计划生育奖励专项经费；80%作为县（市、区）人口与计划生育奖励专项经费。

征收社会抚养费所需工作费用纳入县级计划生育行政部门年度综合预算，由同级财政部门核定安排。

第十五条 组织征收社会抚养费的乡（镇）人民政府、街道办事处每季度应当向县级人民政府计划生育行政部门报告社会抚养费的征收情况；接受委托实行社会抚养费代收代缴的单位应当在收到社会抚养费后3日内向委托机关通报征收情况；代收社会抚养费的金融机构，每季度应当向县级人民政府计划生育行政部门通报社会抚养费的收取情况；县级人民政府财政部门每季度应当向同级人民政府计划生育行政部门通报社会抚养费的征收情况。

组织征收社会抚养费的县级人民政府计划生育行政部门或者乡（镇）人民政府、街道办事处应当按征收对象建立分户账。

第十六条 乡（镇）人民政府、街道办事处应当定期将本辖区内社会抚养费的征收情况向群众公布，接受群众监督。

第十七条 县级以上人民政府计划生育、财政、物价、审计、监察等部门应当加强对社会抚养费征收管理工作的监督、检查。

第十八条 有下列行为之一的，由财政部门、审计机关或者其他有关部门按照国家和省有关规定处理：

（一）扩大社会抚养费使用范围的。

（二）不按规定使用财政部门统一印制的专用收据的。

（三）转移、隐匿、坐支社会抚养费的。

第十九条 有下列行为之一的，由县级以上人民政府计划生育行政部门责令改正，上级主管部门或者行政监察部门对直接负责的主管人员和其他直接责任人员依法给予行政处分：

（一）增加或者减少社会抚养费征收数额的。

（二）以征收社会抚养费为目的，故意放弃监管造成违反法律法规规定生育的。

（三）伪造、变造、转让社会抚养费专用收据的。

有本条第一款第（二）项规定的行为的，由上级机关按照其征收的社会抚养费的2倍予以收缴。

第二十条 违反法律、法规的规定，增设与计划生育有关的收费项目或者提高社会抚养费征收标准的，依照《违反行政事业性收费和罚没收入收支两条线管理规定行政处分暂行规定》处理。

第二十一条 截留、挪用、贪污、私分社会抚养费的，依照《中华人民共和国刑法》关于贪污罪、挪用公款罪、私分国有资产罪的规定，依法追究刑事责任；尚不够刑事处罚的，对直接负责的主管人员和其他直接责任人员依法给予降级、撤职或者开除的行政处分。

第二十二条 对在社会抚养费征收和管理工作中做出显著成绩的单位和个人，由地方各级人民政府给予表彰和奖励。

第二十三条 本实施办法自2003年6月1日起施行，1995年5月5日四川省人民政府发布的《四川省计划外生育费管理办法》同时废止。

四川省独生子女父母奖励实施办法

（四川省人民政府令第185号　2004年10月11日）

第一条 为奖励实行计划生育的夫妻，维护公民实行计划生育的合法权益，促进人口与计划生育工作，根据《四川省人口与计划生育条例》的规定，结合实际，制定本办法。

第二条 户籍在四川省行政区域内依法取得《独生子女父母光荣证》的公民按照《四川省人口与计划生育条例》的有关规定享受奖励和优待。其中，独生子女父母奖励金按下列途径发放：

（一）国家机关、社会团体、事业单位在职人员的奖励金按有关规定开支；

（二）各类企业职工、城镇个体工商户及其他经济组织人员的奖励金在经营成本中列支；

（三）夫妻双方一方是国家机关、社会团体、企业事业单位在职人员，另一方无用工单位的，由在职一方所在单位全额发给；

（四）以上三种情形以外的夫妻，其独生子女父母奖励金在人口与计划生育奖励专项经费中列支。

第三条　县级以上人民政府建立人口与计划生育奖励专项经费，列入同级财政预算。人口与计划生育奖励专项经费由政府拨款、社会抚养费、社会捐助等组成。

第四条　独生子女父母奖励专项经费建立财政专账进行管理，政府拨款、社会抚养费全额进入独生子女父母奖励专账管理，专款专用，专账核算。具体管理办法由省财政部门和省人口与计划生育行政部门制定。

第五条　按照上年度父母双方均为农村居民和城镇享受最低生活保障的独生子女人数，省人民政府财政部门每年按人均不低于5元、市（州）人民政府财政部门每年按人均10元至15元的标准，安排落实人口与计划生育奖励专项经费。不足部分由县级人民政府财政部门补足。

各级人民政府财政部门拨付的人口与计划生育奖励专项经费不得冲抵国家和省规定应落实的计划生育工作经费。

第六条　乡（镇）人民政府、街道办事处的计划生育工作机构于每年第一季度按照实际情况编制独生子女父母奖励对象名册，报县级计划生育行政部门审核。

县级人民政府财政部门根据县级计划生育行政部门核准的应奖励对象和金额，应在第二季度内将奖励专项经费拨付给各乡（镇）人民政府、街道办事处的计划生育工作机构。

乡（镇）人民政府、街道办事处的计划生育工作机构收到拨款后应于30日内以现金形式发给应奖励对象，不得作任何抵扣或强制购买保险等。

第七条　乡（镇）人民政府、街道办事处的计划生育工作机构发放人口与计划生育奖励专项经费，由独生子女父母或其委托人持《独生子女父母光荣证》和有效身份证签字领取。

第八条　乡（镇）人民政府、街道办事处的计划生育工作机构每年发放专项奖励金时，应将人口与计划生育奖励专项经费总额、应奖励对象名单、实际发放奖励金人员名单和金额等情况在村（居）务公开栏中张榜公布，接受监督。

任何单位和个人对不符合条件享受人口与计划生育奖励专项经费的，有权举报。有关部门应认真核查，情况属实的，应责令改正。

第九条　各级人民政府财政部门，乡（镇）人民政府、街道办事处的计划生育工作机构应按时足额划拨、发放人口与计划生育奖励专项经费。

禁止任何单位和个人截留、克扣、挪用、贪污、私分人口与计划生育奖励专项经费。

第十条　县级以上人民政府财政、监察、审计、计划生育等部门应加强对人口与计划生育奖励专项经费的监督、检查，确保人口与计划生育奖励专项经费专款专用。

第十一条　有下列行为之一的，由上级人民政府或有关部门责令限期改正，予以通报批评，逾期不改正的，对负有直接责任的主管人员和其他责任人员依法给予记过以上的行政处分：

（一）不按时足额划拨人口与计划生育奖励专项经费的；

（二）乡（镇）人民政府、街道办事处的计划生育工作机构不按时足额发放人口与计划生育奖励专项经费的；

（三）计划生育工作机构人员徇私舞弊，虚报、冒领人口与计划生育奖励专项经费的。

第十二条　违反本办法第九条第二款规定的，依据有关法律、法规的规定处理。

第十三条　各市（州）人民政府可以结合当地实际制定独生子女父母奖励实施细则。

第十四条　本办法从2005年1月1日起施行。

五、《四川省志·人口和计划生育志（1986—2005）》总编室人员分工

附表-10

姓名	职务	原工作单位、职务	分工
徐凡凡	主编	四川省卫生计生委原副巡视员	主持志书编纂工作
顾体良	副主编	绵阳市人口计生委原主任，曾任市卫生局局长、市委副秘书长	协助徐凡凡工作，负责编纂办公室日常工作
荀正中	执行副主编	原成都市医疗器械二厂党委副书记，2002 年应聘到省建设厅，编纂《四川省志·建设志（1986—2005）》《四川建设年鉴》。2013 年应聘到省国土资源厅，任《四川省志·国土资源志（1986—2005）》总纂	负责编纂： 概述、第一篇　人口； 第四篇　综合治理； 第五篇　群众自治； 第六篇　国际合作与交流。 统稿
熊江华	执行副主编	从事地方志编纂工作近 30 年，编辑并总纂《四川省志·四川省商务志（1986—2005）》（获得四川省第十七次地方志优秀成果一等奖）、《四川省志·测绘志（1986—2005）》（获得四川省第十九次地方志优秀成果二等奖）、《四川省志·通信志（1986—2005）》（获得四川省第二十次地方志优秀成果一等奖）；总纂《达州市通川区志 1986—2005）》（获得四川省第十七次地方志优秀成果一等奖）	负责编纂： 第二篇　宣传教育； 第三篇　技术服务； 第七篇　组织机构； 附录。 协助处理出版环节的有关工作
王景会	工作人员	四川省卫生计生政策和医学情报研究所职工。编辑《四川卫生和计划生育年鉴》，曾参与《四川省志·卫生志（1986—2005）》编纂工作	协助顾体良做好日常行政事务，对外联络，负责部分资料搜集工作

编 后 记

人口计划生育工作是国家的一项基本国策，关系着国家兴衰、民族强盛。编纂《四川省志·人口和计划生育志（1986—2005）》（以下简称《人口计生志》），是认识四川人口省情、服务全省计生事业的千秋大事。这既是对全省人口计生工作经验的总结，又是对人口计生历史资料的抢救和保护。《人口计生志》旨在客观、全面记录在中共四川省委、四川省人民政府领导下，1986—2005 年四川省人口计生工作的历程及取得的辉煌成就。

按照中共四川省委办公厅、四川省人民政府办公厅《关于印发〈四川省志（1986—2000）〉编纂方案的通知》（川委厅〔2006〕4 号），中共四川省委办公厅、四川省人民政府办公厅印发《关于调整〈四川省志〉断限的通知》（川委办发电〔2007〕21 号）的安排部署，四川省人口和计划生育委员会承编《人口计生志》。四川省人口和计划生育委员会（以下简称省卫计委）高度重视续修《人口计生志》工作，随即落实委办公室负责《人口计生志》编纂的前期工作，起草编纂《〈四川省志·人口和计划生育志〉（1986—2000）编纂方案》。2006 年 7 月 20 日，委党组会议专题研究安排续修《人口计生志》工作，成立由委党组书记、主任王在银任组长的编纂委员会，负责对编纂工作的领导。同时，省计生委党组还对《〈四川省志·人口和计划生育志〉（1986—2000）编纂方案》进行审定。在启动工作阶段，编制经费预算方案，由省计生委财务处纳入预算向省财政厅报告。2007 年 6 月 13 日，省计生委成立《人口计生志》总编室，确定人员，收集资料，上报篇目。到 2009 年 9 月，形成初稿（共 6 篇、16 章、41 节，近 30 万字）。

2016 年初，根据四川省地方志工作办公室（以下简称省地方志办）要求，省卫计委重新启动《人口计生志》编纂工作。经过组建机构、修订篇目、搜集资料、重写志稿、征求意见、考证史实，全面统筹，《人口计生志》先后通过初审、复审和终审。2020 年 7 月，通过方志出版社审查，决定出版。

该志编纂重启工作，大致分为五个阶段。

第一阶段：重启编纂，修订篇目。中共四川省卫生和计划生育委员会党组高度重视该项工作，成立编纂委员会，省卫计委主任沈骥任编委会主任。把编纂《人口计生志》纳入目标管理，组建《人口计生志》总编室，由省卫计委原副巡视员徐凡凡任《人口计生志》主编，实行主编负责制。聘请曾担任过市（州）卫生局局长、计生委主任的退休干部顾体良负责编务管理，聘请曾参与编纂《四川省志》的专业人员熊江华、荀正中。同时，明确委办公室负责相关事宜的协调，省卫计委情报所负责具体事宜，安排办公场所，划拨专项经费，提供必要的工作保障。总编室成立后，主编徐凡凡多次对编修人员进行计生业务培训，组织修志人员学习方志编修业务，掌握方志编修的基本理论、编修原则和其他业务知识；在篇目拟订过程中，参编人员认真学习《地方志工作条例》《四川省地方志工作条例》，掌握修志的基本原则及科学分类、谋篇布局的基本要领；查阅1985—2006年四川省人口计生档案资料；调查、走访老领导等，进而整理出新的《人口计生志》篇目（第一稿）。总编室首先将其分送给编委会全体成员和省计生委机关各处（室）、直属事业单位、各行业协会等，广泛征求意见，修改完善，形成篇目第二稿并经编委会审议通过，报送省地方志办征求意见。总编室根据省地方志办的总体要求，对篇目的篇章结构进一步修改调整，形成《人口计生志》篇目（送审稿）。2016年4月，省地方志办同意《人口计生志》篇目。

第二阶段，搜集资料，重写初稿。按照省地方志办批复的《人口计生志》篇目，到2017年下半年，总编室累计搜集资料1000万余字，其中，在省计生委机关档案室、省档案馆、省统计局、四川年鉴社等处搜集资料约500万字；在21个市（州）卫计委搜集资料约450万字，图片300余张；在成都中医药大学查阅原四川生殖卫生学院档案300余卷，搜集资料约20万字。同时，安排专人将资料全部进行电子化处理，转化为可编辑的word文档。

按照编纂任务和责任分工，编纂人员积极行动，按照工作内容，横排纵述。到2018年4月，完成志稿约70万字。随后，两名编纂人员对各自分工承编的内容进行进一步规范，统一文本格式，妥善处理内容交叉与重复，突出重点，详略得当。

第三阶段，征求意见，考证史实。按照“横不漏要项，纵不断主线”的原则，总编室严格把好志书的政治关、保密关、体例关、文风关和史实关。2018年10月，总编室将《人口计生志》（初审稿）再次分送省计生委领导、编委会成员、机关各处（室）、直属事业单位，以及机关部分离退休老同志，征求意见、考证史实、增补资料。总编室及时将意见进行认真梳理，对志稿进行再次修改、补充和完善。

第四阶段，全面统筹，总纂全志。2018年12月13日，省卫计委召开《人口计生志》初审会，邀请省地方志办领导、省卫计委原老领导、各相关处（室）、直属单位、社团和市（州）卫计委等有关领导、专家进行评议。一致认为，初审稿观点正确、体例完备、资料翔实、内容丰富，同意通过初审。

《人口计生志》完成初审后，总编室继续严格把关，逐篇逐章梳理史料，逐字逐句推敲志稿，重点核实入志资料的真实性和准确性，科学处理志稿中存在的交叉重复问题，突出要事、大事和特事。主编徐凡凡、副主编顾体良统筹全书，修改“概述”，力求条理清晰、提纲挈领，勾画出全志的主要轮廓。2019年4月，复审稿始成雏形。6月，《人口计生志》通过省地方志办复审。

随后总编室再次对复审稿进行修改、完善，查缺补漏，核准史实。

第五阶段，终审完善，出版发行。2019年8月，省卫计委将修改后的《人口计生志》报省地方志办。11月29日，四川省人民政府《四川省志》审核委员会第四十次终审会召开，对《人口计生志》进行终审验收。会议认为《人口计生志》（终审稿）全面、系统、翔实地记述断限内四川省人口计生工作的历史与现状，突出四川省人口计生事业的地方特色、行业特色和时代特色，围绕人口计生行业改革发展的历史轨迹与时代脉络，精心策划，科学编排，合理分类，内容丰富。志稿符合中国地方志指导小组《地方志书质量规定》和《四川省志》质量要求，同意通过终审。同时也提出一些指导性意见。

会后，总编室对志稿进行全面梳理，再一次认真核实史料，全面检查修订。对前置彩页和随文图片进行调整和完善，对所有图、表进行全面审查，对相关数据进行认真核实，个别章、节结构进行优化，修改志稿中存在的问题，进一步规范体例文风。同时修订志稿英文目录。2020年3月，经四川省卫生健康委员会批准，正式报省地方志办，请求出版发行。随后通过方志出版社审查、删减，最后决定出版。

《人口计生志》的编纂工作，得到省地方志办的悉心指导和帮助。《四川省志》副总编、《人口计生志》责任总编张兆法，责任编辑徐高芳等多次给予及时指导，在志稿形成过程中，提出修改意见并帮助完善。青岛大学外国语学院副教授、翻译学硕士研究生导师岳玉庆翻译该志英文目录。省人口计生委相关处（室）、各市（州）人口计生部门、委直属单位、相关大专院校、行业协会给予积极配合，付出艰辛劳动。马国栋、王远森在志稿初稿编纂阶段曾提出宝贵意见。在此一并致以诚挚的谢意！

由于人口与计生工作政策性、专业性强，20年间人口计生部门职能变化大，机构演变频繁，且涉及行业多、资料收集难度大，加之编写时间紧，编纂人员水平有限，遗漏、不妥之处在所难免，敬请读者批评指正。

《四川省志·人口和计划生育志（1986—2005）》总编室

2020年7月